ACCESO GRATIS ***a la Lectura en la Nube***

Para visualizar el libro electrónico en la nube de lectura envíe junto a su nombre y apellidos una fotografía del código de barras situado en la contraportada del libro y otra del ticket de compra a la dirección:

ebooktirant@tirant.com

En un máximo de 72 horas laborales le enviaremos el código de acceso con sus instrucciones.

La visualización del libro en **NUBE DE LECTURA** excluye los usos bibliotecarios y públicos que puedan poner el archivo electrónico a disposición de una comunidad de lectores. Se permite tan solo un uso individual y privado

RETOS DEL DERECHO EN EL SIGLO XXI

MEMORIAS

I CONGRESO REGIONAL DE LAS ACADEMIAS JURÍDICAS DE AMÉRICA DEL SUR

Procedimiento de selección de originales, ver página web:
www.tirant.net/index.php/editorial/procedimiento-de-seleccion-de-originales

RETOS DEL DERECHO EN EL SIGLO XXI

MEMORIAS
I CONGRESO REGIONAL DE LAS ACADEMIAS JURÍDICAS DE AMÉRICA DEL SUR

Editor Académico:
AUGUSTO TRUJILLO MUÑOZ

tirant lo blanch
Bogotá D.C., 2024

Congreso Regional de las academias jurídicas de América del Sur (1 : 2023 : Bogotá), autor.
Retos del derecho en el siglo XXI : memorias I Congreso regional de las academias jurídicas de América del Sur / Editor académico: Augusto Trujillo Muñoz ; autores: Armando S. Andruet, Rafael Badell Madrid, Enrique Barrios Bourie [y 15 más] – Primera edición. – Bogotá : Tirant lo Blanch, 2024.
420 páginas.
Incluye referencias bibliográficas al final de cada capítulo.
ISBN: 978-84-1071-581-3
1. Populismo – América Latina 2. Democracia. 3. Derecho mercantil. 4. Contratos. 5. Informática jurídica. 6. Control parlamentario. I. Trujillo Muñoz, Augusto, editor, autor. II. Andruet, Armando S., autor. III. Badell Madrid, Rafael, autor. IV. Barros Bourie, Enrique, autor. V. Casagne, Juan Carlos, autor. VI. Cavelier Franco, Ernesto, autor. VII. Correa Freitas, Rubén, autor. VIII. Cova Arria, Luis, autor. IX. D'Andréa Ferreira, Sergio, autor. X. Fresnedo de Aguirre, Cecilia, autora. XI. Moreno Baldivieso, Ramiro, autor. XII. Moreno Ruffinelli, José Antonio, autor. XIII. Muñoz Tamayo, Diego, autor. XIV. Peña Torres, Marisol, autora. XV. Romero-Muci, Humberto, autor. XVI. Ruan Santos, Gabriel, autor. XVII. Uzal, María Elsa, autora. XVIII. Zambrano Cetina, William, autor. XIX. Título.
LC: KG90 CDD: 349.86 ed. 23
Catalogación en publicación de la Biblioteca Carlos Gaviria Díaz

EDITA: TIRANT LO BLANCH
Calle 11 # 2-16 (Bogotá D.C.)
Telf.: 4660171
Email: tlb@tirant.com
Librería virtual: www.tirant.com/co/
ISBN: 978-84-1071-581-3

Índice

CAPÍTULO 4
CONTROL POLÍTICO Y FUNCIONES JUDICIALES DEL CONGRESO NACIONAL

Rafael Badell Madrid
Rubén Correa Freitas
Marisol Peña Torres

Introducción

AUGUSTO TRUJILLO MUÑOZ
Presidente, Academia Colombiana de Jurisprudencia

Interpreto a todos los miembros de la Academia Colombiana de Jurisprudencia, a la comunidad jurídica y la inteligencia comprometida en la defensa del Estado de Derecho, al dar la bienvenida a los señores presidentes y demás miembros de las Academias Jurídicas de los países de América del sur congregados alrededor de los temas que inspiran este Congreso Regional. Ojalá sea el primero de muchos, y ojalá puedan ser las Academias de Derecho de América del Sur, las instituciones que impulsen el necesario proceso de aproximaciones hacia una integración de nuestros países. Por encima de evidentes realidades múltiples, nuestra región registra una problemática común, cuya respuesta pasa también por políticas comunes, desde las cuales puedan buscarse aproximaciones sin ignorar o desconocer las diferencias.

Ya dimos un primer paso en ese sentido. Me refiero a la declaración conjunta, suscrita el 29 de marzo del año 2022, por nuestras Academias de ciencias jurídicas, políticas y sociales, en la cual ratificaron su devoción por el Estado de Derecho y reclamaron de los distintos estados del mundo una conducta que, en cualquier caso, privilegiara el derecho sobre la fuerza. En aquella declaración conjunta, nuestras Academias condenaron la invasión a Ucrania, así como las amenazas de unos Estados a otros que, a menudo, se escuchan en distintos lugares del planeta. Esta reunión que hoy se cumple en Bogotá, y que en próximos años tendrá lugar en otras ciudades hermanas, es un segundo paso hacia la edificación de proyectos comunes en el entorno de nuestra región. No es casual que la primera mesa de trabajo, que se desarrollará hoy bajo la dirección del jurista argentino Juan Carlos Cassagne, presidente de la Academia de Buenos Aires, gire en torno al tema de "La democracia de consenso en el Estado de Derecho".

Agradezco la hospitalidad del presidente del Museo del Chicó, el arquitecto Carlos Roberto Pombo Urdaneta, un colombiano ilustre por mil títulos, que abrió amablemente las puertas del museo para albergar nuestras deliberaciones durante el día de hoy. Él es devoto de un tema muy próximo a todos nosotros como defensores del Estado de Derecho: La civilidad, entendida como gestión responsable y como actitud solidaria para obtener acuerdos y garantizar convivencia social. Alguna vez le oí decir que la civilización existe en cuanto existe la civilidad: Mientras el concepto básico de ciudadanía supone tolerancia, el de civilidad supone cooperación. Ambas cosas son base de la civilización, ambas cosas significan concordia; y estas hacen falta en nuestros países, en nuestros comportamientos, en nuestra época.

A pesar de los problemas comunes, la región es suficientemente diversa, heterogénea y plural; de manera que necesita construir acuerdos de mínimos en torno a los temas fundamentales de cada uno de sus países, para buscar luego posibilidades de integración y avanzar hacia el encuentro de la región consigo misma. La pandemia de 2020 decretó, sin apelaciones, la derrota del superhombre, e hizo colapsar la pretenciosa tesis sobre la muerte de la muerte. Sin embargo, en Colombia no hemos podido superar esta guerra de más de medio siglo que últimamente se exacerba, porque buena parte de los ciudadanos, en la cúpula o en la base de la pirámide social, prefiere el monólogo sobre el diálogo e induce más a la confrontación que a los acuerdos. Me atrevo a afirmar que los fascismos y los comunismos son expresiones del pasado que no caben en el siglo XXI. Ni siquiera son doctrinas debatibles, sino ideologismos superados por la historia y desfasados para los tiempos que corren. Uno y otro parten el mundo en dos –bueno y malo, blanco y negro, amigo y enemigo– cuando el mundo no es binario sino multicolor. La amenaza de hoy es el populismo de todos los signos, y tener conciencia de ello resulta clave para ayudar a construir civilidad, formalizar acuerdos de mínimos, avanzar hacia la consolidación del Estado de derecho.

La región se siente intimidada por vientos fuertes, extraños y sobrecogedores que no está asimilando bien, porque vive en un mundo cada vez más difícil de entender. La constante es la incertidumbre y, sobre todo, el desconcierto. Ulrich Beck lo explica introduciendo en la ciencia social una distinción entre cambio y metamorfosis: Aquel supone una transformación que, sin embargo, mantiene las certezas del pensamiento moderno. Esta, en cambio, las desestabiliza y desata una conmoción que hace estallar las certidumbres de siempre. Hoy no estamos atravesando un cambio de época, sino una metamorfosis del mundo y, en ese marco, nadie está dispuesto a embarcarse en una aventura. Por eso creo que los gobiernos llegados por vía electoral y en certámenes limpios, que accedieron a la dirección de algunos de nuestros países, después de la pandemia, son keynesianos y no socialistas.

En cualquier caso, vale la pena detenerse en una consideración fundamental: Ninguno de nuestros países se podrá gobernar bien en el futuro, sin poner la justicia social, la transparencia política y la equidad humana en el centro de la agenda. Tal cosa supone revisiones y, sobre todo, acuerdos. Es preciso concebir la política como sustituto de la guerra y asumir el derecho como la mejor garantía de convivencia. Ambos son instrumentos de regulación, instrumentos de cambio, instrumentos de paz. La política es el diálogo abierto, del cual se desprende el derecho como expresión de valores suscritos socialmente. De allí surge la concordia, que no es la desaparición de los conflictos, sino la garantía de que se tramitarán a base de una relación civilizada.

Señores académicos: El siglo XV supuso un doble punto de partida de la historia de América. De 1492 hacia atrás se buscan respuestas, río arriba, en medio de una selva prehistórica que impide llegar hasta puntos de origen. Se alcanzan a ver las culturas mayas y aztecas en el norte y las culturas inca y aimara en el sur, establecidas en estas tierras por siglos, antes de que arribaran las carabelas de Colón con nuevas culturas abordo. De 1492 hacia adelante se navega ya por una historia bien conocida hasta hoy.

Quinientos años después, en el mundo existen fundamentalmente dos américas, una anglosajona y otra hispano lusitana, bien distintas entre sí desde sus orígenes. La primera es Inglaterra trasladada a la América del Norte. Allí se afincaron unos colonos que prefirieron destruir las culturas descubiertas e incluso la existencia misma de los aborígenes, a contaminarse de ellos. Los norteamericanos tienen la misma edad histórica de su madre patria, son Inglaterra trasladada a otra geografía y asumen su misma vocación imperial, incorporada en la idea del destino manifiesto.

La segunda, es decir, la hispano lusitana, integrada por pueblos semejantes y, al mismo tiempo diversos, está conformada por naciones nuevas dejadas tras de sí por España y Portugal, en virtud de la integración étnica y cultural propiciada por esos dos imperios en el nuevo mundo. Por desgracia, el proceso independentista estimulado desde los ámbitos franco y anglosajón, nos hizo prescindir del único país necesario para acometer la construcción del futuro con los materiales de nuestra propia historia: España. Desde entonces nuestros países vienen creciendo con el centro de gravedad situado afuera.

Es necesario recuperarlo. Las mesas de trabajo programadas para deliberar estos dos días, están integradas por veinte de los mejores juristas de América: Juan Carlos Cassagne, Domingo García Belaúnde, Sergio de Andréa Ferreira, José Antonio Moreno Ruffinelli, Gabriel Ruan Santos, William Zambrano Cetina, Diego Muñoz Tamayo, María Elsa Uzal, Luis Cova Arria, Cecilia Fresnedo de Aguirre, Enrique Barros, Armando S. Andruet, Humberto Romero-Muci, Ramiro Moreno Baldivieso, Ximena Marcazzolo Awad, Ernesto Cavelier Franco, Rafael Badell Madrid, Antonio María Hernández, Humberto Sierra Porto, Marisol Peña Torres y Rubén Correa

Freitas, quienes pondrán su idoneidad profesional, su lucidez intelectual y su sentido crítico al servicio de lo que podría ser la construcción de un pensamiento regional el debate jurídico contemporáneo.

Bogotá, Octubre de 2023

Capítulo 1

Democracia de consenso en el Estado de derecho

JUAN CARLOS CASSAGNE
SERGIO DE ANDRÉA FERREIRA
JOSÉ A. MORENO RUFFINELLI
GABRIEL RUAN SANTOS
WILLIAM ZAMBRANO CETINA

La democracia de consensos

JUAN CARLOS CASSAGNE[1]

1. LIMINAR

En un Estado democrático no se pueden desconocer las ventajas de encontrar consensos entre los diversos sectores de la sociedad, ya sean políticos, económicos o sociales. Es evidente que cualquier medida que adopte el gobierno de un Estado será mucho más justa y eficaz en tanto obtenga el acuerdo del mayor número de ciudadanos y evite el rechazo de la población, en particular de los sectores de la sociedad afectados por las decisiones del Estado Federal, uno de cuyos fines esenciales radica en el mantenimiento de la paz interior, conforme lo predica el preámbulo de nuestra Constitución.

Sin embargo, el objetivo de alcanzar la paz en el seno de la sociedad civil y en el ámbito de las relaciones entre el gobierno de un Estado con sus ciudadanos constituye una finalidad que no siempre se alcanza debido a la serie de obstáculos que plantea la realidad política de cada país, directamente influenciada por movimientos internacionales radicalizados. Precisamente, el examen de los obstáculos que se presentan, con un carácter universal y generalizado, constituye la materia de esta ponencia.

Las dificultades que hay que superar para alcanzar los consensos en una democracia, no obstante, su carácter global, son mayores en aquellos países que no cuentan con una tradición democrática arraigada y tienen mucho que ver con la idiosincrasia de cada pueblo y su sistema de gobierno.

Como observó con agudeza Alexis de Tocqueville[2] en la fundamentación teórica de la democracia ocupan un lugar prevaleciente la igualdad de condiciones en la libertad (tendencia que puede traducirse en la moción moderna de igualdad de oportunidades) y la teoría de la representación política –(que predica la democracia indirecta)– hoy día matizada con for-

---

1 Presidente de la Academia Nacional de Derecho y Ciencias Sociales de Buenos Aires.

2 TOCQUEVILLE, Alexis de, *La democracia en América*, trad. Del francés, Fondo de Cultura Económica, México, 1978, p. 47 y ss., conceptos destacados en el estudio introductorio de Enrique González Pedredo, ps. 16-19.

mas puntales de democracia directa (plebiscitos y consultas) e incluso, con el derecho de participación pública de los ciudadanos.

El tema de la democracia ha sido objeto de innumerables trabajos en el campo de la ciencia política y del derecho constitucional, desde diversos ángulos y orientaciones doctrinarias.

Por una parte, quienes postulan el Estado de derecho basado en el principio de la separación de los poderes conciben a la democracia como una forma de Estado, cuyos gobernantes resultan elegidos por elección popular y cuyas notas fundamentales son la alternancia de los mandatos, la independencia del poder judicial y la defensa de las libertades del hombre.

La teoría de la representación juega un papel fundamental en la formación natural de los consensos democráticos que naturalmente deben lograrse en las deliberaciones parlamentarias o en los acuerdos que celebren las fuerzas políticas. En tal sentido, la Constitución argentina, es terminante al prescribir en su artículo 22 que: *El pueblo no delibera ni gobierna, sino por medio de sus representantes y autoridades creadas por esta Constitución. Toda fuerza armada o reunión de personas que se atribuya los derechos del pueblo y peticione a nombre de éste, comete delito de sedición.*

García de Enterría, siguiendo a Sartori, ha escrito que "el gobierno de la mayoría es solo una forma abreviada del gobierno de la mayoría limitada, que respeta los derechos de la minoría"[3] y que la clave para resolver los problemas de la falta de consenso en una democracia se encuentra en el sistema normativo que determina la forma de la resolución de los conflictos[4].

El problema de los consensos de la democracia se plantea, singularmente, en aquellos países que se han visto ante la necesidad de acordar condiciones de paz para poner término a movimientos subversivos generalizados y de larga duración. Estos acuerdos de paz no se encuentran, en general, regulados en las Constituciones de Iberoamérica.

Con prescindencia del aspecto dogmático de las Constituciones formales la cuestión merece ser analizada a la luz de los principios y razonamientos de las teorías que han expuesto los cultores de la ciencia y filosofía política, no solo para tener una idea de la dimensión del problema que se plantea, sino de su factibilidad práctica.

---

3 GARCÍA DE ENTERRÍA, Eduardo, *Democracia, Jueces y Control de la Administración,* 1ª ed., Civitas, Madrid, 1995, ps. 65-66.

4 Ibidem, ps. 67-68.

Muchos de esos movimientos subversivos coinciden con las ideas de buena parte de la llamada filosofía crítica, del pensamiento gramsciano y el de los postmodernos, así como de la teoría de la razón populista propugnada por Ernesto Laclau, con la colaboración de Chantal Mouffe. Por otra parte, la imposibilidad de lograr acuerdos de paz estables con fuerzas políticas radicalizadas dificulta una solución exitosa, en tanto dichas fuerzas no abandonen la praxis revolucionaria que las anima y abdiquen de sus pretensiones hegemónicas.

La violencia que predican y practican los líderes de la izquierda populista constituye el mayor obstáculo para alcanzar la paz interior ya que como se ha dicho "los populismos del tipo que sean llevan consigo siempre en peligro: la fabricación de un enemigo al que hay que culpabilizar de todo lo que va mal y, por tanto, al que hay que eliminar"[5].

Cabe advertir que, entre todos los enemigos que sustentan tendencias ideológicas radicalizadas hay uno que tiende a eternizarse en el poder y que persigue, finalmente, la aniquilación de la democracia. Esta acusación se justifica plenamente si comparamos los populismos de la derecha ideológica (de los cuales al final se sale) y los de la izquierda radicalizada que se eterniza en el poder, utilizando la democracia (vgr. Venezuela) o directamente prescindiendo de ella (el caso de Cuba) con un régimen de partido único que encarna una de las versiones del moderno comunismo.

2. EL POPULISMO LATINOAMERICANO Y SUS RAÍCES

Las raíces del populismo latinoamericano no son autóctonas. Se trata de un fenómeno político que constituye una derivación o modalidad de los regímenes totalitarios europeos más radicales (comunismo, nazismo y fascismo), con los que tiene en común su filiación filosófica, al igual que resultan análogas las características típicas que exhiben.

Este camino no ha sido hasta ahora seguido y se observa la ausencia de una crítica integral[6] del fenómeno populista latinoamericano, que ha que-

---

5 Cfr. Ariño, Gaspar, *Populismo y Democracia. La izquierda populista en España,* editorial Noesis, Madrid, 1916, ps. 45-46.

6 En cambio, la literatura partidaria del populismo radicalizado de izquierda es tan amplia y variada como intelectualmente profunda, véase entre otras cosas: Laclau, Ernesto, *La razón populista,* ed. Fondo de Cultura Económicas, Buenos Aires, 2013, 7ª reimpresión.

dado como en la superficie de su propia historia. De ahí el interés que el estudio y análisis filosófico-político de este fenómeno (extendido actualmente en España) debería provocar en los operadores políticos y en los ideólogos que actúan como consejeros o inspiradores de los gobernantes que los suceden los cuales, cuando triunfan sobre los populismos, suelen desconocer las fortalezas y debilidades de quienes han sido desalojados del poder.

No hemos pensado en exponer aquí una visión totalmente original, sino más bien de buscar en las concepciones filosóficas europeas y mostrar su conexión con los regímenes totalitarios populistas para luego examinar la transmisión de esa genética en los populismos latinoamericanos.

Desde ya, corresponde señalar que muchas de las notas que permiten caracterizar a un determinado régimen latinoamericano como populista radicalizado de izquierda también están presentes en algunos gobiernos democráticos cuyos dirigentes tienden a concentrar y abusar del poder, de la manera tan bien descripta, por Montesquieu, hace más de dos siglos.

El acervo común de los populismos como en los inicios del régimen chavista de Venezuela lo anticipó Brewer-Carias: –estriba en el ejercicio de la violencia que practican todas las revoluciones-, aún la bolivariana, que se autodefinió como una revolución pacífica[7], enmascarándose en formas aparentemente democráticas. Al respecto, Brewer-Carias, expresaba en 2001, que:

> La mayoría de nuestro país, sin duda, quería cambios radicales, pero no para que un Presidente pretendiera encarnar, el solo, la Ley y el Estado. Queríamos un cambio en libertad y sin autoritarismos. Por ellos preocupa el discurso oficialista de la supuesta "revolución pacífica", lo que es contradictorio con la historia, que enseña que las revoluciones son siempre violentas, y con la práctica de las ejecutorias públicas del gobierno, que han sido más bien violentas. Por ello los venezolanos comienzan a tomar conciencia de que la libertad puede quedar perdida, por haber quedado el país en manos de un liderazgo antidemocrático. Por ello, el dilema que continuamos teniendo los venezolanos es cómo lograr los cambios inevitables, indispensables y necesarios que requiere el país y la sociedad en libertad y sin perder la democracia, la cual no es, precisamente, la culpable del deterioro, ni está en su destrucción el camino para la reconstrucción de la Nación[8].

---

7 Véase: BREWER-CARIAS, Allan Randolph, *Historia y crisis política en Derecho y Sociedad,* Revista de Estudiantes de Derecho de la Universidad Monte Ávila N° 3, Caracas, 2002, ps. 217-244, texto de la conferencia pronunciado por el distinguido jurista en el año 2001 y reproducido en el libro: *La mentira como política de Estado. Crónica de una crisis permanente,* Caracas, 2015, p. 34 y ss.

8 *Ibidem,* p. 36.

2.1. Características del populismo latinoamericano

En cierto sentido, todos los partidos o movimientos políticos resultan populistas en tanto buscan halagar y seducir a diferentes sectores del pueblo –preferentemente las masas– para conseguir sus votos. Pero, en el plano de la lógica estricta del poder, el populismo latinoamericano es otra cosa. Es la construcción de una identidad colectiva, una suerte de estadio superior de la demagogia, cuyo objetivo consiste en configurar un sistema de gobierno basado en un decisionismo personal hegemónico de duración indefinida.

Este populismo constituye un género que aglutina distintos modelos de Estado, todos los cuales, en mayor o menor medida, son totalitarios. En la escala de los modelos populistas hay un orden de mérito según sea el grado de los significantes y formas totalitarias que imponen. Los máximos exponentes han sido los comunismos soviético y chino, el nazismo y el fascismo en Europa, el castrismo y, últimamente el chavismo venezolano, así como los modelos que han intentado replicar este último –aunque parcialmente– en algunos países de Latinoamérica (como Argentina y en menor medida, en Ecuador y Bolivia), si bien la copia no es del todo fiel al arquetipo que se proponen seguir.

La Europa del siglo XX tuvo que soportar sistemas populistas (tanto de izquierda como de derecha) francamente totalitarios, caracterizados por la absorción, por parte de un líder omnipotente y su gobierno, de las personas y organizaciones de la comunidad. La característica que exhibieron los regímenes populistas más extremos no radica tanto en el significante político que utilizaron, sino en la técnica de estructuración del poder. Su influencia sobre el populismo latinoamericano no puede ser desmentida, a la luz de la realidad de los hechos históricos.

En efecto, hubo una similitud en los ejes en que se apoyó la construcción tanto del nazismo como del fascismo para estructurar el poder. Estos ejes, estrechamente interrelacionados, fueron principalmente el decisionismo de un líder carismático y la hegemonía política absoluta centrada en ese liderazgo personal. Esto implicó una abierta ruptura con el principio de separación de poderes que constituye uno de los presupuestos basales de cualquier democracia auténtica. Esta última concepción –como es sabido– articula un sistema de frenos y contrapesos que impide que el poder sea ejercido en forma abusiva, a diferencia de los regímenes populistas en los que un líder omnipotente e infalible basa su poder en una legitimación de origen popular a partir del triunfo obtenido en una primera elección democrática.

Para mantener la hegemonía política, los líderes del populismo totalitario del siglo pasado echaron mano a mecanismos de confrontación permanente, basados en la dualidad amigo-enemigo, llegando hasta la cárcel y muerte de opositores y disidentes, algo que aquella legitimidad de origen jamás podría justificar.

Esa confrontación se lleva a cabo por un líder que ejerce el poder sin límite temporal alguno. De ahí que se postule su reelección indefinida como símil de un liderazgo, de duración indefinida, que invierte los términos de la ecuación representativa al pasar a ser la encarnación del pueblo y su guía espiritual. El líder no representa al pueblo, sino que una parte del pueblo representa al todo y encarna al líder.

Con esa inversión, al convertirse una parte en todo el pueblo se pretende justificar que el líder disponga de la suma de poder público y que la función de los jueces deje de ser la de controlar sus actos para pasar a legitimar el poder hegemónico del Ejecutivo.

Ello no constituye un mero matiz del sentido de la representación, sino que es la verdadera esencia del poder que se nutre del falso afecto que prodiga el líder con habitual hipocresía hacia los sectores más necesitados de la población a los que halaga con medidas demagógicas que, lejos de resolverlas, acrecientan las carencias sociales.

No obstante, en el ejercicio del poder absoluto, el movimiento populista va acumulando múltiples reacciones en el seno de la sociedad, los cuales, al no encontrar solución a sus demandas, en algún momento se unifican provocando la caída del régimen populista ya sea por el voto popular o por la fuerza (por ejemplo, la caída del muro de Berlín).

En ese escenario, resulta por demás obvio que los derechos humanos –comenzando por el derecho a la vida– carezcan de valor alguno, prohibiéndose la difusión de toda crítica al líder y al movimiento o partido que lo encarna.

3. EL SIGNIFICANTE POLÍTICO

Mientras las voces opositoras carecen de posibilidades para expresar sus opiniones e ideas, los sistemas populistas buscan la homogenización del pueblo mediante el despliegue de un relato que procura mantener vivo el conflicto fabricado contra un enemigo elegido como blanco del ataque y consecuente exterminio.

Con diferentes significantes políticos seleccionados como enemigos (el imperialismo o el capitalismo norteamericano) la revolución cubana, acudió a similares técnicas, para estructurar su poder hegemónico, combinándolas con algunas provenientes del marxismo-leninismo y de otras vertientes del socialismo revolucionario, en un proceso que alcanzó a confundir, en su momento, a más de una cabeza pensante del llamado progresismo democrático.

Algo similar acontece con el nuevo populismo latinoamericano, que tiene al chavismo de Venezuela como su máximo exponente, el que no difiere mayormente, del clásico populismo europeo, aunque reniegue de sus raíces y desconozca su ligazón con las técnicas totalitarias de esos regímenes, simulando que adopta una forma de socialismo compatible con la democracia, en un proceso de acceso al poder en el que la operación hegemónica resulta decisiva.

A ese denominador común, los teóricos del populismo le adjudican el nombre de significante, el cual no constituye un símbolo totalmente vacío de contenido, ya que su vacuidad obedece a que es un significante sin significado político predeterminado, es decir, que puede ser cualquiera que elija el líder hegemónico de turno. En cualquier caso, el líder tratará de que coincida el significante con la demanda social de mayor centralidad.

Todo ello demuestra que, como acontece en todas las ideologías posmarxistas que procuran imponer el llamado socialismo del siglo XXI, estamos en presencia de una construcción artificial cuyo verdadero objetivo es impedir el juego de las fuerzas espontáneas y reales de la sociedad y de la democracia para mantener la hegemonía política del movimiento populista.

En su afán hegemónico, el populismo latinoamericano eligió a la prensa independiente como el símbolo que aglutina la confrontación aun cuando este significante difícilmente pueda ser compartido por los diversos sectores de la sociedad civil[9]. Este ha sido su gran error pues, a la corta o a la larga, esa política conducía a la destrucción de la identidad colectiva que se pretendía construir y el régimen solo puede mantenerse por la fuerza revolucionaria y la de los grupos de choque –civiles o paramilitares– que mantienen una militancia activa y violenta subordinada a los líderes autoritarios de turno.

---

[9] El diario Clarín, uno de los medios periodísticos independientes argentinos, fue seleccionado como el enemigo número uno del gobierno kirchnerista difundiéndose, hasta por vías oficiales, letreros con la frase "*Clarín miente*", lo que constituyó un claro error habida cuenta que se trataba de un medio de gran difusión en el pueblo.

Como todo populismo, el que se instaló en Iberoamérica continúa la herencia de variadas filosofías y teorías políticas, nacidas en el proceso de secularización. Aunque este no es el lugar para hacer un análisis a fondo de estas influencias no podemos dejar de advertir que las corrientes que alimentan los populismos, cuando entronizan al respectivo líder, practican una especie de religión política en la que el carisma y el espíritu gnóstico juegan un papel central.

4. INFLUENCIAS FILOSÓFICAS Y POLÍTICAS SOBRE EL POPULISMO

En el campo de la filosofía moderna, la prescindencia de lo real y la primacía consecuente de la idea o pensamiento sobre la realidad que postula Hegel constituye el punto de partida de la mayoría de los movimientos populistas. En este sentido, si bien el marxismo sustituye el idealismo hegeliano por el materialismo histórico, echa mano a buena parte de los elementos que componen el sistema de Hegel y, al igual que otros populismos, utiliza las piezas y fundamentos que caracterizan esta construcción filosófica.

Hegel ha sido, en general, muy mal comprendido por buena parte de los filósofos y pensadores políticos que no han sabido captar, salvo excepciones[10], la trascendencia de la interpretación histórica-filosófica que propuso Marx, ni, por ende, su proyección a los movimientos populistas modernos.

Por de pronto, conceptos como alienación, liberación y metodologías como la dialéctica clásica, pueden considerarse la base del pensamiento de Marx y Engels y aunque estrictamente no sean sus discípulos, no se puede desconocer que Hegel ha sido precursor de ambos.

En primer lugar, al definir Hegel al Estado como "*la realidad en el acto de la idea moral objetiva*"[11] manipula la realidad de tal modo que todo lo racional es real y viceversa, lo que hace posible, entre otras consecuencias, la construcción de la "*razón populista*" de Ernesto Laclau[12], principal inspirador de los movimientos populistas latinoamericanos. La construcción

---

10 WEIL Eric, *Hegel y el Estado,* trad. del francés del libro *Hegel et l'État,* ed. Negelkop, Córdoba, 1970, p. 7 y ss y Komar, Emilio *El Nazismo. Una perspectiva transpolítica,* ED. Sabiduría Cristina, Buenos Aires, 2005, p. 79 y ss.

11 Hegel, Jorge Guillermo Federico, *Principes de la Philosophie du Droit,* trad. por Jean Hippolitte, ed. Galimard, 6ª ed., París, 19440, p. 190.

12 LACLAU, Enesto, *La razón populista...,* cit., p. 15 y ss.

filosófica hegeliana abandona la concepción de la realidad como sustancia para pasar a la realidad como sujeto, o sea, como idea que se va creando en forma sucesiva. Hegel parte de una síntesis a priori que lo lleva juntar el sujeto con el objeto. Concibe esa síntesis como una unión de los opuestos, en la que lo negativo es algo positivo y viceversa, así como lo finito es también infinito, superándose los opuestos mediante su conciliación a través de la unión de lo universal con lo individual, de la libertad objetiva (o voluntad sustancial) con la libertad subjetiva (conciencia individual)[13].

Ahora bien, el populismo precisa consolidar el vínculo de equivalencias (demandas no satisfechas) mediante el deslinde de una frontera interna que defina cuál es el enemigo común (lo que responde a la misma lógica articulada por Carl Schmidtt) en su teoría decisionista. Al propio tiempo, emplea la categoría del significante como denominador común con el objeto de evitar las dispersiones y proliferación de los agentes que actúan en una sociedad heterogénea.

El líder ocupa un lugar central en la teoría de la razón populista de Laclau y, en este sentido, –sin exhibirlas de un modo explícito– asoman advertibles analogías con el decisionismo schmidttiano[14], aspecto que Laclau se ha empeñado en esquivar, probablemente por el temor, que acucia a todo el progresismo radicalizado, de nombrar a intelectuales que dieron sustento doctrinario y apoyo científico al régimen hitleriano.

Un asunto no menor es el relativo a las discrepancias y coincidencias con sus fuentes filosóficas. En efecto, como la construcción social que propone pretende asumir un carácter universal y totalizador (aunque constituida solo por una parte del pueblo), coincide con Gramsci y con Marx en el sentido de que lo universal de la construcción social hegemónica no implica una barrera que separe al Estado de la sociedad civil, como pensaba Hegel. Pero, está de acuerdo con este último y no con Marx, en que esa nueva construcción colectiva, dotada de universalidad, no configura una clase determinada sino una voluntad colectiva, es decir, una construcción política integrada por elementos heterogéneos. De ahí, mientras Marx postuló la extinción del Estado, Gramsci habla del "*Estado Integral*" (construcción a la que denominó hegemonía), de manera de provocar una identificación

---

13 HEGEL, Jorge Guillermo Federico, *Principes…*, cit. P. 191.

14 Véase: Schmidtt, Carl, *Les trois types de pensée juridique,* trad. Del alemán por Mirta Koller y Dominique Seglard, con presentación de esta última jurista, ed. Puf, París, 2015, p. 97 y ss. y ps. 62-67 de la presentación de Seglard.

entre la nueva construcción colectiva y el Estado, o sea, una absorción de la sociedad civil por el Estado.

Finalmente, hay una conexión entre la filosofía crítica de la Escuela de Franckfurt con Gramsci y los posmodernos que buscan el descentramiento de la persona y la dispersión[15], mediante la creación de discriminaciones inversas y de un lenguaje que denominan inclusivo que tiende a borrar la naturaleza de los sexos[16].

5. REFLEXIONES FINALES: NECESIDAD DE REAFIRMAR LA DEMOCRACIA REPRESENTATIVA

No todo es color de rosa para el populismo latinoamericano, ya que la acumulación de reacciones en su contra se potencia por la generación de sus efectos disvaliosos caracterizados por la alta inflación que provoca una política distributiva demagógica que desalienta el trabajo y la productividad, al dilapidar recursos públicos que invierte en obras innecesarias y en publicidad oficial, entre otras cosas prescindibles. La inseguridad, el narcotráfico y la corrupción generalizada, así como la ausencia de instituciones sólidas y confiables en el seno del Estado son factores que influyen en la caída de los regímenes populistas y, en ese escenario, hablar de inclusión social constituye otra de las grandes falsedades del relato, pues en vez de lograr disminuir la pobreza ha adoptado medidas que provocan su crecimiento.

Los supuestos logros que exhibe el relato populista, basado en la mentira sistemática, no solo dejan de convencer a los ciudadanos, sino que producen, como principal reactivo, la unificación de las demandas de una auténtica democracia, en la que el populismo ya no puede enmascararse para subsistir. La experiencia concluye con la derrota en las urnas, como ha ocurrido el año pasado con el chavismo en Venezuela y el kirchnerismo en Argentina en el 2015, así como con la frustrada reelección de Evo Morales en Bolivia y, últimamente, con las elecciones argentinas de 2023 que ha puesto fin al populismo radicalizado de izquierda.

---

15 QUINTANA, Eduardo, *Teorías críticas del Derecho. Perspectiva iusfilosófica,* Comunicación leída en la Academia Nacional de Derecho y Ciencias Sociales de Buenos Aires, el 7 de julio de 2023 (en prensa).

16 Vid, nuestro artículo *El trasfondo ideológico en el debate sobre el lenguaje inclusivo,* publicado en La Nación el 7/01/2023.

Aunque sus raíces provengan del populismo europeo del siglo XX, el nuevo populismo latinoamericano pretende ser democrático y social. Esta pretensión implica una de las simulaciones más absurdas de la historia política porque la democracia es incompatible con el desprecio de las minorías producto de la confrontación permanente que alienta la praxis revolucionaria.

La defensa de la democracia de consensos demanda una lucha intelectual contra el populismo que no puede basarse exclusivamente en la construcción de un nuevo relato. Hay que prevenir la recaída de la enfermedad mediante el desarrollo de todas las instituciones y potencias sociales en un clima de libertad y justicia en el que impere la separación de poderes. Hay que tener en cuenta que le populismo, que siempre surge en situaciones y de graves crisis económicas e institucionales, con altos indicios de corrupción, tiene una capacidad extraordinaria para reaparecer bajo formas aparentemente democráticas. De ahí, que la necesidad de fortalecer las instituciones del Estado de derecho constituya el objetivo primordial de toda política democrática que tienda a la restauración de sus valores, especialmente de las libertades y de la paz social.

Por último, existe un elemento en la mayoría de los Estados democráticos de Europa y de Iberoamérica que no solo conspira contra los consensos en el funcionamiento eficaz del régimen que gobierna un país, sino que se ha convertido en un elemento disolvente de la propia democracia, generando una suerte de vacío de poder que conduce a la anarquía, antesala del populismo radicalizado.

El mismo consiste en la destrucción de la forma representativa de gobierno que se opera tanto por obra de las tendencias hacia un sistema parlamentario paralizante (como el que rigió en Francia antes de la Constitución de 1958 y rige actualmente España, entre otros) y de los sistemas de representación proporcional que han provocado la fragmentación de las fuerzas políticas, bloqueando la posibilidad de lograr gobiernos y políticas suficientemente representativas.

En nuestra opinión, los sistemas basados en el bipartidismo (mayoría y minoría) son los más adecuados para la estabilidad de una democracia representativa, amenazada hoy día también con la pretensión de instituir formas de democracia directa mediante instrumentos que conducen al totalitarismo de izquierda o de derecha, como lo demuestra la experiencia histórica.

Democracia: conflicto y consenso[1]

SERGIO DE ANDRÉA FERREIRA[2]

1. El Estado de Derecho surgió en oposición al Estado policial, con la sujeción del poder a la ley (*legem patere quam fecisti*) y la afirmación de los derechos individuales frente a ese poder. Se rige, por tanto, por el principio de legalidad. El súbdito se convierte en ciudadano.

2. Su expresión más completa es la democracia, una forma de asociación política. El Estado democrático de derecho se basa en garantizar la libertad y la igualdad, a lo que se añade la dignidad de la persona humana; los privilegios son inadmisibles.

2.1. En él, el poder político originario pertenece al pueblo. Se trata de la soberanía popular, cuyo ejercicio es constructivo del Estado; y permanece a perpetuidad bajo los rasgos de alteración y revisión.

2.2. De él deriva el poder constituyente, formado por representantes del pueblo, tal como se expresa en los preámbulos de las cartas políticas nacionales.

2.3. Surge el poder constituido, ejercido directamente por el pueblo o, en su nombre, por representantes elegidos. Es el gobierno del pueblo, según la fórmula tradicional, *"todo poder emana del pueblo y se ejerce en su nombre"*.

2.3.1. Desde que la forma directa de democracia, en la que el pueblo decide en asamblea, se ha hecho inviable, se ha pasado de la democracia representativa pura, en la que el gobierno del pueblo se ejerce a través de sus representantes elegidos, a la democracia mixta o semidirecta, que combina

---

1 Traducción: Profesora *Zora Zanuzo*

2 Miembro de la Academia Brasileira de Letras Jurídicas; del Instituto de Direito Comparado Luso-Brasileiro; de la Academia Brasileira de Ciências Econômicas, Políticas e Sociais; y de la Academia de Letras, Artes e Ciências. Miembro efectivo del Instituto dos Advogados Brasileiros. Catedrático de Derecho Administrativo de la Universidade do Estado do Rio de Janeiro. Desembargador Federal del Tribunal Regional Federal 2ª Região, retirado. Ex Miembro del Ministério Público do Estado do Rio de Janeiro. Abogado e Consultor.

esta última con instrumentos de participación popular inmediata, como el plebiscito, el referéndum, la iniciativa popular y la revocación de mandato.

2.4. Considerando que son los representantes del pueblo, estos representantes deben actuar y decidir de forma fiel a la voluntad popular.

3. Mientras que la república se refiere al gobierno, del que es una de las formas posibles, la democracia es una modalidad política que califica, en su esencialidad, a la asociación constituida por el pueblo.

3.1. Este es, por tanto, el primer elemento a considerar en el concepto, estructuración y vivencia de la democracia.

4. Como asociación política, la democracia será más, o menos, estable en función de la cualificación de la sociedad que la constituye.

4.1. Estas cualidades, que hacen más saludable la vida en común, se basan, entre otros factores, en la ética y el respeto mutuo, incluido el respeto a las opiniones y posiciones diferentes.

4.2. La política está permanentemente vinculada a las estructuras sociales, y las desigualdades tienen un impacto significativo en la democracia, y en la representación política dentro de ella; son un obstáculo para su mejora y pleno ejercicio.

4.3. Un entorno social que padece patologías como la violencia, el crimen organizado y la corrupción no puede vivir un verdadero ambiente democrático.

5. Además, cabe destacar la gran revolución en términos políticos y sociales provocada por la relevancia de las nuevas tecnologías de la información y la comunicación, sin perjuicio de los medios de comunicación tradicionales. Se ha identificado una *ciberdemocracia.*

5.1. Giuliano Da Empoli, en *"Los ingenieros del caos"* (Editora Anaya Multimedia, 2020), comenta la influencia de estas tecnologías en la democracia representativa:

> De hecho, su principio fundamental, la intermediación, contrasta radicalmente con el espíritu de la época y hacen posible la desintermediación en todos los ámbitos. Así, sus plazos -necesariamente largos porque se basan en la exigencia de elaborar y firmar compromisos- suscitan la indignación de los consumidores acostumbrados a ver satisfechas sus demandas con sólo pulsar un botón. Incluso en los detalles, la democracia representativa aparece como una máquina diseñada para herir el ego de los adictos al selfie. ¿Cómo que voto secreto? Las nuevas convenciones hacen posible, o al menos pretenden hacerlo posible, que todo el mundo se fotografíe en cualquier ocasión, desde conciertos de rock hasta funerales. Pero si intentas hacerlo en la cabina de vo-

tación, ¿todo queda anulado? No es el trato al que nos tienen acostumbrados Amazon y las redes sociales.

5.2. Y las noticias falsas, las teorías de la conspiración, la propagación del miedo y el odio se extienden, influyendo en las elecciones.

6. La forma de democracia en nuestros países es representativa, con atenuantes, gracias a la previsión, ya subrayada, de institutos como el referéndum, la iniciativa popular y el plebiscito.

6.1. Sin embargo, hay pocos ejemplos de utilización de estos instrumentos. Así, en la actual Constitución brasileña, desde 1988, solo hubo un plebiscito (*república o monarquía*); un referéndum (*comercialización de armas de fuego y municiones*); y cuatro iniciativas populares (*caso penal Daniella Perez; creación del Fondo Nacional de Vivienda de Interés Social; ley de registro limpio; prohibición de compra de votos*).

7. La representatividad política se ve afectada por diversos problemas, como las manchas del multipartidismo distorsionadas por la pulverización de los partidos, poco disciplinados y poco alineados en cuanto a ideas y objetivos, a menudo dominados por grupos o familias locales.

7.1. Todavía en términos de pluralismo, existe la patología del elitismo competitivo: pluralismo limitado a las élites, sin la necesaria diversificación representativa de los distintos segmentos sociales, desde el punto de vista económico, étnico y de género.

7.2. Enumeremos también: a) los ciudadanos de a pie son incapaces de seguir cuestiones más complejas; b) no existen instrumentos eficaces de control y presión sobre los representantes; su principal temor político son las repercusiones de sus acciones y omisiones, en términos de reelección.

7.3. Además, la representación en las Cámaras Legislativas, formadas por los representantes del pueblo, debe ser proporcional, no mayoritaria, para que los distintos grupos políticos puedan participar en este foro de decisión.

7.3.1. En Brasil, la representación es proporcional en la Cámara de Diputados (*representación del pueblo*) y mayoritaria en el Senado (*representación de las unidades federativas*).

8. Para que exista una verdadera democracia, debe haber un consenso básico, basado en valores éticos y jurídicos y en el respeto a los componentes que la identifican.

8.1. De ahí la existencia de un marco constitucional, un marco de legitimidad. La Constitución, como pacto social, es el elemento fundamental del consenso básico democrático.

9. Por su naturaleza asociativa, los pueblos están constituidos por individuos, y en su seno existen diferencias de intereses, necesidades, propósitos, opiniones, actitudes e ideas, por lo que los desacuerdos son inherentes al entorno democrático, y en su forma aguda generan conflictos.

9.1. A su vez, los intereses comunes de un grupo se convierten en objeto de las instituciones políticas y de las organizaciones de la sociedad civil, que luchan por ellos.

9.2. De este modo, se forman grupos de interés y se crean *lobbies* como herramienta legítima, e incluso necesaria, para representar a estos grupos, que pueden ser económicos, identitarios o de causa.

9.2.1. El *lobbying* debe utilizar métodos legítimos, incluida la transparencia, porque si utiliza medios ilícitos es ilegal.

9.2.2. Modernamente se habla de *advocacy*, instrumento destinado más a defender causas que sectores.

10. Un entorno democrático exige que las diferencias de opinión puedan coexistir, sin que ello conduzca a un enfrentamiento, es decir, a un intento de anular al otro. Es el desacuerdo, la controversia, no el enfrentamiento, la destrucción; el antagonismo disruptivo.

10.1. Las discrepancias son inherentes a la escena democrática, pero en ella los adversarios deben tratarse como adversarios, no como enemigos.

10.2. Se reconoce el conflicto, pero el camino a seguir es encontrar la coexistencia a pesar de las diferencias; se busca *"evitar la crisis"*.

10.2.1. Es cierto que *crisis*, en latín, significa un cambio en una condición patológica, *"para bien o para mal"*.

10.2.2. La evolución semántica ha llevado al concepto de *"situación grave en la que los acontecimientos de la vida social, rompiendo los esquemas tradicionales, trastornan la organización de alguna, algunas o todas las instituciones integradas en la sociedad"*.

11. La democracia debe hacer posible que se oigan voces diferentes. Los movimientos de protesta existen porque muchos grupos no pueden intervenir en las decisiones. En Europa ha surgido el lema *"tenemos voto, pero no tenemos voz"*.

11.1. Además, no basta con votar si todos los partidos ofrecen propuestas similares: un verdadero voto tiene sentido si se puede elegir entre diferentes proyectos políticos.

11.2. La democracia no puede limitarse a elegir representantes, es decir, no puede limitarse a *autorizar*, en una relación entre el elector y el elegido.

12. Las observaciones de Maquiavel, hace cinco siglos, siguen siendo válidas: *"El conflicto es un indicio de que hay libertad, de que los intereses de una parte no han subyugado totalmente a los de otra"*.

12.1. El antagonismo político es, pues, una manifestación de resistencia a los modelos de dominación vigentes en la sociedad. De este modo, la domesticación de los antagonismos significa la acomodación a estos patrones.

12.2. Sin embargo, el objetivo de eliminar, o al menos mitigar, los obstáculos a la verdadera democracia no se alcanzarán por medios utópicos. Tampoco es aceptable buscar la calma política acomodándose a las minorías.

12.3. La Constitución brasileña tiene, como valor supremo del Estado Democrático, la existencia de una *"sociedad libre, justa, fraterna, solidaria, pluralista y desprejuiciada"*; fundada en la armonía social; y comprometida, en el orden interno e internacional, con la solución pacífica de las controversias (*arts. 3º, I, y 4º, VII*).

13. Se puede afirmar que los mecanismos de negociación, mediación, conciliación y acuerdo se desarrollan efectivamente en la sociedad contemporánea.

13.1. Existen instrumentos de convergencia dentro del propio derecho público. De ahí que se hable de pactos federativos, asociaciones, convenios, acuerdos de clemencia y acuerdos de no enjuiciamiento.

14. Sin embargo, en contraste con este panorama, se extiende el ambiente de radicalización y extremismo, sin olvidar los atentados y actos terroristas.

14.1. En la búsqueda de una solución a los contenciosos políticos, asistimos hoy a su *"judicialización"*, recurriéndose a los Tribunales Constitucionales para que interfieran en el proceso político.

14.2. En nuestro continente, a lo largo de la historia, hemos sido testigos de la intervención de las Fuerzas Armadas en este proceso. Muchos atribuyen legitimidad a las Fuerzas Armadas porque tendrían papel de poder moderador.

15. Ante los problemas que enfrenta la democracia, han surgido las llamadas *"democracias adjetivadas"*; mientras que la *"democracia no adjetivada"* es una denominación que abarca a la democracia en sí misma; es decir, como régimen político, en la forma en que es aceptada por el sentido común y las ciencias sociales.

16. Una de las cualificaciones democráticas es la llamada *democracia de consenso.*

16.1. Sus partidarios subrayan que uno de los aspectos definitorios de la teoría política de las últimas décadas ha sido el *"declive del conflicto"*.

17. Debido en gran parte a la prevalencia del principio mayoritario, existe una notable falta de precisión sobre en qué consiste el consenso.

17.1. Es un término que ha adquirido un significado vago con límites indefinidos, válido para describir cualquier forma de llegar a un acuerdo, sin que ninguna de las partes se sienta derrotada.

17.2. En su sentido literal clásico, *consenso* significa ausencia de controversia, desacuerdo u oposición; unanimidad. La palabra procede del latín, *consensus* (*cum* + *sensus*), uniformidad de opiniones, unanimidad de pareceres.

18. En el contexto de nuestro tema, podemos identificar un *macroconcepto* y un *concepto específico* de *democracia de consenso.*

19. En el primer caso, consideramos la figura del *consenso,* dentro del medio social, de la asociación que, políticamente, lleva el carácter de democracia.

20. El objetivo de la democracia consensual es aplicar efectivamente el sistema de toma de decisiones por consenso al proceso legislativo. Se caracteriza por una estructura de toma de decisiones que se alcanza consensuando el mayor número posible de opiniones, lo que implica una transacción y no requiere votación.

20.1. El sistema trata de evitar que las opiniones minoritarias no sean tenidas en cuenta por los sectores hegemónicos, seguros de obtener la mayoría de los votos.

20.2. La democracia de consenso se ilustra en la práctica de algunos países de Europa Occidental, como Suiza y Bélgica, donde el consenso es parte integrante de la cultura política, especialmente con el fin de evitar la preponderancia de un grupo lingüístico o cultural en el proceso político de la nación.

21. Los críticos del consenso subrayan que el pluralismo político, como reflejo de la pluralidad de la asociación que estructura la democracia, im-

plica necesariamente la *diversidad*. El objetivo, hay que subrayarlo, es disponer de los instrumentos para que los desacuerdos no desemboquen en violencia, golpes de Estado o guerra civil.

21.1. La exacerbación del conflicto hace inviable la vida en común. Y si es propio de la política, también lo es tener como objetivo la construcción de una *unidad*, por pequeña que sea, que permita la vida en sociedad. Pero reconocer la importancia de esta preocupación no elimina el antagonismo de las disputas políticas.

21.2. Los conflictos pueden resolverse, pero el objetivo no es establecer un *consenso* que dé lugar a una sociedad completamente reconciliada.

21.3. Ya se ha dicho que *"la idea de unidad no implica necesariamente un acuerdo continuo, pero es esencial construir un consenso que conduzca a la armonía en la convivencia"*.

22. La política democrática debe entenderse, como subraya Chantal Mouffe, como una práctica de negociación de las diferencias, y no como un espacio de eliminación de conflictos. La democracia no consiste en alcanzar un estado de equilibrio, como desea el ideal liberal o la utopía del pensamiento crítico.

22.1. La autora afirma que, al sustentar su *doctrina agonística*, pretendía dar una respuesta democrática, basada en premisas realistas:

> Hay que reconocer que el reto fundamental de la democracia no consiste en encontrar procedimientos para alcanzar un consenso integrador. Tenemos que partir de una perspectiva realista y examinar cómo podemos pensar en la posibilidad de una democracia pluralista. Esta es realmente la cuestión central de mi reflexión: cómo, partiendo del reconocimiento del antagonismo, dar una respuesta democrática. La tarea fundamental es considerar la coexistencia humana sin negar esta dimensión de antagonismo y conflicto.

23. Hay que reconocer que el pluralismo tiene límites, de modo que se impidan demandas ilegítimas dentro de la sociedad; demandas que cuestionan los propios principios políticos que la organizan.

23.1. Una vez establecidos los valores fundamentales que informan nuestra convivencia política, se establecen las limitaciones al ejercicio de las libertades y derechos, de forma que se dote de regularidad a dicho ejercicio.

23.2. Lo que es constitucionalmente ilegal no puede sobrevivir en el seno de una asociación política, porque podría conducir a su autodestrucción. Existe una base de consenso, pero si bien debe permitir la diversidad entre varias interpretaciones, no es admisible una interpretación que conduzca a la ilegitimidad.

23.3. Así pues, los intentos de subvertir los valores e ir más allá de las limitaciones constitucionales son ilegítimos, y quienes hacen lo contrario no pueden, según Chantal, ser considerados opositores legítimos, sino *"enemigos"* de la democracia. Mouffe pone un ejemplo: *"Creo que un partido que se declara nazi no puede participar en elecciones ni elegir representantes"*. En este terreno, no puede haber neutralidad.

24. Por otra parte, en su acepción micro, el consenso es un tipo de procedimiento adoptado en la toma de decisiones en medios colegiados.

24.1. Este sistema pretende llegar a un *decisum* que satisfaga a todos los miembros del grupo; discuten una propuesta y la modifican hasta llegar a un texto con el que nadie esté en desacuerdo.

24.2. Suele utilizarse en organizaciones en las que la participación del decisor es esencial para la ejecución de la decisión; pero ha sido menos habitual en aquellas en las que el órgano decisor no tiene capacidad ejecutiva en cuanto a lo acordado; como ocurre en la relación legislativo-ejecutivo.

24.3. Los estudiosos señalan históricamente la toma de decisiones por consenso en la Liga Hanseática; actualmente es practicada, entre otros organismos, por la OTAN, en su Consejo Atlántico, y por el Comité Militar de la Unión Europea.

24.4. Se trata de un proceso complejo y a menudo largo. Además, el resultado final puede presentar ambigüedades e imprecisiones.

24.4.1. Cuando el consenso es inalcanzable, existen expedientes, como la llamada *abstención activa* del discrepante.

24.5. Predomina el sistema mayoritario y su aplicación es más sencilla. La preocupación debe ser preservar el peso de las minorías, lo que puede lograrse adoptando un quórum cualificado.

25. Otros tres tipos de democracia: *democracia deliberativa, democracia de coalición* y *democracia participativa.* Veamos la primera.

26. Según la corriente *deliberativa,* el procedimiento democrático no puede ser sólo un método de autorización de los gobiernos, como ya se ha subrayado. Tiene que ser una forma de ejercicio colectivo del poder político, basado en un proceso libre de exposición de razones entre iguales.

26.1. Reintroduce la discusión sobre la participación ciudadana en el debate público, a partir del elemento discursivo y de su papel como principio que garantiza la legitimidad del sistema democrático.

26.2. En la teoría *deliberativa*, la fuente de legitimidad no es la voluntad predeterminada de los individuos, sino el proceso de su formación.

26.3. Dado que las decisiones políticas se imponen a todos, es razonable garantizar que, para que sean legítimas, todos tengan derecho a participar en la deliberación.

27. El segundo tipo es la *democracia de coalición*.

28. El sistema presidencialista de gobierno se enfrenta a serios obstáculos que ponen en peligro su gobernabilidad.

28.1. El presidente puede no tener una mayoría clara (a menudo su partido ni siquiera tiene la bancada más numerosa); necesita negociar con varios grupos políticos para formar un gobierno denominado de coalición. Además, necesita formar un equipo ministerial que pueda dar cabida a la coalición.

28.2. El gobierno de coalición se caracteriza precisamente por el hecho de que, en el presidencialismo, el jefe del ejecutivo se ve obligado, para obtener apoyo parlamentario, a admitir la participación de varios partidos políticos en distintos sectores administrativos, incluidos los que no formaban su base electoral; incluso pueden tener líneas ideológicas diferentes. A menudo se crean nuevos ministerios específicamente con este fin.

28.3. Los autores afirman que el fenómeno de las coaliciones no se limita a unos pocos países. Su combinación con el presidencialismo hereda rasgos del parlamentarismo. Subrayan que la teoría de las coaliciones es objeto de una amplia literatura internacional.

29. Resulta que una formación saludable de gobiernos de coalición requiere acuerdos interpartidistas encaminados a la consecución de objetivos establecidos conjuntamente, con vistas a la estabilidad del gobierno.

29.1. Es cierto, sin embargo, que la realidad muestra que lo que se establece, en general, es la política del *"toma y daca"*; y los partidos que, en principio, serían de oposición, lo que buscan es dominar secretarías de Estado que disponen de una cantidad importante de recursos. No dan un amplio apoyo efectivo al Ejecutivo, sino que negocian, a nivel tópico, el apoyo en el Legislativo a los puntos de la agenda de realizaciones que pretende la Presidencia, en línea con el programa de gobierno prometido durante la contienda electoral.

30. Otro tipo de *"democracia adjetivada"* es la *"democracia participativa"*.

31. Sus teóricos, en su lucha contra las élites, afirman que la democracia no es solo un sistema político anclado en disposiciones institucionales legitimadas por el voto, sino más bien un modo de existencia social que permite a los individuos desarrollar sus capacidades mediante una participación constante en los asuntos administrativos y políticos. Así pues, esta participación en las decisiones que afectan a sus vidas es un componente clave del fortalecimiento de la democracia.

31.1. Gabriel Vitullo, en sus *"Teorías alternativas de la democracia"*, subraya que la participación contribuye a la construcción de un ciudadano libre y activo que se esfuerza por compartir el poder con los demás.

31.2. Según los adeptos, las decisiones generadas son cualificadas en la medida en que permiten tener en cuenta un mayor número de intereses en juego; y son mejores como resultado de un debate social más amplio, profundo y enriquecido.

31.3. De acuerdo con Norberto Bobbio, la cuestión ahora ya no es solo *quién vota*, sino, sobre todo, *dónde*.

32. *"Participar"* tiene dos significados: *"tomar parte"* en un procedimiento; o, específicamente, *"ser"* parte de un organismo.

32.1. Existen diversas formas de *participación política y administrativa*, cada una con su propia identidad jurídica, su propia naturaleza de derecho.

32.1.1. Hay participación vinculante y no vinculante; decisoria (*cogestión*); consultiva. La participación orgánica se produce cuando el participante forma parte de un organismo público.

33. Los instrumentos de participación suelen ser los que caracterizan a los procedimientos de democracia semidirecta, como ya se ha mencionado.

El artículo 14, § 12, de la carta política brasileña prevé *consultas populares* sobre cuestiones locales en las elecciones municipales.

33.1. Por su parte, la Constitución colombiana establece, en su artículo 1°, que la república es *democrática, participativa y pluralista*, con prevalencia del interés general.

33.1.1. En la disposición subsiguiente, al enumerar los fines esenciales del Estado colombiano, destaca *"la participación de todos en las decisiones que los afectan y en la vida económica, política, administrativa y cultural de la Nación"*.

34. En cuanto a la participación en la administración pública, el abanico de instrumentos para ello es amplio, incluyendo *consultas y audiencias públicas*.

34.1. La propia Constitución brasileña, en su artículo 37, § 3°, establece que *"la ley regulará las formas de participación de los usuarios en la administración pública directa e indirecta"*.

34.2. Un instituto significativo es el presupuesto participativo, implantado, en 1989, en la ciudad de Porto Alegre, capital del estado brasileño de Rio Grande do Sul. La ONU lo considera una de las 40 mejores prácticas de gestión pública urbana del mundo. Por su parte, el Banco Mundial reconoce este proceso de participación popular como un ejemplo exitoso de acción conjunta entre el gobierno y la sociedad civil.

35. La participación popular incluye no sólo al Ejecutivo, sino también a los poderes Legislativo y Judicial.

35.1. La participación de las *organizaciones de la sociedad civil* en las *audiencias públicas* realizadas por las Comisiones del Congreso Nacional y sus Cámaras: art. 58, § 2°, II, de la Constitución Brasileña.

35.2. Con relación al Poder Judicial, en Brasil podemos citar la Ley 9.868/90, que, en materia de *Acción Directa de Inconstitucionalidad y de Constitucionalidad*, prevé la realización de audiencias públicas para esclarecer cuestiones o circunstancias de hecho, o en caso de notoria falta de información. Esto se hace mediante el testimonio de personas con experiencia y autoridad en la materia (arts. 9°, § 1°, y 20, § 1°).

35.2.1. Cabe agregar la figura del *amicus curiae*, contemplada en el art. 138 y §§ del Código de Proceso Civil brasileño.

36. El *control social* es diferente de la *participación popular*, expresión del poder político.

36.1. Esta última, subraya Ayres Britto, es objeto de un derecho público subjetivo, que permite a los particulares, mediante la obtención de informaciones, denuncias y quejas, *"penetrar en la intimidad de los cargos públicos para reconstruir hechos o averiguar responsabilidades"*.

37. Terminamos citando a Bobbio, que así lo afirma en su *El futuro de la democracia (una defensa de las reglas del juego)*:

> La vida política se desarrolla a través de conflictos que nunca se resuelven definitivamente, y cuya resolución tiene lugar mediante acuerdos momentáneos, treguas, pero también tratados de paz más duraderos, y éstos son las constituciones.

Referencias

ABRANCHES, Sérgio Henrique Hudson de. Presidencialismo de Coalizão: o dilema institucional brasileiro. Rio de Janeiro. Revista de Ciências Sociais, vol. 31, nº 1, 1988, p. 5-34.

ALCÂNTARA, Pedro Henrique G. de. Outras formas de entender a democracia: as teorias da participação e da deliberação, Jundiaí: Paco Editorial, 2019.

BIANCHINI, Fernando Novelli. Democracia representativa sob a crítica de SCHMITT e Democracia participativa na apologia de TOCQUEVILLE. Campinas. Millenium Editora, 2014.

BOBBIO, Norberto. O futuro da democracia. Uma defesa das regras do jogo; tradução de Marco Aurélio Nogueira. Rio de Janeiro/São Paulo: Paz e Terra Editora, 2023.

BRITO, Bruna. O poder que emana do povo: análise da democracia participativa diante da realizada da sociedade brasileira. Independently Published

COUTO, Lucas; SOARES, Andélito; LIVRAMENTO, Bernardo. Presidencialismo de coalizão: conceito e aplicação. Revista Brasileira de Ciência Política. 2021. N.º 34, p. 1-39.

FICARRA, Marina Falcão de Barros Carvalho. Democracia participativa no mundo e no Brasil: uma solução à crise da representatividade. Belo Horizonte/São Paulo: D'Plácido Editora, 2021.

FIGUEIREDO, Lucia Valle. Instrumentos da administração consensual. A Audiência pública e sua finalidade. Rio de Janeiro, RDA, 230, p. 237/250.

MEDAUAR, Odete. Administração Pública ainda sem democracia. São Paulo. Revista Problemas Brasileiros, n.º 256, p. 38.

MIGUEL, Luis Felipe. Consenso e Conflito na democracia Contemporânea. São Paulo: Editora UNESP, 2017.

MIGUEL, Luis Felipe. *Democracia e Representação: territórios em disputa.* São Paulo: Editora UNESP, 2014.

MONTEIRO, Maurício Gentil. Democracia participativa e as novas tecnologias de informação e comunicação: desafios e perspectivas. Appris Editora, 2020

MOREIRA NETO, Diogo de Figueiredo. Audiências Públicas. Rio de Janeiro. RDA, 210, p. 11-23.

MOREIRA NETO, Diogo de Figueiredo. Novas tendências da democracia: consenso e direito público na virada do século – o caso brasileiro. Rio de Janeiro. Revista de Direito da Procuradoria Geral. 2003. N.º 53.

OLIVEIRA, Gustavo Henrique Justino de. As audiências públicas e o processo administrativo brasileiro. Foz do Iguaçu. Congresso de Direito Administrativo Sul-Americano. 1997.

PEREZ, Marcos Augusto. A Administração Pública democrática. Belo Horizonte. Fórum. 2004, p. 168-178.

PIERINI, Alexandre José. Presidencialismo de coalizão: raízes e evolução do modelo político brasileiro

RAMOS, Aura Helena et al. Democracia y conflicto en contextos pluralistas: entrevista com Chantal Mouffe. Revista História, Ciências, Saúde – Manguinhos, Rio de Janeiro. Vol. 21, nº 2, Abril/junho de 2014, p. 749-763.

RECK, Janrié Rodrigues. O direito das políticas públicas: regime jurídico, agendamento, formulação, implementação, avaliação, judicialização e critérios de justiça. Belo Horizonte. Fórum. 2023.

SANTOS, Boaventura de Souza; AVRITZER, Leonardo. Introdução para ampliar o cânone democrático. In SANTOS, Boaventura de Souza (Org.). Democratizar a Democracia: os caminhos da democracia participativa. Rio de Janeiro. Civilização Brasileira Editora, 2002.

SIMON, Henrique Smidt. Democracia de consenso e jurisdição constitucional: alguns efeitos de decisões do Supremo Tribunal Federal para o presidencialismo de coalisão. Revista do Programa de Pós-graduação em Direito da UFC, Vol. 42.1, Janeiro/ Junho de 2022, p. 65-92.

TAE, Young Cho. Governança corporativa: abordagem jurídica da experiência brasileira. Rio de Janeiro. Lumen Juris, 2015.

Democracia y gobernabilidad[1]. Apuntes para una teoría de la gobernabilidad en el contexto paraguayo

JOSÉ A. MORENO RUFFINELLI[2]

1. INTRODUCCIÓN

Los dos términos que conforman el núcleo de este trabajo, "gobernabilidad" y "democracia", constituyen conceptos claves de la teoría política, y de allí la dificultad que conlleva cualquier intento de realizar una aproximación al tema. Además, la pregunta de si es posible la gobernabilidad bajo un sistema político democrático resulta de entrada altamente problemática. En efecto, como acertadamente ha señalado un autor, la democracia responde a la lógica de la igualdad política en tanto que la gobernabilidad pretende ajustarse a la lógica del poder. De modo que se vislumbra de antemano la posible tensión entre estos dos conceptos (Coppedge).

De cualquier manera, sometemos a consideración del lector algunas ideas sobre la cuestión y su aplicación a la coyuntura paraguaya, no tanto con pretensiones de rigor científico, sino más bien desde la perspectiva de la experiencia y de la reflexión, con la intención de proporcionar algunos elementos que sirvan para la elaboración de una teoría de la gobernabilidad en el contexto paraguayo.

La riqueza de matices que envuelve a nuestro tema nos obligará a concentrarnos, por razones de espacio, en tan solo algunos puntos genéricos, con lo cual corremos el riesgo de dejar de lado aspectos importantes. No obstante, nos referiremos a algunos ítems que a nuestro modo de ver resultan importantes por cuanto que constituyen posibles focos de ingobernabilidad en nuestro sistema político. De más está decir que no pretendemos

---

1 Estas ideas fueron esbozadas para su presentación en este Congreso, que tiene un tiempo limitado de exposición.

2 Abogado y Doctor en Derecho y Ciencias Sociales de la Facultad de Derecho y Ciencias Sociales por la Universidad Nacional de Asunción. Ex ministro de Relaciones Exteriores de Paraguay.

ser exhaustivos en el análisis, sino más bien provocar una reflexión más profunda sobre estos temas.

Nuestra exposición se desarrollará de la siguiente manera. En primer lugar, presentaremos tres críticas que con frecuencia se dirigen hacia algunas de las instituciones establecidas por la Constitución de 1992 desde el punto de vista de la gobernabilidad. En segundo término, nos ocuparemos de un fenómeno al que denominaremos "cultura de la confrontación" y que actúa como factor de ingobernabilidad. Posteriormente, nos referiremos a la delicada situación que atraviesan las democracias no consolidadas cuando la gobernabilidad se mide en términos de éxito a la hora de alcanzar condiciones socioeconómicas mínimamente aceptables. Seguidamente esbozaremos algunas ideas muy genéricas acerca de cómo podrían afrontarse algunos de los problemas tratados. Finalmente, realizaremos algunas consideraciones sobre el valor de la democracia como único sistema político actual capaz de legitimar el empleo del poder político.

2. TRES ASPECTOS CONSTITUCIONALES

En 1992, Paraguay se otorgó su primera constitución auténticamente democrática desde que en 1811 naciera a la vida independiente. Evidentemente, esto de por sí constituye un factor que debería obligarnos a valorarla positivamente. Por lo demás, la Constitución del 92, sobre todo en materia de derechos y libertades públicas, presenta una regulación notablemente progresista. Quizás sea por eso por lo que el avance más sensible de la transición democrática se haya producido precisamente en este ámbito, lo cual no implica en modo alguno que no existan todavía muchas falencias por remediar[3]. No obstante, el tema de los derechos fundamentales excede el marco de esta exposición, razón por la cual no haremos mayores alusiones

3 Nos referimos sobre todo a los derechos que son tradicionalmente considerados como libertades públicas, ya que es obvio que en materia de derechos socioeconómicos no hubo avances significativos, salvo la estabilidad macroeconómica, que ayuda a lograrla parlamentarista de tipo europeo. Entre las virtudes de este modelo, supuestamente destacarían una mayor flexibilidad ante los vaivenes de la política, con el consiguiente incremento de la capacidad del sistema político para absorber las crisis políticas que pudieran surgir de manera institucional y sin resquebrajamientos demasiado traumáticos para el sistema. Por supuesto que no se puede saltar con tanta facilidad hacia el parlamentarismo sin tener en cuenta el sistema de partidos vigente en nuestro medio, lo cual, dada su caracterización, añadiría más dificultades al problema. Pero sobre este tema volveremos más abajo.

a este tema. Nos limitaremos por tanto a exponer aquí algunas críticas que han sido formuladas contra la parte orgánica de la Constitución, en especial sobre tres puntos específicos que guardan relación con el problema de la gobernabilidad, materia ésta en la que sí parece haberse producido un evidente estancamiento.

a) En primer lugar, se ha señalado que el régimen presidencialista consagrado por la Constitución no favorece la gobernabilidad. Ello es así, en primer lugar, por la lógica misma del presidencialismo como sistema del "*winner takes all*", es decir, de la lógica mayoritaria que predispone continuamente a la confrontación (Alcántara, Nino). En segundo lugar, y esto es quizá más grave aún, el tipo de presidencialismo consagrado por la Constitución constituye un presidencialismo débil, en el cual, en el juego de equilibrio entre poderes, el poder administrador del Estado aparece notoriamente constreñido en su accionar, notándose por el contrario que las atribuciones y mecanismos de control que el Congreso ejerce sobre aquel parecen hacer tambalear el sistema de equilibrio entre los poderes del Estado (JC Mendonca). Un ejemplo de esta situación se refleja claramente en materia de elaboración del presupuesto general de la nación, donde el Congreso puede, con toda libertad, modificar el proyecto de presupuesto presentado por el poder ejecutivo de manera totalmente irrestricta, aumentar los gastos sin siquiera tener que indicar los medios necesarios para afrontarlos, e incluso crear nuevos impuestos.

Naturalmente, todo esto resulta contrario a las prácticas que con distintos matices aparecen en países como Italia, España, Inglaterra, Estados Unidos, y otros, donde se tiende a poner énfasis en la prevalencia del poder ejecutivo en materia presupuestaria, ya que se entiende que es precisamente dicho poder del Estado quien "administra" la cosa pública. Este caso constituye tan solo un ejemplo de un sistema que en líneas generales se ha volcado por debilitar notoriamente las atribuciones del poder ejecutivo. Esta tendencia quizás fue comprensiblemente motivada por el fantasma del autoritarismo que asechó a la asamblea constituyente en el momento de elaboración de la Constitución, pero que a la vez impidió que se tomaran en cuenta todos los factores relevantes, como es el caso de la eventual gobernabilidad del sistema que se estaba diseñando.

Ante este cuadro, hay quienes se han preguntado si no hubiera sido mejor abandonar el presidencialismo de inspiración americana hacia un modelo.

Una vez optado por el modelo presidencialista, un segundo problema que hace al diseño institucional de la Constitución del 92 es el del mantenimiento de una estructura bicameral en el Congreso que ha sido acusada de estéril y de ineficaz. En efecto, el escaso tamaño y población del país, la relativa homogeneidad de ésta, unidos a la forma de organización unitaria del Estado consagrada por la Constitución, hacen dudar acerca de la conveniencia de esta configuración, quizá más propia, aunque en modo alguno exclusiva, de países federales.

Es cierto que se predican del bicameralismo muchas virtudes, como, por ejemplo, la de evitar la toma de decisiones apresuradas favoreciendo la ampliación del debate y de la deliberación, la de permitir un mecanismo más en el juego de pesos y contrapesos entre los distintos poderes, o la de ser apta para configurar un Congreso representativo de todos los sectores de la población y de zonas geográficas con intereses propios. No obstante, cabe preguntarse si estos requerimientos podrían conjugarse de una manera más equilibrada con las exigencias de la gobernabilidad, entendida como la capacidad para tomar decisiones efectivas en tiempo oportuno, de manera a lograr un diseño que permita un mayor rendimiento sin dilapidación de tiempo y de recursos y que al mismo tiempo tienda a salvaguardar las exigencias de una democracia deliberativa con amplia representatividad en el marco de un equilibrio armonioso entre los poderes del Estado.

Insistiendo un poco más en el tema de la representación, notamos que la Constitución establece que la Cámara Baja "es la Cámara de representación departamental". Sin embargo, no se ha logrado, en la práctica, el objetivo buscado, cuál era el de lograr la representación plena en el Congreso de los intereses de todas las zonas geográficas del país. Estos doce años de experiencia constitucional han demostrado que los diputados departamentales electos parecen responder más a sus respectivos partidos o movimientos políticos que a los departamentos de donde provienen, lo cual a su vez genera que sus electores no se sientan verdaderamente identificados con sus congresistas. Todo esto no hace sino reforzar las dudas acerca de la eficacia del bicameralismo tal cual éste se halla configurado en la Constitución.

El tercer problema de diseño institucional que pretendemos remarcar es el de la descentralización. Se ha señalado la íntima conexión entre la gobernabilidad y la descentralización. Así, Huntington ha escrito que "la gobernabilidad de una sociedad en el plano nacional depende de la medida en que es gobernada eficazmente a niveles subnacionales, regionales, locales, funcionales e industriales". Este es un ideal que merece toda nuestra aprobación. Lo malo es que el diseño institucional de la Constitución del 92 ha creado estructuras de descentralización bastante pesadas, que implican altas erogaciones presupuestarias, pero a las que en realidad le han sido conferidas atribuciones demasiado tímidas que no posibilitan un autogobierno regional en términos cabales.

Tal es el caso de las "gobernaciones" creadas por la Constitución, cuyas funciones se limitan en la práctica primordialmente a tareas de "coordinación", y no de creación y ejecución de políticas sustantivas, en donde siguen permaneciendo a la sombra del aparato central. De este modo, se ha perdido la ocasión de hacer que estos entes descentralizados produzcan una descarga en cuanto al número de demandas que pesan sobre el gobierno central, lo cual muchas veces puede generar, según los teóricos de la gobernabilidad, el colapso del sistema para dar respuesta a más exigencias de las que de hecho está capacitado para asumir.

3. LA CULTURA DE LA CONFRONTACIÓN FACCIOSA

Hasta aquí llegaremos en cuanto a las críticas al diseño institucional establecido por la Constitución del 92. Ahora pasaremos a referirnos a lo que denominaremos "cultura de la confrontación". Con esta expresión queremos designar un patrón de conducta de los actores políticos que no resulta muy propicio para generar condiciones óptimas de gobernabilidad. Comenzaremos por los partidos, ya que las conclusiones que extraeremos aquí con relación a éstos pueden extenderse a otros actores políticos, como los sindicatos y otros movimientos o grupos de la sociedad civil.

Nos guste o no, es un hecho que el Estado democrático sea, hoy por hoy, un Estado de partidos, y de allí la trascendencia de que estos revisten como actores políticos en las sociedades contemporáneas. Es importante, entonces, que los partidos políticos dejen de lado la cultura del enfrentamiento faccioso de tipo *schmittiano* a favor de una cultura orientada a la buena ordenación de los problemas que plantea la vida en común. La situación en nuestro país ha llegado a extremos tan dramáticos que la población aparece sumida ante un típico caso del dilema del prisionero, donde se cuestiona si tiene algún sentido seguir acatando las reglas para la ordenación de la vida en común o si resulta más conveniente que cada uno haga por su cuenta lo que más le convenga, sin importar el efecto que esto pudiera tener finalmente sobre todos. Así, los partidos tradicionales, y también los nuevos partidos que se han sumado en esta etapa de transición –como así también los sindicatos y diversos movimientos sociales–, no han logrado ponerse de acuerdo en buscar soluciones a los problemas y necesidades más acuciantes de la sociedad.

Esta cultura de la confrontación facciosa explica, por ejemplo, el fracaso en llevar adelante una auténtica reforma del Estado que disminuya el gigantismo estatal utilizado con fines clientelistas, reemplazándola por una estructura prestadora de servicios estatales más moderna, dinámica, eficiente, y capaz de dar respuesta a las necesidades de la población.

También explica el fracaso de una estrategia frontal y comprometida de todos los sectores en contra de la corrupción generalizada que ha llegado a niveles intolerables, tanto en el seno de las instituciones públicas y de las prácticas políticas cotidianas, como también a todos los sectores de la vida social. Por lo demás, bien sabemos que la corrupción, sobre todo cuando se halla "institucionalizada", tiene un efecto absolutamente corrosivo sobre la gobernabilidad de cualquier sistema. Buena prueba de ello es el alto grado de desconfianza en sus instituciones y en la clase dirigente en general que la población demuestra año tras año en las encuestas realizadas sobre el tema. Aquí, naturalmente, desempeña un papel fundamental la justicia, la cual también se halla aquejada de una mala imagen ante la ciudadanía que no hace sino agregar un ingrediente más a la crisis.

Se impone, pues, un cambio en la cultura política, para pasar de la política de la confrontación a una política centrada en el bien común. Burke distinguía entre las facciones y los auténticos "partidos". Las primeras representan solo "una lucha mezquina e interesada por la conquista de puestos y de remuneraciones", en tanto que los auténticos partidos se organizan sobre la base de algún principio particular que sus integrantes tienen en común, pero con la finalidad de promover el interés nacional. Por eso afirmaba este notable pensador inglés que el Parlamento no es una lucha de intereses, sino la asamblea deliberante de una sola nación, con un solo interés, el del todo. Creemos que aún en las sociedades modernas y pluralistas profundamente divididas en cuanto a opiniones políticas y asediadas por conflictos de todo tipo, esta idea presenta un desafío muy atractivo que merece ser recogido por la clase política paraguaya con la finalidad de reorientar la praxis política hacia una cultura del diálogo y de la búsqueda del consenso, al menos allí donde las cuestiones a resolver resultan tan vitales que ya no pueden ser postergadas.

4. CRISIS SOCIOECONÓMICA Y GOBERNABILIDAD

Hasta ahora nos hemos concentrado, en primer lugar, en señalar algunos posibles focos generadores de ingobernabilidad, primero con referencia a ciertas instituciones establecidas en la Constitución del Paraguay, y luego con relación a algunos hábitos poco saludables de su cultura política. Ahora nos toca abordar el último de los temas que nos habíamos propuesto al inicio, relacionado al éxito de las políticas públicas como factor de gobernabilidad. Y es que, en efecto, en los países en vías de desarrollo, el término "gobernabilidad" adquiere una notable connotación socioeconómica, tomándose de este modo en cuenta la capacidad del sistema político de producir resultados económicos que aseguren el crecimiento sostenido y la superación de la marginación social, de las desigualdades dramáticas, y de la pobreza extrema.

Resulta obvio que un diseño institucional ineficaz y una cultura política poco proclive a la gobernabilidad, terminarán por bloquear, paralizar y anular cualquier intento de llevar adelante políticas públicas adecuadas que den respuestas a las necesidades colectivas. Pero aquí de lo que se trata es de un asunto distinto, a saber, si es que la democracia, como sistema político, es capaz de generar políticas públicas eficientes. El riesgo de volver al pasado como consecuencia de un mal gobierno refleja una realidad latente en muchos de nuestros países.

Es evidente que para salir de la crisis socioeconómica en la que se halla sumergido el Paraguay, aunque se halla mejor que otros países de la región, se requieren medidas urgentes. Pero, como bien señala un autor (Przeworski), las reformas económicas a corto plazo suelen ser negativas para la consolidación democracia. En América Latina, estas reformas han generado inflación, desempleo, y desajustes en la colocación de recursos, así como cambios volátiles en la renta relativa, y un marcado declive en el consumo. En pocas palabras, la democracia no tiene, lastimosamente, un camino fácil con las reformas económicas. Otro destacado politólogo, Linz, reconoce que en sociedades que tienen serios problemas sociales y económicos, donde importantes segmentos de la población sufren graves privaciones, el sistema democrático que no pone en marcha relativamente pronto cambios socioeconómicos sobresalientes, será desafiado por el descontento de las masas. El resultado puede producir conflictos violentos y una crisis de gobernabilidad.

A todo esto, se debe añadir la existencia de factores exógenos que ejercen una tremenda presión sobre las condiciones internas de gobernabilidad. Nos referiremos aquí tan solo a dos de ellos. En primer lugar, el rol negativo que pueden jugar el FMI y otras instituciones financieras internacionales en los procesos de consolidación democrática. En efecto, en América Latina el fracaso de las "recetas" digitadas desde estos organismos han sido la regla y no la excepción. Y, en segundo lugar, la incidencia de un mundo globalizado e interdependiente económicamente, cuyas reglas de intercambio comercial resultan todavía injustas y poco favorables para los países pobres, tal como se ejemplifica en la negativa de los países ricos de acceder, a través de los foros pertinentes (como la OMC), a la eliminación de los subsidios agrícolas que atentan contra la lógica misma del sistema de libre comercio que con relación a otros ámbitos se trata de hacer prevalecer.

5. ¿QUÉ HACER PARA FAVORECER LA GOBERNABILIDAD?

Ante tanta dificultad, ¿qué se puede hacer para preservar la legitimidad de la democracia, es decir, para hacerla más eficiente, para volverla, en una palabra, gobernable? Lastimosamente no poseemos recetas que ofrecer para salir de lo que parece ser un infranqueable círculo vicioso, salvo algunas intuiciones de carácter muy general que el sentido común parece dictar.

En primer lugar, creemos que una de las virtudes de la democracia consiste en que ella permite, según la idea de Popper, corregir continuamente los arreglos institucionales que no han logrado funcionar efectivamente en la práctica. De modo que los problemas relacionados a los defectos institucionales que impiden el desarrollo de políticas públicas –entre los cuales hemos mencionado al inicio solo algunos de estos posibles defectos limitándonos al ámbito específico de la Constitución– pueden y deben ser sometidos a un amplio proceso de discusión y deliberación públicas que involucren a todos los sectores políticos y sociales, con la finalidad de propiciar un diálogo acerca de cuáles deberían ser los arreglos institucionales que merecen ser conservados y dónde y de qué manera deberían introducirse los cambios necesarios que posibiliten la plena y eficiente ejecución de las políticas públicas perseguidas.

En segundo lugar, si la cultura política entorpece la gobernabilidad, esto solo puede superarse mediante una predisposición hacia una voluntad real de cambio, de reorientación, en donde los actores políticos, tanto los partidos institucionalizados como los sindicatos, movimientos sociales, y la sociedad civil en general, entiendan de una buena vez que las reglas de la democracia constituyen *"the only game in town"* (Linz), y que si no existe una voluntad de todos para actuar más allá de los meros intereses particulares y desterrando la cultura de la corrupción, terminaremos en un "espiral de ingobernabilidad" (Pasquino) que nos arrastrará hacia una guerra hobbesiana de todos contra todos. El objetivo de lograr una sociedad bien ordenada únicamente puede lograrse mediante un consenso en los grandes temas que hacen al interés colectivo (Rawls).

Naturalmente que a largo plazo debe insistirse además en políticas educativas que inculquen en la ciudadanía en general los valores necesarios para una convivencia democrática y generar así una sociedad civil más fuerte y comprometida, que sea capaz de sustentar con mayor firmeza las reglas del juego democrático, a la vez de generar también una conciencia ética acerca de las responsabilidades cívicas de todo buen ciudadano a la hora de contribuir al sostenimiento de los valores citados. Es cierto que actualmente vivimos en lo que Bobbio llamó "el tiempo de los derechos". Pero esto no debería hacernos olvidar nuestra responsabilidad como ciudadanos, lo cual debería movernos a reflexionar que, en tiempos de crisis, se requiere de un esfuerzo colectivo para salir adelante. Muchas veces se actúa como si el Estado fuera un botín de servicios inagotables, ante lo cual, movidos por el populismo, los políticos comienzan a gastar más de lo que recaudan, y la capacidad del Estado para brindar los servicios requeridos finalmente colapsa. Todo esto no hace sino agravar los problemas que inicialmente se pretendían resolver.

También es cierto que las necesidades vitales de una población sumida en la indigencia no pueden ser postergadas, pero ello no debería conducirnos a la implementación de políticas de carácter demagógico que tanto daño producen a la larga. La sobrecarga de demandas al Estado tampoco debería conducirnos a soluciones neoconservadoras que proponen la vuelta al Estado gendarme. Los gobiernos deben seguir invirtiendo en materias fundamentales como la educación, la salud pública, obras de infraestructura, y otros servicios sociales vitales, además de buscar mecanismos viables para implementar estos programas, como, por ejemplo, a través de los entes descentralizados del Estado.

En cuanto a los factores exógenos que mencionábamos en el apartado anterior, creemos que la salida para los países pobres consiste en lograr acuerdos regionales viables que permitan una presencia fortalecida en el escenario internacional, y en este sentido, el continuo afianzamiento y consolidación del MERCOSUR sigue siendo una tarea vital para el Paraguay. En cuanto a entidades como el FMI, se debería continuar exigiendo a sus tecnócratas una mayor sensibilidad con relación al impacto social de sus recetas y una mayor flexibilidad a la hora de implementarlas, así como bregar, en comunión con otros países que se encuentren una situación similar, por la progresiva democratización de estos entes que carecen de cualquier tipo de *accountability* con respecto a las personas que en última instancia acusan el impacto de sus políticas.

6. ¿ES VIABLE LA DEMOCRACIA?

En este último apartado nos hacemos el siguiente planteamiento: ¿pueden achacarse todos nuestros problemas de gobernabilidad a la democracia? ¿Es ineficaz la democracia como sistema de gobierno para alcanzar el desarrollo socioeconómico? De entrada, afirmamos que no creemos que esto sea así. En efecto, no se puede responsabilizar de todos nuestros males a la democracia, y tampoco podemos exigir de la democracia lo que ésta por sí sola no nos puede brindar. Al fin y al cabo, la democracia es simplemente el conjunto de las reglas del juego, pero el juego, el buen juego, no depende de ella misma, sino de quienes lo juegan. Es por eso por lo que el descontento generalizado que se revela en las encuestas realizadas a lo largo y ancho de toda América Latina, debido a la prolongada insatisfacción de las acuciantes necesidades de una población sumida mayoritariamente en la pobreza, no debería achacarse a la democracia en sí, sino más bien a los particulares arreglos institucionales que hemos escogido, o bien a nuestra propia cultura del egoísmo, sin desconocer la cuota de responsabilidad de las causas exógenas a las que aludíamos más arriba.

No existe, pues, una conexión conceptual necesaria entre democracia e ineficiencia, o entre democracia e ingobernabilidad. Y esto nos conduce a una reflexión final. La democracia *puede* tornarse eficiente, siempre que hagamos bien los deberes.

Pero, además, no deberíamos valorar a la democracia sólo instrumentalmente, es decir, por su capacidad de asegurar la implementación exitosa de las políticas públicas proyectadas. Señalan los politólogos que en América Latina se acepta la democracia casi "por defecto", es decir, por no hallarse a mano otros mecanismos legítimos. Esto es perfectamente excusable cuando sabemos que existen tantas personas que todavía se hallan completamente excluidas del proceso político.

Sostenemos, sin embargo, una visión más positiva de la democracia, que resalte su valor intrínseco. Señalaba Bobbio que el método democrático es el sustituto funcional del uso de la fuerza para la solución de conflictos sociales: el debate en vez del enfrentamiento físico, y después, el voto en vez de eliminar físicamente al adversario.

Creemos, además, en el poder integrador del derecho originado en una comunidad democrática. Tal como señala Habermas, hoy por hoy, las normas jurídicas son todo lo que queda de los pedazos rotos del cemento social. Allí donde todos los demás mecanismos de integración social fallan, el derecho todavía puede proveernos de algunos medios para mantener unidas a sociedades complejas y centrífugas que de lo contrario se desmoronarían. Pero no cualquier derecho puede cumplir esta función, sino un derecho que, por un lado, contemple el régimen de libertades públicas necesarias para el desarrollo de la autonomía personal, y que a su vez obtenga su fuerza legitimadora del proceso deliberativo de toma de decisiones que solo un régimen democrático e inclusivo puede asegurar. En definitiva, tampoco puede haber gobernabilidad allí donde no hay legitimidad, al menos a largo plazo. Hoy en día, la democracia se erige como el único modo legítimo de ordenar la vida en común.

Democracia de consensos en Venezuela

GABRIEL RUAN SANTOS[1]

1. INTRODUCCIÓN AL TEMA

Pienso que para una adecuada comprensión de este trabajo, se requiere precisar algunos términos y conceptos a ser desarrollados en la exposición. En primer lugar, considero más acertado que se haga referencia a una "democracia de consensos" y no a una democracia de consenso, puesto que el consenso (consensus) implica consentimiento inicialmente unánime de dos o más personas o de un grupo sobre un objeto, mientras que la democracia como sistema de gobierno plural se basa en la regla de la mayoría, pues no es posible realmente que una sociedad grande o pequeña pueda funcionar con la regla de la unanimidad; por eso, asumimos que con el concepto *democracia de consensos* nos referimos a un sistema de gobierno históricamente construido sobre la base de múltiples acuerdos de grupos sociales para crear un orden político y no a una entelequia sin existencia concreta en la cual no haya habido ningún disentimiento o disenso, como han pretendido algunos en relación con la corta historia de la democracia en Venezuela.

En segundo lugar, creemos necesario aclarar que nuestro propósito no es hacer un estudio teórico de la democracia, porque ha habido muchos y muy buenos y porque eso estaría muy alejado de nuestro objetivo, sino enfocar el tema en la experiencia venezolana, y dentro de ella específicamente en el régimen democrático instaurado en el año 1958, que duró hasta el año 1998, o sea cuarenta años, el cual fue *paradigma de la democracia en América Latina* por muchos años, aunque para algunos la verdadera democracia de consensos –iniciada con el Pacto de Puntofijo– duró menos años, porque a partir de los años 1990 comenzó una etapa de transición a otro orden político. Desde luego, para entender mejor esa notable experiencia también se hace necesario iluminar brevemente acerca de los antecedentes

---

1 Profesor emérito de derecho administrativo y de derecho tributario de la Universidad Central de Venezuela, Universidad Católica Andrés Bello y Universidad Metropolitana de Caracas. Individuo de Número y expresidente de la Academia de Ciencias Políticas y Sociales de Venezuela.

que condujeron a ella y la evolución que la democracia tuvo en el siglo XX venezolano.

En la historiografía política venezolana, suele haber acuerdo en el hecho de que la mayoría de los gobiernos que ha tenido la república fueron dictaduras o autocracias militares, caudillistas y autoritarias, con fachada constitucional liberal, realidad que se impone con algunas variantes, pero sin interrupción, desde 1830, año de creación del Estado venezolano, hasta la muerte del dictador, general Juan Vicente Gómez, en el año 1935; para luego de un intervalo predemocrático y un ensayo breve de democracia mayoritaria, continuar con la década militar pretoriana y desarrollista del período 1948-1957; pero en lo que respecta a los gobiernos democráticos, no existe entre los autores venezolanos uniformidad de criterios, debido a que entre dichos gobiernos habría diferencias estructurales por su origen, funcionamiento y fines, con respecto a los requisitos esenciales exigidos por la ciencia política al perfil de una democracia moderna.

En esta perspectiva, que parte de la evolución del gobierno representativo hacia la democracia mayoritaria, se debe recordar que la llamada "democracia liberal burguesa" o "democracia formal" –con forma republicana– tuvo su etapa aristocrática hasta bien entrado el siglo XX, durante el cual muchas democracias liberales conservaban sistemas de elección indirecta de sus órganos principales de gobierno y deliberación, derecho de voto reducido a ciertas categorías de habitantes, preservación a ultranza de los derechos individuales frente al Estado, escasa participación en los derechos políticos de la mayoría de la población e inexistente protección de sus derechos sociales. Razones por las cuales muchos autores han calificado a esta etapa como aristocrática, otros como oligárquica, en la cual se daba prioridad a la libertad sobre la igualdad, porque los beneficios del sistema solo alcanzaban a la minoría de la población, como regímenes predemocráticos o democracias restringidas, en el mejor de los casos[2].

Según el politólogo venezolano Juan Carlos Rey, "la democracia responde a la pregunta ¿quién debe ejercer el poder político? Y su respuesta es que debe gobernar el elegido por el conjunto de los ciudadanos", sin que ello implique limitación a su ejercicio. Su meta es la mayor participación

---

2 García Pelayo expresa que el Estado Liberal "corresponde, como decían los liberales alemanes, a las clases con *educación y patrimonio*; o como decían los doctrinarios franceses, a la burguesía, custodia y portadora de la razón y las luces". García Pelayo, Manuel, *Derecho Constitucional Comparado*; en Obras Completas, Centro de Estudios Constitucionales, Madrid, 1991, Tomo I, página 391.

popular en el gobierno y beneficios que proporciona el Estado. Mientras que para el liberalismo esta cuestión carece de importancia, pues lo esencial para esta corriente, "con independencia de quién ejerza el poder, es cuáles deben ser los límites para su ejercicio". El poder público podría ser ejercido por el pueblo, por el rey o por la aristocracia, pero no podría ser absoluto, sino limitado, pues debe el Estado respetar los derechos de las personas y no desconocerlos, de manera que la sociedad civil debe tener un ámbito libre de toda injerencia estatal. "La democracia representativa en cuanto síntesis de los dos principios podría decirse que es una democracia liberal o un liberalismo democrático"[3].

En suma, según el razonamiento seguido por Rey, la democracia representativa así concebida debe responder satisfactoriamente a tres cuestiones: a) ¿quién ejerce el poder público?; b) ¿cómo se ejerce el poder público?; y, c) ¿para quién o en beneficio de quién se ejerce el poder público? El contenido de la respuesta que se pueda dar a estas tres interrogantes nos diría la calidad de la democracia liberal examinada. La primera respuesta requiere como mínimo de elecciones libres, justas y competitivas, con participación activa y pasiva de todos los ciudadanos, para escoger los gobernantes y representantes; la segunda respuesta requiere de límites al ejercicio del poder público, configurados por el Estado de derecho, la separación de poderes, el imperio de la ley, y el respeto de los derechos humanos; la tercera respuesta está referida a quiénes son los beneficiarios de las políticas y decisiones públicas, o sea, al contenido y fines de la acción del Estado, la cual debe atender las necesidades e intereses de todos los sectores de la población, particularmente, los menos favorecidos. La respuesta a cada una de estas cuestiones nos permitirá distinguir las diferentes especies de la democracia representativa y estar en capacidad de reconocer lo que han sido las democracias mayoritarias en el mundo occidental y en especial en nuestro continente.

En una primera etapa, las democracias dieron predominio a la libertad y limitaron drásticamente el poder del Estado para intervenir en la esfera del individuo. Según explica García Pelayo, la burguesía económica y los intelectuales asumieron el poder y para estos grupos sociales lo importante era el despliegue libre y seguro de la personalidad frente al Estado. Por su mayor capacidad material e intelectual, estos grupos asumen la conduc-

---

3 Rey, Juan Carlos, *los tres modelos venezolanos de democracia en el siglo XX,* disponible en Internet: <https://www.academia.edu/15453850/LOS_TRES_MODELOS_VENEZOLANOS_DE_DEMOCRACIA_EN_EL_SIGLO_XX?email_work_card=thumbnail-mobile>.

ción de la sociedad e integran un estrato calificado, que les permite obtener de ella los mayores beneficios, pero tal objetivo

> no podría llevarse a cabo sin el dominio del Estado y para ello se hubo de dar acogida al principio democrático, pero triplemente limitado en cuanto a las fuerzas sociales que iban a ser sujetos activos (sufragio censitario) y a su neutralización por otras fuerzas (cámaras altas, etcétera); en cuanto a la amplitud de su esfera, que se ciñe exclusivamente a la seguridad jurídica, sin pretender penetrar en otros campos (económicos, sociales, etcétera) y en cuanto a su limitación por los principios liberales, tal como lo expresaba Constant.

Es decir, el ejercicio limitado de la soberanía, pues "la universalidad de los ciudadanos no podría disponer de la existencia de los individuos, pues hay una parte de la existencia humana que permanece individual e independiente y que está fuera de toda competencia social"[4]. Hoy en día podría decirse que es el ámbito de los derechos humanos individuales.

Pero el desarrollo mismo de la sociedad –más allá de diferencias ideológicas– propició el ascenso de nuevos grupos sociales, cuya situación vital era diferente de los que enfrentaron al Estado absolutista. Aparecen las clases medias y obreras y el proletariado urbano, los cuales exigen reformas, mayor participación en el Estado y la distribución de beneficios sociales entre los sectores desatendidos. Obtienen el sufragio universal y por ser numéricamente mayoritarios reducen o desplazan a las élites gobernantes, o en el mejor de los casos las obligan a compartir con los nuevos grupos. Estos últimos profesan sentimientos colectivistas frente a los valores del individuo y organizan sus luchas políticas ante la burguesía económica y las instancias públicas en forma solidaria y no competitiva. Se produce la masificación de la democracia y dentro de ella a estos grupos les interesa más la liberación y el ascenso social como grupos o clases que como individuos, inspirados en las diversas expresiones de la ideología socialista. Los partidos políticos de notables, propios de la era aristocrática, ceden el paso a los partidos de masas, propios de la era democrática.

Esta lucha lleva al acceso a la conducción del Estado de estos nuevos grupos, como aliados de las viejas élites o como entidades dominantes y se implanta un nuevo modelo de democracia, que no se limita a los fines básicos de la organización estatal, sino que incorpora a su acción la generalidad de las actividades sociales, como la planificación de la economía, la industrialización, la reforma agraria, la educación, la salud, la seguridad social, etcétera, las cuales son intervenidas progresivamente por el Esta-

---

4 García Pelayo, obra citada, páginas 390 y 391.

do. Surge así la democracia de las mayorías, la cual da preferencia a la igualdad sobre la libertad, y por consiguiente, la acción del Estado deberá garantizar la "igualdad real" de los ciudadanos y no solamente su "igualdad ante la ley" o "igualdad formal", que garantizaban todas las constituciones liberales, pero que se mostraba insuficiente para asegurar la participación de todos. De allí, que la democracia debió incorporar no solamente los derechos constitucionales de libertad sino los derechos constitucionales de prestaciones (económicas y sociales) para todos los grupos sociales menos favorecidos. Se trataba de hacer posible la democracia para todos.

En relación con esta etapa de la evolución democrática, coincido con la posición del filósofo, sociólogo y politólogo argentino Ernesto Laclau, uno de los más famosos estudiosos del populismo, cuando expresó:

> Los Estados latinoamericanos se constituyeron en la segunda mitad del siglo XIX en torno a oligarquías cuya base económica era esencialmente agroexportadora y cuya forma política dominante fue el liberalismo. El mismo éxito de su inserción en el mercado mundial condujo a un rápido proceso de urbanización y a una emergencia de sectores medios, que, hacia la segunda mitad del siglo XX, comenzaron a exigir una participación creciente en el sistema político. Es importante advertir que esta protesta no cuestionaba en forma alguna la forma liberal del Estado, sino que reclamaba la ampliación de sus bases sociales. ... El populismo que estas expresiones anti-oligárquicas podían promover era muy limitado. El momento ruptural no ponía en cuestión el tipo de régimen. Fue sólo después de la crisis de los años treinta que las posibilidades de reforma del Estado liberal-oligárquico se revelaron como ilusorias, por lo que en los años treinta y cuarenta asistimos a rupturas populistas más radicales, como el peronismo en Argentina, el varguismo en Brasil y el MNR en Bolivia[5].

De estas palabras de Laclau, señalo primordialmente que las reformas democráticas no cuestionaban "en forma alguna la forma liberal del Estado" y que la fase populista de la democracia implicaba una ruptura con el tipo de régimen, o sea, con la democracia liberal representativa. De esto se dirá más adelante.

Al poner el foco de esta evolución en Venezuela y con seguimiento de las enseñanzas del profesor Juan Carlos Rey, nos encontramos con una importante distinción dentro del género de las democracias mayoritarias habidas en Venezuela, posteriores a los regímenes predemocráticos de los gobiernos presididos por los generales Eleazar López Contreras e Isaías

---

5 Resaltado nuestro. Laclau, Ernesto; *consideraciones sobre el populismo latinoamericano*; Cuadernos del Cendes, Universidad Central de Venezuela; CDS, vol. 23, num. 63, 2006.

Medina Angarita, entre la democracia de *carácter radical y partidocrático* (período 1945-1948, iniciado por la "Revolución de Octubre") y la democracia *pactista, consensualista o de conciliación de élites* (período 1958-1998, iniciado con la caída del general Marcos Pérez Jiménez y el Pacto de Puntofijo) a las cuales añade Rey, para referirse también al caso venezolano, la *democracia participativa y protagónica* del chavismo (a partir de 1999). La primera se caracterizó por la alianza temporal entre civiles y militares y más tarde por el carácter hegemónico del partido de gobierno (acción democrática) y su escaso respeto de la opinión de las minorías, de allí su carácter sectario o partidocrático, que afectó su duración; mientras la segunda, continuidad de la primera, con el intervalo o ruptura de la dictadura militar desarrollista que gobernó el país hasta el año 1957, fue una democracia plural de partidos, que se caracterizó por las coaliciones partidistas en el gobierno y el reconocimiento de todas las minorías, dando mucho peso al ejercicio consensuado del poder a través de las élites políticas; finalmente, al referirse al período chavista, reconoce que se trata de una democracia simplemente nominal o de fachada, siendo en realidad un régimen *bonapartista* y *pretotalitario*, montado sobre el culto al líder y la ideología populista inicialmente, para dar paso luego a un régimen castrocomunista llamado el "*socialismo del siglo XXI*"[6]. Como veremos en este trabajo, Rey le atribuye el apelativo de populistas a estos tres modelos de democracia, a pesar de reconocer rasgos, matices y grados que ponen diferencias entre ellos.

A nuestro juicio, el mencionado marco histórico contiene diversas modalidades de la democracia representativa en América Latina y particularmente en Venezuela, las cuales motivan respuestas diversas o matizadas a las tres preguntas para calificar a un régimen como democrático o "*test* democrático", así como también comprendería lo que Juan Carlos Rey ha concebido como el propio populismo histórico latinoamericano[7].

---

6 Ver: Rey, Juan Carlos; *los tres modelos de democracia venezolana en el siglo XX*, obra citada.

7 Reconozco ahora que en mis trabajos precedentes sobre el populismo traté de concebirlo en modo universal, incluyendo experiencias de varios continentes y de diversas etapas históricas; en ese enfoque predominó la concepción del populismo como fenómeno degenerativo de la democracia representativa y comprendía movimientos de diversas épocas y latitudes geográficas, no sólo de América Latina, en su conjunto, de Venezuela, de Europa, tanto occidental como central, y hasta de los Estados Unidos de América; así como también, el análisis presente del llamado convencionalmente como populismo, cuyas explicaciones desbordan la extensión y comprensión del concepto y concluyen en la construcción de conceptos negativistas, ambiguos o ambivalentes, en el mejor de los casos. Esta vez, me propongo alejarme de esa visión para tratar de enfocar el fenómeno sin orientación negativista y con reducción a los límites geográficos venezolanos y en

2. DEMOCRACIA DE CONSENSOS O DE CONCILIACIÓN EN VENEZUELA

A pesar del intento notable por establecer una democracia mayoritaria verdadera en Venezuela, originada por la Revolución de Octubre de 1945, realizada por la autodenominada Junta Revolucionaria de Gobierno compuesta por jóvenes políticos y militares, el país no logró establecer una *comunidad política* que integrara a todos los venezolanos, ya que esta democracia si bien satisfacía plenamente el requisito de origen del poder en la soberanía popular, mediante la realización de tres elecciones universales, secretas, directas y masivas, que dieron super mayoría al partido político acción democrática (con porcentajes superiores al 80 % de la votación), el modo de ejercicio del poder fue sectario y hegemónico y no dio efectivo reconocimiento a las minorías, promoviendo un fenómeno de movilización de masas aplastante de toda oposición. Desde el punto de vista de los fines de la acción de gobierno, esta democracia descuidó y hasta persiguió los sectores no afines al partido gobernante, cuya militancia acaparó todos los beneficios del poder. Por ello, ha sido opinión general que las características de esta democracia super mayoritaria provocaron su inestabilidad y corta duración: el frustrado trienio 1945-1948. Así como el retorno de los militares al poder. Según Urbaneja, "lo que había ocurrido en el trienio era un exceso de conflictividad, tanto en el volumen como en la intensidad. Los partidos se habían combatido entre sí sin darse cuartel, en el formato AD contra todos los demás". A lo cual se sumó –añade Urbaneja– el enfrentamiento con la Iglesia y un clima de desasosiego y radicalismo social que había crispado los ánimos y hecho sentirse amenazados todos los sectores acomodados[8].

En el momento de la liberación del país de la dictadura militar presidida por el general Marcos Pérez Jiménez, en el año 1958, todas las élites de los partidos políticos sobrevivientes de la persecución política de esa década militar interpretaron correctamente el sentimiento nacional por la carencia de una comunidad política, que permitiera a los venezolanos convivir pacíficamente, como pluralidad social, en condiciones de justicia,

---

algún momento, ver su correspondencia en otros países de América Latina. Ver: Ruan Santos, Gabriel; *el populismo, destrucción o superación de la democracia*; en obra colectiva, con autores varios, El Falseamiento del Estado de Derecho, coordinación de Allan R. Brewer Carías y Humberto Romero Muci; Academia de Ciencias políticas y Sociales; Editorial Jurídica Venezolana, Caracas 2021, páginas 463 y siguientes.

8 Urbaneja, Diego Bautista; *la renta y el reclamo, ensayo sobre petróleo y economía política en Venezuela*. Editorial Alfa, Caracas, 2013, páginas 192 y siguientes.

libertad e igualdad, y así superar el canibalismo político y el "sentimiento cainita", como decía Rómulo Betancourt, que había prevalecido desde la muerte del general Juan Vicente Gómez y se había intensificado durante el trienio democrático (1945-1948). Según la esclarecida opinión de Andrés Stambouli:

> El prestigio y la legitimidad de las élites dirigentes en sus respectivas bases sociales, a la vez que la voluntad generalizada de construir una comunidad política incluyente, sobre la base del reconocimiento recíproco de su legítima presencia y actividad social, fundamentaron el consenso que permitió resolver la crisis histórica acumulada de gobernabilidad. A este respecto el Pacto de Puntofijo, acompañado de un Programa Mínimo Común de Gobierno, fue emblemático del propósito de restablecer la democracia a partir de la política.

A lo cual añadía que "el consenso ha sido el rasgo predominante del proceso político venezolano durante sus primeros cuarenta años"; aunque "el desacuerdo y el conflicto no estuvieran ausentes"[9]. La celebración del Pacto de Puntofijo,[10] "momento fundacional" de la democracia de consensos en Venezuela, fue sin lugar a duda el momento de mayor entendimiento y concertación habido entre los venezolanos durante toda la historia política del país. A lo cual se sumó que más allá del texto explícito del acuerdo político, la ejecución del Pacto produjo "todo un esquema de conducción política" (Diego Bautista Urbaneja) cuyas reglas y procesos políticos rigieron la democracia venezolana por los treinta años siguientes. Es de destacar que el Pacto de Puntofijo y el Programa Mínimo Común, no obstante, su trascendencia, fueron realmente acuerdos políticos de caballeros. La suscripción del Pacto fue acompañada además de una serie de hechos que coadyuvaron a su éxito: 1. El Pacto de Avenimiento Obrero-Patronal entre los empresarios y los sindicatos, que hizo posible la posposición de las aspiraciones de ambos sectores para consolidar la democracia y el sometimiento de los conflictos a comisiones de avenimiento; 2. El decreto de la Junta de Gobierno Provisional que elevó la participación del Estado en la renta petrolera (goverment take) más allá de la proporción mitad-mitad que venía prevaleciendo desde 1945, para llevarla a la de 60-40, al mismo tiempo que se habían dado seguridades a las concesionarias extranjeras de la permanencia del régimen legal de los hidrocarburos, a fin de au-

---

9 Cfr: Stambouli, Andrés; *la política extraviada. Una historia de Medina a Chávez.* Fundación para la Cultura Urbana. Caracas, 2002, páginas 123-124.

10 Llamado de Puntofijo –no de Punto Fijo– porque su firma ocurrió en la residencia de Rafael Caldera, que se llamaba así.

mentar los ingresos petroleros que permitirían superar la crisis económica generada por el cambio de régimen político, sin perder la cooperación de las concesionarias; 3. El reconocimiento de la autonomía universitaria, mediante decreto ley de la junta de Gobierno, como premio a los sectores universitarios por su valiente participación en la finalización de la dictadura; 4. Los pronunciamientos de múltiples sectores empresariales, profesionales, estudiantiles y gremiales en apoyo a la democracia; 5. La organización de las brigadas universitarias de orden para suplir a los cuerpos policiales disueltos; 6. La redacción del Programa Mínimo de Gobierno que regiría el primer período constitucional; 7. La redacción y aprobación de una nueva Constitución, vía reforma constitucional, con aplicación del procedimiento previsto en el estatuto constitucional de la dictadura, para evitar elección de una asamblea constituyente, reducir la posibilidad de confrontación entre los partidos democráticos adherentes y ganar tiempo en la discusión, aprobación y puesta en vigencia del nuevo instrumento constitucional; 8. Se promovió la negociación y firma del Concordato con la Iglesia católica y se derogó el Patronato Eclesiástico, para disipar las sospechas del catolicismo contra el proceso democratizador.

Los partidos políticos firmantes del Pacto de 1958 fueron Acción Democrática A.D, Unión Republicana Democrática U.R.D y el Partido Social Cristiano C.O.P.E.I, partidos democráticos de masas fundados en la década de los años cuarenta, encabezados por sus líderes históricos Rómulo Betancourt, Jóvito Villalba y Rafael Caldera. Estos tres partidos reflejaban aproximadamente las principales ideologías políticas de occidente: la social democracia, el liberalismo y el social cristianismo. El partido Comunista de Venezuela P.C.V no fue invitado a firmar el Pacto, por la desconfianza del sector militar y por su afinidad con la Unión Soviética, señalada ésta por Rómulo Betancourt, el máximo líder de AD, principal pilar del Pacto. Sin embargo, los comunistas firmaron la nueva Constitución, participaron en los comicios con sus listas, dieron apoyo al candidato de URD y apoyaron la Unidad hasta que resolvieron dar su respaldo a la Revolución cubana e iniciar la lucha armada contra el nuevo gobierno democrático.

En vista de que el Pacto tenía como mira principal y urgente las elecciones del presidente de la República y los integrantes de los cuerpos deliberantes, el texto contenía los compromisos centrales siguientes: a) seguridad de que el proceso electoral y los poderes públicos que de él van a surgir respondan a las pautas democráticas; b) garantía de que el proceso electoral no solamente evite la ruptura del frente unitario, sino que lo fortalezca mediante la prolongación de la tregua política, la despersonalización del debate, la erradicación de la violencia interpartidista y la definición de normas que faciliten la formación del gobierno y de los cuerpos deliberantes, de modo que ambos agrupen equitativamente a todos los sectores de la sociedad venezolana interesados en la estabilidad de la República como sistema popular de gobierno. Los partidos concurrieron separadamente a las elecciones, con sus propias listas y candidatos, y aunque no hubo candidato único, todos se comprometieron a defender y acatar los resultados electorales. En cumplimiento de estos compromisos, el partido Acción Democrática y el presidente de la República Rómulo Betancourt, ganadores de las elecciones de 7 del diciembre de 1958, acordaron con los partidos URD y COPEI la configuración equitativa de un gobierno de coalición partidista, con la participación de notables independientes de probada adhesión a la democracia, con asignación de las respectivas cuotas burocráticas, dispuestos todos a ejecutar el Programa Mínimo Común de Gobierno y defender la democracia[11].

Además de los compromisos explícitos consagrados en el Pacto de Puntofijo, el sistema democrático de consensos generó una serie de pactos adicionales no escritos, que prevalecieron hasta el año 1993, verdaderos hábitos constitucionales, en relación con la elección o designación de las autoridades superiores de las tres ramas del Poder Público (legislativa, ejecutiva y judicial) y de los organismos de control (Contraloría General de la República y Fiscalía General de la República), destinados a compartir el ejercicio del poder entre el partido de gobierno y los partidos opositores relevantes. Igualmente, se estableció el principio según el cual las decisiones más importantes del Estado debían ser consultadas, no sólo con los partidos políticos, sino también con los sectores económicos empresariales y sindicales, las Fuerzas Armadas, la Iglesia, los gremios, las universidades autónomas del Estado, las instituciones científicas, los expertos, las asocia-

---

11 El profesor Mauricio Plazas Vega, en su conocida obra sobre *El Frente Nacional* en Colombia, observa múltiples elementos de coincidencia con el Pacto de Puntofijo en Venezuela. Dice: "Coincidió con nuestro Pacto -Frente Nacional- en sus objetivos orientados a garantizar la concordia nacional e impedir el retorno a regímenes despóticos y dictatoriales. Pero, dice Plazas Vega, que "no tuvo los alcances del Frente Nacional ni en lo que atañe a sus proyecciones en la alternación presidencial y la integración de las corporaciones públicas de elección popular ni en los que concierne a la adopción de los diferentes aspectos del convenio por normas de derecho positivo". Cfr: Plazas Vega, Mauricio A.; *El Frente Nacional*; Editorial Temis, Bogotá, 2013, página 51. Interpretamos que Plazas Vega señala que el Pacto de Puntofijo fue más flexible y abierto al resto de las fuerzas políticas no suscriptoras del acuerdo de gobernabilidad, mientras que el Frente Nacional fue más rígido y cerrado con el resto de las fuerzas políticas no firmantes del pacto, y sobre todo tuvo un mayor reflejo en el derecho positivo colombiano que el Pacto de Puntofijo en el derecho positivo venezolano.

ciones civiles pertinentes a cada asunto, etcétera. Esta serie de acuerdos básicos de funcionamiento consensuado del poder integraron lo que fue llamado "El Pacto Institucional".

Juan Carlos Rey nos aporta una interesante descripción de los mecanismos que garantizaron la lealtad de los partidos y demás grupos de apoyo a la democracia. Sostiene que además de los compromisos normativos, inspirados en los principios, la ética y la ideología de la democracia, también funcionaron las ventajas utilitarias, cuyo fin era que ninguna minoría pudiera considerarse perdedora en algún momento, a pesar de las decisiones de la mayoría. Por ello, este autor observa en el "Pacto Institucional" la existencia de una estructura semicorporativa, más allá de los partidos políticos de masas, que aseguraba que los intereses de las minorías, sobre todo pertenecientes al sector privado de la economía, pudieran ser protegidos, razón por la cual llegó a considerar que se trataba de privilegiar minorías frente a los derechos de la mayoría, y por consiguiente configuraba –a su juicio– una modalidad esencialmente antidemocrática, pero que contribuyó a la estabilidad del régimen por muchos años[12]. A este respecto, no se debe olvidar que el fracaso de la democracia del trienio 1948-1949 se debió precisamente al maltrato de las minorías por parte de un gobierno super mayoritario.

El desarrollo del Pacto de Puntofijo y el Programa Mínimo Común se propuso

> dar satisfacción a todos los sectores significativos de la sociedad. El Pacto y su Programa contemplaron, y la Constitución de 1961 luego consagró, la reforma agraria, la industrialización por sustitución de importaciones, la instalación de un sector de empresas básicas en manos del Estado, las políticas de fortalecimiento sindical y gremial, la masificación educativa, la construcción de un sistema de salud pública y de seguridad social, la formación de técnicos medios y de mano de obra calificada, la regularización de las relaciones entre la Iglesia Católica y el Estado, la modernización, la profesionalización y la apoliticidad de las Fuerzas Armadas. Son lineamientos que atienden a los valores, aspiraciones, intereses de campesinos, obreros, empresarios, maestros, médicos, profesionales de clase media, técnicos intermedios, eclesiásticos, militares... además de atender los intereses generales de la población en salud, vivienda, educación, empleo. Nadie de cuidado quedaría fuera... la ampliación del sector público implícita en varias de las líneas programáticas suponía que los militantes de los partidos, como es natural, muy presentes en

---

12 Ver: Rey, Juan Carlos; *esplendores y miserias de los partidos políticos en la historia del pensamiento venezolano*; en el Boletín de la Academia Nacional de la Historia, tomo LXXXVI, Caracas, julio-diciembre 2003, números 343-344, páginas 9 a 43.

> los grupos ocupacionales mencionados, tendrían una fuente muy importante de trabajo y ubicación[13].

Esta democracia de consensos fue, sin duda, una democracia de partidos políticos de masas, los cuales agrupaban legítima y auténticamente dentro de su militancia formal o informal a todos los sectores de la población, hasta el punto de que el pueblo estaba y se sentía representado genuinamente en los partidos y a través de ellos participaba con fluidez en la conducción del Estado. Los partidos y sus dirigentes gozaban de gran prestigio, surgido especialmente de la lucha contra la dictadura y de su labor de conciliación en favor de un frente unitario democrático. Los partidos contribuyeron a la formación de las instituciones políticas y sociales, desarrollaron la *democratización* del régimen o hicieron el "llenado" del entramado institucional, aunque para algunos críticos de tendencia liberal se trató de una cooptación o colonización de la sociedad civil, lo cual sería vital a la larga para la consolidación del régimen democrático en esa época de reconstrucción política. Podría decirse que la calidad de los partidos fue determinante de la calidad de la democracia, tanto en su consolidación como en su desconsolidación posterior. Decía Betancourt:

> El pueblo en abstracto es una entelequia que usan y utilizan los demagogos de vocación para justificar su desempeño desarticulador del orden social. El pueblo en abstracto no existe. En las sociedades modernas organizadas, que ya superaron desde hace muchos siglos su estructura tribal, el pueblo son los partidos políticos, los sindicatos, los sectores económicos organizados, los gremios profesionales y universitarios[14].

En esta fase histórica, los partidos políticos fueron los "agentes constituyentes" (Urbaneja) del concepto de pueblo y su vehículo principal de representación[15]. En consonancia con los pactos institucionales y las ventajas utilitarias, antes mencionados, que coadyuvaron en la consolidación de la democracia, más allá de las lealtades normativas, es de suma importancia señalar la existencia de "reglas de decisión" (Urbaneja) del consenso en el funcionamiento del Pacto, para el logro del objetivo rector de la consoli-

---

13 Cfr. Urbaneja, Diego Bautista. *La renta y el reclamo*...antes citada, página 194.

14 Citado por Rey, Juan Carlos; en www.academia.edu/15453850/ *Los Tres Modelos Venezolanos de Democracia en el Siglo XX.*

15 Stambouli matiza el régimen de partidos así: "El epicentro de la construcción exitosa del orden democrático lo constituyó una estructura de partidos políticos altamente centralizada, lo cual representó al mismo tiempo, su principal fortaleza y a la larga, una de las fuentes de su debilitamiento y deslegitimación." Obra citada, página 125.

dación de la democracia, a la cual Urbaneja califica como "metanorma del consenso". Nos dice Urbaneja:

> Las reglas de decisión responden a la obsesión por el consenso y su otra cara, la aversión al conflicto, herencia de las lecciones del pasado. Así pues, y he aquí las reglas, todo se hará de forma que maximice el consenso y minimice el conflicto, y de forma tal que, en las rondas de decisión, los sectores significativos de la sociedad sientan que sus valores, aspiraciones e intereses están siendo atendidos en el agregado de una manera satisfactoria, y que ninguna sienta lo contrario, es decir que aquellos elementos son sistemáticamente puestos de lado, negados o combatidos. ... los sectores significativos son aquellos que poseen o se les atribuye capacidad, de poner en riesgo la consolidación de la democracia, cuyo consenso por tanto hay que procurar, con respecto a los cuales hay que evitar situaciones conflictivas. Llamaremos Maximin a esa combinación de criterios de maximizar el consenso y minimizar el conflicto[16].

Desde luego que el funcionamiento de estas reglas implicaba el sostén y respaldo de una renta petrolera estatal suficiente para cumplir con todos los sectores adherentes al Pacto, y su declinación paulatina fue haciendo muy difícil satisfacerlos a todos, hasta que se produjo la quiebra del sistema al arribar a los treinta años de aplicación. Correspondió a los partidos políticos la asignación de la renta petrolera y llevar la contabilidad del consenso. Como expresa Urbaneja, especialista en el tema, "son los partidos políticos, más que el Estado o el gobierno, el decisor central y el punto de aplicación de los diversos factores de la economía política"[17]. Sin embargo, ya veremos más adelante que no sólo los partidos políticos tuvieron las decisiones centrales.

Si bien es cierto que la duración y estabilidad de la democracia de consensos, fundada con el Pacto de Puntofijo, se debió fundamentalmente al mencionado sistema de distribución de la renta petrolera nacional y que por ello pudiera hablarse de "consensualismo rentista" y hasta de "petroestado", a partir de los años setenta del siglo XX venezolano, como han afirmado muchos autores, también es cierto que en sus primeros años el régimen democrático fue realmente producto del trabajo esforzado de conciliación de los partidos políticos que firmaron el Pacto y la solidaridad de las figuras independientes, los empresarios, los sindicatos, los gremios profesionales, la Iglesia Católica y las Fuerzas Armadas, lo cual dio lugar al llamado "Espíritu del 23 de enero de 1958", suerte de mística democrática

---

16 Cfr: Urbaneja, *la renta y el reclamo...* obra citada, página 195.

17 *Ibidem*, página 199.

que prevaleció durante los tres primeros períodos constitucionales, bajo la presidencia de Rómulo Betancourt, Raúl Leoni y Rafael Caldera, y logró vencer la insurgencia de grupos guerrilleros de izquierda y de militares de ultraderecha, e instaurar la *pacificación* del país[18].

Con sentido justificador, es oportuno citar aquí el criterio del politólogo Andrés Stambouli, quien respondió a quienes calificaban el orden político del período como una "ilusión de armonía", por su dependencia de la renta petrolera, del modo siguiente: "En Venezuela, se ha logrado configurar un orden político democrático a partir de 1958, que perdura hasta el presente (año 2005), sometido a constantes presiones y conflictos, resueltos democráticamente y con permanente revisión y reconstrucción. La edificación de dicho orden no puede considerarse como un resultado exclusivo del recurso petrolero; el concepto de "petrodemocracia" resulta en extremo reduccionista y distorsionante. No logramos la democracia porque tuvimos petróleo, más bien los logros democráticos son producto de la artesanía política dirigida a confeccionar una comunidad política, utilizando el petróleo para dicho fin, lo cual es una perspectiva bastante diferente". En definitiva, Fue "el manejo de los equilibrios" logrado por la acción de los partidos políticos lo que aseguró los consensos de la democracia[19]. Sin embargo, a pesar de la sólida base que le aportó al orden político la construcción de los consensos y el espíritu unitario de la democracia del Pacto de Puntofijo, es indudable que la declinación de la renta petrolera fue mermando la capacidad del sistema para satisfacer las solicitudes, convertidas en reclamos y demandas de renta, que finalmente condujeron al desencanto popular con el régimen, al descrédito y pérdida de representación de los partidos y al desvío de las preferencias de gruesos sectores del país hacia opciones autoritarias de naturaleza militarista. Algo ya conocido en la historia venezolana.

Desde el punto de vista de la dinámica de los partidos políticos, es indispensable señalar que el logro de los consensos, necesarios para la gobernabilidad, tuvo diversas modalidades a lo largo de la evolución del régimen

---

18 Juan Carlos Rey afirma que el llamado puntofijismo paso a tener significados que desbordaban su genuina significación inicial, "para referirse al sistema de pactos, acuerdos y arreglos entre élites diversas, que caracteriza al sistema que se inicia en 1958. El uso del término implica una sinécdoque, pues para designar el sistema total se utiliza una de sus partes. Se trata de un uso admisible si es consciente de que se está utilizando un tropo como figura retórica". Ver: Rey, Juan Carlos; *esplendores y miserias de los partidos políticos en la historia del pensamiento venezolano,* obra citada, nota 30.

19 Cfr. Stambouli, Andrés, obra citada, página 125.

democrático fundado con el Pacto de Puntofijo. Durante los tres primeros quinquenios funcionó un sistema moderadamente plural de partidos que compitieron electoralmente en votaciones libres y justas. En esta etapa, a los partidos de masas originalmente firmantes del pacto, o sea, AD, URD y COPEI, se añadieron otros partidos surgidos de la escisión de los anteriores o de la iniciativa de nuevos grupos independientes, como fueron el ARS, el PRI, el MEP, la UPA, el FND, el Movimiento Desarrollista, el MAS, etcétera. Pero a partir de las elecciones del año 1973, se produjo una concentración de los votantes en los partidos AD y COPEI, con la virtual desaparición del resto de los partidos, salvo el MAS, partido de reagrupación de las izquierdas separadas de los partidos marxistas extremistas, comprometidos con las guerrillas, o sea, el PCV y el MIR (escisión izquierdista de AD).

Como consecuencia de la concentración polarizada de los votantes en AD y en COPEI, representativos de la centro izquierda y de la centro derecha respectivamente, apareció el fenómeno del bipartidismo o duopolio partidista, como prefirió llamarlo Rey, el cual prevaleció por cuatro quinquenios hasta el año 1988, en el cual comenzó a desmoronarse y perder vigencia, para dar paso a la década de transición de los noventa, caracterizada por la fragmentación de los partidos y la aparición de alianzas circunstanciales. Para muchos, con el bipartidismo desapareció el espíritu del 23 de enero de 1958, pues habiéndose consolidado la democracia, lo que se instauró fue una oligarquía de los partidos AD y COPEI, que se proyectaba hacia afuera y hacia el interior de ambos partidos.

3. EL FINAL DE LA DEMOCRACIA DE CONSENSOS EN VENEZUELA.

La desaparición de la democracia de consensos en Venezuela fue el resultado de un proceso evolutivo decadente, que según el criterio de la joven y reciente autora venezolana Paola Bautista de Alemán ocurrió por etapas[20]. En una primera etapa, después de 1973, comenzó el proceso con un distanciamiento de la sociedad de los valores democráticos establecidos en los pactos fundacionales, lo cual inició la abstención electoral, al mismo tiempo que el bipartidismo, y la pérdida de fe en la democracia, porque los votantes afirmaban que no había posibilidad de influir en la conduc-

[20] Bautista de Alemán, Paola; *el fin de las democracias pactadas*; Editorial Dahbar, Caracas 2021, páginas 93 y siguientes.

ción del Estado. Esta etapa continuó con la percepción de los ciudadanos de que los políticos eran corruptos y sólo se ocupaban de sus intereses, lo cual hizo perder representación a los partidos y generó el sentimiento antipolítico en la población y de frustración de expectativas. La percepción de corrupción en los partidos pronto se reflejó en las instituciones democráticas, haciendo que los venezolanos volvieran a pensar en las opciones militaristas. Una serie de hechos prominentes revelan la situación: la crisis económica llamada de "recalentamiento" que comenzó en 1977, caracterizada por el desbordamiento del gasto público y, al mismo tiempo, la insuficiencia de la renta petrolera para dar satisfacción al cúmulo de solicitudes de distribución, agravada por la inmigración de ingentes masas empobrecidas de América del Sur y del Caribe, con desinversión privada y apelación excesiva al crédito externo; el llamado "viernes negro" (1973) primera gran devaluación monetaria del país, producto de la sobrevaluación del bolívar; los frecuentes escándalos de corrupción de los políticos y empresarios clientes; el estallido social del "Caracazo", mezcla de motín popular por descontento y de conspiración de guerrilla urbana; los golpes fallidos de Estado del año 1992, preludio del chavismo, que reflejaban la penetración de la izquierda en las Fuerzas Armadas; la destitución del presidente Carlos Andrés Pérez, por supuesta corrupción y con anuencia de los partidos políticos democráticos dominantes en el proceso, incluido AD, partido del presidente; lo cual, significó para muchos un verdadero suicidio político del régimen bipartidista, opuesto al viraje liberal y tecnocrático del segundo gobierno de Pérez.

En una segunda etapa, consolidado el bipartidismo o duopolío, los partidos sucumbieron al pragmatismo, "en el sentido de que su objetivo prioritario va a ser la conquista y conservación del poder gubernamental, desestimando los objetivos ideológicos", según Rey, citado por Paola Bautista[21]. Se abandonan los postulados ideológicos de la democracia de consensos fundada en 1958, para adoptar decisiones oportunistas dictadas por las encuestas de opinión, en lo cual coincidían los partidos del duopolio: AD y COPEI. En esta fase, se instaura lo que Allan R. Brewer Carías llamó la "partidocracia", con sentido negativo implícito, para significar un sistema de gobierno orientado exclusivamente por y para los intereses de los partidos y de sus oligarquías internas[22]. Esta partidocracia se exacerbó durante la presidencia de Jaime Lusinchi (1984-1988) porque este implan-

[21] Cfr. Bautista de Alemán, Paola; obra citada, página 114.

[22] *Ibidem*, página 115.

tó la decisión de designar en todas las gobernaciones de estados a los jefes burocráticos regionales del partido de gobierno Acción Democrática, con lo cual desconocía muchos de los liderazgos naturales en cada región[23].

Dicho pragmatismo hizo prevalecer los mecanismos utilitarios, proclives a las conductas antiéticas, sobre la responsabilidad de los partidos, lo cual cambió la conciencia política del sistema iniciado con el Pacto de Puntofijo, en 1958, que tendía a considerar como legítimos sólo los mecanismos normativos, para dar paso creciente al utilitarismo y al clientelismo, hasta colocarlo en primer plano, lo cual favoreció el incremento de la corrupción política y social, y consolidó el llamado "populismo de conciliación" (Rey) como derivado de la democracia de consensos en Venezuela. Cabe recordar también la observación de Rey a la pérdida de representación de los partidos por causa del sistema semicorporativo establecido en modo paralelo al gobierno de los partidos, lo cual a la larga terminó con la responsabilidad de estos últimos para con sus electores, sus promesas electorales y sus planteamientos ideológicos y programáticos iniciales[24].

Con buen sentido, los presidentes Carlos Andrés Pérez y Rafael Caldera, en sus segundos períodos constitucionales (1989-1993 y 1994-1998) trataron de reorientar la democracia de partidos con el proceso de descentralización administrativa, que implicaba en cierta medida una discreta descentralización política, en sentido contrario al centralismo total que había prevalecido desde la fundación del régimen democrático en 1958, para lo cual siguieron las directrices de la Comisión para la Reforma del Estado COPRE, creada en su gobierno por el presidente Lusinchi. Este proceso condujo en 1989 a la

---

23 Frente a la acusación de responsabilidad de la *partidocracia* en el deterioro final de la democracia, Juan Carlos Rey sostuvo que tal afirmación desconocía la injerencia de la modalidad semicorporativa impuesta por los pactos institucionales, que funcionó al margen de los partidos y a veces en detrimento de su función de representación popular, lo cual se reforzaba con la liberación del presidente de la República de toda disciplina de partido. Ver: Rey, Juan Carlos; Esplendores y Miserias de los Partidos Políticos… obra citada.

24 Rey es enfático al referirse al principio de responsabilidad de los partidos democráticos: "Un partido responsable es lo contrario de un partido demagógico, que en cada momento se limita a seguir los deseos e incluso los caprichos del pueblo, para así obtener el respaldo de la mayoría. Un partido responsable debe tratar de ejercer una dirección y un liderazgo sobre la opinión pública del país, para tratar de influir sobre ella y eventualmente cambiarla, de acuerdo con el propio ideario, y no limitarse a seguir servilmente dicha opinión, de acuerdo con la información que le suministran las encuestas". Cfr: Rey, Juan Carlos; *personalismo o liderazgo democrático. El caso de Rómulo Betancourt.* Ediciones de la Fundación Rómulo Betancourt, Caracas, 2008, página 90.

elección directa de los gobernadores de estado y alcaldes de municipio y más tarde a la transferencia legislativa de competencias y de recursos económicos nacionales hacia el nivel medio o regional de gobierno, según lo previsto en las "normas programáticas" de la Constitución de 1961. Lamentablemente, este proceso fue interpretado por muchos como una debilidad del poder nacional democrático y como vía de aprovechamiento de partidos políticos con poca lealtad con la democracia.

No obstante, el carácter positivo y esperanzador del proceso de descentralización, encaminado a buscar las soluciones concretas a los problemas de los servicios públicos y de gobernabilidad en el nivel regional de gobierno, lo cual acercaba las decisiones en mayor medida a la voluntad popular, aumentaba la participación en las regiones y ensanchaba la recepción de las solicitudes y demandas de la población, dicho proceso sirvió de disparador de la crisis de la democracia bipartidista. Prueba de ese impacto negativo fue una abstención electoral del 54 % en las votaciones de 1989 para elegir gobernadores de estado, las primeras que se realizaban en la historia de la democracia iniciada en 1958, pues hasta ese momento los gobernadores eran designados directamente por el presidente de la república. El desencanto de la población manifestado en febrero de ese año en el motín del "Caracazo" pareció prevalecer sobre las promesas de la descentralización.

Desde esas votaciones para elegir gobernadores y alcaldes, con escasos altibajos, los porcentajes de abstención continuaron aumentando, tanto para las elecciones presidenciales como para las de los cuerpos deliberantes de todos los niveles político-territoriales, por un lado, y por otro aumentaba la votación de candidatos y partidos contrarios al bipartidismo y/o desleales con la preservación de la democracia representativa. Según la opinión de Paola Bautista:

> la crisis de la segunda etapa cristalizó en las elecciones de 1993 (luego de la destitución del presidente Pérez) cuando los partidos que participaron en el momento fundacional y se constituyeron como las principales fuerzas políticas del país durante veinte años pasaron de tener 92,84 % (1988) de los votos emitidos a 45,34 % (1993). Esto significó un descenso del 47,5 %[25].

"En 1993, se pasó del bipartidismo a la dispersión atomizada de fuerzas"[26]. El panorama político pasó a una polarización entre los adherentes a la democracia representativa que venía rigiendo desde 1958 y quienes la adversa-

---

[25] Cfr: Bautista de Alemán, Paola, obra citada, página 120.

[26] *Ibidem*, página 120.

ban y buscaban el cambio a como diere lugar, con un candidato que apostatara del bipartidismo o incluso que ofreciera el retorno al militarismo. En las elecciones de 1998, cinco años después, prácticamente desaparecieron los partidos del duopolio, AD y COPEI, los cuales pasaron a tener entre ambos el 11,2 % de los votos; además, los candidatos que se disputaron la presidencia de la República eran actores extraños al pacto fundacional: Hugo Chávez Frías (militar) y Enrique Salas Römer (empresario). Ambos beneficiarios de la llamada antipolítica y del descrédito de los partidos.

Las elecciones de 1998 iniciaron un tercer nivel de la crisis de la democracia fundada en 1958[27]. El triunfo del teniente coronel Hugo Chávez en esas elecciones marca el fin de esa democracia representativa e inicia lo que este último llamó la "democracia participativa y protagónica". Una serie de hechos ponen de bulto el quiebre o la ruptura y el inicio de una nueva hegemonía. El triunfo de Chávez se monta sobre un mensaje de odio al "puntofijismo" y de antagonismo político radical frente a la oligarquía política y económica y a la corrupción imperante surgida del régimen adversado por él. Plantea la eliminación de los partidos y levanta las banderas de la *antipolítica y del militarismo*; aunque no decretó la extinción de los partidos, instauró la hegemonía del partido de gobierno. Condena la democracia representativa y promueve la democracia directa y tumultuaria. Impone una asamblea constituyente, no prevista en la Constitución de 1961, con el sometimiento de la Corte Suprema de Justicia, y hace aprobar una nueva Constitución (Constitución de la República Bolivariana de Venezuela) y consiguientemente, deroga la Constitución de 1961, a la cual tilda como "moribunda". Suprime la alternancia democrática. Arrincona a los gremios y sindicatos, con el paralelismo de organizaciones afines al gobierno. Toma la industria petrolera que se había opuesto al nuevo gobierno, después de un paro político de casi tres meses de duración. Lleva a su máximo la distribución social de la renta petrolera, la cual pone a su entera disposición, ya que en los comienzos de su gobierno dicha renta experimenta un nuevo aumento inesperado, dada la coyuntura favorable de los precios de petróleo, que sobrepasaban los cien dólares por barril. Busca el igualitarismo radical como expresión de su concepción democrática, es decir, aquél que propugna la igualación por debajo de la población y el sometimiento a la voluntad del líder carismático y mesiánico, dispensador de todas las bondades, al mismo tiempo que permitió un enriquecimiento ilimitado de la burocracia de su V República.

---

27 Ver: Bautista de Alemán, Paola, obra citada, páginas 121 en adelante.

4. COMENTARIOS ACERCA DEL POPULISMO DE CONCILIACIÓN DE ÉLITES

No quisiera terminar este breve ensayo sobre la democracia de consensos en Venezuela, sin hacer ciertos comentarios particulares sobre los criterios elaborados por Rey acerca de ella, algunos ya avanzados en las líneas anteriores. Siempre he sentido un gran respeto por la obra de este notable politólogo venezolano cuyo enfoque del tema me ha parecido admirable por su autenticidad y originalidad, y por ello digno de ser destacado, a pesar de las fuertes críticas al populismo en Venezuela.

Rey, como muchos otros autores de su tiempo, reconoce que "el populista es un tipo de partido que por su originalidad no resulta fácil de calificar, de acuerdo con las categorías convencionales de la teoría política". Nos dice que tanto los autores de izquierda, principalmente los comunistas, como la amplia gama de los conservadores tienen un concepto despectivo del populismo. Para él, el populismo no es necesariamente negativo ni antidemocrático, y para algunos autores es el único modelo político que permite la gobernabilidad en América Latina. Recuerda que el calificativo de populista

> inicialmente era equivalente a popular, y se aplicaba o bien a un régimen en que era el mismo pueblo quien gobierna, o bien a un gobierno cuyo origen y significación residía en el pueblo y que actuaba de acuerdo con los intereses de ese pueblo. Desde tal punto de vista, un partido populista significaría, simplemente, una organización política que se propone establecer ese tipo de gobierno y que lucha contra la oligarquía que gobierna para imponerlo. Pero como resultado de un extraño proceso de mutación semántica, populista se convirtió en un adjetivo que se aplica a un gobierno demagógico, como era la oclocracia o el gobierno popular corrupto en el pensamiento político clásico, o una forma de gobernar por medio de la adulación del pueblo. De modo que un partido populista equivale, según tal acepción, a un movimiento político demagógico, oportunista, manipulativo, corrupto, retórico e ineficaz. Resulta comprensible, por tanto, que ningún partido que sea populista en el sentido original de ese término, acepte ser calificado como tal, tras este cambio de significado[28].

---

[28] Cfr. Rey, Juan Carlos; *el decenio predemocrático y el surgimiento de la movilización populista, el caso Venezuela 1936-1945*. Ediciones de la Fundación Manuel García Pelayo, Colección Cuadernos de la Fundación, numero 19, Caracas, 2017, página 99. Con sentido similar, más allá de la connotación peyorativa y de la confrontación política que genera el populismo, hay reputados autores, como el politólogo ecuatoriano César Ulloa, que invitan a "salir de la prototípica mirada del populismo como adjetivo, lo cual implica profundizar en sus causas e ir identificando vacíos que evidencia la literatura acerca de su emergencia". Para este autor, es conveniente establecer las diversas relaciones que surgen entre el populismo como fenómeno y la democracia, las cuales no siempre son opuestas y van

No obstante lo anterior, según Rey, el populismo se presenta en América Latina como un fenómeno ambiguo, pues combina policlasismo social y coalición de clases sociales diversas con elementos ideológicos heterogéneos, que pese a sus múltiples fracasos vuelve a aparecer una y otra vez, aunque en variadas formas, "hasta el punto que no faltan quienes lo consideran el único proyecto viable para nuestros países", el cual "representa un movimiento genuinamente latinoamericano, capaz de movilizar e integrar a grandes masas"[29]. Ciertamente, el populismo latinoamericano parece una interpretación de la ideología democrática tradicional importada, derivada de la revolución francesa y de la independencia de los EE. UU., marcadamente extraña al medio propio de este continente, y adaptada por *la conciencia política* de los pueblos de nuestros países, más propensa al igualitarismo social que al tema de la libertad y a las exigencias formales de una democracia procedimental.[30]

---

desde una orientación favorable para la democracia, pasando por ser un peligro para ella, hasta ser un "espejo" en el cual se vea la democracia y reconozca sus defectos. En esta perspectiva, se habla de "*signos democratizadores del populismo*", porque este fenómeno hace tomar conciencia de su existencia y derechos al "pueblo" y lo hace visible, entendido éste como los segmentos marginados de la población, que gracias a la acción populista ven ampliada su esfera de derechos políticos y sociales y superan las peores condiciones de desigualdad, a la vez que "interpelan" a la democracia liberal por sus restricciones a la representación, inexistente o insuficiente para el pueblo así concebido. Este vacío de representación del pueblo es suplido por el liderazgo populista, que emerge en un momento de debilidad del sistema y termina con la orfandad de los sectores excluidos. También se le reconocen signos modernizadores, mayor participación, redistribución de la riqueza colectiva, revolución de las aspiraciones, etcétera. Ver: Ulloa, César; *el populismo en escena: por qué emerge en unos países y en otros no.* Capítulo I. FLACSO, Ecuador, enero 2017.

29 Ver: Rey, Juan Carlos; *ideología y cultura política. El caso del populismo latinoamericano.* Academia.Edu. 1991. También, el mismo título en Problemas Sociopolíticos de América Latina. Ateneo de Caracas-Editorial Jurídica Venezolana, Caracas, 1980.

30 Juan Carlos Rey nos define el concepto de conciencia política en oposición a la ideología, así: "Distinguimos la ideología de la cultura política, pues en tanto que la primera es más coherente, elaborada, racionalizada y explícita, la segunda es más bien implícita. La cultura política comprende orientaciones efectivas hacia la acción pero que en gran parte sólo pueden hacerse explícitas a través de una interpretación por parte del analista de los comportamientos efectivos de los actores. Los componentes de la cultura política – que debe ser diferenciada de la cultura general, de la que es sólo una parte- no son sólo elementos de tipo valorativo o normativo, sino también cognoscitivos, que pueden ser verdaderos o falsos, así como las actitudes, hábitos, predisposiciones de un grupo social determinado, que, si bien orientan efectivamente su acción, no son necesariamente conscientes." Ver: *Ideología y cultura política...* obra citada, página 2.

Pasadas las dictaduras tradicionales de la primera parte del siglo XX en América Latina, trasuntos del caudillismo del siglo XIX, irrumpe en el continente la *movilización social* (Deutsch) con la modernización de las sociedades, lo cual se expresa como "un conjunto de cambios socioeconómicos bruscos, irrefrenables y combinados, que se refuerzan mutuamente, y que se producen en ciertas sociedades durante los procesos de modernización –material e inmaterial, física y tecnológica– por medio de los cuales se ocasiona la disolución o deterioro de los nexos y vínculos interpersonales tradicionales y surge una masa humana que se siente desarraigada y que está *disponible* para entrar a formar parte de nuevas organizaciones y contraer nuevas lealtades"[31]. Se trata de múltiples procesos: industrialización, urbanización, alfabetización creciente, exposición a los *mass media*, el incremento de las comunicaciones interpersonales, y en Venezuela, especialmente, el impacto de la industria petrolera, todo lo cual desata *las fuerzas de una sociedad nueva* que busca un nuevo orden político y jurídico[32].

En la Venezuela posterior a Juan Vicente Gómez, y particularmente en la década de los cuarenta, se da una movilización social de masas, que comprende el surgimiento de una masa humana desarraigada y disponible; una situación de relativa exclusión o bloqueo a la participación de los nuevos grupos sociales, por la estructura oligárquica y censitaria del régimen; la aparición de una élite de clase media –militares de carrera y profesionales civiles– que sufría de "incongruencia de estatus", porque no se correspondían sus capacidades con su peso en las decisiones colectivas; una alianza entre esas élites y las masas desarraigadas para formar un partido reformista radical (PND-AD); y un impulso creciente hacia la acción política de cambios. La coalición populista consistirá en una alianza entre la élite de clase media urbana, que proporciona el liderazgo, y la masa campesina y obrera movilizada y disponible, que proporciona la base del partido; a la cual se suman miembros de la nueva burguesía. "Las masas buscan fundamentalmente la articulación de todos sus intereses económicos y sociales y a cambio van a prestar su respaldo al proyecto político". Aunque no se desconocen los fuertes elementos emocionales e irracionales, tanto positivos como negativos en los partidos populistas, lo cual incluye eventuales liderazgos carismáticos, se subraya *la base racional y utilitaria de la alianza populista*. Esto último es especialmente importante en el enfoque de Rey

---

31 Cfr: Rey, *el decenio predemocrático...* obra citada, páginas 70 y siguientes.

32 *Ibidem*, página 71.

sobre el populismo, como lo ha sido en la racionalidad de la masa, según Ernesto Laclau[33].

En la evolución del populismo, según la visión latinoamericanista de Rey, surgen *variedades* del fenómeno que corresponderán al mayor peso que signifique en el mismo la movilización de confrontación de masas o la conciliación de intereses de los aliados. A eso se dedican las próximas líneas.

Aunque el populismo latinoamericano es un fenómeno que "abarca partidos políticos, regímenes, estilos e ideologías sumamente heterogéneos", reconoce Rey, las tendencias populistas del continente pueden ser agrupadas en dos grandes grupos. En primer lugar, Rey nos habla de un "sistema populista de movilización de masas", que rompe con la pasividad e inmovilidad social y política, tiene elementos de violencia, propugna cambios rápidos y radicales, y desarrolla una "*cultura Política* que trata de servir de base a un nuevo sistema de lealtades, valiéndose frecuentemente de un liderazgo carismático, y mediante una sólida unión emocional frente a un enemigo común (el imperialismo, las oligarquías, etc.) "Pero, sostiene Rey, que existe otra variedad de populismo cuyo propósito es la conservación y legitimación de un orden político existente, mediante el reconocimiento de la diversidad y el compromiso, la conciliación y las transacciones entre ellos...que tenderá a desarrollar una *cultura política* con énfasis en la acomodación de tipo utilitario", al cual propone denominar "sistema populista de conciliación de élites", en atención al papel que juegan las élites políticas, sociales y económicas[34]. Añade Rey:

> En principio, tanto los componentes movilizadores como los conciliadores pueden estar presentes, aunque en medida distinta, en las diferentes variedades del populismo. Sin embargo, hay casos en que el populismo, si bien comenzó su existencia como un sistema del primer tipo –movilizador de masas– debe transformarse para aproximarse a la segunda modalidad –un sistema conciliador de élites– lo cual ocurrirá si el partido populista en cuestión llega a la convicción de que para conquistar el poder y/o conservarlo, es necesario que se desprenda de su inicial radicalismo y dar muestras de sensatez, para ser confiable a los distintos grupos de veto, especialmente los militares[35].

---

33 Ver: Rey, *el decenio predemocrático...* obra citada, páginas 72 y siguientes.

34 Ver: Rey, Juan Carlos; *ideología y cultura política...* obra citada del año 1991, página 13.

35 *Ibidem*, página 14.

Según Rey, esta última variedad correspondió a los casos de AD en Venezuela, del APRA en el Perú y a la evolución del PRI en México[36]. De acuerdo con Juan Carlos Rey, el populismo del trienio 1945-1948, derivado de la Revolución de Octubre, que siguió a un golpe cívico-militar, cumplió con todas las características del "sistema populista de movilización de masas", originado en votaciones populares super mayoritarias, planteó el antagonismo radical de Acción Democrática contra los demás sectores políticos, económicos y sociales, a fin de imponer su programa de gobierno, fue muy desdeñoso de las minorías y exteriorizó un duro sectarismo, todo lo cual hizo que los militares que le dieron apoyo dieran el golpe de Estado militar de 1948 contra el presidente democrático Rómulo Gallegos e iniciaran la década de la dictadura militar. En cambio, la desgraciada experiencia del trienio y la lucha contra la dictadura hizo reflexionar y cambiar de actitud a los partidos políticos de masas, a los militares, a la Iglesia, a los sindicatos, a los empresarios y demás sectores de la sociedad venezolana en favor de una genuina democracia de consensos, fundada con el Pacto de Puntofijo, la cual, al transponer los primeros tres quinquenios, terminó cumpliendo con todas las características de un sistema populista de conciliación de élites, pero dominado ampliamente por sectores minoritarios extraños a los partidos, por el pragmatismo, el utilitarismo y el clientelismo y finalmente alejado del normativismo y del espíritu de los primeros tiempos.

Como se dijo precedentemente, Rey sostuvo además que el sistema populista de conciliación de élites derivó progresivamente en Venezuela hacia un sistema *semicorporativo* para las decisiones centrales del gobierno, con tendencia creciente a la exclusión de la responsabilidad colectiva de los partidos de masas gobernantes o de oposición, a fin de dar satisfacción a los intereses de las minorías económicas por sobre los intereses de la mayoría, para asegurar así la estabilidad política, lo cual, a su juicio, le dio un cariz antidemocrático al sistema, pues redujo considerablemente el espacio de los consensos y fue mermando la participación democrática

---

36 En relación con Colombia, Plazas Vega, aunque admite que el Frente Nacional fue esencialmente un sistema populista de conciliación de élites, prefiere llamarlo como una *democracia consociacional*, según los términos del autor Arent Lijphart, que se refiere al "gobierno estructurado por acuerdo entre élites para reorientar una democracia agobiada por divisiones internas de orden político o cultural". A lo cual añade que "son convenios que procuran, además definir las condiciones en que, después de los regímenes usualmente autoritarios, a los cuales procuran poner fin, ha de operar una fase transitoria, con limitaciones y restricciones para los partidos y la actividad política, que conduzca a una plena afirmación de la democracia liberal". Cfr: Plazas Vega, obra citada, página 49.

de todos los sectores en el gobierno y en definitiva trajo el deterioro de la naturaleza democrática del régimen, para dar paso a una oligarquía liberal tecnocrática.

Sin embargo, se hace necesario buscar el equilibrio de criterios acerca del populismo en Venezuela. Siempre ha habido muchas críticas sobre este fenómeno en la democracia venezolana. En primer lugar, cabe señalar que varios autores indican que el populismo debe ser tratado no sólo como un sistema político, sino sobre todo como un sistema económico responsable tanto del auge como del fracaso de las democracias de consensos en América Latina. Por ello, escogemos a uno de esos autores, como ha sido el conocido politólogo venezolano Aníbal Romero, para representar a la corriente crítica del populismo[37].

En tal sentido, Aníbal Romero ha dicho categóricamente sobre el *estilo político populista*:

> El hecho innegable de que en Latinoamérica los sistemas democráticos han fracasado repetidamente tiene que ver en parte con cuestiones de tipo objetivo o estructural de naturaleza socioeconómica y también con factores políticos e ideológicos, entre los cuales ocupa un lugar de primordial importancia el estilo político populista. Nuestro problema no ha sido -para insistir sobre el punto- que la democracia haya requerido la convergencia y el consenso de diversos sectores, sino que el sistema se ha levantado sobre supuestos políticos populistas que han conducido la economía y la sociedad hacia el callejón sin salida de la dependencia total de la renta petrolera, creando también las bases del deterioro institucional, el clientelismo político y la corrupción administrativa[38].

De acuerdo parcialmente con Rey, a quien cita en su crítica, afirma:

> El juego populista se mantiene (año 2010) en la medida en que los miembros de la coalición tomen sus recompensas con recursos provenientes del exterior de ella; es decir, no necesariamente con el producto de una economía sólida y equilibrada, sino con los beneficios -controlados por el Estado- del sector primario exportador. Es claro entonces, y se ha dicho muchas veces, que la supervivencia de la democracia populista en Venezuela se explica en buena medida, aunque no exclusivamente, por la capacidad de maniobra que ha otorgado al Estado la renta petrolera, la cual ha posibilitado, al menos hasta tiempos recientes, dar algún tipo de respuesta a las expectativas múltiples y

---

37 Desde luego que esta escogencia no excluye las importantes críticas ya comentadas en este trabajo de Andrés Stambouli y Diego Bautista Urbaneja.

38 Cfr. Romero, Aníbal; *la miseria del populismo. Historia y política de Venezuela.* En Obras Selectas de Aníbal Romero; Editorial Equinoccio, Universidad Simón Bolívar, Caracas 2010, volumen II, página 10.

> encontradas de grupos diversos y con demandas que con frecuencia no están en armonía[39].

A lo cual añade Romero: "El populismo vigente en las concepciones económicas predominantes, dentro y fuera de nuestros principales partidos políticos, ha enfatizado permanentemente la función del Estado como un gran repartidor de beneficios en detrimento de cualquier desarrollo nacional sólido, es decir, no rentista". Y desde luego, sin dar "importancia prioritaria a los factores de eficiencia y competitividad."[40] Remarca Romero: "No es superfluo insistir en que el populismo en economía se fundamenta por sobre todo en la idolatría a la acción del Estado y en la desconfianza hacia los mecanismos del mercado y la función empresarial... Por otro lado, es iluso además de peligroso para la libertad humana, creer en el poder mágico de la acción del Estado en la organización y conducción de la sociedad y la economía"[41].

A nuestro juicio, Romero concibe el estilo populista como parte de la conciencia política en Venezuela, no sólo de los partidos políticos, sino también de casi todos los sectores de la población, incluidos los empresarios clientes de los gobiernos. Por ello, concluye:

> [Inicio de cita]No es nada fácil –ni será– combatir la idolatría estatista en Venezuela, pues ésta no es sólo el producto de los cómodos beneficios que para muchos ha arrojado la economía rentista, sino también, en ciertos casos, de una genuina creencia en la bondad intrínseca de la acción del gobierno y la maldad intrínseca de los mecanismos del mercado económico en una sociedad libre.[42]

---

39 Ibid, página 29. Resaltado del texto. Es conveniente reproducir el fragmento de Rey citado por Romero, así: "El éxito de la política populista se basa en que las relaciones en el interior de la coalición no sean sumas-cero, lo cual implica que los premios y recompensas a repartirse entre sus miembros *han de tomarse del exterior de ella.* Tal reparto no tiene que hacerse en partes necesariamente iguales entre sus miembros; por el contrario, lo típico es que los sectores más marginados y desorganizados participen en proporción considerablemente inferior que los más organizados y privilegiados, de manera que, a la larga, el resultado general de las políticas redistributivas es el aumento de la brecha entre ambos sectores. Por consiguiente, el mantenimiento de la coalición está condicionado a una expansión económica y al éxito de las políticas de industrialización, que no sólo proporcionan beneficios a la burguesía, sino que también permiten el aumento de la producción, de los mercados, del empleo, y en general de la participación de sectores diversos". Ibid, página 28.

40 *Ibidem,* página 46.

41 *Ibidem,* página 47.

42 *Ibidem,* página 49.

5. CONCLUSIONES

1. No hay lugar a duda, que la democracia de consensos surgida en Venezuela en el año 1958, fundada por el Pacto de Puntofijo, mediante acuerdo suscrito por los partidos de masas aparecidos en la década de los cuarenta en Venezuela (AD, URD y COPEI) y apoyado por los sectores principales de la sociedad, ha sido la experiencia de mayor concertación y entendimiento de los venezolanos en la historia política del país. Dicho pacto fundacional fue complementado con una serie de pactos institucionales, consistentes en coaliciones de gobierno, designación consensuada de las cabezas de los tres poderes constitucionales y de los órganos de control superiores, consulta de las decisiones centrales del Estado y coordinación en la programación de la acción de gobierno.
2. Al menos por tres quinquenios, los partidos políticos mayores llegaron a ostentar mucho prestigio y a representar genuinamente al pueblo y este último se sentía realmente integrado en sus organizaciones, fueron los "agentes constituyentes" del concepto de pueblo y del orden político y factores de formación primordiales de las instituciones civiles de participación colectiva, aunque se haya afirmado que llegaron a colonizarlas para asegurar la estabilidad política.
3. Existe acuerdo en que la "metanorma del sistema" consistente en "*maximizar el consenso y minimizar el conflicto*", mediante la satisfacción progresiva de todas las demandas sociales, con el sustento económico de la renta superavitaria estatal petrolera, fue su mayor fortaleza y luego su mayor debilidad, cuando dicha renta comenzó a disminuir hasta hacerse imposible que cubriera toda la inmensa masa de los gastos asumidos por el Estado, lo cual se agravó con la ingente inmigración de pobres recibida de América del Sur y del Caribe.
4. La democracia surgida del Pacto de Puntofijo, luego de sus primeros años, adoptó plenamente un modelo de populismo de conciliación de élites, tanto en lo político como en lo económico, sustentado en la distribución de la renta petrolera estatal, con el fin de asegurar la estabilidad política y la adhesión de los sectores más influyentes, el cual permaneció con éxito hasta fines de los años ochenta del siglo XX, a partir del cual inició un período de decadencia o transición caracterizado por la insuficiencia de la renta petrolera, la fragmentación de los viejos partidos políticos, el descrédito de las instituciones democráticas y el surgimiento de nuevos liderazgos de ruptura,

con tendencias militaristas y autoritarias, con poder de movilización de masas y propósitos de confrontación y antagonismo políticos.

5. En cuanto al final de este modelo de democracia, se debe reconocer que ello no sólo obedeció a la insuficiencia de la renta petrolera que lo sustentaba, sino también a otros factores no menos importantes, entre los cuales destacamos la desaparición de la responsabilidad de los partidos principales en las decisiones centrales del gobierno, que pasaron a ser competencia de sectores minoritarios influyentes en un subsistema semicorporativo, que desplazó el mecanismo de conciliación con participación principal de las élites partidistas y populares. Esto último, probablemente, redujo el papel de los partidos al mantenimiento de sus exclusivos intereses, en perjuicio de los intereses colectivos.
6. El ejemplo venezolano de democracia de consensos demuestra que el sistema no es permanente, que hace crisis cuando se agotan los factores que lo sustentan, pudiendo evolucionar hacia populismos autoritarios de izquierda radical o hacia sistemas liberales con mayor sentido de la productividad económica a escala global, en el mejor de los casos, siempre que la cultura política de la población lo asimile y permita su desarrollo. Sin embargo, la experiencia histórica latinoamericana, así como en Venezuela, ha puesto de relieve que es más probable la primera alternativa que la segunda, con el retorno de los regímenes autoritarios o la radicalización del populismo.
7. Hacemos votos para que la conciencia de las élites políticas, económicas y sociales en América Latina comprendan esta difícil realidad y enfoquen su atención en forma introspectiva en los errores que han caracterizado nuestros fracasos, en democracia o fuera de ella, lo cual implica dejar de resaltar las culpas de otros países en nuestras desgracias para tomar con coraje el timón de nuestros propios destinos.

Caracas, septiembre de 2023.

Referencias

BAUTISTA DE ALEMÁN, Paola. El fin de las democracias pactadas. Caracas: Editorial Dahbar, 2021.

GARCÍA PELAYO, Manuel. Derecho Constitucional Comparado; en Obras Completas. Madrid: Centro de Estudios Constitucionales, 1991.

LACLAU, Ernesto. consideraciones sobre el populismo latinoamericano; Cuadernos del Cendes, Universidad Central de Venezuela; CDS. 2006. Vol. 23, num.63.

PLAZAS VEGA, Mauricio A. El Frente Nacional. Bogotá: Editorial Temis, 2013.

REY, Juan Carlos. los tres modelos venezolanos de democracia en el siglo XX. Disponible en Internet: <https://www.academia.edu/15453850/LOS TRES MODELOS VENEZOLANOS DE DEMOCRACIA EN EL SIGLO XX?email work card=thumbnail-mobile>.

REY, Juan Carlos. esplendores y miserias de los partidos políticos en la historia del pensamiento venezolano; en el Boletín de la Academia Nacional de la Historia, tomo LXXXVI, Caracas, julio-diciembre 2003, números 343-344.

REY, Juan Carlos. personalismo o liderazgo democrático. El caso de Rómulo Betancourt. Caracas: Ediciones de la Fundación Rómulo Betancourt, 2008.

———. el decenio predemocrático y el surgimiento de la movilización populista, el caso Venezuela 1936-1945. Ediciones de la Fundación Manuel García Pelayo, Colección Cuadernos de la Fundación, numero 19, 2017.

———. ideología y cultura política. El caso del populismo latinoamericano. Academia. Edu. 1991. También, el mismo título en Problemas Sociopolíticos de América Latina. Ateneo de Caracas-Editorial Jurídica Venezolana, 1980.

Romero, Aníbal. la miseria del populismo. Historia y política de Venezuela. En Obras Selectas de Aníbal Romero; Editorial Equinoccio, Universidad Simón Bolívar, 2010, volumen II.

Ruan Santos, Gabriel. el populismo, destrucción o superación de la democracia; en obra colectiva, con autores varios, El Falseamiento del Estado de Derecho, coordinación de Allan R. Brewer Carías y Humberto Romero Muci; Academia de Ciencias políticas y Sociales; Editorial Jurídica Venezolana, 2021.

Stambouli, Andrés. la política extraviada. Una historia de Medina a Chávez. Fundación para la Cultura Urbana. 2002.

Ulloa, César. el populismo en escena: por qué emerge en unos países y en otros no, 2017.

Urbaneja, Diego Bautista. la renta y el reclamo, ensayo sobre petróleo y economía política en Venezuela. Caracas: Editorial Alfa, 2013.

Democracia de consenso y Estado de derecho

WILLIAM ZAMBRANO CETINA[1]

Por infinita generosidad de los señores vicepresidentes y en particular del presidente de la Academia colombiana de Jurisprudencia doctor Augusto Trujillo Muñoz, intervengo en este evento en el que con gran regocijo recibimos en Colombia a las Academias del sur de nuestra América, y resalto su generosidad, pues son ellos y él, sin duda, quienes mejor expondrían estos conceptos ante este calificado auditorio, por sus profundos conocimientos sobre el tema y por su convencimiento de la pertinencia de analizarlos actualmente, lo que los ha llevado a orientar a la Academia en la preparación de sustanciales declaraciones[2], que parten del reconocimiento del consenso como elemento clave para la salvaguarda de las instituciones y de la necesidad de construir acuerdos sobre los esenciales democráticos, en el marco del respeto del pluralismo, como una de las prioridades del presente y del futuro para nuestra nación.

Intervenir hoy se convierte igualmente en un verdadero privilegio al estar llamado ahacerlo en un panel integrado por tan connotados académicos y presidido por el gran maestro Juan Carlos Cassagne. Ellos nos han dado ya magistrales lecciones sobre nuestra temática, por lo que es muy poco lo que restaría por decir y me haceaún más exigente este ejercicio. Hablar de democracia de consenso contiene en si un cierto pleonasmo, pues sin consenso es difícil concebir la democracia. Empero es claro que es apenas una delas aproximaciones para su entendimiento y que en su análisis se impone tomar en cuenta otros conceptos que son también con-

---

1 Abogado de la Universidad del Rosario, especialista en Derecho Administrativo y magíster en Ciencias Administrativas de la Universidad de París II. Exalumno de la Escuela Nacional de Administración de Francia. Actualmente vinculado al CERCCLE de la Universidad de Burdeos. Se desempeñó como magistrado del Consejo de Estado, del cual fue vicepresidente, y presidente de la Sala de Consulta y Servicio Civil.

2 Disponible en Internet: <https://www.academiacolombianadejurisprudencia.com.co>. <https://drive.google.com/file/d/143L3Hx9C499QqeBZxK-KU8COEnfnpZab/view>. <https://drive.google.com/file/d/1-iU67ILjWh69VNSScLDqqmVqeJpbb-2u/view>.

substanciales a aquella, a comenzar por su contrario: el disenso, sin el cual tampoco puede entenderse la democracia[3].

En realidad, el debate entre consenso y disenso, entre acuerdo y desacuerdo, es tan antiguo como la propia democracia, afirma Galder Sierra Zapirain en una afortunada síntesis sobre esta temática, en la que recordaba que para los antiguosgriegos "el *agon*, el «apasionado impulso de mostrar el propio yo midiéndolo en pugna con otro» (Arendt, 2009: 217), sustentaba el concepto de la política en las ciudades-estado". Sin embargo, "estas discrepancias se tenían que dar sobre el campo de juego establecido por la ley, ya que era esta la que creaba un espacio enel que los ciudadanos se consideraban libres e iguales para discutir. En este sentido,la ley ponía el punto de partida a la disputa política posterior". A su vez, para los romanos

> el establecimiento de sus leyes fue «el gran y decisivo acto con el que todos los hechos y logros posteriores tenían que relacionarse para adquirir validez política y legitimación» (Arendt, 2009: 269). En Roma, el establecimiento de la ley, como garante de un nuevo orden, era el acto político por excelencia y, por lo tanto, fruto de la disputa. Sin embargo, para los romanos la ley no borraba sus discrepancias, sino que a través de ella se establecía un lazo duradero en forma de contrato para poder gestionarlas (Schaap, 2007: 71)[4].

Tal vez por ello algunos autores destacan el origen latino del concepto en dos palabras vecinas: *concentio* que significa concierto, arte de canta juntos y *consensio*conformidad de sentimientos[5]. A su vez recuerda Yolanda Meyemberg que en el ideal político aristotélico

> la existencia de valores y normas compartidos para la constitución del consenso son esenciales para conformar un espacio público, un acuerdo sobre la vida buena y justa; valores y normas que serán dictados por aquellos hombres cuya virtud y capacidad de razonamiento les permite actuar en nombre del interés común", y que ,"el consenso es parte de la buena voluntad del pueblo, ya que no puede haber congruencia de opinión sin la intención de los hombres de preocuparse los unos por los otros[6].

---

3 Ver FERNÁNDEZ-LLEBREZ GONZÁLEZ, Fernando, DEMOCRACIA: ¿CONSENSO O CONFLICTO?, Reseña de Franze, J. (coord.) (2014), *Democracia: ¿consenso o conflicto? Agonismo y teoría deliberativa en la política contemporánea,* Madrid: Los libros de la Catarata. Andamios, Volumen 12,número 28, 2015, pp. 353-360.

4 SIERRA ZAPIRAIN, Galder, Repensar la relación entre consenso y disenso ante el «momentopopulista». Un reto democrático. OXÍMORA. Revista Internacional de Ética y Política N°. 21. Jul-dic 2022. p.81.

5 Ver Pucheu René, À la recherche du "consensus" Revue Pouvoirs N.° 05 Abril 1978 p. 17.

6 Meyemberg Leycegui, Yolanda, Cuatro esbozos teóricos para pensar el consenso, Revista mexicana de ciencias políticas y sociales N.° 152 Agosto 2015 p. 71-72.

En palabras del mismo Sierra, con el advenimiento de la Ilustración y la progresivaimplantación de la democracia, "liberalismo y republicanismo, pusieron el marco a este debate entre consenso y disenso, intentando establecer una serie de principiossobre los que articular la sociedad". Liberales y republicanos dedicarán en efecto gran parte de sus esfuerzos "a la búsqueda de una serie de fundamentos que definan los grandes acuerdos sociales, particularmente en torno al concepto de libertad, a la relación entre individuo y sociedad y a la función del Estado"[7].

Peces-Barba analizando el caso de la Constitución española de 1978 señalaba queel consenso supone un acuerdo sobre las formas básicas de la convivencia, sobre las reglas del juego que se refleja en la Constitución como norma fundamental, pero que es anterior a la Constitución y afecta al poder democrático que sustenta en última instancia la validez de todo el ordenamiento jurídico[8].

El consenso para dicho autor "es el fundamento de la convivencia y supone el acuerdo sobre la forma y sobre un contenido mínimo básico de los principios de organización de la sociedad y del Estado que se concretan en los valores superioresdel ordenamiento jurídico: la libertad, la igualdad, la justicia y el pluralismo político"[9]. Formas y contenidos de la democracia que con diferentes matices se encuentran en las denominadas democracias liberales alrededor del plantea.

Pero, como también recuerda Sierra en la síntesis aludida, "las democracias están condenadas a vivir en permanente tensión entre consenso y disenso; entre un mínimo acuerdo que dé estabilidad al orden social y un nivel de conflicto que garantice el pluralismo propio de las democracias"[109].

Esta "visión paradójica de la democracia" ha sido enfocada desde diversas perspectivas. Así cabría mirarla

> en la disputa entre los derechos individuales reivindicados por los liberales y la soberanía popular de los republicanos. Desde un punto de vista jurídico, en el debate en la visión anglosajona entre rule of the law y rule of the people; entre el poder constituido y el constituyente (Sanz, 2020: 169- 178). O desde un punto de vista de la teoría política, entre la visión pragmática de las democracias y su acepción redentora (Canovan, 1999: 9-14); o dicho

---

7 Sierra op. Cite., p.81

8 PECES-BARBA MARTÍNEZ, Gregorio, El consenso en la constitución, El País, 30 de enero de 1979.

9 *Ibidem.*

10 Sierra Op. Cite. p.89.

> de otra manera como instrumento para la gestión de las diferencias sociales o por el contrario desde la visión identitaria de las reivindicaciones y de las concepciones del poder popular[11].

A su vez el debate entre consenso y disenso ha ido variando. Su desarrollo teórico ha conocido una evolución que ha ido en paralelo al devenir de los propios sistemas democráticos. Y será alrededor de este debate sobre el que se fueron forjando nuevos modelos de consenso, como en el caso de la teoría deliberativa de Jürgen Habermas, para quien

> la principal función de la democracia debería radicar en la salvaguarda de «un proceso inclusivo de formación de la opinión y de la voluntad común, en el que los ciudadanos libres e iguales se entienden acerca de las metas y normas que serían de interés común para todos» (Habermas, 1999: 234)[12].

En cierto momento, particularmente después de la caída del muro de Berlín se planteó un aparente acuerdo sobre le prevalencia del ideario liberal; una especie de "consenso hegemónico"[13] o "ilusión del consenso"[14] de las democracias liberalesque, en realidad produjo una reacción "que pretendía redefinir los límites del espaciopolítico"[15] y de los consensos posibles dentro de él.

Sobre este punto, bien se aborde la conocida tesis de Fukuyama en su versión original del fin de la historia[16] o en su reciente reformulación, que intenta tomar en cuenta las nuevas manifestaciones del conflicto en las sociedades democráticas, enparticular, en los Estados Unidos[17], y en contraste

---

11 *Ibidem,* p. 89-90.

12 *Ibidem,* p.87.

13 Sobre los matices de dicha expresión y el alcance de la misma en los autores marxistas, ver Mayemberg Leycegui p. 80 y ss. Ella explica que desde dicha perspectiva "las teorías del consensohegemónico parten de tres presupuestos para la explicación del consenso: a) que la hegemonía esun proyecto político de la clase dominante; b) que el elemento determinante del consenso es la ideología; c) que el consenso se constituye por el privilegio de las relaciones éticas por encima de las relaciones prácticas de la sociedad" (p.85).

14 Ver Miguel Luis Felipe, Consenso y conflicto en la democracia contemporánea, Eudeba Editora,Buenos Aires 2022, p. 224.

15 Sierra Op. Cite, p. 82.

16 Fukuyama Francis, El fin de la historia y el último hombre. Planeta, 1992.

17 Francis Fukuyama había analizado la caída del muro de Berlín y la disolución de la Unión Soviéticacomo una especie de fin de la historia y de triunfo absoluto del liberalismo. En su nuevo libro "*El liberalismo y sus desencantados*" -según la traducción publicada en Colombia- Ariel 176 p. retoma la defensa de los valores esenciales de

con lo afirmado por él, el aparente triunfo de la lógica consensual habría dado paso "al efecto que precisamente pretendía evitar; es decir, a la intensificación del debate político, dándole fuerza a su vertiente más pasional y antagónica de las últimas décadas"[18]. Debate, o distorsión del mismo, representado por las diversas formas actuales de populismo.

Así, la emergencia del populismo se ha querido explicar por las supuestas "limitaciones de la democracia, como consecuencia «de la pérdida de eficacia del tradicional consenso liberal- democrático que nos acompaña desde la posguerra» (Vallespín y Bascuña n, 2017: 140)". De acuerdo con esta perspectiva, sería

> la tensión irresuelta (e irresoluble) del carácter paradójico de la democracia la que haría aflorar estos «momentos populistas» de izquierda y de derecha que recorren el mundo. "El impulso redentor frente al exceso de pragmatismo (Canovan, 1997: 14); la necesidad de la fe (entendida como la aspiración al perfeccionamiento humano), contra el escepticismo y el sometimiento a las instituciones como limitadoras de nuestros excesos (Oakeshott, 1998: 62); o

---

las democracias liberales, pero esta vez desde una perspectiva menos triunfalista y más reflexiva sobre las dificultades que ellas enfrentan derivadas delas falencias en su ejercicio, pero también de los ataques provenientes tanto de la "derecha populista"como de la "izquierda progresista".

La tesis central de la obra es que el desencanto con el liberalismo que se percibe en años recientesen diferentes países, "no tiene que ver con la esencia de la doctrina, sino más bien con la forma en que determinadas ideas liberales sensatas han sido interpretadas y llevadas al extremo", por lo que"la respuesta a esos desencantos no es abandonar el liberalismo como tal, sino moderarlo".

Fukuyama hace un llamado de atención tanto a los críticos de derecha como de izquierda, sobe la necesidad de aceptar, unos y otros, la diversidad existente en la sociedad –en materia de raza, origen étnico, género, orientación sexual, pero también de opiniones políticas y religiosas–, y en la utilidad que tiene precisamente el ideario liberal como medio para gobernar esa diversidad, lacual, en criterio del referido autor, se desconoce muchas veces actualmente en Estados Unidos desde ambos extremos del espectro político.

Igualmente hace un llamado a la moderación advirtiendo que "si la libertad económica para comprar,vender e invertir es algo bueno, ello no significa que el hecho de eliminar todas las limitaciones a lalibertad económica vaya a ser aún mejor". Y también que "si la autonomía personal es la fuente de la realización de un individuo, eso no significa que la libertad ilimitada y la constante eliminación de restricciones hagan que una persona se sienta más realizada". Por ello concluye que "recuperar el sentido de la moderación, tanto individual como colectivo es, por tanto, la clave para el resurgimiento –de hecho para la supervivencia– del propio liberalismo". Ver Fukuyama reinventado El Nuevo Siglo12 septiembre 2022.

18 Sierra Op. Cite., p.91.

> la irrupción del pueblo, como poder constituyente, frente al orden o poder constituido (Sanz, 2020: 169)[19].

Estarían así en el germen del referido fenómeno. No resulta exagerado entender que las nuevas representaciones de disenso en su formato populista deben interpretarse como una real amenaza que podría poner en riesgo los consensos democráticos básicos alcanzados y al propio Estado de derecho; Y ello por cuanto los populistas siempre privilegian la voluntad popular por encima de reglas y procedimientos previamente acordados. No solo eso, sino que "apelan a una supuesta unidad del pueblo que pone en riesgo los derechos de las minorías, convirtiendo en realidad el miedo liberal a la tiranía de las mayorías (Abts y Rummens, 2007: 410)". O si se quiere y paradójicamente al imponer como mayoritarias visiones en realidad de minorías, termina imponiendo una visión única catalizada por el líder. Pues a su vez, "esta concepción unitarista cuestiona los mecanismos de mediación clásicos, reforzando la figura del líder como garante de la presencia *inmediata* de esa voluntad popular unificada, (Corrias, 2016: 11)". Este "ensalzamiento bonapartista ensancha en realidad su poder de prerrogativa" ante la ausencia, debilidad o neutralización de los de mecanismos institucionales que obstaculizasen su arbitrariedad. El objetivo de los populistas "consistiría en «conseguir la desconexión entre la democracia y la racionalidad legal que la hace posible y necesaria» (Lassalle, 2017: 64)"[20].

Si bien nos dice Cassagne que "Este modelo en el que se mezcla una dosis máximade confrontación social y de eliminación del humanismo y la tolerancia está destinado al fracaso" No deben dejar de resonar sus palabras en nuestras mentes, pues el análisis que él hacía en varios de sus textos[21], contiene advertencias que, sin distingo de ideología, de modelo o de país, deben ser escuchadas.

Dicho autor nos explicaba que

> En algún sentido, todos los partidos o movimientos políticos son populistas en tanto buscan halagar y seducir a diferentes sectores del pueblo –preferentemente las masas– para conseguir sus votos. Pero, en el plano de la lógica estricta del poder, el populismo es otra cosa. Es la construcción de una identidad colectiva, una suerte de estadio superior de la demagogia, cuyo objetivo

---

19 *Ibidem,* p. 9.

20 *Ibidem,* p.94.

21 En particular ver El Estado populista, B de F Euros Editores 2017, 262 p. y El modelo de Estadoy las raíces del populismo latinoamericano. En Instituciones administrativas, inclusión paz y convivencia 2018.

consiste en configurar un sistema de gobierno basado en un decisionismo personal hegemónico de duración indefinida[22].

Este populismo "constituye un género que aglutina distintos modelos de Estado, todos los cuales, en mayor o menor medida, son totalitarios". Y explicaba que:

> La Europa del siglo XX tuvo que soportar sistemas populistas (tanto de izquierda como de derecha) francamente totalitarios, caracterizados por la absorción, por parte de un líder omnipotente y su gobierno, de las personas y organizaciones de la comunidad. La característica que exhibieron los regímenes populistas más extremos no radica tanto en el significante político que utilizaron sino en la técnica de estructuración del poder. Su influencia sobre el populismo latinoamericano no puede ser desmentida, a la luz de la realidad de los hechos históricos.

Igualmente, que

> hubo una similitud en los ejes en que se apoyó la construcción tanto del nazismo como del fascismo para estructurar el poder. Estos ejes, estrechamente interrelacionados, fueron principalmente el decisionismo (Carl Schmidtt) de un líder carismático y la hegemonía política absoluta centrada en ese liderazgo personal. Esto implicó una abierta ruptura con el principio de separación de poderes que constituye uno de los presupuestos basales de cualquier democracia auténtica. Esta concepción articula un sistema de frenos y contrapesos que impide que el poder sea ejercido en forma abusiva, a diferencia del régimen populista en el que un líder todopoderoso e infalible basa su poder en una legitimación de origen popular fundada en el triunfo obtenido en una primera elección.

Así mismo recuerda que

> para mantener la hegemonía política, los líderes del populismo totalitario del siglo pasado echaron mano a mecanismos de confrontación permanente, de clara inspiración hegeliana, basados en la dualidad amigo-enemigo, llegando hasta la cárcel y muerte de opositores y disidentes, algo que aquella legitimidad de origen no podría jamás justificar. Esa confrontación se lleva a cabo por un líder que ejerce el poder sin límite temporal alguno. De ahí que se postule su reelección indefinida como símil de un liderazgo eterno que invierte los términos de la ecuación representativa al pasar a ser la encarnación del pueblo y su guía espiritual. El líder no representa al pueblo sino que una parte del pueblo representa al todo y encarna al líder. Con esa inversión, al convertirse una parte en todo el pueblo se pretende justificar que el líder disponga de la

---

22 CASSAGNE, Juan Carlos. El modelo de Estado y las raíces del populismo latinoamericano, p. 74.

> suma de poder público y que la función de los jueces deje de ser la de controlar sus actos para pasar a legitimar el poder hegemónico del Ejecutivo[23].

En ese escenario,

> es por demás obvio que los derechos humanos –comenzando por el derecho a la vida– carezcan de valor alguno, prohibiéndose la difusión de toda crítica al líder y al movimiento o partido que lo encarna. Mientras las voces opositoras carecen de posibilidades para expresar sus opiniones e ideas, los sistemas populistas buscan la homogenización del pueblo mediante el despliegue de un relato que procura mantener vivo el conflicto fabricado contra un enemigo elegido como blanco del ataque y consecuente exterminio[24].

La emergencia de esta corriente populista advierte en similar sentido Sierra "pretende un cambio de paradigma en el debate democrático, en tanto se ha transformado el marco que lo delimitaba". La cuestión fundamental sobre las democracias ya no radicaría para sus promotores "en lo adecuado de unos determinados valores que cohesionen mínimamente la sociedad, sino en la imposibilidad de llegar a un consenso racional sobre los mismos. Y en subrayar el carácter esencialmente conflictivo de la sociedad". Y ello precisamente aprovechándose de un entorno en el que las sociedades contemporáneas "viven en un alto nivel de incertidumbre, agravado por la sensación de crisis generalizada a diferentes niveles (ecológica, económica, de género, etc.) Esta percepción derivaría de la constatación de lo que autores como Lefort (1998) han llamado la disolución de los «marcadores de certeza»; o, dicho de otro modo, de la fragmentación de lo que hasta hace poco han sido los puntos de gravitación social o creencias fundamentales de la ciudadanía". Situación que está sometiendo a la política "a una intensa prueba de estrés, en la que las democracias liberales tienen que reinventarse constantemente ofreciendo nuevos consensos de cara a mantener una mínima cohesión"[25]. Escenario incierto que intenta propiciar y aprovechar el «momento populista» poniendo a prueba los ya frágiles consensos vigentes.

Tiene razón Sierra al concluir que, en esta perspectiva,

---

23 *Ibidem,* p.75.

24 *Ibidem.*

25 Sierra Op. Cite., p. 97.

> el populismo como parte de la democracia tenderá a subvertir el «orden de las cosas»; si seguimos la senda del agonismo, dentro del respeto al pluralismo de las democracias liberales. Si lo tomamos como el reverso de las mismas, como dice Colagouri (2012: 2) el agonismo y su acepción populista constituirán «la parte destructiva del conflicto social y las prácticas globales», por lo que el Estado de Derecho vigente será el único asidero posible con el que erradicar este mal de la mano de la construcción de nuevos consensos[26].

La apelación al refuerzo y a la protección del Estado de Derecho[27] se convierte entonces en la necesaria tarea[28] y en la causa principal de cuantos creemos en la democracia. Así como el intento de restablecer "un posible equilibrio entre los elementos paradójicos de las democracias liberales en argumento ineludible para reclamar la prevalencia de los mecanismos jurídicos garantes del orden social"[29].

Cabe aclarar que afirmar la imposible convivencia entre populismo y democracia, así como la necesaria prevalencia de la opción del consenso fincado en el respeto del Estado de derecho, no comporta negar o deslegi-

---

26 *Ibidem,* p. 98.

27 Cassagne señala que "Sin profundizar sobre el curso de la evolución puede decirse que el actual "Estado de Derecho" se nutre de un conjunto de principios generales que integran lo que podría llamarse –parafraseando a Hauriou– el bloque de constitucionalidad de los respectivos sistemas jurídicos en los que, no obstante sus diversidades, existe una cierta unidad en torno a las notas comunes que lo caracterizan, sin perjuicio de los subprincipios que derivan de la noción básica". Entre esas notas del Estado de Derecho este autor destaca: "a) la afirmación de la separación de poderes en órganos estatales distintos y su consecuente limitación recíproca; b) el reconocimiento de los derechos de las personas exigibles frente al poder público con las correspondientes garantías;
c) la vinculación positiva de la Administración al principio de legalidad (comprensivo de la legalidad en sentido estricto y de la razonabilidad o justicia); y d) el funcionamiento efectivo de un control judicial independiente e imparcial (...)". Ver Cassagne Op. Cit., p.69

28 Al respecto, Sans Moreno señala con acierto que "(...) será el constitucionalismo el que nos resuelva la paradoja de la democracia: de un lado, poder popular absoluto; de otro, gobierno para los integrantes del pueblo y, con ello, límite jurídico al ejercicio del poder. De poco sirve decantarnos por una concreta definición del populismo (ideología blanda, discurso, estrategia política, patología), pero sí cabe observar su simbiosis con la democracia. Y, precisamente, con la máxima vox populi vox dei, la redención populista se convierte en su enemigo más mortífero. Desde aquí, el populismo o se reeduca con su anclaje constitucional en la dignidad de la persona y en el rule of law, o desde la totalización popular del poder y su encarnación personalizada,la democracia tiene los días contados". Ver Sanz Moreno, José Antonio, Sobre la redención populista y la fuerza constitucional: el valor intangible de la democracia, Revista de estudios políticos. Centro de Estudios políticos y constitucionales, N.º 183, enero marzo 2019, p.161.

29 Sierra, op. Cit., p. 94.

timar la controversia, la confrontación de ideas, la posibilidad de cambio. Peces Barba recordaba que el consenso son las reglas de juego de la convivencia, donde solo una no puede cambiar y es precisamente la posibilidad de cambio[30]. Se trata precisamente de que estas puedan expresare solamente que dentro del respeto de unos presupuestos básicos que se convierten en coto vedado para el disenso.

En efecto, a la manera de lo enunciado para el caso de los derechos fundamentales[31], habría que defender la existencia de un coto vedado sobre los principios esenciales del Estado de derecho. En un contexto en el que los diferentes populismos de izquierda y de derecha pretenden desconocer los presupuestos mismos de la democracia, entre ellos la temporalidad del ejercicio del poder, la alternancia, y en general, los derechos políticos del contradictor, pero también en el que, se hace evidente el desconocimiento o la instrumentalización de los propios elementos del Estado de derecho, es imperativo afirmar y defender su verdadera esencia y mantener incólume el consenso sobre la necesidad de asegurar su respeto. Esa es tal vez la importancia de abordar en esta tarde y en el contexto de nuestras academias esta temática.

---

30 Peces-Barba, Op. Cit., p.1.

31 Ernesto Garzón Valdés afirmaba abogar "por el concepto de "coto vedado" en el que han de resguardarse los derechos fundamentales no negociables, como condición necesaria de la democracia representativa. Sólo fuera de este "coto vedado" cabe el disenso, la negociación y la tolerancia. Quien pretenda abrir la puerta del "coto vedado" y transformar derechos fundamentales en objeto de disenso y negociación elimina la posibilidad de que la democracia pueda satisfacer la pauta de corrección moral que de ella se espera. El disidente no puede pues abrir todas las puertas.En una democracia representativa que acepte el núcleo inviolable del "coto vedado", es decir, la vigencia del "principio de la mayoría" y no el "dominio de la mayoría" como diría Hans Kelsen (HansKelsen, *Daas Problem des Parlamentarismus,* Viena/Leipzig: Braummülier, 1925), la disidencia valesólo en el ámbito de lo negociable". Ver GARZÓN VALDÉS, Ernesto, El consenso democrático: fundamento y límites del papel de las minorías, Isonomía no.12 México abr. 2000 p. 20.

Referencias

CASSAGNE, Juan Carlos, El modelo de Estado y las raíces del populismo latinoamericano. En Instituciones administrativas, inclusión paz y convivencia, Jaime Rodríguez Arana- William Zambrano Cetina (Ed.) Editorial Ibáñez, 2018, p. 67-78.

CASSAGNE, Juan Carlos. El Estado populista, B de F Euros Editores, 2017, p. 262.

FERNÁNDEZ-LLEBREZ GONZÁLEZ, Fernando. DEMOCRACIA: ¿CONSENSO O CONFLICTO?, Reseña de Franzé, J. (coord.) Democracia: ¿*consenso* o conflicto? Agonismo y teoría deliberativa en la política contemporánea, Madrid: Los libros de la Catarata. Andamios, Volumen 12, número 28, 2015, pp. 353-360

FUKUYAMA, Francis. El fin de la historia y el último hombre. Planeta, 1992.

FUKUYAMA, Francis. El liberalismo y sus desencantados. Ariel, 2022, p. 176.

GARZÓN VALDÉS, Ernesto. El consenso democrático: fundamento y límites del papel de las minorías, Isonomía no.12, 2000, pp. 6-34.

MEYEMBERG LEYCEGUI, Yolanda. Cuatro esbozos teóricos para pensar el consenso, Revista mexicana de ciencias políticas y sociales N.° 152, 2015 pp. 69-98. https://doi.org/10.22201/fcpys.2448492xe.1993.152.50751.

PECES-BARBA MARTÍNEZ, Gregorio. El consenso en la constitución, El País, 30 de enero de 1979.

PUCHEU, René. A la recherche du "consensus" Revue Pouvoirs, N.° 05, pp. 16-20.

SANZ MORENO, José Antonio. Sobre la redención populista y la fuerza constitucional: el valor intangible de la democracia, Revista de estudios políticos. Centro de Estudios políticos y constitucionales, N.° 183, 2019, pp. 161-190. Disponible en Internet: <https://doi.org/10.18042/cepc/rep.183.06>.

SIERRA ZAPIRAIN, Galder. Repensar la relación entre consenso y disenso ante el «momento populista». Un reto democrático. OXÍMORA. REVISTA INTERNACIONAL DE ÉTICA Y POLÍTICA NÚM. 21, 2022, pp. 79-100. Disponible en Internet <10.1344/oxi.2022.i21.37675>.

TRUJILLO MUÑOZ, Augusto. Democracia de consenso, El Espectador, 7 de julio 2022. Disponible en Internet: <https://www.elespectador.com/opinion/columnistas/augusto-trujillo-munoz/democracia-de- consenso/>.

Capítulo 2

Lex mercatoria: ¿un nuevo derecho para un nuevo orden mundial?

DIEGO MUÑOZ TAMAYO
MARÍA ELSA UZAL
LUIS COVA ARRIA
CECILIA FRESNEDO DE AGUIRRE
ENRIQUE BARROS BOURIE

La Lex Mercatoria: ¿Un nuevo derecho para un nuevo orden mundial?

DIEGO MUÑOZ TAMAYO[1-2]

La *Lex Mercatoria,* como todos sabemos, es el conjunto de normas, principios, usos, prácticas y costumbres que forman la regulación que los propios operadores económicos especializados, en distintas ramas del comercio, se han ido proporcionando a lo largo de los años. Estas normas y prácticas han trascendido al punto en el que se ha conformado una costumbre que va más allá de las normas locales y se presenta como un nuevo derecho sin territorio. Su aceptación ha sido gradual, pero, sin duda, demuestra la formación espontánea de reglas al margen de los Estados que favorecen al comercio internacional.

En sus orígenes fue un sistema jurídico utilizado por los comerciantes de la Europa medieval, mediante el cual ellos mismos establecían el conjunto de normas y principios que debían regular sus relaciones. Fue, en esencia, una construcción occidental, europea para más precisión, pues no hay registros de orígenes o influencias de frentes orientales como los de la Ruta de la Seda que era el principal eje comercial entre Europa y Asia. A medida que los intercambios comerciales fueron aumentando, por la creciente interacción entre viajeros y comerciantes, estas prácticas se tornaron uniformes y se vieron replicadas en diferentes lugares del mundo. Usualmente, estas reglas se aplicaban en el derecho marítimo, en las compraventas entre comerciantes de distintas jurisdicciones o en las ferias comerciales de los distintos Estados-Ciudades de la Europa medieval, extendiéndose quizá hasta la época del Renacimiento. Poco a poco fue tomando forma al punto en que fue reconocida como la "ley de los comerciantes" o, en inglés, *merchant law,* una ley creada por la *societas mercatorum.*

---

1 Este trabajo se preparó con el apoyo investigativo de Valentina Rubio Ospina.

2 Abogado y especialista en Derecho Comercial de la Universidad de los Andes, con máster (LL.M.) en Derecho Financiero Internacional de la London School of Economics and Political Science y y Máster (M.Sc.) en Política Pública Latinoamericana de Oxford University, Saint Antony's College. Socio Fundador de de Muñoz Tamayo & Asociados.

Lo destacable del desarrollo de este orden es el hecho de que surgiera como resultado de los usos y costumbres de quienes participaban en los intercambios comerciales y no como el resultado de leyes o edictos de las autoridades que imponían patrones de conducta. No obstante, esta *Lex Mercatoria* fue mutando a medida que la organización política y económica mundial se transformaba.

Con el surgimiento del concepto del Estado-Nación la *Lex Mercatoria* fue perdiendo relevancia en la medida en que los Estados pretendían sobreponer y hacer valer su derecho interno y sus regulaciones propias, para defender el interés de sus nacionales como sus intereses políticos y la soberanía nacional. Esto produjo que durante muchos años, la *Lex Mercatoria* perdiera fuerza y fuera marginalizada, pues se defendía la idea de que la *Lex Mercatoria* iba en contra de la autoridad de los Estados y se entrometía en su esfera interna y en asuntos que solo los Estados debían regular. Durante este periodo, los únicos actores en el derecho internacional eran, formalmente, los Estados. Existía un contexto en el cual la independencia y el aislamiento de cada Estado hacía que esta ley de los comerciantes fuera poco relevante. Aunque esto no fuera cierto, se requirió un cambio –nuevamente– en el orden político y económico mundial para que la *Lex Mercatoria* volviera a tomar fuerza.

En el transcurso del siglo pasado y, particularmente, en los últimos 75 años, a partir del fin de la Segunda Guerra Mundial, el mundo fue testigo (a) de un incremento significativo en los intercambios comerciales entre naciones; (b) de mayores flujos de capital y de la expansión de la inversión extranjera en las distintas economías, que aumentaron de manera inusitada; y, (c) del proceso de la globalización cada vez mayor. El ámbito de aplicación de la *Lex Mercatoria* se expandió poco a poco como consecuencia del multilateralismo que surgió con posterioridad a esa confrontación bélica.

Después de la Segunda Guerra Mundial, de manera paulatina y gradual y con mucho más énfasis a partir de los años 80 del siglo XX, la globalización se impuso como el proceso económico que revolucionó el mercado y el mundo. Se abandonó la tendencia de ver los mercados locales como algo separado del mercado global. La globalización llegó entonces (i) a eliminar las barreras económicas y políticas y (ii) a fomentar un desarrollo tecnológico sin precedentes en el cual las comunicaciones han constituido un instrumento generador de mayor circulación de bienes, de personas y de información que conllevó una transformación del mercado, migrando de lo local a lo global[3]. Por ello, este nuevo orden económico dio paso a nuevas dinámicas en el comercio mundial, donde los usos y costumbres de los principales operadores de cada sector y de los agentes más fuertes en las relaciones contractuales se fueron imponiendo.

Esos fenómenos económicos que surgieron y se consolidaron en la postguerra conllevaron el resurgimiento de lo que se podría entender como una nueva *Lex Mercatoria*[4]. José Carlos Fernández[5] señala, con razón, que en este nuevo derecho de los negocios internacionales, los actores se multiplicaron. Concretamente, precisa lo siguiente:

> El actual derecho de los negocios internacionales ha surgido de la práctica de los comerciantes pertenecientes a distintos Estados con diferentes sistemas políticos, económicos y sociales, así como con distintos niveles de desarrollo. En dicha práctica han participado y participan tanto las empresas de los países de economía de mercado como las empresas de comercio exterior de los Estados que aún mantienen un sistema de economía planificada, dando lugar a una suerte de "sociedad internacional de los comerciantes". Se trata de un grupo social en buena medida autónomo respecto de los Estados, y el hecho de que en su seno, pese a las diferencias entre los diversos sistemas políticos y económicos, haya surgido un nuevo ordenamiento de las relaciones comerciales internacionales, es un factor de primera importancia y una evidencia de la efectividad de un derecho autónomo del comercio nacido de las propias exigencias de éste, que se ha desarrollado con independencia de los sistemas jurídicos nacionales.

En la práctica del comercio internacional se integraron actores diferentes a los Estados: las empresas y, en particular, aquellas de carácter multinacional, cuya presencia y expansión global aceleró el desarrollo de la nueva *Lex Mercatoria* al formar este ordenamiento en concordancia con sus propias exigencias, necesidades y conveniencias, teniendo en cuenta que su presencia no es exclusiva a un territorio único. De nuevo, es un ordenamiento que surge con independencia de los Estados y el derecho interno de cada uno de estos.

---

3 CALVO CARAVACA, Alfonso-Luis y Javier, CARRASCOSA GONZÁLEZ. Lex Mercatoria y Arbitraje Privado Internacional. CUADERNOS DE DERECHO TRANSNACIONAL. 2020. Vol. 12, n.º 1, pp. 67.

4 En este sentido, Gilles CUNIBERTI se ha referido al nuevo concepto de *Lex Mercatoria* como un concepto que ha sido ampliamente reconocido y aceptado actualmente como autónomo de las leyes nacionales.

5 FERNÁNDEZ ROZAS, Juan Carlos. Un nuevo mundo jurídico: la *Lex Mercatoria* en América Latina, 2006.

En este sentido, es pertinente señalar que la *Lex Mercatoria* ha venido ganando terreno y se ha manifestado de distintas maneras como, por ejemplo, (a) en los principios UNIDROIT; (b) en los usos y prácticas uniformes del comercio internacional como los llamados Incoterms; (c) en las condiciones generales de contratación y los contratos tipo, entre otros. Estos últimos han sido la herramienta indispensable que ha permitido la circulación cada vez mayor de bienes y servicios en el comercio internacional y la consecuente creación y acumulación de riqueza. Por lo tanto, los usos y costumbres, las prácticas y los términos de los agentes y las empresas que suelen materializarse en contratos tipo que se van adoptando y generalizando, juegan un rol muy importante en el desarrollo de la *Lex Mercatoria.*

(i) No obstante, cuando se habla de *Lex Mercatoria,* es usual que en los debates acerca de su conceptualización surja el concepto de *soft law* o derecho blando en español. Si bien no existe una definición formal de "*soft law*" y todavía no es un tema pacífico, la Organización para la Cooperación y el Desarrollo Económico (OCDE) la ha definido en los siguientes términos: "Cooperación basada en instrumentos que no son jurídicamente vinculantes, o cuya fuerza vinculante es algo más "débil" que la del Derecho tradicional, como códigos de conducta, directrices, hojas de ruta, revisiones inter pares"[6]. (traducción libre del autor).

De conformidad con lo anterior y por regla general, el "*soft law*" y sus manifestaciones carecen de una aplicación obligatoria. Esto quiere decir que su cumplimiento no puede ser exigido por las autoridades ya que los instrumentos que integran el "*soft law*" no son legalmente vinculantes. Por ello y teniendo en consideración que el "soft law" y la *Lex Mercatoria* son figuras propias del derecho internacional, amerita preguntarse cuál es la relación entre la *Lex Mercatoria* y el "*soft law*" de forma tal que se pueden demarcar linderos conceptuales y evitar confusiones alrededor de estos dos conceptos. Al respecto, se podría decir que existen, por lo menos, tres frentes en donde se identifican diferencias fundamentales: (i) en su origen, (ii) en su fuerza vinculante y (iii) en su ámbito de aplicación.

Por un lado, la *Lex Mercatoria* y el "*soft law*" encuentran su origen en diferentes circunstancias. La *Lex Mercatoria* es una construcción consue-

---

6 OECD. Soft law –OECD–. Disponible en Internet: https://www.oecd.org/gov/regulatory-policy/irc10.htm (s.f.) Texto original: "Co-operation based on instruments that are not legally binding, or whose binding force is somewhat "weaker" than that of traditional law, such as codes of conduct, guidelines, roadmaps, peer reviews."

tudinaria de origen privado, particularmente de comerciantes y agentes y operadores del tráfico mercantil. El concepto mismo de consuetudinariedad implica un proceso lento y paulatino cuya evolución a lo largo de los tiempos es lo que la va convirtiendo en tradición y esta, a su vez, es la que le imprime el carácter de costumbre que va siendo reconocida y adoptada por distintos estamentos. Es decir, que se trata de un proceso complejo que implica interacción en el tiempo, decantación y aceptación más o menos generalizada antes de que se le reconozca el carácter de costumbre o de derecho consuetudinario. Su esencia radica en lo que va ocurriendo en las distintas dinámicas y desarrollos de los diferentes mercados. Aunque la *Lex Mercatoria* puede ser eventualmente recogida o compilada por distintas instituciones, su naturaleza, por excelencia, es privada y se origina en construcciones paulatinas y consuetudinarias de los comerciantes.

El "*soft law*", por su parte, se origina en instituciones de carácter internacional como, por ejemplo, UNCITRAL, el Instituto para la Unificación del Derecho Privado (UNIDROIT), la International Bar Association (IBA), la OCDE o centros académicos que preparan recomendaciones e instrumentos normativos con los mejores estándares de buenas prácticas, con el propósito de que sean adoptados como guías o lineamientos de conducta o como normas de derecho positivo por parte de los diferentes países. En estas instituciones, tanto los actores privados como los Estados participan en su creación. Eso implica, por definición, que las dinámicas de construcción, análisis, decantación y adopción de los lineamientos sean mucho más ágiles. Son procesos de adopción de consensos en el seno de la institución que los adopta y los propone como lineamiento, guía o estándar de mejor práctica que se presenta como recomendación a los Estados, para que sean éstos quienes decidan si lo incorporan dentro de sus sistemas normativos internos como instrumentos de derecho positivo.

Otro frente en el que se evidencia una diferencia entre la *Lex Mercatoria* y el *soft law* es en materia de su fuerza vinculante. En principio, las dos son fuentes subsidiarias de derecho, cuyo efecto y capacidad vinculante depende de la aplicación y tratamiento que se le otorgue a cada una. Por ejemplo, si bien el llamado *soft law* carece técnicamente de fuerza vinculante, en ciertas circunstancias podría llegar a tener la fuerza suficiente para influir en la conducta de las partes de un contrato o, términos generales, en los actos económicos del tráfico mercantil. Desde luego, el "*soft law*" podría llegar a adquirir mayor fuerza a través de la adopción de estos instrumentos por parte de un Estado en su orden normativo interno. Parecería que el "*soft law*" tendría, en principio, una mayor vocación de ser adoptado por los Estados, pero mientras no adquiera el carácter de derecho positivo, como consecuencia de la adopción normativa por parte de un Estado, seguirá siendo una fuente subsidiaria de derecho.

La aplicabilidad de la *Lex Mercatoria,* por su parte, al estar integrada por principios y reglas que no están formalmente codificados en leyes nacionales, dependerá, en gran medida, de la aceptación de las partes involucradas en una transacción u operación comercial internacional. La elección de aplicar la *Lex Mercatoria* por las partes que integran una relación comercial, de manera directa o por remisión, es la que la hace vinculante. Por esta razón, en la práctica, los participantes en transacciones comerciales internacionales pueden elegir regirse por los principios de *Lex Mercatoria,* y es precisamente esa elección privada la que le dará su fuerza vinculante con respecto a esos negocios jurídicos específicos. El uso de estos conceptos brinda flexibilidad y adaptabilidad a las complejidades de las transacciones internacionales, sin depender exclusivamente de las leyes estatales.

Todo esto permitiría extrapolar que existe una diferencia clara respecto de la manera en que el "*soft law*" y la *Lex Mercatoria* pueden llegar a tener fuerza vinculante en circunstancias concretas y específicas. A riesgo de incurrir en una generalización que, como toda generalización puede implicar algún grado de margen de error, se podría afirmar que mientras la vocación natural mediante la cual el "*soft law*" adquiere fuerza vinculante plena es mediante la adopción del estándar o la guía de recomendación de "*soft law*" como norma de derecho positivo por parte de un Estado, la *Lex Mercatoria* o cualquiera de sus principios específicos adquieren su fuerza vinculante mediante su incorporación en el acuerdo contractual alcanzado en desarrollo del principio de la autonomía de la voluntad. Eso no obsta para que el principio adoptado en un contrato privado pueda ser también un aparte o cualquier reglamento específico, un código de conducta comercial o un estándar internacional que sea parte de un instrumento de "*soft law*".

Por último, el tercer frente en el que se pueden establecer diferencias entre la *Lex Mercatoria* y el "*soft law*" es en su ámbito de aplicación. El "*soft law*" puede versar sobre temas distintos a lo comercial. Por ejemplo, existen instrumentos propios del "*soft law*" que tratan temas tales como los derechos humanos. En este sentido, su ámbito de aplicación es mucho más amplio que el de la *Lex Mercatoria,* cuyo ámbito de aplicación recae, de manera exclusiva y por su misma definición, sobre temas mercantiles. Por ello, la *Lex Mercatoria* se puede llegar a manifestar en instrumentos de "*soft law*" cuyo contenido sea puramente comercial y, en una circunstancia de esa naturaleza, habría una superposición de ambos conjuntos.

Realizadas las anteriores precisiones, es importante entender el alcance de la aplicación, la manifestación y la presencia de la *Lex Mercatoria* en el comercio internacional. Por lo tanto, a manera de ejemplo, el análisis del contrato como vehículo e instrumento de aplicación de la *Lex Mercatoria* se vuelve indispensable.

Dentro de los contratos tipo o contratos estandarizados se ha venido desarrollando toda una serie de cláusulas, principalmente de la estirpe del derecho común angloamericano, cuya introducción, aplicación y generalización en ciertos contratos se ha venido expandiendo a lo largo del mundo y Latinoamérica no es la excepción a ese fenómeno.

Como bien se sabe, el contrato constituye el mecanismo por excelencia para la asignación y gestión de riesgos en una relación mercantil entre dos o más partes, pues para que exista seguridad jurídica –en virtud del principio de la fuerza vinculante– los contratos deben ser tan detallados como sea posible, para regular exhaustivamente las distintas prestaciones de las partes y evitar, de esa manera, los eventuales conflictos que se puedan suscitar con motivo de su suscripción, ejecución y terminación.

En efecto, al analizar la teoría del contrato, la doctrina ha encontrado un conjunto de postulados que ha llegado a considerar como los pilares fundamentales de la ley de los comerciantes. Dichos pilares, que vienen desde el mismo surgimiento del derecho clásico (aunque con diverso enfoque en el derecho moderno) son: (i) la autonomía de la voluntad (de la cual surge el postulado del consensualismo); (ii) la fuerza normativa de los contratos y (iii) el principio de la relatividad de los contratos[7].

Si bien el fundamento por excelencia de la aplicación de la *Lex Mercatoria* ha sido el principio de la autonomía de la voluntad privada, la aplicación de la *Lex Mercatoria* puede hacerse de distintas formas en los contratos. La *Lex Mercatoria* y sus manifestaciones se pueden ver reflejados en ellos en la forma de referencia o aplicación. Ello puede ser (a) de forma específica o (b) estar contempladas, de manera indirecta, por referencia que se haga en el contrato. Esto quiere decir que el contenido mismo del contrato, su naturaleza o su forma recoge de manera directa y específica la *Lex Mercatoria* o, por el contrario, hacen simple referencia a ella.

---

7 Véase en este sentido: ALTERINI, Atilio Aníbal. Contratos Civiles – Comerciales – De Consumo. Teoría General. Buenos Aires: Abeledo Perrot, 1998, p. 20. REZZÓNICO, Juan Carlos. Principios Fundamentales de los Contratos. Buenos Aires: Editorial Astrea, 1999, p. 189.

En los casos en los que se habla de una aplicación directa y específica de la *Lex Mercatoria* se hace referencia a aquellos en los que el contrato recoge de manera específica uno o más postulados específicos de la misma y los introduce como texto autónomo e integral dentro del cuerpo mismo del acuerdo. Normalmente, se ve con el uso de cláusulas, contratos tipo o demás postulados de la *Lex Mercatoria.* Por ejemplo, una aplicación directa y específica de la *Lex Mercatoria* sería aquella que contemple el uso del contrato tipo de compraventa internacional de mercaderías o cualquier cláusula tipo, propia de la *Lex Mercatoria.* El profesor Gilles Cuniberti de la Universidad de Luxemburgo ejemplifica, de manera acertada, la aplicación directa y específica de la *Lex Mercatoria,* cuando señala:

> Otro ejemplo de un sector que ha generado muchas de las normas que rigen las transacciones entre sus miembros es el de los derivados negociados de forma privada. A diferencia de otros productos financieros, los swaps y otros derivados no se negocian en un mercado organizado. Por consiguiente, estas transacciones quedan en gran medida fuera del ámbito de aplicación de la normativa sobre valores, que fue concebida para regular la actividad bursátil. Así pues, el sector está regulado esencialmente por los contratos que celebran sus miembros. En 1985, los protagonistas del sector crearon la International Swaps and Derivatives Association [la Asociación Internacional de Swaps y Derivados] (ISDA), que en la actualidad cuenta con más de 800 miembros de cincuenta y ocho países y seis continentes. Una de las contribuciones más importantes de la ISDA fue la elaboración del ISDA Master Agreement, un contrato modelo. Este acuerdo detallado y revisado periódicamente se utiliza como contrato marco, por lo que va acompañado de documentos específicos para cada transacción. Como su uso está tan extendido, se considera que define las prácticas, derechos y obligaciones fundamentales del sector. La ISDA presenta su contrato como "el contrato autorizado" utilizado en el sector, que "ha establecido normas contractuales internacionales que rigen las operaciones con derivados negociadas en privado.
>
> Algunos sostienen que el ISDA Master Agreement es un conjunto de normas privadas que en realidad regula el sector –un código integral de autorregulación– porque todas las normas que deben seguir los agentes del sector parecen tener su origen en él. **En ese sentido, podría presentarse como una forma de lex mercatoria**[8]. (Negrillas por fuera del texto original) (Traducción libre del autor).

---

8 CUNIBERTI, Gilles. Three Theories of Lex Mercatoria. Columbia Journal of Transnational Law. 2013. Vol 52, No. 1, p. 377.
"Another example of an industry that has generated many of the rules governing transactions between its members is the privately-negotiated derivatives industry. Unlike other financial products, swaps and other derivatives are not traded over an organized exchange. As a consequence, these transactions largely fall outside of the scope of securities regulation, which was designed to regulate exchange activity. Thus, the industry is essentially regulated by the contracts that its members conclude. In 1985, the

A su vez, cuando se habla de aplicación de la *Lex Mercatoria* en el contrato, por referencia, esta última podría ser tanto específica como general. La aplicación de la *Lex Mercatoria* por referencia específica, se presenta en aquellas situaciones en las que el contrato remite a un cuerpo normativo específico de la *Lex Mercatoria,* como por ejemplo, cuando señala que aplicará alguno de los Incoterms, o "los principios UNIDROIT" o "las reglas UNCITRAL". Estos son característicos de la *Lex Mercatoria* y reflejan un alto grado de especialidad y estandarización en el comercio internacional. Hacer referencia específica a ellos es una forma de aplicación de la ley de los comerciantes.

En segundo término, la remisión a la *Lex Mercatoria* en los contratos se puede hacer de manera mucho más general. Se entendería entonces que se hace una referencia indirecta general cuando se remite de manera global como cuando se señala, por ejemplo, que el contrato se regirá "por los usos y costumbres internacionales en la materia". Como se puede ver, es una referencia más general a la *Lex Mercatoria* que permite su aplicación en aquellos contratos que sean válidos, existentes y que no contraríen normas de orden público local.

No obstante, se debe constatar que la aplicación de la *Lex Mercatoria* en el mundo no depende únicamente de la voluntad de las partes de un contrato. Existe una alternativa que no nace de la autonomía de la voluntad reflejada en un contrato: es posible la aplicación de la *Lex Mercatoria* a través de la adopción por convención internacional. En la actualidad, se cuenta con diferentes organizaciones, convenciones y acuerdos internacionales que contienen elementos de la *Lex Mercatoria*[9]. Con la aprobación de estas

---

repeat players in the industry established the International Swaps and Derivatives Association (ISDA), which now has more than 800 members from fifty eight countries and six continents. One of ISDA's most important contributions was to develop the ISDA Master Agreement, a model contract. This detailed, periodically revised agreement is used as an umbrella contract, and is thus accompanied by transaction-specific documents. Because it is so widely used, it is perceived as defining key practices, rights, and obligations in the industry. ISDA presents its contract as "the authoritative contract" used in the industry, which "has established international contractual standards governing privately negotiated derivatives transactions". Some argue that the ISDA Master Agreement is a set of private rules that actually regulates the industry -a comprehensive code of self-regulation- because the norms to be followed by industry actors all seemed to originate from it. In that sense, it could be presented as a form of lex mercatoria".

9 Véase en este sentido los principios de UNIDROIT, las reglas de la Comisión de las Naciones Unidas para el Derecho Mercantil Internacional (UNCITRAL), el Convenio

convenciones, se cuenta con un grado adicional de vinculatoriedad y validez de estos usos, costumbres y principios que conforman la *Lex Mercatoria.*

Es claro que, además de la aprobación por convención internacional, aquellos Estados que los ratifiquen, integran en su sistema jurídico nacional lo allí dispuesto. Sin embargo, no creemos que la falta de ratificación le reste validez o fuerza vinculante a la *Lex Mercatoria.* La diferencia primordial entre la ratificación y la no ratificación de las convenciones internacionales por parte de un Estado es que quienes sí ratifican las convenciones cuentan con un elemento adicional de fuerza vinculante para la *Lex Mercatoria,* pues al convertirse en norma de derecho positivo nacional, como consecuencia de la ratificación de una convención internacional, adquiere fuerza vinculante propia, que va mucho más allá de la simple costumbre, que es apenas una fuente subsidiaria de derecho.

En síntesis, el desarrollo de la *Lex Mercatoria* ha sido amplio al igual que su conceptualización. Se podría afirmar que la *Lex Mercatoria* es un ensamblaje que resulta de la asimilación paulatina, en el discurrir de los tiempos, de una amplia diversidad de fuentes, como (a) los principios generales del comercio internacional, (b) los principios generales del derecho; (c) los principios comunes a los derechos nacionales vinculados a los intereses de las partes; (d) los usos y prácticas del comercio internacional y; (e) la costumbre internacional derivada de una multiplicidad de ramas de la industria y la actividad mercantil, entre otros, que termina siendo fuente de inspiración y causa raíz de reglamentos que recogen distintos tipos de entidades nacionales e internacionales.

Sin embargo, este no ha sido un tema pacífico, pues existen muchas opiniones divergentes en lo que concierne a su creación, su aplicación, su desarrollo, su relevancia y su fuerza vinculante. Un ejemplo de esto último es que, en la actualidad, el debate acerca del choque que podría existir entre la *Lex Mercatoria* y el derecho interno de los Estados sigue estando presente. Algunos aún consideran que la *Lex Mercatoria* se caracteriza "por su alto grado de emancipación de los poderes normativos estatales"[10] y hasta han hablado de una eventual "captura corporativa del Estado". Estos grupos de

---

de Viena de 1980 sobre la Compraventa Internacional de Mercaderías (CISG), los principios INCOTERMS y demás.

10 CONSEJO LATINOAMERICANO DE CIENCIAS SOCIALES –CLACSO–. *Lex Mercatoria,* Derechos Humanos y Democracia: Un estudio del neoliberalismo autoritario y las resistencias en América Latina. Buenos Aires, 2021. p.10

opinión presentan a la *Lex Mercatoria* como un derecho autónomo con una alto grado de poder en la regulación del comercio internacional.

No estamos de acuerdo, necesariamente, con las tesis que sostienen que los Estados pierden importancia como consecuencia del surgimiento de la *Lex Mercatoria*. Por el contrario, la *Lex Mercatoria* es siempre, por definición, una fuente subsidiaria de derecho. En consecuencia, en la medida en que cualquier aspecto específico de la *Lex Mercatoria* sea contrario al ordenamiento legal o constitucional interno, no se podrá aplicar en la jurisdicción donde se presente una situación de esa naturaleza. Al fin y al cabo, hay principios de *Lex Mercatoria* que los Estados recogen como ley propia, ya sea porque lo hacen a través de su cuerpo normativo, por una iniciativa propia, o porque adoptan tratados internacionales que se integran al ordenamiento jurídico de cada país. Y en aquellos casos en que eso no sucede, la *Lex Mercatoria* sigue siendo simplemente una fuente subsidiaria de derecho.

En paralelo, estos principios y elementos de la *Lex Mercatoria* adquieren una fuerza vinculante adicional a la que podrían tener en el plano contractual cuando el Estado interviene a través de su estructura normativa para darle mayor realce. Por ejemplo, en el caso colombiano, el artículo séptimo del Código de Comercio dispone lo siguiente:

> **Artículo 7. Aplicación de tratados, convenciones y costumbre internacionales.** Los tratados o convenciones internacionales de comercio no ratificados por Colombia, <u>la costumbre mercantil internacional que reúna las condiciones del artículo 3o., así como los principios generales del derecho comercial</u>, podrán aplicarse a las cuestiones mercantiles que no puedan resolverse conforme a las reglas precedentes. (subrayado fuera del texto original).

Esta norma permite concluir que el Estado colombiano adoptó y reconoció en su ordenamiento jurídico los principios generales del derecho comercial como una posible fuente aplicable en el ámbito mercantil. De esta manera, aunque el Estado es quien le otorga ese rango de orden normativo, la *Lex Mercatoria* por sí sola no desaparece y tampoco pierde su naturaleza consuetudinaria. Por el contrario, está presente en el ordenamiento interno, pues su inserción en la ley colombiana trae consigo la ventaja de tener reforzada y respaldada su fuerza vinculante. En consecuencia, la *Lex Mercatoria* que se integra al ordenamiento jurídico de un país tiene la ventaja de estar exenta del reclamo de ser contraria al orden público nacional.

A la luz de lo expuesto, lo normal es que las partes de un contrato que buscan certeza y seguridad contractual en sus relaciones comerciales, recurran a las normas de derecho positivo de Estados específicos. Sin embargo, cuando se presentan vacíos normativos, falta de definiciones o se trate de operaciones complejas, que normalmente no se encuentran reguladas por la legislación local, como podría ser, por ejemplo, el caso de las operaciones de derivados, se suele recurrir a los principios generales del derecho o a la costumbre internacional que, usualmente, se materializa en las distintas formas de *Lex Mercatoria*. Es allí cuando resulta indispensable y realmente importante la existencia de la *Lex Mercatoria* contemporánea, aunque ésta sea sujeto de muchas controversias y críticas.

Entre los múltiples debates que existen acerca de la *Lex Mercatoria*, hay unos que ameritan una referencia, pues estos versan sobre la importancia práctica de la *Lex Mercatoria* en la actualidad. En ese sentido, estamos de acuerdo con la idea defendida por Gilles Cuniberti frente a las declaraciones de Christopher Drahozal acerca de la pérdida de importancia práctica de la *Lex Mercatoria*, cuando señala:

> Aunque su teoría de la lex mercatoria me parece convincente, tengo un importante desacuerdo con Drahozal: no estoy de acuerdo en que la doctrina de la lex mercatoria haya perdido toda su importancia práctica. Por el contrario, me parece que sigue muy viva y no sólo en las conferencias internacionales. Tanto los legisladores nacionales como las instituciones arbitrales han facultado a los árbitros internacionales para recurrir a la lex mercatoria en los casos en que las partes han guardado silencio sobre la ley por la que se rige su contrato, y hay pruebas anecdóticas significativas que sugieren que los árbitros hacen uso regularmente de esta facultad (traducción libre del autor)[11].

La utilidad y ventaja de la *Lex Mercatoria* es que funge como una fuente subsidiaria y dinámica, que refleja realidades económicas y comerciales que no siempre se encuentran reglamentadas por los Estados. Carlos Antonio Espinosa Pérez, otro defensor de esta idea, señala que "... la realidad sigue modificándose de manera permanente por los agentes del tráfico mercantil, quienes no pueden detenerse a esperar las formulaciones le-

---

[11] CUNIBERTI, Gilles. Three Theories of Lex Mercatoria. Columbia Journal of Transnational Law. 2013. Vol 52, No. 1, p. 373
"Although I find his signaling theory of lex mercatoria convincing, I have an important disagreement with Drahozal: I do not agree that the doctrine of *lex mercatoria* has lost all practical significance. To the contrary, I find that it remains very much alive, and not only at international conferences. Both national legislators and arbitral institutions have empowered international arbitrators to resort to *lex mercatoria* in cases where the parties have remained silent on the law governing their contract, and significant anecdotal evidence suggests that arbitrators regularly make use of this power"

gales" [12]. En consecuencia, pretender negar la utilidad práctica de la *Lex Mercatoria* sería un desacierto.

De otra parte, hay quienes se preguntan si dentro del marco de la *Lex Mercatoria* se presentaría una contraposición frente al alcance del concepto de "glocalidad", que se ha venido utilizando en años recientes, en la medida en que el elemento local o de localidad desdibujaría el alcance universal o global de la *Lex Mercatoria.* Para efectos de claridad, es necesario precisar que el concepto de "glocal" o "glocalidad" es un acrónimo que se presenta como elemento de síntesis de dos conceptos concretos: global y local o globalidad y localidad. El interrogante gira en torno a la posibilidad de entender lo "local" desde un contexto regional o si, por el contrario, se debería entender lo "local" desde un contexto nacional. En la misma línea, hay quienes consideran que la *Lex Mercatoria* puede representar y fomentar un choque entre los intereses regionales o nacionales, los usos, costumbres y principios que son promovidos por la *Lex Mercatoria* y los agentes económicos o comerciantes.

Al respecto, habría que tener en cuenta el alcance del concepto de "glocal" o "glocalidad" dentro de marco de las tendencias actuales y dentro de un contexto globalizado como el que el mundo vive hoy en día. La *Lex Mercatoria* se va construyendo de manera gradual y paulatina, con experiencias y conocimientos de industrias específicas. De esta forma, se van desarrollando, escogiendo y decantando las mejores prácticas para la industria y el comercio en nichos específicos del mercado.

Ello permitiría afirmar, incluso, que en sus estados embrionarios y en sus primeras etapas de desarrollo, los elementos a partir de los cuales se empieza a construir la *Lex Mercatoria* suelen tener un origen local, y en la medida en que se van adoptando de manera paulatina por diversos actores y agentes del tráfico mercantil, van adquiriendo su carácter global o universal. Es decir, que se trata de una construcción desde la base y esa base (geográfica o de industria) es, por definición, un núcleo reducido a partir de la cual la costumbre se expande geográfica y temporalmente hasta adquirir el reconocimiento de derecho consuetudinario.

No obstante, la *Lex Mercatoria* tiene unos límites clarísimos: las partes de un contrato y la parte que quiere tener certeza de la ley aplicable que regirá el contrato y la manera en la que se resolvería un eventual conflicto. Tam-

---

12 ESPINOSA PÉREZ, Carlos Antonio. La *Lex Mercatoria*: el verdadero derecho de los negocios internacionales. Revista de Derecho Privado. 1993. Vol. 13, pp. 5-30.

bién, se debe ver como se materializa la integración de esta ley de los comerciantes a nivel estatal (como se refirió anteriormente). En últimas, es el Estado quien decide cuáles normas internacionales se adoptan, cuáles normas no se acogen y, por consiguiente, qué se incorporan al derecho nacional.

Por lo anterior, no debería haber una confrontación entre lo local (entendido como las normas internas de los países) y la *Lex Mercatoria* porque, se reitera, (i) la aplicación de la *Lex Mercatoria* es una fuente subsidiaria y (ii) esta procede siempre y cuando no sea contraria a una norma nacional de orden público.

Por demás, habría que precisar que la manera en la que la uniformidad y el consenso caracterizan a la *Lex Mercatoria* es una respuesta a la racionalidad y a la reducción de costos de transacción del proceso mercantil. Es también una respuesta a una multiplicidad de intercambios comerciales de bienes y servicios en un ámbito transnacional, donde la estandarización constituye una alternativa que beneficia a todos. La *Lex Mercatoria* podría considerarse como una expresión más de esa tendencia a la estandarización del mercado en el que se pueden obtener mayores beneficios para todos, con fuentes de inspiración doctrinales, dogmáticas y jurisprudenciales más fuertes.

Un caso notable de la eficacia, la eficiencia y el éxito de la estandarización es el de Singapur. Este país pasó de ser un lugar inhóspito a mediados del siglo XX a ser la sociedad con el ingreso *per cápita* más grande del mundo. Su acelerado desarrollo se puede explicar por la instauración de un sólido sistema institucional donde rige el imperio de la ley (*the rule of law*) y un régimen mercantil estandarizado que facilitó los procesos productivos al interior del país. Estos procesos ayudaron a la apertura de la economía y el comercio de Singapur que, hoy en día, es un actor preponderante en el comercio mundial que está perfectamente integrado en las dinámicas de la globalización.

Trascendiendo el ámbito del ejemplo de Singapur y observando el fenómeno a escala global, se puede constatar que la estandarización del comercio internacional es benéfica para la mayoría de agentes económicos que intervienen en el comercio mundial, pues contribuye a una reducción de los costos de transacción en el comercio y a la racionalización misma del tráfico mercantil. Frente a quienes se manifiestan en contra de lo que podría aparecer como la imposición de la ley del más fuerte frente a los pequeños comerciantes en el mundo del comercio exterior, habría que señalar que esta estandarización, que va de la mano de la *Lex Mercatoria*, no debería generarles problemas, pues se reitera que, siempre y cuando la *Lex Mercatoria* y sus diferentes manifestaciones no afecten normas de orden público, ésta es aplicable.

Además, sería necesario tener en cuenta que los pequeños comerciantes siempre tendrán la posibilidad de escoger la ley aplicable que les brinde más confianza y seguridad, en virtud del principio de la autonomía privada y la libertad contractual. Ello siempre será posible, salvo en aquellos casos en lo que medien los contratos de adhesión. Sin embargo, estos contratos no se deberían caracterizar de manera negativa pues, como se mencionó anteriormente, facilitan la entrada de estos pequeños empresarios al comercio internacional sin hacerlos incurrir en inversiones y costos transaccionales excesivamente onerosos. He aquí la bondad de la racionalización del comercio internacional.

No obstante, estos no son los únicos debates que genera la *Lex Mercatoria* entre los académicos del derecho. Esta materia está en pleno proceso de creación, desarrollo, ebullición y decantación y, por ello, es objeto de vívidos debates, controversias y posturas académicas.

Por todo lo anterior, resulta muy importante la iniciativa de la Academia Colombiana de Jurisprudencia y de su presidente Augusto Trujillo Muñoz, de convocar este Congreso Regional de Academias Jurídicas de América del Sur para abordar temas del mayor interés y actualidad. Este panel, en concreto, abordará la materia de la *Lex Mercatoria* para preguntarse si ésta pudiera llegar a constituir un vehículo impulsor para un nuevo derecho en un mundo nuevo.

Y la pregunta es muy significativa, pues a pesar de los cuestionamientos y la revisión de la que está siendo objeto la globalización y que, probablemente, es positivo que lo sea, es innegable que estamos en un mundo de interdependencias, de ventajas competitivas, de interconexión permanente y global, de instantaneidad, donde la autonomía, la autarquía, el aislamiento ya no parecerían ser posibles y donde, incluso, conceptos como la soberanía nacional, la soberanía política, y la soberanía económica están siendo desvertebradas por la fuerza de la revolución tecnológica en todas sus expresiones, de la dinámica y necesidad de los intercambios internacionales y de empresas multinacionales, con presencia y huella global que son más grandes y poderosas que la mayoría de los Estados que conforman hoy el conjunto de las naciones del mundo actual.

El presente panel cuenta con la participación de importantes miembros de diversas Academias Jurídicas de América del Sur quienes, muy amablemente, aceptaron la invitación para discutir y explorar este interesante tema en el I Congreso Regional de Academias Jurídicas de América del Sur.

Por todo lo expuesto anteriormente, en este interesante intercambio se abordarán los siguientes temas como algunas de las muchas expresiones de la relevancia y vigencia de la *Lex Mercatoria.* Concretamente, los temas que se van a abordar son los siguientes:

(ii) "La *Lex Mercatoria* y su inserción en las soluciones del derecho internacional privado (DIPr.)" a cargo de la profesora **MARÍA ELSA UZAL** de Argentina;

(iii) "Hacia un Nuevo Derecho Común de Contratos" a cargo del profesor **ENRIQUE BARROS BOURIE** de Chile;

(iv) "La *Lex Mercatoria* Marítima" a cargo del profesor **LUIS COVA ARRIA** de Venezuela;

(v) "La *Lex Mercatoria:* ¿un nuevo derecho para un nuevo orden mundial? Una visión desde Uruguay" a cargo de la profesora **CECILIA FRESNEDO DE AGUIRRE** de Uruguay.

Estamos seguros que estas relevantes ponencias despertarán el interés de este auditorio y de los lectores que se interesen en ellos y contribuirán, de manera importante, a la exploración de esta temática, que resulta abstracta y etérea para muchas personas, y al desarrollo doctrinario de la materia. Y, por supuesto, esperamos que susciten muchas preguntas y una controversia vivaz y dinámica.

La lex mercatoria y su inserción en las soluciones del derecho internacional privado (DIPr.)

MARÍA ELSA UZAL[1]

1. APROXIMACIÓN CONCEPTUAL

La expansión del comercio internacional, especialmente remarcable en nuestro tiempo como consecuencia y exigencia de una economía globalizada impone una renovada reflexión en torno a las complejidades que los elementos de extranjería, de diversa índole, aportan a la contratación internacional en particular y obliga a encarar y resolver los problemas y las nuevas dificultades que se suscitan en las relaciones comerciales de esta índole.

Se ha señalado, reiteradamente, que el método conflictual propio del DIPr. clásico, es insuficiente para responder a las especificidades del comercio internacional y que los derechos internos son incapaces de acceder a la desiderata en ese ámbito y es, en este contexto, que la doctrina de la llamada *lex mercatoria* ha presentado, desde la década de1960 en adelante, un desarrollo muy rápido siguiendo el ritmo acelerado del comercio internacional[2].

---

1 Escribana y Abogada U. Salvador. Graduada con diploma de honor. Doctora en Derecho -UBA- (tesis sobresaliente) con cursos de especialización en diversas universidades nacionales y extranjeras. Juez de la Cámara Nacional de Apelaciones en lo Comercial. Académica Titular de la Academia Nacional de Derecho y Ciencias Sociales de Buenos Aires, designada el 11.08.2022.

2 En la elaboración de las ideas que exponemos hemos seguido de cerca los trabajos de Irineu Strenger, *La notion de lex mercatoria,* Recueil des Cours, 1991, II, pág. 333 a 350; Ole Lando, *The lex mercatoria in International Commercial Arbitration,* International Comparative Law Quarterly, vol. 34, 1985, pág.747 a 753; Kahn Philippe, *Droit international économique, droit du développement, lex mercatoria: concept unique ou pluralisme des ordres juridiques,* Etudes offertes à Berthold Goldman, págs. 97/107; Uzal, María Elsa, *Derecho Internacional Privado,*La Ley, Buenos Aires, 2016, págs..490 y sigtes.; *Algunas reflexiones sobre la autonomía de la voluntad en la contratación internacional (Con particular referencia al Mercosur)*–[ED, 179-1184]; Yves Loussouarn-Jean Denis Bredin, *Droit du Commerce International,* Sirey, Paris, 1969, págs. 10y sigtes.

Se ha ido gestando como conjunto de *reglas transnacionales,* emanadas principios generales del comercio internacional, de principios legales generalmente reconocidos, de principios comunes a los derechos nacionales vinculados a los intereses de las partes, de los usos y prácticas del comercio internacional y de la costumbre internacional, muchas veces recogidos por obra de entidades privadas (CCI), de organismos internacionales (UNIDROIT, UNCITRAL, la Academia de la Haya) y se han ido elaborando, a través de la práctica de los negocios en las más diversas ramas de actividad mercantil, con fórmulas convenidas por la costumbre, que se han nutrido en gran parte de los fallos arbitrales y se ha impuesto en distintas plazas y sectores económicos, pese a la disimilitud de sistemas legales.

La *lex mercatoria* es la expresión utilizada, en sentido genérico para referir prácticas y reglas que se forman, se consolidan y se transforman rápidamente, en función de las exigencias del perfeccionamiento, de la especialización y que tienen el poder vinculante que su aceptación inmediata le atribuye dentro de la *societas mercatorum* a la que sirven, especialmente, en el ámbito de los contratos comerciales internacionales Incluso, en los contratos en que son parte los Estados, se encuentran cláusulas, con referencias a la costumbre internacional, a los principios del derecho internacional o a los principios generales del derecho en los términos del art. 38 del Estatuto de la Corte internacional de Justicia[3]. Otros autores sostienen que constituye una genérica descripción de reglas distintas de los derechos nacionales, a las que caracterizan como un "*derecho a-nacional*"[4], o que se refiere a los "*usos del comercio internacional*"[5].

La *lex mercatoria* constituye pues, un inmenso conjunto de reglas, usos y modalidades comerciales, que expresan la libertad contractual y la auto-

---

3 Cabe recordar que el art.38 del Estatuto de la Corte Internacional de Justicia refiere que: "*1. La Corte, cuya función es decidir conforme al derecho internacional las controversias que le sean sometidas, deberá aplicar: a. las convenciones internacionales, sean generales o particulares, que establecen reglas expresamente reconocidas por los Estados litigantes; **b. la costumbre internacional como prueba de una práctica generalmente aceptada como derecho; c. los principios generales de derecho reconocidos por las naciones civilizadas;** d. las decisiones judiciales y las doctrinas de los publicistas de mayor competencia de las distintas naciones, como medio auxiliar para la determinación de las reglas de derecho, sin perjuicio de lo dispuesto en el Artículo 59.2. La presente disposición no restringe la facultad de la Corte para decidir un litigio ex aequo et bono, si las partes así lo convinieren.*" Véase también: Fouchard, Gaillard, Goldman, On International Commercial Arbitration, n°1446, ed Emmanuel Gaillard and John Savage, Kluwer Law Int.-The Hague, Boston, Londres.

4 Véase: Fouchard Philippe, *L'arbitrage commercial international,* p. 576 y sig. (1965).

5 Véase: Loquin Eric. *La realité des usages du commerce international,* RID Éco,163, 1989.

nomía material *de las partes* como fuente creadora de normas en función de los casos particulares y que emanan de *entidades representativas* de clases de comerciantes, de las mismas actividades comerciales o de organismos internacionales y, aun, de *comerciantes individualizados*, más allá de las previsiones de los sistemas jurídicos nacionales. Brinda así, con creatividad y criterios propios, soluciones equitativas para conciliar los intereses contrapuestos en los casos planteados, con fórmulas adecuadas –muchas veces elaboradas por los tribunales arbitrales–, que se suelen ver como una forma de obtener consensos.

2. ¿ES UN ORDEN JURÍDICO?

En el marco descripto, los *Incoterms*, las reglas de los créditos documentarios, las condiciones generales de contratación, los contratos formularios, las reglas emanadas de la CCI y de UNCITRAL, por ejemplo, permiten sostener a muchos autores que la *lex mercatoria* constituye un conglomerado coherente de normas, *en un sentido lato*, que ha adquirido fuerza para resolver diversas cuestiones suscitadas por las relaciones mercantiles de índole internacional, con eficacia y cierta autonomía de coerción, dada, por la sanción que reporta el incumplimiento de las reglas pactadas, en esos medios o en esas ramas de actividad. Otros, sostienen que *más que de un sistema de usos y prácticas*, se trata aquí de *un verdadero sistema autónomo, de un orden jurídico especial, resultado del hacer cooperante de los operadores del comercio internacional, muy elaborado y fundamentalmente pragmático*[6].

Se ha señalado también que la fuerza creciente de l*a lex mercatoria* no emana de necesidad de contar con la autoridad de un sistema jurídico estatal que la autorice, sino que es reconocida por la comunidad comercial y por las autoridades estatales como una suerte de sistema autónomo y, se ha señalado, que su originalidad consistiría en su especialidad, en el hecho de que representa una reacción ante el *statu quo* creado por los sistemas jurídicos nacionales, muchas veces incapaces de regular, adecuadamente, las relaciones jurídicas internacionales. Uno de los interrogantes planteados con estos nuevos desarrollos es, si cabe reconocer a la *lex mercatoria* un *estatus asimilable al de un verdadero ordenamiento jurídico.*

Paul Lagarde, adversario de la *lex mercatoria,* ha reconocido, si no la existencia, al menos, la posibilidad teórica de un orden jurídico constituido

---

6 Véanse las fuentes citadas en la nota 1.

por ella, pero que no habría adquirido su carácter de tal de un sistema estatal que lo acuerde, sino de sí mismo. Se trataría de un derecho que, en todo caso, *sería inmanente* a la organización social *(ubi societas ubi ius)*[7], surge del interior mismo del comercio internacional. Hay quienes sostienen que los operadores del comercio internacional tienden a introducir las normas de la *lex mercatoria* en los sistemas jurídicos nacionales (Lagarde) y quienes piensan que, por el contrario, los ordenamientos nacionales aceptan tácitamente y, por omisión, el imperio de la *lex mercatoria* que se sirve, fundamentalmente, de la autonomía contractual y del arbitraje (Strenger)[8].

En consecuencia, aparece como conclusión evidente que, si la *lex mercatoria puede ser elegida* como aplicable al contrato, por las partes, como si fuese un derecho nacional o, incluso, en los contratos de Estado, cuando se hace referencia a "*los principios aplicables a las relaciones económicas internacionales*", por ejemplo, muestra como característica inherente a su naturaleza, encaminar la solución de los problemas del comercio internacional hacia un terreno propio, en el que edifica la disciplina de esas relaciones, de ahí, que se haya dicho que la *lex mercatoria* es un *fenómeno meta-nacional*[9].

3. POSTURAS CRÍTICAS

La asimilación de la *lex mercatoria,* y de los principios generales del comercio internacional –extraídos de fuentes internacionales y del análisis del derecho comparado–, al nivel de reglas trasnacionales o de un orden jurídico, ha merecido críticas de diversa índole[10].

Algunas *críticas son conceptuales,* pues rechazan que se trate de un genuino orden legal asimilable al de un derecho nacional, pues no está suficientemente organizado para satisfacer los criterios que tradicionalmente definen un orden jurídico (Santi Romano)[11]. A ello se le suele responder,

---

7 Lagarde, Paul, *Approche critique à la lex mercatoria, en Le droit des relations économiques internationales, Etudes offertes à Berthold Golman,* págs. 125 y sgtes.

8 Strenger Irineu, ob. cit., págs. 342/3.

9 Irineu Strenger, *ob cit.* pág. 278, con cita de Kassis,Antoine, *Theorie générale des usages du commerce: droit comparé, contrats et arbitrages internationaux, lex mercatoria.* LGDJ, Paris, 1984, pág.541.

10 Véase para lo que sigue: Fouchard, Gaillard, Goldman,*ob.cit.* párr.1449, 1450, 1451,1452,1453, 1454.

11 Véase sobre este tema: Santo Romano: *"L' Ordenamento Giuridico"*,Sansoni, Firenze, 1945.

que la elección de un derecho aplicable, no necesariamente, debe ser restringida a un ordenamiento legal completo, que los principios generales de derecho, adquiridos especialmente a través de la práctica arbitral, con su alta especialización, tienden a constituir un conjunto coherente de reglas, que aunque incompletas, presentan una de las características típicas de un orden legal, pues contiene reglas generales, que conducen a la creación de otras especiales.

Otras *críticas son ideológicas,* se sostiene que se representan o benefician los intereses de la parte fuerte en una relación contractual, en particular de los contratantes localizados en países desarrollados, cuando se vinculan con partes localizadas en países en vías de desarrollo (Wengler), suerte de *ley del más fuerte,* sobre la parte débil; o que las partes con frecuencia buscan liberarse de las reglas de los derechos nacionales y someterse a otras más amigables, impuestas por ellas mismas, –doctrina del *laissez– faire* (Mustill)*;* o que, al ser un conjunto de reglas incompleto, su elección, en cierto modo, implica que el contrato no está sujeto a ningún derecho, es un *contrato sin ley,* o que, de acuerdo al *principio del pacta sunt servanda,* el contenido de la *lex mercatoria* lleva a concluir en la afirmación del principio de la primacía obligatoria del contrato sobre toda otra regla.

Estas objeciones no son siempre infundadas y si bien el principio de la autonomía de la voluntad y obligatoriedad de los contratos debe ser afirmada, dicha autonomía no es absoluta y reconoce límites que pueden ser impuestos por los tribunales arbitrales cuando es pactada su intervención, pero siempre, por los tribunales estatales, cuando se le sometan los conflictos derechamente o, al tiempo de resolver sobre la nulidad del laudo, o de reconocer o ejecutar esos laudos y que también surgen de las normas internacionalmente imperativas o de policía de la *lex fori,* de terceros estados con vinculación económica preponderante o de los principios del orden público internacional[12].

El tercer orden de *críticas, de índole práctica,* respecto de la utilización de reglas trasnacionales o de principios generales del comercio internacional, se refieren a la *dificultad de determinar su exacto contenido,* pues parece hallarse condensado en lo que los tribunales arbitrales han decidido en cada caso particular y se ha dicho que lo que cabe preguntarse es, si la *lex mercatoria* ofrece un conjunto de reglas suficientemente accesible y cierto, como

---

12 Véase sobre el tema: Uzal, María Elsa, *Derecho Internacional Privado,* ob.cit. págs. .478/485 y sus citas.

para permitir conducir eficazmente las transacciones internacionales, pues, comparada con los derechos nacionales, aparece vaga e incompleta.

Se ha señalado en respuesta, que si bien la objeción es en parte cierta, es de la naturaleza misma del arbitraje, que es la principal fuente de elaboración de la *lex mercatoria,* el uso de los principios generales del derecho del comercio internacional *como método de solución,* lo que involucra su identificación y su aplicación[13] y si bien estos principios no está listados, una sorprendente característica de los laudos arbitrales es su consistencia en las decisiones alcanzadas, a pesar de la disparidad de razonamientos, sin desconocer que la flexibilidad en la aplicación de esos mismos principios, es perfectamente legítima. Se concluye pues, en que en la *esencia* de la *lex mercatoria* y en sus soluciones, está *el método de identificar y aplicar los principios generales del derecho y los principios generales del derecho del comercio internacional, en particular.*

4. INSERCIÓN DE LA LEX MERCATORIA EN LAS SOLUCIONES DEL DIPR. Y SU RECEPCIÓN EN EL DERECHO POSITIVO A TRAVÉS DE SOLUCIONES LEGALES DE FUENTE CONVENCIONAL Y DE FUENTE INTERNA –EN ARGENTINA–

4.1. La lex mercatoria y el DIPr.

La aplicación de *la lex mercatoria* entra al contrato y en las soluciones del DIPr, aplicables al contrato internacional, fundamentalmente, de la mano de la *autonomía material de la voluntad de las partes,* como expresión del contenido que, éstas quieren atribuir al negocio, ya sea, formulando *concretas reglas para el caso,* ya sea, *eligiendo reglas por referencia, como solución para sus eventuales conflictos.* Esto es, eligiendo o incorporando las reglas de la *lex mercatoria* al caso como, por ejemplo: los principios de los contratos internacionales, los principios generales del derecho, las concretas reglas materiales de los *Incoterms,* etc., cabe recordar que las normas materiales así creadas por las partes, integran las soluciones d*el pluralismo normativo y metodológico dentro de la doctrina del DIPr.*

---

13 Véase al respecto: Fouchard, Gaillard, Goldman, *ob.cit.* párr. 1455 a 1499.

Por otro lado, muchas veces, estas disposiciones *se combinan, en un fecundo paralelismo, con cláusulas por las cuales las partes se comprometen a recurrir a la jurisdicción arbitral para resolver sus posibles conflictos* y allí, la *lex mercatoria* entra en el marco de soluciones del derecho mercantil internacional y del DIPr., por vía de ese método alternativo de solución de conflictos que es el *arbitraje,* ámbito por excelencia en el cual se han identificado, esclarecido y establecido, los principios del derecho mercantil internacional, que también son recogidos y formulados como reglas por las reconocidas organizaciones internacionales que ya hemos mencionado.

De esta manera, por vía de la asociación del contrato –como vínculo de relación sustancial, en el que las partes han elegido la *lex mercatoria* o los Principios de UNIDROIT, por ejemplo–, con acuerdos de prórroga de la jurisdicción internacional en favor de tribunales arbitrales o de árbitros arbitradores amigables componedores, que funcionan como un ámbito de jurisdicción propio para la solución de cualquier eventual conflicto, es que se ha encontrado una forma de concretar la eficacia de la *lex mercatoria,* en la solución de casos multinacionales.

4.2. Convención de las Naciones Unidas sobre los Contratos de Compraventa Internacional de Mercaderías

En la regulación del DIPr. de fuente internacional vigente en Argentina, la recepción de la *lex mercatoria* aparece, con fuerza vinculante en buena parte reconocida, en la *Convención de las Naciones Unidas sobre los Contratos de Compraventa Internacional de Mercaderías,* firmada en Viena el 11 de abril de 1980, de la que Argentina es parte (Ley N°22.765).

Esta Convención, que en su Art. 9, contiene disposiciones sobre cómo han de interpretarse las declaraciones y otros actos de las partes en el contexto de la formación del contrato o de su ejecución y refiere a los *usos y prácticas comerciales como fuentes de derecho* en materia contractual, con una fórmula que, en buena parte, de compromiso, pues dispone, en primer lugar, que: "*1) Las partes quedarán obligadas por cualquier uso en que hayan convenido y por cualquier práctica que hayan establecido entre ellas*", en clara alusión, a la utilización la autonomía material de la voluntad de las partes para pactar *expresamente, o por referencia,* usos y prácticas comerciales.

Esas convenciones pueden haberse realizado *al tiempo de establecer* el contenido de fondo de sus contratos o bien, que pueden haber sido establecidas por ellas en *prácticas o negociaciones previas*[14], de ello se ha desprendido también que en caso de conflicto entre esos usos y prácticas comerciales referidos y las disposiciones materiales previstas en las soluciones de la Convención de Viena, *deben prevalecer los primeros* que vienen a desplazar a las últimas, implícitamente, de la misma manera que las partes, pueden excluir en forma expresa cualquier disposición de la Convención, conforme a lo previsto en su art. 6[15].

Además, a continuación, el art. 9 inciso 2 contempla que: *2) Salvo pacto en contrario, se considerará que las partes han hecho tácitamente aplicable al contrato o a su formación un uso del que tenían o debían haber tenido conocimiento y que, en el comercio internacional, sea ampliamente conocido y regularmente observado por las partes en contratos del mismo tipo, en el tráfico mercantil de que se trate*", atribuyéndoles de este modo, en principio, *fuerza vinculante, en las condiciones allí descriptas.*

La redacción de esta disposición fue materia de un arduo debate previo a arribar al texto de la Convención, entre los representantes de países industrializados en cuyos centros comerciales se gestan y desarrollan esos usos y prácticas, partidarios de tomarlos y reconocerlos como fuente normativa[16] y los países en vías de desarrollo y socialistas que los calificaban como instrumentos de neocolonialismo, en contradicción con su soberanía o con sus principios legales y que se oponían a su aplicación irrestricta.[17]

De este modo redactado, el art. 9 inc. 2 solo se aplica, se reitera, a los usos de comercio que pueden considerarse modelos de conducta de los que las partes *"tenían o debían haber tenido conocimiento"* y *que, en el comercio internacional, sean ampliamente conocidos y regularmente observados en contratos del mismo tipo y, específicamente, en el tráfico mercantil que se trate y que une a las partes contratantes,* pues solo así, puede suponérselos integrantes de las expectativas de estas.

La cuestión será pues materia de prueba y si una parte invoca la aplicación de un uso determinado, deberá probar que dicho uso es "*ampliamente conocido y regularmente observado por empresas que se dedican al mismo tráfico mer-*

---

14 Véase: Honnold John O. "*Derecho Uniforme sobre Compraventas Internacionales (Convención de las Naciones Unidas de 1980)*", Editoriales de Derecho Unidas, Madrid 1987, pág.115 y sigtes.

15 Véase: Garro Alejandro Miguel- Zuppi Alberto Luis, "*Compraventa Internacional de Mercaderías*", Ediciones La Rocca, Buenos Aires, 1990, pág.62.

16 Véase el art. 2-105(3) del *Uniform Commercial Code americano.*

17 Véase: Garro Alejandro Miguel- Zuppi Alberto Luis, "*Compraventa...*", ob.cit., pág.62.

cantil", para lograr que el Tribunal competente considere que la otra parte "*debía haber tenido conocimiento del mismo*"[18].

También el art. 8 de la Convención de Viena proporciona pautas precisas para interpretar la voluntad de las partes cuando establece, que "*las declaraciones y otros actos de una parte deberán interpretarse conforme a su intención, cuando la otra parte haya conocido o no haya podido ignorar cuál era esa intención*" y que si ello no fuere aplicable, las declaraciones y otros actos de una parte deberán interpretarse, "*conforme al sentido que les habría dado, en igual situación, una persona razonable de la misma condición que su contraparte*" y también que, *para determinar la intención de una parte o el sentido que habría dado a los hechos, "una persona razonable"*, deberán tenerse debidamente en cuenta *todas las circunstancias pertinentes del caso,* en particular, *las negociaciones, cualesquiera prácticas que las partes hubieran establecido entre ellas, los usos y el comportamiento ulterior de las partes.*

4.3. En el DIPr. argentino de fuente interna

En el DIPr. argentino de fuente interna, dentro del nuevo Código Civil y Comercial de la Nación (CCCN), la prelación normativa indica como aplicable al contrato, en primer término, el derecho determinado por las partes en el juego de la autonomía de la voluntad, ejercida *en sentido conflictual,* al elegir el derecho aplicable que se desea como aplicable al caso y las soluciones de fondo, que ese derecho elegido establezca, o bien, *en sentido material,* al establecer las partes, concretamente, el contenido de fondo de su contrato con las soluciones sustanciales queridas por ellas.

En este concreto marco, el art. 2651 el inc. d) CCCN, da cabida a la llamada *lex mercatoria* cuando dispone que "*los usos y prácticas comerciales generalmente aceptados, las costumbres y los principios del derecho comercial internacional, resultan aplicables cuando las partes los han incorporado al contrato*", con lo cual, el legislador, se pone en línea, para completar el cuadro de una postura amplia, de apertura a la autonomía de la voluntad en sentido material, que permite a las partes pactar la *lex mercatoria,* para resolver el fondo del contrato, ya sea incorporando expresamente el contenido deseado o por remisión o por referencia, debiendo los tribunales estatales, cuando ello ocurre, considerar las soluciones del caso, dentro de ese ámbito de reglas.

---

18 Véase: Garro Alejandro Miguel- Zuppi Alberto Luis, "*Compraventa...*", ob.cit., pág.63 y nota 17 con referencia al Comentario oficial al Anteproyecto de la Convención aprobado en Viena.

Si bien al tiempo de redactar el anteproyecto del Código se había sugerido también una fórmula similar a la del art 9 inc. 2 de la Convención de Viena, finalmente, se adoptó una redacción que solo admite la *elección material con una referencia cierta y expresa* en el contrato, es decir que la *lex mercatoria,* entra al DIPr. argentino en esta instancia, de la mano de la autonomía material.

Ahora bien, en defecto de ejercicio de la autonomía de la voluntad por las partes, resultan de aplicación para solucionar el caso, las reglas del DIPr. argentino de fuente interna, subsidiariamente aplicables en materia de contratos, previstas por el legislador.

Siguiendo la misma solución del Código de Vélez Sársfield en el viejo art 1210, el actual art. 2652 CCCN, cuando prevé la norma de conflicto subsidiariamente aplicable para la validez del contrato, en defecto de elección por las partes, establece que éste se ha de regir por las leyes *y usos* del país del *lugar de cumplimiento* y también que, en caso de no poder determinarse el lugar de cumplimiento, el contrato se rige, subsidiariamente, por las leyes *y usos* del país del *lugar de celebración.*

En ambos casos, es el propio Código el que prescribe la aplicación de las leyes *y usos* de esos derechos y, por ese lado, también, *lato sensu,* tendría cabida la *lex mercatoria,,* con reflexiones y consideraciones asimilables a las vertidas al comentar el art. 9 inc. 2 de la Convención de Viena, pero con usos que tienen vinculación concreta con el tráfico que involucra al derecho del país del lugar de cumplimiento o de celebración, según el caso, mas con semejantes reparos en cuanto a que las partes *tendrían o deberían haber tenido conocimiento* de ellos y que, deben ser ampliamente conocidos y regularmente observados en el comercio internacional, en contratos del mismo tipo y, específicamente, en el tráfico mercantil de que se trate y que une a las partes contratantes. Todo ello obviamente, será materia de prueba y apreciación por parte de los tribunales competentes para resolver el eventual conflicto

Los *sistemas jurídicos nacionales,* por otra parte, siempre pueden ofrecer límites que oponer *a la lex mercatoria,* que son los mismos límites que pueden oponerse la autonomía material de la voluntad de las partes en el contrato. Fundamentalmente, se da cuenta de ellos en el art. 2651 CCCN y se trata de:

i) los principios del orden público internacional de la lex fori,
ii) los límites que emanan de las normas internacionalmente imperativas de la lex fori y del derecho aplicable,

> *iii) los límites que surgen de las normas internacionalmente imperativas de terceros Estados que guarden una vinculación económica preponderante con el contrato*[19].

5. ELABORACIÓN DE LAS REGLAS DE LA LEX MERCATORIA EN EL ARBITRAJE. LA LEY 27.449 DE ARBITRAJE COMERCIAL INTERNACIONAL Y EL DERECHO APLICABLE EN EL ARBITRAJE CUANDO LAS PARTES NO HAN ELEGIDO EL DERECHO APLICABLE AL CASO[20]

También es posible que, optando por la jurisdicción arbitral, las partes no hayan elegido el derecho aplicable a su contrato y que hayan deferido a los árbitros determinar las *reglas más adecuadas* para resolver el caso, sin indicar derecho aplicable, éstos, pueden, entonces, recurrir a la *lex mercatoria,* refiriendo los principios, usos y prácticas del comercio internacional, en tal caso, sus decisiones (laudos) fungen como como verdaderas normas materiales individuales del DIPr. para resolver el caso concreto.

En Argentina, la Ley 27.449 de Arbitraje Comercial Internacional, en su art. 79, siguiendo al art.28 1er. párrafo de la Ley Modelo CNUDMI, dispone que *el tribunal arbitral decidirá el litigio de conformidad con las normas de derecho elegidas por las partes como aplicables al fondo del litigio.*

La ley autoriza a las partes pues, en uso de su autonomía de voluntad, a elegir "*las normas de derecho*" aplicables al fondo del asunto y al examinar la formula flexible y generalizadora contenida en esa expresión se ha observado que, si bien la redacción es poco precisa, permite, en su amplitud, que las partes puedan, por ejemplo, "seleccionar disposiciones de ordenamientos jurídicos diferentes para regir diversas partes de sus relaciones" *(depeçage),* o elegir

> la ley de un Estado haciendo salvedad de algunas de sus disposiciones, o seleccionar normas que hubiesen sido incorporadas a algún convenio o texto jurídico similar, elaborado en el plano internacional, incluso en el supuesto de que no hubiesen entrado aún en vigor, o no estuviesen en vigor en ninguno

---

19 Véase: Uzal María Elsa, *Derecho Internacional Privado,* ob.cit. págs. .483-485 y 489-90.

20 Véase para este punto que seguimos: Uzal María Elsa*: Breves reflexiones sobre la internacionalidad, la arbitrabilidad y el derecho aplicable en la nueva Ley 27.449 de Arbitraje Comercial Internacional.* Revista de Derecho Comercial y de las Obligaciones (RDCO) Número: 2018 (292 Sep./Oct.), p.619-645.

de los Estados que tuviesen conexión con alguna de las partes en esa operación comercial, o con la operación en sí[21].

Estas manifestaciones de autonomía de voluntad reconocen como límites los principios generales de orden público y las normas de policía –también llamadas, imperativas o perentorias o internacionalmente imperativas– del derecho elegido *(lex causae)*, de la *lex arbitrii*, o del Estado en el que se pretenda efectivizar el laudo o de terceros Estados que guarden con él una relación económica preponderante[22].

En cuanto al control de orden público, en relación a si se trata de un control desde el punto de vista del orden público interno o internacional y en este último caso, si debe entenderse hecha la referencia a *los principios del orden público internacional.* En nuestro derecho aparece claro este alcance a tenor de los expresamente previsto por el art 2600 CCCN que, al respecto, indica las disposiciones de derecho extranjero aplicables deben ser excluidas cuando conducen a *soluciones incompatibles con los principios fundamentales de orden público que inspiran el ordenamiento jurídico argentino* y si bien es cierto que puede haber variaciones según el derecho elegido como referencia para efectuar ese control, en general, en la mayoría de los Estados, occidentales al menos, se suelen observar similares principios fundamentales como límites de orden público en el Derecho Internacional Privado[23].

Cabe remarcar que el árbitro no es órgano judicial de ningún Estado, es equidistante de todos ellos salvo, quizás, el *lugar de la sede,* de suerte que no hay ningún Estado al que deba defender de manera prioritaria sin embargo, el árbitro, a diferencia del juez nacional, de alguna manera debe confrontar su decisión con una pluralidad de estados conectados al caso, en cuanto a la aplicación de sus leyes, pues el desconocimiento de esos derechos puede acarrear consecuencias negativas, ya sea, la anulación del

---

21 Véase Boggiano, A., ob. cit., t. III, pp. 309/10, donde transcribe el Informe A/40/ 1 7 y da cuenta de la posición argentina en la Comisión que debatiera el art. 28 de la Ley Modelo.

22 Véase: Uzal María Elsa, Derecho Internacional Privado. La Ley, Buenos Aires, 2016, págs. 369 a 374 y 483 y sig.

23 Confr. Boggiano. A., ob. cit. t. ll. pp. 699, 705/6, 713/717; Böckstiegel. ob. cit., p. 44: Goldman. B. Les conflits de lois dans l'arbitrage intemational de droit privé. Rec. des Cours. 1094963-lI›443 y ss. Véase también: Thompson, Robert: Derains. Yves, Cours de arbítrage de Chambre de Commerce Internationale, Chronique des sentences arbitrales ajfaire 1512 en 1971. Clunet, 1974. pp. 905/ 12.

laudo o la denegación del *exequátur* y conducirlo, incluso a la acusación de violación del deber de emitir una sentencia ejecutable.

Un juez nacional, que debe resolver un caso sobre contratos comerciales multinacionales, recurre a lo establecido por las partes, o a las normas de DIPr. de la *lex fori* de fuente internacional o interna vigente en su país y en este caso, a sus normas de conflicto por lo que debe determinar la ley aplicable, con base en un sistema de distribución de competencias legislativas, que le proporciona su propio derecho. El árbitro en cambio, ya lo hemos dicho, carece, en estos casos, de *lex fori* en sentido estricto y, por ende, de un sistema de normas de conflicto preexistente, para establecer el derecho nacional aplicable al caso.

Algunas sentencias, incluso anteriores a la segunda guerra, identificaban como ley capaz de fungir como *lex f*ori, a fin de proporcionar las normas de conflicto aplicables al fondo del asunto, el derecho de *la sede o lugar de asiento* del tribunal.

Sin embargo, cabe observar que, si bien el derecho de ese sitio que aparece justificado para proporcionar el derecho subsidiariamente aplicable *para el procedimiento* o *para proporcionar la asistencia judicial* al arbitraje, no luce con la misma justificación cuando se trata de determinar el derecho subsidiariamente aplicable al fondo del asunto.

Es que, el *lugar de la sede* puede estar establecido de antemano, pero muchas veces se fija *a posteriori,* o se defiere su determinación a un tercero (en el Reglamento de la CCI, por ejemplo, se reconoce esa facultad al tribunal arbitral) que puede elegir un lugar neutral, cuyo derecho carezca de justificación suficiente como para ser llamado a decidir el fondo del caso, o, incluso, pertenecer a un sistema de tradición diferente a aquéllos que pudieron ser tenidos en miras por las partes[24].

Es por ello por lo que muchos tribunales arbitrales han desechado este criterio como principio rector y la *lex mercatoria* ha ido afirmando *la libertad de los árbitros para elegir el derecho que consideran "más apropiado"* al caso [25], facultad luego reconocida por el Reglamento de Arbitraje de la CCI (art. 21).

---

24 Böckstiegel, Karl-Heinz, *"Arbitraje comercial internacional: su relación con la jurisdicción de los tribunales estatales"*. Derecho comparado, Revista de la Asociación de Derecho Comparado n° 5, 1982, pp. 40/41

25 Derains, Yves, Chronique des sentences arbitrales, Clunet, 1976, pp. 969; véase, asimismo: CCI affaire 2735 de 1976, Chronique...de Derains, Yves, en Clunet, 1977, pp.

Esta disposición, por ejemplo, también indica que el tribunal arbitral deberá tener en cuenta las estipulaciones del contrato celebrado entre las partes, si lo hubiere, y cualesquiera usos comerciales pertinentes. En la misma línea, la Ley Modelo CNUDMI (art. 28, inc. 2) remite, en defecto de indicación de las partes, a las normas de conflicto de leyes *que el tribunal arbitral estime aplicables.*

Ese es también, el criterio que ha seguido la ley 27.449 de Arbitraje Comercial Internacional en Argentina, en su el art. 80, cuando establece que, *si las partes no indican la ley aplicable, el tribunal arbitral aplicará las reglas de derecho que estime apropiadas.* En todos los casos, es claro y está expresamente previsto, que el tribunal arbitral *decidirá con arreglo a las estipulaciones del contrato y tendrá en cuenta los usos mercantiles* (art. 82).

El criterio con el que habrá de practicarse la determinación dependerá, en tal caso, ciertamente, del sistema legal del que proviene el árbitro, de sus apreciaciones en torno de la controversia,[26] de la importancia que le conceda a su vinculación con las reglas de procedimiento aplicable, etc.

Esta facultad de los árbitros, a los que en ocasiones se ha atribuido *"un cierto poder discrecional"*, reconoce *sus límites* sin embargo, pues debe hallarse fundada en la voluntad de las partes, expresada en los *términos del contrato* y en la necesidad, reconocida, de que medie *una relación "razonable" entre el litigio y el derecho elegido, que le confiera la mentada calidad de "apropiado"* para regir el caso. Es por ello que los jueces arbitrales, por lo general, *fundan sus soluciones justificando la localización del sistema jurídico elegido, en su caso*"[27]. Cabe, a esta altura, preguntarse si siempre ha de concluirse eligiendo un derecho nacional.

Numerosos fallos arbitrales han consagrado, en el contexto que venimos relatando, la facultad de los árbitros de desprenderse de los sistemas jurídicos nacionales, para aplicar un derecho *"a-nacional" o "transnacional"*, elaborado con base en principios generales extraídos de los derechos nacionales en la materia que les es sometida, o de los *principios generales del derecho internacional* –referencia frecuente, cuando una de las partes es un Estado o una organización internacional–. Se identifica ese derecho, como

---

947/50. Del mismo cronista, véanse Affaires 1507 de 1970 y 1512 de 1971 en Clunet, 1975, pp. 913/21 y 905/913.

26 Böckstiegel, K-H., ob. cit., p. 45.

27 Thompson, R., y Derains, Y., ob. cit. *Chronique... affaire 1422 de 1966,* en Clunet, 1974, pp. 884/88.

una suerte de *soft law*, a través de expresiones como *"normas de derecho"*, *"derecho común de las naciones"*, *"principios generales del derecho"*, *"reglas comunes a las naciones civilizadas"*[28]

Finalmente, los "*usos del comercio internacional*" integrantes de la llamada "nueva *lex mercatoria*", también, forman verdaderamente un *soft law* en la materia, que, fuera de las reglas jurídicas tradicionales, se acomoda de manera más efectiva a las exigencias del comercio internacional[29].

Los árbitros, por lo común, justifican de múltiples maneras su decisión de recurrir a estos criterios y han dado forma a ciertas pautas para dilucidar controversias, con base en el empleo de los métodos de elección y comparativo.

Estos instrumentos conducen a analizar las posibles soluciones que proporcionarían al caso los derechos de los Estados conectados con él, contemplados acumulativamente. Muchas veces, con base en ellos, se trata de individualizar cuáles son los elementos comunes en los que coinciden o sobre los que convergen las soluciones de esos sistemas, para extraer los principios aplicables al litigio[30].

En supuestos de duda, se procede incluso a ampliar este procedimiento, mediante un estudio comparativo de los principios de derecho, comunes a todos los sistemas legales modernos, buscando cierta universalidad en la elaboración de criterios materiales de solución que, por ejemplo, y llegado el caso, permitirían superar ciertos regionalismos.

Han surgido así como verdaderas manifestaciones de esta "*lex mercatoria*", los *"Principios sobre los contratos comerciales internacionales"* elaborados por Unidroit, y *"Los Principios de La Haya sobre la elección de derecho aplicable*

---

[28] Goldman, B., ob.cit., pp. 349 y ss.; Thompson. R, y Derains, Y., ob. cit., *Chronique... affaire 1641 de 1969,* en Clunet, 1974, pp. 889/90.

[29] Véase: Boggiano, A., *"Dos métodos de determinación del derecho aplicable según el reglamento de la CCI"*, en ED, a propósito de la sentencia de la Corte de Paris del 13/7/1989 *in re: "Compañía Valenciana de Cementos Portland S.A. vs. Primary Coal Inc."*, publicada en Revue Critique de Droit International Prive 792-1990, p. 305; Boggiano, A., ob. cit., donde se cita la aplicación de la *lex mercatoria* en el caso *"Norsolor vs. Pabalk Ticaret"*, fallado por la Corte de la CCI. Sobre la aplicación de los usos del comercio internacional, véase también: Derains, Yves, *Chronique des... CCI affaire 2583 de 1976,* Clunet, 1977, pp. 950/51; id., id., *CCI affaire 2291 de 1975*, en Clunet, 1976, pp. 989/992.

[30] Véase: Uzal María Elsa, Derecho Internacional Privado. La Ley, Buenos Aires, 2016, pág 371 con cita de Böckstiegel, K-H., ob. cit., p. 46: Derains, ob. cit., *Chroniqne... CCI affaire 2438 de 1975,* Clunet, 1976, pp. 969/72. Thompson, R., y Derains, Y., ob. cit., *CCI affaire 1512 de 1971,* Clunet, 1974, pp. 905/12.

en materia de contratos internacionales" elaborados por la Conferencia de La Haya de Derecho Internacional Privado sobre los que luego volveremos[31].

Las convenciones internacionales y reglamentos aplicables, por lo general, efectúan, sin embargo, un encuadramiento de esas atribuciones de los árbitros, estableciendo, se reitera, que *han de tomar en cuenta para arribar a la solución buscada, las estipulaciones del contrato y los usos del comercio internacional aplicables al caso* y esa solución es la expresamente consagrada por el ya señalado, art 82 de la ley 27.449 (confr. art. 7.1. Convención de Ginebra de 1961; art. 28, inc. 4°, Ley Modelo CNUDMI; art. 21, aps. 1 y 2, Reglamento CCI; art. 33. Reglamento CNUDM1; art. 33, Reglamento CIAC).

Igualmente, el art. 81 de la ley 27.449, se adscribe al consenso general en cuanto a que el tribunal arbitral solo puede decidir como amigable componedor o *ex aequo et bono*, si las partes lo han autorizado expresamente para ello, apartándose de la solución tradicional que para el arbitraje doméstico prevé, en Argentina, el art. 766 del Código Procesal Civil y Comercial de la Nación, que dispone lo contrario[32] (véase en la línea de la ley actual, el art. 28, inc. 3°, Ley Modelo; art. 21.3, Reglamento CCI. y la Convención de Ginebra de 1961 que exige, además, que la ley que rija el arbitraje lo permita [art. 7°, ap. 1°]).

---

[31] Véase sobre la *"lex mercatoria"*: Uzal María Elsa, Derecho Internacional Privado. La Ley, Buenos Aires, 2016, págs, 492 y sigtes.

[32] Dispone el Artículo 766 CPCCN: Objeto. Clase de arbitraje. Podrán someterse a la decisión de arbitradores o amigables componedores, las cuestiones que puedan ser objeto del juicio de árbitros. Si nada se hubiese estipulado en el compromiso acerca de si el arbitraje ha de ser de derecho o de amigables componedores, o si se hubiese autorizado a los árbitros a decidir la controversia según equidad, se entenderá que es de amigables componedores.

6. LA LEX MERCATORIA EN EL SOFT LAW. LOS PRINCIPIOS SOBRE LOS CONTRATOS COMERCIALES INTERNACIONALES DE UNIDROIT Y LOS PRINCIPIOS DE LA HAYA

6.1. Los principios sobre los contratos comerciales internacionales de UNIDROIT

e ha señalado *supra* que en Argentina, dentro del art 2651 inc. d) del CCCN aparece expresamente introducida la mención de *los principios del derecho comercial internacional, que resultan aplicables cuando las partes los han incorporado al contrato,* las manifestaciones concretas de esos principios generales, expresión de la *lex mercatoria* en nuestros días, aparecen en buena parte, elaboradas y formuladas a través del trabajo del *UNIDROIT* (*Los Principios sobre los contratos comerciales internacionales de UNIDROIT*) y de la Conferencia de La Haya de Derecho Internacional Privado (*"Principios de La Haya"*).

Los *Principios sobre los contratos comerciales internacionales de UNIDROIT* que fueron ampliándose en tres versiones sucesivas (1994, 2004 y 2010), establecen *reglas generales que recogen un conjunto de prácticas contractuales comunes a diversos ordenamientos jurídicos, que se consideran como las mejor adaptadas a las exigencias del comercio internacional, que han sido fundamentalmente concebidas para "los contratos mercantiles internacionales".*

En estas reglas no se define cuándo un contrato es internacional, dejando abierta la posibilidad de una interpretación amplia en la que quepan los diversos criterios que se conocen en la materia (establecimiento o residencia habitual de las partes en diversos países, "vínculos estrechos con más de un Estado", contratos que "impliquen la elección de leyes de diversos Estados" o que "afecten los intereses del comercio internacional"), de manera que queden excluidas aquellas relaciones que carezcan de todo elemento de internacionalidad.

En el informe explicativo elaborado por *UNIDROIT* sobre estos Principios, se señala también, que la referencia al carácter mercantil de los contratos no busca adentrarse en la distinción entre contratos civiles y comerciales, sino que se ha dejado sentado que el concepto debe ser entendido en sentido más amplio, comprensivo no sólo de operaciones de "abastecimiento o intercambio de mercaderías o servicios, sino también otros tipos de operaciones económicas, como las de inversión y otorgamiento de concesiones, los contratos de prestación de servicios profesionales, etc."

En general, se indica que *el propósito es excluir del ámbito de los Principios las llamadas "operaciones de consumo"*, que en algunos ordenamientos son reguladas por normas especiales, muchas de ellas de carácter imperativo, dirigidas a proteger al consumidor, entendiéndose por tal, la parte que celebra el contrato sin llevar a cabo un acto de comercio o en el ejercicio de su profesión. También se ha señalado que, aunque estos Principios han sido pensados para contratos internacionales, nada impediría que los particulares pudieran aplicarlos a contratos internos o nacionales, aunque tal acuerdo quedaría sujeto a las normas imperativas del país cuyo ordenamiento jurídico sea aplicable al contrato.

Los Principios pues, serán aplicables en la medida en que no afecten las disposiciones de derecho que resultan inderogables para la autonomía de la voluntad de las partes. La referencia a ellos, normalmente, será considerada como un acuerdo destinado a incorporarlos al contrato en ejercicio de la autonomía material, así lo recoge el Código Civil y Comercial en la Argentina como se ha señalado *supra*, mientras que el derecho aplicable al mismo en todo lo no previsto, tendrá que determinarse con base en las reglas de DIPr. del foro. Diferente podría resultar el panorama si las partes asociaran la adopción de los Principios con una cláusula arbitral, pues en tal caso, si las partes no han elegido normas o "reglas de derecho", en principio, los árbitros no se encuentran necesariamente obligados a observar un ordenamiento jurídico en particular, esto es especialmente claro, en el caso de los amigables componedores, que fallan *ex aequo et bono.*

El preámbulo de los Principios expresa que éstos pueden aplicarse cuando las partes hayan acordado que el contrato se rija "por los principios generales del derecho", la *lex mercatoria*, "los usos y costumbres del comercio internacional", etc. También se ha propiciado que los Principios podrían ser útiles como último recurso, en sustitución, cuando el contrato se encuentre sujeto a un derecho nacional y resulte extremadamente difícil, si no imposible, establecer cuál es la regla de derecho aplicable, ya sea por la imposibilidad de acceder a ella o por el costo que ello pudiera implicar, como alternativa a la integración de la solución con la *lex fori*, cuando ésta pudiera resultar más familiar a una de las partes que a la otra.

En esta misma línea, también se ha sostenido que los Principios resultan un medio válido para interpretar y complementar los instrumentos internacionales vigentes, que han sido preparados y consensuados a nivel internacional.

En efecto, hoy en día parece advertirse una tendencia que prescinde de los métodos de interpretación nacionales o iusprivatistas, prefiriendo la interpretación e integración de textos internacionales con base en principios uniformes, autónomos e internacionales, muchas veces elaborados sobre la base del derecho comparado. Este criterio se basa en la idea de que el derecho uniforme, aún después de su incorporación al derecho interno de un país determinado, sólo se integra formalmente a dicho ordenamiento jurídico interno, pues el texto de derecho uniforme no pierde su naturaleza de cuerpo legislativo autónomo, internacional y que aspira a una aplicación uniforme en todo el mundo. En esta idea, los Principios, por sus propias características, podrían ayudar en la tarea del intérprete, incluso, en la integración de normativa que resulta necesaria frente a cuestiones lacunosas[33].

Finalmente, se ha sostenido que los Principios, podrían resultar útiles a nivel nacional, como modelo, en aquellos países que no cuentan con una legislación avanzada en materia contractual o que deben modernizarla y, a nivel internacional, pueden servir de referencia en la elaboración de convenciones internacionales y leyes modelo[34].

6.2. Principios de La Haya sobre la Elección de Derecho Aplicable en materia de Contratos Internacionales ("Principios de La Haya")

Dos documentos fueron elaborados en el seno de la Conferencia de la Haya de Derecho Internacional privado, adoptados y aprobados en su versión final el 19 de marzo de 2015[35], los Principios, con un "Comenta-

---

[33] Pueden rastrearse citas de los Principios en: CNCom. Sala A. 1.4.2014, *"Murex Argentina S.A. c/ Abbott Laboratories y otro s/ ord."*; CNCom., Sala A, 16.10.2013, *"Sanovo International A/S c/ Ovoprot International s/ ord.;* CNCom., Sala A., 1.4.2014, *"International Murex Technologies Corporation c/ Murex Argentina S.A. y otros s/ ord";* CNCom., Sala A., 20.12.2010, *"NSS S.A. c/ Mera Latina S.A. s/ ord";* CNCom., Sala A., 28.6.201., *"D.G. Belgrano S.A. c/ Procter & Gamble Argentina S.R.L. s/ ord."*

[34] Seguimos en este punto, Principios sobre los contratos internacionales, Unidroit, Instituto Internacional para la Unificación del Derecho Privado, Roma, 1995, págs. 1/6. Véanse los textos del Preámbulo y de los 7 artículos: Disposiciones Generales, Formación del contrato, Validez, Interpretación, Contenido, Cumplimiento, Incumplimiento, divididos a su vez en varias secciones; Rivera Julio, Proyecto Unidroit sobre principios aplicables a los contratos comerciales internacionales. Su armonía con el sistema legislativo latinoamericano (La cuestión de la excesiva onerosidad sobreviniente), ED 162-109.

[35] Véase: Goicoechea Ignacio, Los Instrumentos de la Conferencia de La Haya de Derecho Internacional Privado que facilitan el desarrollo de los negocios internacionales y las inversiones en Revista de la Secretaría del Tribunal Permanente de Revisión. Año 3, N° 5, 2015 págs. 45 a 63. Allí recuerda que la Conferencia de La Haya de Derecho Internacional Privado (Conferencia de La Haya) es una organización intergubernamental de carácter mundial. Actualmente la Conferencia de La Haya está compuesta por 78 Estados Miembros (77 y la Unión Europea) de todos los continentes, a su vez, un

rio" a dichos Principios. Tal como su nombre sugiere, los Principios de La Haya no pretenden ser un convenio internacional con fuerza obligatoria para los Estados, sino solo un conjunto de Principios no vinculantes, que aspiran a alentar a los Estados a que los incorporen a sus ordenamientos jurídicos de la manera que resulte más adecuada en cada caso.

De este modo, los Principios de La Haya pueden coexistir pacíficamente con otros instrumentos internacionales que regulen la materia (eg. el Reglamento Roma I, o la Convención Interamericana de México de 1994 sobre derecho aplicable a los Contratos Internacionales).

Desde otro lado, los Principios de La Haya pueden ser aplicados por Jueces y árbitros en la interpretación de contratos internacionales o incorporados a los mismos directamente por las partes[36]. Consagran como principio rector, el de la autonomía de la voluntad de las partes para elegir el derecho aplicable, analizan las formas y posibles modalidades de su ejercicio, su alcance y sus límites, su relación con las normas de policía o inter-

---

número creciente de Estados no miembros se encuentra adherido a uno o más Convenios de La Haya. Así, hoy más de 140 países de todo el mundo participan del trabajo de esta Organización. En el caso de los países del MERCOSUR, los 5 Estados Miembros también lo son de la Conferencia de La Haya, mientras que de los Estados Asociados al MERCOSUR actualmente son también Miembros de la Conferencia de La Haya, Chile, Ecuador, y Perú (Colombia se encuentra en el proceso de incorporación). A su vez, todos los Estados Miembros del MERCOSUR y todos sus Estados Asociados tienen actualmente instrumentos de La Haya en vigor. El mandato estatutario de la Conferencia de La Haya consiste en trabajar en pos de "la unificación" progresiva de las normas de derecho internacional privado, siendo su vocación última trabajar por un mundo en el que, a pesar de las diferencias entre sistemas jurídicos, las personas tanto físicas como jurídicas puedan beneficiarse de un alto nivel de seguridad jurídica. Típicamente, los instrumentos que genera la Conferencia de La Haya son Convenciones Internacionales (38 desde 1951 a 2015), pero en las últimas décadas también viene desarrollando instrumentos no vinculantes (*soft law),* como son Principios, Guías de Buenas Prácticas, y Manuales de funcionamiento; véase: el sitio web de la Conferencia de La Haya: www.hcch.net.

[36] 37 Véase: Goicoechea Ignacio, ob. loc. cit. pág.50 a 52, cabe señalar que dos expertos mercosureños participaron del grupo de trabajo que generó los Principios de La Haya (Profesores José Moreno Rodríguez, del Paraguay y Lauro Gama Jr., del Brasil y también, que el Paraguay ha sido el primer país del mundo que incorporó los Principios de La Haya a su legislación interna, la Ley Nº 5.393 sobre Derecho Aplicable a los Contratos Internacionales, promulgada el 15 de enero de 2015,indicando en la exposición de motivos que el objetivo era lograr mayor predictibilidad en las relaciones comerciales.

nacionalmente imperativas y con el orden público, sentando reglas que ya se encuentran aceptadas y recogidas en el art. 2651 del CCCN[37].

---

[37] 38 Incluimos aquí los Principios del La Haya (19 de marzo 2015):
Preámbulo
Este instrumento enuncia principios generales relativos a la elección del Derecho aplicable en materia de contratos comerciales internacionales. Afirman el principio de autonomía de la voluntad, con un número limitado de excepciones.
Pueden utilizarse como modelo para instrumentos nacionales, regionales, supranacionales o internacionales.
Pueden utilizarse para interpretar, completar y desarrollar normas de Derecho internacional privado.
Los pueden aplicar los tribunales judiciales o arbitrales.
Artículo 1–Ámbito de aplicación de los Principios
1. Estos Principios se aplican a la elección del Derecho aplicable en los contratos internacionales cuando cada una de las partes actúa en ejercicio de su actividad comercial o profesional. No se aplican a los contratos de consumo ni a los contratos de trabajo.
A los efectos de estos Principios, un contrato es internacional salvo si las partes tienen sus establecimientos en el mismo Estado y la relación entre las partes y los demás elementos relevantes, independientemente del Derecho aplicable elegido, está vinculada únicamente con dicho Estado.
3. Estos Principios no se aplican al Derecho que rige:
a) la capacidad de las personas físicas; *b)* los acuerdos de arbitraje y los acuerdos de elección de foro; *c)* las sociedades u otras personas jurídicas y los trusts; *d)* los procedimientos de insolvencia; *e)* los efectos de los contratos sobre la propiedad; y *f)* la cuestión de si un representante puede obligar, frente a terceros, a la persona a la que representa.
Artículo 2–Libertad de elección
1. Un contrato se rige por el Derecho elegido por las partes.
2. Las partes pueden elegir:
a) el Derecho aplicable a la totalidad o a una parte del contrato y *b)* diferentes Derechos para diferentes partes del contrato.
3. La elección puede realizarse o modificarse en cualquier momento. Una elección o modificación realizada con posterioridad a la celebración* del contrato no debe afectar su validez formal ni los derechos de terceros.
4. No se requiere vínculo alguno entre el Derecho elegido y las partes o su operación.
Artículo 3–Normas de Derecho
Las partes pueden elegir, como Derecho aplicable al contrato, normas de Derecho generalmente aceptadas a nivel internacional, supranacional o regional como un conjunto de normas neutrales y equilibradas, salvo estipulación en otro sentido del Derecho del foro.
Artículo 4–Elección expresa o tácita
La elección del Derecho aplicable, o toda modificación de la elección del Derecho aplicable, debe efectuarse de manera expresa, o resultar claramente de las disposiciones del contrato o de las circunstancias. Un acuerdo entre las partes para otorgar competencia a un tribunal judicial o arbitral para resolver los conflictos vinculados al contrato no constituye, en sí mismo, una elección de Derecho aplicable.
Artículo 5–Validez formal de la elección del Derecho aplicable

Respecto de la elección del derecho, no solo se acoge la elección de un derecho estatal, sino que se aceptó también que las partes puedan elegir

---

La elección del Derecho aplicable no está sometida a condición alguna en cuanto a la forma, a no ser que las partes establezcan lo contrario.
*Artículo 6–Acuerdo sobre la elección del Derecho aplicable y conflicto entre formularios (*battle of forms*)*
1. No obstante lo dispuesto en el párrafo 2,
a) para determinar si las partes llegaron a un acuerdo respecto de la elección del Derecho aplicable, se utiliza el Derecho presuntamente elegido por las partes;
b) si las partes utilizaron cláusulas estándar que designan dos Derechos diferentes y según ambos Derechos prevalecen las mismas cláusulas estándar, se aplica el Derecho indicado en esas cláusulas estándar; si según estos Derechos prevalecen distintas cláusulas estándar, o si no prevalece ninguna, no habrá elección del Derecho aplicable.
2. El Derecho del Estado en el que una parte tiene su establecimiento determina si esa parte prestó su consentimiento sobre la elección del Derecho aplicable si, en vista de las circunstancias, no fuere razonable determinarlo según el Derecho mencionado en el párrafo precedente.
Artículo 7–Separabilidad
No se puede impugnar la elección del Derecho aplicable únicamente sobre la base de que el contrato al que se aplica no es válido.
Artículo 8–Exclusión del reenvío
La elección del Derecho aplicable no incluye las normas de conflicto de leyes del Derecho elegido por las partes, a no ser que las partes establezcan expresamente lo contrario.
Artículo 9–Ámbito de aplicación del Derecho elegido
1. El Derecho elegido por las partes rige todos los aspectos del contrato entre las partes, en particular:
a) su interpretación; *b)* los derechos y obligaciones derivados del contrato; *c)* la ejecución del contrato y las consecuencias de su incumplimiento, incluso la valoración de los daños y perjuicios; *d)* los diferentes modos de extinción de las obligaciones, y la prescripción y la caducidad; *e)* la validez y las consecuencias de la nulidad del contrato; *f)* la carga de la prueba y las presunciones legales; y *g)* las obligaciones precontractuales.
2. El párrafo 1(e) no excluye la aplicación de cualquier otro Derecho aplicable que confirme la validez formal del contrato.
Artículo10-Cesión. En el caso de una cesión contractual de los derechos que le competen al acreedor frente a su deudor en virtud de un contrato que los vincula:
a) si las partes del contrato de cesión de crédito han elegido el Derecho que rige su contrato, el Derecho elegido rige los derechos y obligaciones del acreedor y del cesionario derivados de su contrato; *b)* si las partes del contrato entre el deudor y el acreedor han elegido el Derecho que rige su contrato, el Derecho elegido rige
i) la oponibilidad de la cesión al deudor; *ii)* los derechos del cesionario frente al deudor, y *iii)* el carácter liberatorio de la prestación hecha por el deudor
*Artículo 11–Leyes de policía y orden público (*ordre public*)*
1. Estos Principios no impiden a un tribunal judicial aplicar las leyes de policía del foro al que se ha acudido, independientemente del Derecho elegido por las partes
2. El Derecho del foro determina los casos en que un tribunal judicial puede o debe aplicar o tener en cuenta las leyes de policía de otro Derecho.

un derecho no estatal. Ante la gran disparidad terminológica existente en esta materia, en que se habla indistintamente de derecho transnacional, *lex mercatoria, soft law,* etcétera, el Grupo de Trabajo de la Conferencia de La Haya optó por utilizar en el art. 3 la expresión "*rules of law*" o "*normas de derecho*", con el propósito de dar cabida al desarrollo doctrinario, jurisprudencial y normativo que se ha producido en torno a esta expresión a partir de su adopción en el mundo arbitral.

El art. 3 de estos Principios, bajo el acápite *"Normas de Derecho",* prevé que "las partes pueden elegir, como Derecho aplicable al contrato, *normas de Derecho generalmente aceptadas a nivel internacional, supranacional o regional* como un conjunto de normas neutrales y equilibradas, salvo estipulación en otro sentido del Derecho del foro.

Moreno Rodríguez, integrante del Grupo de Trabajo explica, que "la expresión *"normas de derecho"* se entiende allí más amplia que el término "ley" y permite a las partes designar como aplicable a su caso, las reglas de más de un sistema jurídico, incluyendo las que pudieron haber sido elaboradas en un plano internacional.

La ley modelo de UNCITRAL de 1985, reformada en 2006, adoptó la expresión en su art. 28. Hasta su inclusión en la Ley Modelo, la expresión "*normas de derecho"* solo había sido utilizada en el artículo 42 del Convenio de Washington de 1965 relativo a disputas de inversiones y en las leyes de arbitraje de Francia y Djibouti.

La expresión ha sido incluida en el art. 33 del Reglamento de Arbitraje de UNCITRAL de 1976, mantenida en el actual art. 35 del Reglamento de 2010 y, también es recogida en la *Ley 27.449 de Arbitraje Comercial Internacional,* en Argentina, y a su vez guarda similitud con normas de varios reglamentos arbitrales, lo que no debe extrañar, si se considera –como bien se

---

3. Un tribunal judicial puede denegar la aplicación de una disposición del Derecho elegido por las partes únicamente en el caso y en la medida en que su aplicación resulte manifiestamente
4. El Derecho del foro determina cuándo un tribunal judicial puede o debe aplicar o tomar en consideración el orden público de un Estado cuyo Derecho sería aplicable a falta de elección del Derecho aplicable
5. Estos Principios no impedirán a un tribunal arbitral aplicar o tomar en consideración el orden público o las leyes de policía de un Derecho distinto al elegido por las partes, si el tribunal arbitral tiene la obligación o el derecho de hacerlo.

Artículo12-Establecimiento. En el caso de que una parte tenga más de un establecimiento, el establecimiento relevante a los efectos de estos Principios es aquel que tiene la relación más estrecha con el contrato en el momento de su celebración.

ha dicho–, que las reglas de las instituciones arbitrales tienden a converger. Esta línea de solución lleva a consecuencias fecundas en lo que respecta a la aplicabilidad del derecho transnacional, los principios aceptables por organismos internacionales *o la lex mercatoria"*, términos que se utilizaron de manera indistinta en el Grupo de Trabajo de La Haya, siguiendo los trabajos preparatorios de UNCITRAL.

En las discusiones se concordó también en que se debería dejar que las partes puedan válidamente elegir, cuando fueran disponibles, reglas de un sector específico que pudiesen cubrir legítimas expectativas de las partes, se rechazó que las reglas elegidas deban pasar un "examen de legitimidad" ("*test of legitimacy*"), que evalúe su naturaleza y características"[38] y se acordó, no definir expresamente o limitar la expresión "normas de derecho" ("*rules of law*"), buscando promover el máximo soporte a la autonomía de la voluntad.

Cerramos de este modo la propuesta de trazar un breve panorama, sin propósito exhaustivo, sobre las diversas posibilidades de aplicación que encuentra la *lex mercatoria* dentro del cuadro de soluciones del derecho internacional privado (DIPr.), en las diversas vertientes que se abren en las fuentes de derecho, internacionales e internas y en las fuentes jurisdiccionales.

---

[38] Moreno Rodríguez José Antonio, *Los Principios de La Haya y el derecho no estatal en el Arbitraje Comercial Internacional en*: www.pj.gov.py/.../José-Antonio-Moreno-Los-**Principios-de-la-haya**.pdf.

¿Un nuevo derecho para un nuevo orden mundial? La lex mercatoria marítima

LUIS COVA ARRIA[1]

1. PREÁMBULO

Antes que nada, mi profundo agradecimiento a la Academia Colombiana de Jurisprudencia, por su amable invitación a participar en este I Congreso Regional de Academias Jurídicas de Sur América, dentro del panel denominado "***La Lex Mercatoria ¿Un nuevo derecho para un nuevo orden mundial?***" He tomado el tema, ***"lex mercatoria marítima"*** como mi participación dentro de ese panel. A estos fines, haré referencia a los intentos de reformulación de la ***lex mercatoria*** del derecho marítimo mediante normas generales o principios generales del mismo.

Teniendo el derecho marítimo, un eminente carácter internacional, como consecuencia del carácter internacional de la navegación misma, es imperativo y más aún en este mundo globalizado, la búsqueda de la actualización y unificación de las leyes nacionales, campo en el que debemos

---

1 Abogado, *magna cum laude (U.C.V).* Doctor en Derecho (U.C.V). Máster en Comparative Jurisprudence (New York University), graduado como primero en su clase. Individuo de Número de la Academia de Ciencias Políticas y Sociales de Venezuela y expresidente de la misma, Miembro Honorario de la Real Academia de Legislación y Jurisprudencia de Madrid, España, exconsejero Ejecutivo del Comité Marítimo Internacional (CMI). Miembro Ejecutivo de la Organización Internacional de Arbitrajes Marítimos Internacionales (IMAO) del CMI y de la Cámara Internacional del Comercio de París (ICC). Exdirector del Centro de Arbitraje Marítimo del Instituto Iberoamericano de Derecho Marítimo (CEAMAR). Coordinador y Profesor de la especialización en Derecho de la Navegación y Comercio Exterior del Centro de Estudios de Posgrado de la Facultad de Ciencias Jurídicas y Políticas de la Universidad Central de Venezuela, Ex-Presidente Fundador de la Asociación Venezolana de Derecho Marítimo (Comité Marítimo Venezolano), presidente del Comité Marítimo Mercantil de la Comisión redactora de la Ley Orgánica de los Espacios Acuáticos e Insulares y la adecuación de la Legislación Marítima a la Constitución de 1999 que redactó la vigente Ley de Comercio Marítimo venezolana. Ha publicado varios libros y artículos jurídicos especializados. Delegado por Venezuela a numerosas conferencias de los organismos de las Naciones Unidas y del Comité Marítimo Internacional. Conferencista y asistente a numerosos coloquios, foros y conferencias nacionales e internacionales.

destacar la importante labor unificadora que han venido realizando desde el pasado siglo las organizaciones de las Naciones Unidas como la Organización Marítima Internacional (OMI), la Conferencia sobre Comercio y Desarrollo de las Naciones Unidas (UNCTAD) y la Comisión de las Naciones Unidas para el Derecho Comercial Internacional (CNUDMI), a través de los convenios internacionales.

En esta labor, también están activamente participando otras organizaciones internacionales, que no son parte de las Naciones Unidas, como el Comité Marítimo Internacional (CMI) y el Instituto Iberoamericano de Derecho Marítimo (IIDM).

En efecto, el ***CMI,*** ha establecido un grupo internacional de trabajo, denominado ***"Restatement of the Lex Maritima"***, el cual coordina el profesor holandés Eric Van Hooydonk. Dicho grupo está trabajando en la búsqueda y formulación de los principios de esa ***lex mercatoria marítima.***

A su vez, el ***IIID***, ha estado trabajando en una Ley Modelo Iberoamericana de Derecho Marítimo, como un método de unificación del derecho marítimo iberoamericano, de modo que pueda utilizarse en forma compatible con la ratificación de, o la adhesión a, los convenios internacionales marítimos que cada país considere convenientes, recogiéndose en la misma los principios de la ***lex mercatoria marítima***, con la finalidad de lograr uno de sus objetivos: la actualización y unificación del derecho marítimo en nuestros países. Es decir, lograr la uniformidad de las legislaciones marítimas iberoamericanas, mediante la adopción de los principios generales de la ***lex mercatoria marítima.***

Ahora bien, remontándonos a la Europa occidental medieval, podríamos afirmar que el derecho marítimo experimentó una unificación espontánea que poco se debió a la legislación marítima de los Estados, sino a las costumbres y jurisprudencia transmitidas de puerto en puerto, las cuales fueron conformando una ***lex marítima mercatoria,*** más o menos uniforme. Paralelamente, y, a medida que creció el poder de los gobiernos centrales, fue naciendo una legislación marítima nacional, la cual codificó esa ***lex mercatoria maritima*** que venía desde la edad media, pero al mismo tiempo la fue sometiendo a la camisa de fuerza de los derechos nacionales.

Sin embargo, desde finales del siglo XIX y hasta mediados del XX, gracias a la incesante y entusiasta labor del Comité Marítimo Internacional (CMI), se celebraron numerosas convenciones, las cuales fueron adoptadas por muchos países; convenciones, destinadas a la unificación internacional de áreas específicas del derecho marítimo. Estas convenciones, constituyen hasta el día de hoy el núcleo del sistema uniforme del derecho marítimo internacional. Después de la segunda guerra mundial, organismos de las

Naciones Unidas, como la Organización Marítima Internacional (OMI), y la Conferencia de las Naciones Unidas para el Comercio y el Desarrollo (UNCTAD), han actualizado y complementado estos tratados.

Adicionalmente, la costumbre y los usos de marítimo, siguen siendo instrumentos para lograr esa uniformidad del derecho marítimo internacional, a las cuales se refieren, como un derecho supletorio, numerosas convenciones y leyes nacionales. Igualmente, son fuentes unificadoras del derecho marítimo los contratos, cláusulas y directrices tipo, los cuales por su reiteración –a la larga– se convierten en costumbres normativas. Para la adopción internacional de las mismas, ha sido fundamental, la labor del ***Comité Marítimo Internacional (CMI)*** y del ***Consejo Marítimo Internacional y del Báltico (BIMCO).***

Por otra parte, Estados nacionales, como Argentina, Chile, Venezuela, Panamá, República Dominicana, China, Alemania, España y Bélgica han estado modernizando sus leyes marítimas, adoptando, en su articulado las convenciones internacionales marítimas. Sin embargo, el mayor problema para el logro de la unificación del derecho marítimo, en la actualidad, es la falta de ratificación por los Estados de las "***nuevas***" convenciones marítimas. Un ejemplo, es el *Convenio de las Naciones Unidas sobre el Contrato de Transporte Internacional de Mercancías Total o Parcialmente Marítimo* (Nueva York, 2008) (*"Reglas de Rotterdam"*), el cual no ha recibido las ratificaciones de al menos 20 Estado para su entrada en vigencia.

En contraste, hay una tendencia a la unificación internacional del derecho mercantil y contractual general, no marítimo. En este sentido está enfocada la labor del Instituto Internacional para la Unificación del Derecho Privado (UNIDROIT). Mientras que la unificación del derecho marítimo a través de las convenciones marítimas parece haberse estancado, se ha propuesto una reformulación de unos principios generales del derecho marítimo, como expresión moderna de una ***lex mercatoria maritima***, como vía para sacarla de ese estancamiento.

Estas inquietudes serán el objeto de mi análisis, dentro de este panel "***La Lex Mercatoria ¿Un nuevo derecho para un nuevo orden mundial?***" del I Congreso Regional de las Academias Jurídicas de Sur América, convocado por la Academia Colombiana de Jurisprudencia.

2. LA LEX MERCATORIA MARÍTIMA

Los temas de la ***lex marítima*** y los principios generales del derecho marítimo no son en modo alguno nuevos. La existencia de ambos es incluso ampliamente reconocida[2]. El derecho marítimo, como marco jurídico de las relaciones comerciales internacionales, siempre se ha basado en el consenso general entre los comerciantes de todas las naciones, por lo que los legisladores nacionales siempre han buscado ajustarse a las costumbres y usos universalmente aplicados[3].

El ya fallecido profesor canadiense Willian Tetley uno de los principales juristas maritimistas modernos, ha señalado:

> ¿Existe una lex mercatoria en el siglo XX? La respuesta debe ser "sí" ..., ya que la ley marítima general en países como el Reino Unido, los Estados Unidos y Canadá (la lex maritima), deriva como una lex mercatoria, desde los Roles de Oleron, de las decisiones de los Consulados (tribunales de comerciantes en la Europa Continental) y las del almirantazgo inglés, los cuales se remontan hasta el siglo XII. También nacen a partir de los contratos y documentos internacionales que no tienen autoridad legal, nacional o internacional, pero son vinculantes entre los comerciantes, como lo son, los conocimientos de embarque BIMCO, los contratos de fletamento estándar, las Reglas uniformes del CMI para cartas de porte marítimo y las Reglas de York/Amberes de 1994, entre otros[4].

---

2 Véase, Eric Van Hooydonk, *"Towards a worldwide restatement of the general principles of maritime law."* The Journal of International Maritime Law. (2014) 20 JIML.

3 J. Bédaridde: "Le commerce marítimo a été régi, de tout temps, bien plutôt par des uses que par des lois positivs". Ce n'est là que la conséquence forcée du but qu'il se propone. Destiné à ouvrir, à entretenir des Relations de peuple à peuple, de nation à nation, ses règles doivent offrir un caracter de généralité que ne pouvaient donc résulter que de l'assentiment, au moins tacite, des commerçants de tout les pays. C'est cet assentiment qui est devenu le fondement du droit marítimo. C'est en se préoccupant des us et coutumes universellement pratiqués, que chaque législateur a pu imponer des règles susceptibles d'assurer au commerce marítimo l'essor qu'il entendait et voulait lui imprimer'. Véase J Bédaridde Commentaire du code de commerce vol I (Durand Paris 1859) 3 (n° 1).

4 William Tetley 'The general maritime law: the Lex Maritime' (1996) European Transport Law, p. 469.

3. LAS COSTUMBRES, USOS Y CLÁUSULAS TIPO COMO FORJADORES DE LA LEX MERCATORIA MARÍTIMA

Estas fuentes, desempeñan un papel crucial para la unificación del derecho marítimo, así como también lo desempeñan en el derecho general de los contratos y del comercio internacional[5]. En general, las costumbres y usos son de especial importancia en el sector marítimo. También lo son los contratos y cláusulas estándar, incluida la lista prácticamente interminable de textos modelos de contratos de fletamento, documentos de transporte, contratos de abastecimiento de combustible, acuerdos de gestión de buques, etc.

También deben mencionarse las Reglas de York-Amberes, el modelo "Saleform" noruego, los contratos de construcción naval SAJ y AWES, el Lloyd's Standard Modelo de acuerdo de salvamento (LOF 2011), las Cláusulas estándar de salvamento y arbitraje de Lloyd's (LSSA), la Cláusula de Compensación Especial P&I Club (SCOPIC), el Acuerdo FONASBA Standard Liner & General Agency, las Condiciones de Agencia Portuaria Estándar de FONASBA, el Acuerdo de Subagencia del FONASBA, las Condiciones de la AISS del Buque Internacional de la Asociación de Proveedores, las condiciones de seguro de Londres y Amberes, los requisitos para los conocimientos de embarque y otros documentos de transporte fijados por Las Costumbres y Prácticas Uniformes para los Créditos Documentarios (RUU), las normas de procedimiento para las cartas de crédito redactadas por la de la Cámara de Comercio Internacional (UCP 600) y los cientos de otros acuerdos similares que se han desarrollado y están utilizados a nivel nacional y local.

Los ***"usos marítimos"***, a menudo codificados por organizaciones como el Comité Marítimo Internacional, pueden incluso operar ***contra legem***, aunque pueden distinguirse de las "***prácticas de negocios***" o "***usos convenciones***", que adquieren su legitimidad únicamente por la voluntad de las partes contratantes, pero que a veces pueden verse transformados en costumbres normativas.

La Ley Marítima de Chile, reconoce el valor de la costumbre señalando que la misma puede probarse por el dictamen de expertos[6]. Asimismo, la Ley de Comercio Marítimo venezolana de 2001, en su artículo 4°, señala en las mate-

---

5 Véase, las normas del Instituto Internacional para la Unificación del Derecho Privado, también conocido como UNIDROIT, una organización intergubernamental independiente con sede en Roma, Italia. (www.unidroit.org 26–27).

6 Véase Código de Comercio Chileno, art 825 y, a tal respecto Derecho Marítimo Chileno, Eugenio Raúl Cornejo Fuller Valparaíso (2003) pp. 39-41,

rias reguladas por esa ley, *"los hechos o elementos que constituyen la costumbre podrán ser probados ante la autoridad competente, mediante dictamen de peritos*".

La reciente Ley de Navegación Marítima española hace referencia explícita a los usos y costumbres marítimos como fuente supletoria del derecho, que tiene prioridad sobre la interpretación del derecho marítimo por analogía y, en última instancia, del derecho civil general[7]. Esto reproduce la redacción de leyes anteriores, como la Ley de Navegación Argentina de 1973.[8]

El proyecto de Ley Modelo del Instituto Iberoamericano de Derecho Marítimo (IIDM), en su artículo 5°, referente a la prueba de la costumbre, siguiendo el texto del artículo 825 del Código de Comercio de Chile, señala que en *"la costumbre podrá ser probada, además de las formas que señala el derecho común, por informes de peritos, que el Tribunal apreciará según las reglas de la sana crítica"*. En la misma línea, un número cada vez mayor de leyes marítimas nacionales no intentan elaborar disposiciones sobre avería gruesa y se limitan a declarar aplicables las Reglas York-Amberes.[9]

4. PRINCIPIOS GENERALES DEL DERECHO MARÍTIMO

Podríamos decir que la ***lex mercatoria marítima***, también está vinculada a los principios generales de derecho marítimo, que a menudo puede derivarse de costumbres de larga data. Las importancias de estos principios generales del derecho también se reconocen, por supuesto, en el derecho mercantil internacional general y en las leyes nacionales de derecho mercantil.

Emérigon, escribiendo hace mucho tiempo, señaló que la Ordenanza de la Marina Francesa de 1681 estaba basada en principios que surgían de la naturaleza de las cosas, y que eran verdaderos para todas las épocas y en todos los países.[10]

Asimismo, el finado Profesor canadiense, W. Tetley, al respecto, ha escrito lo siguiente:

---

[7] Véase la Ley española del 14/2014 sobre Navegación Marítima, art 2 *"Fuentes e interpretación"*.

[8] Ley Argentina de Navegación, No 20094 del 20 de enero de 1973, artículo 1°.

[9] Tales como las leyes de Venezuela, Luxemburgo, los Países Bajos, Noruega y Suiza.

[10] Véase P S Boulay-Paty Traité des assurances et des contrats à la grosse d'Émerigon vol I (Molliex Rennes 1827).

> El derecho marítimo general es un ius commune, forma parte de la lex mercatoria y está compuesto por las costumbres, códigos, convenios y prácticas marítimas desde los tiempos más remotos hasta la actualidad, que no han tenido fronteras internacionales y que existen en cualquier jurisdicción particular a menos que estén limitadas o excluido por un estatuto particular[11].

Las sentencias inglesas y la legislación francesa son las fuentes más ricas de los diversos institutos del derecho marítimo, pero ellos mismos no son estos institutos. Estos son internacionales y están por encima de la legislación francesa, o las decisiones de los tribunales ingleses o cualquier otra ley marítima nacional. Ellos son internacionales, porque su validez precede los criterios de aplicabilidad de la legislación nacional y los absorbe. Son instituciones porque en sí mismas no se basan en ningún motivo de aplicabilidad, ya sea legislación, tratado o jurisprudencia. Esos institutos marítimos se forman y desarrollan gracias a todos los "*factores*" de la industria y el comercio marítimo, a saber, el uso y las prácticas del derecho marítimo, tales como las condiciones de los conocimientos de embarque, los contratos de fletamento, las cartas de crédito y las pólizas de seguro, las sentencias judiciales y arbitrales.

Varios códigos nacionales se refieren expresamente a los principios generales del derecho marítimo, tal como la Ley Federal Suiza de 1953 sobre Navegación Marítima[12]. Esta notable disposición confirma la importancia de los principios generales del derecho marítimo, de las costumbres y del derecho marítimo de otros estados, específicamente los "*estados marítimos*". El profesor suizo, Alexander von Ziegler destacó de manera similar la importancia de la norma suiza anteriormente mencionada.[13]

---

11 Véase W. Tetley 'The general maritime law' (n. 9) 472; Véase también W. Tetley 'Nationalism in a mixed jurisdiction and the importance of language' (2003) 78 Tulane Law Review 175–218. http://www.mcgill.ca/files/maritimelaw/nationalism.pdf. Point XII.3. 47 H-J.

12 La Ley Federal Suiza de 1953 sobre Navegación Marítima, señala: Artículo 7. Facultad de interpretación y valoración del tribunal.1 Si la legislación federal, en particular esta ley, y las normas de derecho internacional a las que se refiere, no contiene disposiciones aplicables, el tribunal resolverá conforme a las normas generales y principios del derecho marítimo. A falta de tales principios, se pronunciará conforme a las normas que redactará como si actuara como legislador teniendo en cuenta la legislación, las costumbres, la doctrina y jurisprudencia de los Estados marítimos [...]

13 A. von Ziegler "Helvetia and the sea", en Libro homenaje a Francesco Berlingieri (edición especial de "Il diritto marittimo" 2010, Tomo II, pp. 1162 a 1172.

Esta referencia a la "*práctica internacional*" como fuente de derecho es una confirmación más del carácter marcadamente universal del derecho marítimo y la existencia de principios comunes.

5. ¿CUÁLES SON LOS PRINCIPIOS QUE CONFORMAN ESA LEX MERCATORIA MARÍTIMA?

Ahora bien, cuáles son esos principios generales del derecho marítimo, que conforman la ***lex mercatoria maritima***. La enumeración de los principios que conforman esa ***lex mercatoria marítima***, es una ardua tarea, pues la misma deberá ser concisa y flexible, para que pueda ser internacionalmente aceptable y común a la mayoría de los países, tal como se desprende de los convenios, leyes modelos, leyes nacionales y fuentes nacidas a través de los usos y contratos marítimos.

La identificación de principios que deben considerarse requeriría especial atención y tendrían que basarse en la investigación jurídica, histórica y comparada, de la jurisprudencia, legislación y contratos tipo. La redacción de los principios debería, sobre todo, tener en cuenta lo esencial y, someterse a la aprobación de las organizaciones internacionales marítimas, para luego ser distribuido y promocionado entre los interesados.

No se trata de hacer una convención internacional o una ley modelo. Se trata de la búsqueda de los principios generales que conforman esa ***lex mercatoria*** marítima, pues sus posibilidades de éxito, autoridad e impacto solo tendrán acogida internacional si adopta la forma de una expresión informal de los principios comunes del derecho marítimo, tal como los entiende actualmente las principales organizaciones marítimas del mundo.

Estos principios se han mantenido durante mucho tiempo y esto ha sido cada vez más confirmado por los doctrinarios. Sin embargo, el concepto carece de precisión. Sin embargo, a título meramente de contribución a una hipótesis inicial de trabajo, el Profesor Eric Van Hooydock[14], ha hecho la siguiente lista –no exhaustiva– de temas:

- Las costumbres portuarias, como fuente de derecho.
- El estatuto de la nave, como bien activo y como centro de pasivos.

---

14 Eric Van Hooydonk, *"Towards a worldwide restatement of the general principles of maritime law."* The Journal of International Maritime Law. (2014) 20 JIML.

- La culpa como principio de responsabilidad marítima.
- Los peligros del mar y la solidaridad entre partes interesadas como regla de interpretación en el deber general de diligencia de las partes contratantes en derecho marítimo ("*la debida diligencia*").
- Las características esenciales de las distintas formas de fletamento.
- Las características esenciales del conocimiento de embarque y de la carta de porte marítimo.
- La autoridad, poderes y responsabilidad del capitán del buque.
- El trato humanitario a la tripulación y a los polizones.
- La función asesora del piloto.
- El papel del remolcador al prestar asistencia de remolque en puerto.
- La responsabilidad por culpa en caso de abordaje.
- El principio de la avería gruesa.
- El principio de "*sin cura no hay pago*" en la ley de salvamento.
- El derecho de la limitación de responsabilidad del armador y la pérdida de este derecho en su deber de proteger el medio ambiente

6. CONCLUSIONES

Si aceptamos que, existe una ***lex mercatoria* marítima,** consistente en un complejo de normas de derecho marítimo, que se remontan en particular a los usos y principios generales, amplia e internacionalmente aceptadas e, incluso cada vez más, por la doctrina jurídica, apoyada en numerosos elementos de derecho positivo, tales como, la jurisprudencia y legislaciones nacionales de derecho marítimo, entonces la formulación de los principios generales, que la conforman será una muestra de la independencia del derecho marítimo del derecho mercantil general, particularmente con respecto a los contratos. En realidad, no se trata de impulsar la moral de los profesionales del derecho marítimo, sino más bien una señal muy útil para los profesionales de otras ramas del derecho de que el derecho marítimo constituye un todo específico, con sus propios conceptos y reglas y que no puede simplemente estar sujeto a iniciativas regulatorias generales adoptadas a nivel internacional.

Ahora bien, para lograr la unificación internacional del derecho marítimo, es fundamente recocer y aceptar la existencia de esa ***lex mercatoria***

marítima, entendiéndola como un conjunto de normas y costumbres marítimas, universalmente aceptadas.

La formulación de esos principios, será un instrumento útil para subsanar las insuficiencias de las convenciones unificadoras internacionales y, además, podría ser utilizado por los tribunales para la interpretación de las reglas y contratos marítimos.

Adicionalmente, una formulación de los principios generales que conforman la ***lex mercatoria marítima***, podría ser una fuente de inspiración a la hora de desarrollar nuevas legislaciones, nacionales e internacionales. Ello conllevaría que, como no sería una convención multilateral, su posibilidad de éxito no dependería del capricho de la política gubernamental de los países marítimos.

La redacción de los principios debería, sobre todo, tener en cuenta lo esencial y, someterse a la aprobación de las organizaciones internacionales marítimas, para luego ser distribuido y promocionado entre los interesados.

No se trata de hacer una convención internacional o una ley modelo. Se trata de la búsqueda de esos principios generales que conforman esa ***lex mercatoria marítima***, pues sus posibilidades de éxito, autoridad e impacto sólo tendrán acogida internacional si adopta la forma de una expresión informal de los principios comunes del derecho marítimo, tal como los entiende actualmente las principales organizaciones marítimas del mundo.

De allí que, la formulación internacional de los principios generales que conforman la ***lex mercatoria maritima***, será una valiosa contribución a una mayor armonización del Derecho marítimo, ofreciendo un remedio al actual estancamiento del progreso de la unificación a través de los convenios internacionales. Podría ser el lubricante que allane el camino de nuevas iniciativas regulatorias, nacionales e internacionales, facilitando la unificación del derecho marítimo.

En fin, para lograr la unificación internacional del derecho marítimo, es fundamental reconocer y aceptar la existencia de una ***lex mercatoria marítima***, entendiéndola como un conjunto de usos, normas y costumbres marítimas, universalmente aceptadas.

La Lex Mercatoria: ¿un nuevo derecho para un nuevo orden mundial? Una visión desde Uruguay[1]

CECILIA FRESNEDO DE AGUIRRE[2]

1. PLANTEO GENERAL INTRODUCTORIO SOBRE LA LEX MERCATORIA

1.1 Concepto y origen de lex mercatoria

Los usos del comercio internacional han sido definidos como las prácticas habitualmente seguidas en una rama determinada de actividad[3]. Ellos hacen parte de lo que se ha dado en llamar la *lex mercatoria*[4]. Se trata de

---

1 Ponencia presentada en el I Congreso Regional de Academias Jurídicas de América del Sur, en representación de la Academia Nacional de Derecho del Uruguay, celebrado en Bogotá, Colombia, el 5 y 6 de octubre de 2023.

2 Doctora en Derecho y Ciencias Sociales por la Universidad de la República, ex profesora titular grado 5 (catedrática) de Derecho Internacional Privado en la Universidad de la República y ex Directora del Instituto Uruguayo de Derecho Internacional Privado.

3 Cfr. FOUCHARD, Philippe, GAILLARD, Emmanuel, GOLDMAN, Berthold, *Traité de l'arbitrage commercial international,* Litec, 1996, par. 1447, p, 818.

4 GOODE, Roy, "Regla, práctica y pragmatismo en el derecho comercial transnacional", en *¿Cómo se codifica hoy el derecho comercial internacional?,* Biblioteca de derecho de la globalización, Coordinadores: J. Basedow, D.P. Fernández Arroyo, J.A. Moreno Rodríguez), La Ley Paraguaya / CEDEP / Thomson Reuters, 2010, pp. 75-106, p. 85-87, afirma que para algunos, la *lex mercatoria* es solo "otro rótulo para el derecho comercial transnacional", mientras que para otros "se trata de un producto de la así denominada creación espontánea de normas internacionales a través del uso internacional del comercio, evidenciado en las reglas de las cámaras de comercio, las cláusulas de los contratos-standard, y los principios generales y reglas y *restatements* formulados por agencias internacionales". Concluye que su "preferencia personal es limitar la *lex mercatoria* a la práctica internacional del comercio", sin equipararlo a la totalidad del derecho comercial transnacional. Ver también, respecto del concepto de *lex mercatoria,* PEREZNIETO CASTRO, Leonel, *Derecho Internacional Privado. Parte General,* 8ª ed., México, Oxford University Press, 2003, pp. 140-144, entre muchos otros.

> una fuente de codificación de naturaleza privada, producto de un sector de la sociedad civil que a través de la práctica del ejercicio de actos comerciales y de la propia profesión del comerciante, da origen a un conjunto de reglas que en su expresión más amplia se denomina lex mercatoria (...)

Su fuente

> ...no se encontraría ni en el Derecho internacional ni en los Derechos nacionales, sino en la acción normativa de los particulares, en los usos y costumbres elaborados por la propia sociedad o comunidad internacional de comerciantes. Ésta se apoya en corporaciones profesionales, que elaboran un Derecho corporativo, somete sus operaciones mercantiles a condiciones generales y contratos-tipo y se inclina a favorecer el empleo del arbitraje para resolver sus diferencias[5].

Su origen se ubica, como es bien sabido, en la Edad Media, con el desarrollo del comercio y las ferias medievales, donde se reunían comerciantes de distintos lugares para celebrar sus transacciones comerciales. Esta *lex mercatoria,* de carácter material, se desarrolló en paralelo con la técnica estatutaria, de carácter conflictual[6]. En realidad, puede rastrearse su origen más atrás en el tiempo, con el *ius gentium,* cuerpo de normas materiales especiales, separado del *ius civile,* más funcional y flexible que este último, creado por el *praetor peregrinus* para ocuparse de los litigios que involucraban a no ciudadanos romanos[7].

Algunos estudios citados por Calliess se refieren a que las ferias medievales eran organizadas institucionalmente por autoridades públicas, más que a nivel privado; y que referencias medievales tardías a la *lex mercatoria*

---

5 FERNÁNDEZ DE LA GÁNDARA, Luis y CALVO CARAVACA, Alfonso-Luis, *Derecho Mercantil Internacional,* 2ª ed., Madrid, Ed. Tecnos, 1995, p. 50.

6 TALICE, Jorge, «Objeto y Método en el Derecho Internacional privado", en *Objeto y Método en el Derecho Internacional Privado, Exposiciones formuladas y trabajos presentados en las sesiones dedicadas al tema por el Instituto de Derecho Internacional Privado, celebradas en los años 1983 y 1984,* 2ª edición, Montevideo, FCU, 1990, pp. 29-61, p. 53.

7 FRESNEDO DE AGUIRRE, Cecilia, *Derecho Internacional Privado. Parte General. Jurisdicción estatal y arbitral,* Tomo I, 1ª edición, Montevideo, FCU, 2022, p. 233; MIAJA DE LA MUELA, Adolfo, *Derecho Internacional Privado,* Tomo Primero, 2ª ed., Madrid, 1956, pág. 69; BOGGIANO, Antonio, *Derecho Internacional Privado,* T. I, 2ª Ed., Buenos Aires, Depalma, 1983, p. 12; JUENGER, Friedrich K. & SÁNCHEZ LORENZO, Sixto A., "Conflictualismo y lex mercatoria en el Derecho Internacional Privado", R.E.D.I., vol. LII (2000), 1, pp. 15-47, p. 17; CALLIESS, Gralf-Peter, "*Lex mercatoria*", Basedow/ Rühl/Ferrari/De Miguel (eds.), *Encyclopedia of Private International Law,* Cheltenham, UK – Northampton, MA, USA, Edward Elgar Publishing, 2017, Volume II, pp. 1119-1129, p. 1120.

se basaban en privilegios, derecho estatutario y práctica contractual, más que insinuar la existencia de un cuerpo uniforme transnacional de derecho consuetudinario sustantivo. Eso llevó a Ralf Michaels a la conclusión de que la antigua *lex mercatoria* fue sólo un sueño de los proponentes de la nueva *lex mercatoria*. En realidad, dado que solo la nobleza y el clero contaba con empleados y monjes letrados, no es de extrañar que la única prueba documental disponible sobre la antigua *lex mercatoria* está contenida en privilegios y estatutos de reyes o documentos de la corte de algún abad, más procesales que sustantivos, habiendo quedado lo demás en el olvido[8].

El desarrollo de la antigua *lex mercatoria* tuvo lugar en las cortes de mercados especializados, dirigidos por funcionarios elegidos en la ciudad, que resolvían los casos con rapidez, de conformidad con normas sustantivas aplicables según la *lex mercatoria* consuetudinaria, establecidas por jurados. Las normas consuetudinarias, tanto procesales como sustantivas, variaban de un mercado a otro[9].

En los siglos XVIII y XIX, con el surgimiento de los Estados soberanos y la modernización de sus sistemas judiciales y la progresiva adquisición por parte de sus cortes de jurisdicción sobre los casos comerciales, la *lex mercatoria* fue absorbida por las leyes nacionales privadas y comerciales. En Inglaterra esas normas se incorporaron al *common law*, mientras que en Europa continental la integración de la *lex mercatoria* tuvo lugar en el siglo XIX durante el proceso de codificación[10]. De lo que no cabe duda, como afirma Marzoratti, es de que "En materia de derecho comercial internacional, la costumbre es la fuente más antigua y espontánea"[11].

---

8 CALLIESS, Gralf-Peter, "*Lex mercatoria*", Basedow/Rühl/Ferrari/De Miguel (eds.), *Encyclopedia of Private International Law*, Cheltenham, UK – Northampton, MA, USA, Edward Elgar Publishing, 2017, Volume II, pp. 1119-1129, p. 1120-1121. También TELLECHEA BERGMAN, Eduardo, "Las normas materiales legisladoras del tráfico jurídico privado integran el derecho internacional privado", en *Objeto y Método en el Derecho Internacional Privado, Exposiciones formuladas y trabajos presentados en las sesiones dedicadas al tema por el Instituto de Derecho Internacional Privado, celebradas en los años 1983 y 1984*, 2ª edición, Montevideo, FCU, 1990, pp. 119-129, en especial 120-123.

9 CALLIESS, Gralf-Peter, "*Lex mercatoria*", Basedow/Rühl/Ferrari/De Miguel (eds.), *Encyclopedia of Private International Law*, Cheltenham, UK – Northampton, MA, USA, Edward Elgar Publishing, 2017, Volume II, pp. 1119-1129, p. 1122.

10 CALLIESS, Gralf-Peter, "*Lex mercatoria*", Basedow/Rühl/Ferrari/De Miguel (eds.), *Encyclopedia of Private International Law*, Cheltenham, UK – Northampton, MA, USA, Edward Elgar Publishing, 2017, Volume II, pp. 1119-1129, p. 1123.

11 MARZORATTI, Osvaldo J., *Derecho de los negocios internacionales*, Tomo I, 3ª ed. actualizada y ampliada, Buenos Aires, Ed. Astrea, 2003, p. 11

I.2 La nueva lex mercatoria

Se ha sostenido que el surgimiento de la nueva *lex mercatoria* responde al fracaso en los intentos de crear un derecho privado mundial mediante tratados internacionales. Los logros de los diversos foros de codificación, como la Conferencia de la Haya de Derecho Internacional Privado, UNIDROIT y UNCITRAL, entre otros, son parciales y fragmentados: algunas convenciones sobre algunos temas puntuales. Sostiene Calliess que la reacción ante esa situación aparece en los años 60, con la obra de Clive Schmitthoff, que analiza la práctica del derecho comercial internacional y concluye que sus fuentes no fueron solo normas nacionales o internacionales, sino especialmente la práctica contractual y la costumbre comercial. Agrega que es incuestionable el hecho de que los actores privados juegan un rol importante tanto en la creación de normas como en la resolución de controversias, siendo el derecho comercial transnacional un híbrido público-privado[12]. Sin embargo, ese derecho espontáneo creado por los profesionales tampoco es universal, uniforme y completo, como admite el propio Goldman[13]. Hay costumbres comerciales que varían de un país a otro, o de una región a otra, y cuestiones que no son objeto de tal costumbre, supuestamente universal, y que no han sido generalmente aceptadas.

Ahora bien, ¿qué actores privados generan la nueva *lex mercatoria*? Como lo señala Sierralta Ríos,

> ...aquellos países que tienen mayor presencia en el mercado mundial y en consecuencia sus actos de comercio se repiten frecuentemente y generan una práctica, serán los que consolidarán tales usos y costumbres, que incluso cuando son ordenados en fórmulas o folletos son redactados por los mismos operadores, con la misma intensidad y presencia con la que actúan en los mercados internacionales[14].

Y agrega más adelante:

---

12 CALLIESS, Gralf-Peter, "*Lex mercatoria*", Basedow/Rühl/Ferrari/De Miguel (eds.), *Encyclopedia of Private International Law,* Cheltenham, UK – Northampton, MA, USA, Edward Elgar Publishing, 2017, Volume II, pp. 1119-1129, p. 1124-1125.

13 GOLDMAN, Berthold, Nouvelles Réflexions sur la Lex Mercatoria, in: *Festschrift Pierre Lalive,* Basel, Frankfurt a.M. 1993, at 241 et seq., pp. 249-250, disponible en Internet: <https://trans-lex.org/112300>.

14 SIERRALTA RÍOS, Aníbal, "Comentarios liminares del derecho internacional del comercio: un enfoque latinoamericano. En J. Kleinheisterkamp y G. A. Lorenzo Idiarte (coords.), *Avances del derecho internacional privado en América Latina: liber amicorum Jürgen Samtleben,* Montevideo, Fundación de Cultura Universitaria, 2002, pp. 255-286, p. 259.

> Hay una evidente corriente ideológica en su admisión (de la nueva lex mercatoria) que busca dejar a un lado la acción jurisdiccional y soberana de los Estados para privilegiar los usos que las grandes transnacionales efectúan en los mercados. Lo que significa reconocer que son los operadores (transnacionales y multinacionales) los que diseñan sus reglas, las consagran como normas universales, las imponen al resto de sujetos actuantes en el comercio internacional y crean sus propios mecanismos de solución de controversias que omiten la presencia del aparato jurisdiccional del Estado[15].

Pero en realidad la nueva *lex mercatoria* no es un derecho autosuficiente[16], como se verá a continuación. Entre otras cuestiones, si el litigio se plantea en sede arbitral y el laudo no se cumple voluntariamente, habrá que recurrir a la justicia estatal para su ejecución.

1.3. La nueva lex mercatoria, ¿constituye un orden jurídico transnacional autónomo respecto de los Estados nacionales?

La nueva *lex mercatoria* está constituida por las reglas forjadas por la práctica de los operadores del comercio internacional, "que establecen una especie de derecho espontáneo, no vinculado a ningún orden jurídico nacional..."[17].

Berthold Goldman sostiene que la nueva *lex mercatoria* es autónoma con respecto a los Estados nacionales, lo que ha generado debate a nivel internacional[18]. La nueva *lex mercatoria,* sostiene Goldman, está compuesta

---

15 SIERRALTA RÍOS, Aníbal, "Comentarios liminares del derecho internacional del comercio: un enfoque latinoamericano. En J. Kleinheisterkamp y G. A. Lorenzo Idiarte (coords.), *Avances del derecho internacional privado en América Latina: liber amicorum Jürgen Samtleben,* Montevideo, Fundación de Cultura Universitaria, 2002, pp. 255-286, p. 262.

16 SIERRALTA RÍOS, Aníbal, "Comentarios liminares del derecho internacional del comercio: un enfoque latinoamericano. En J. Kleinheisterkamp y G. A. Lorenzo Idiarte (coords.), *Avances del derecho internacional privado en América Latina: liber amicorum Jürgen Samtleben,* Montevideo, Fundación de Cultura Universitaria, 2002, pp. 255-286, p. 263, con cita de Sara Feldstein de Cárdenas.

17 BOUTIN, Gilberto, "Lex Mercatoria: Fundamento y apreciación en el Derecho Internacional Privado Panameño", en J. Kleinheisterkamp y G. A. Lorenzo Idiarte (coords.), *Avances del derecho internacional privado en América Latina: liber amicorum Jürgen Samtleben,* Montevideo, Fundación de Cultura Universitaria, 2002, pp. 287-300, p. 289, con citas de Audit y de Kunz.

18 GOLDMAN, Berthold, Nouvelles Réflexions sur la Lex Mercatoria, in: *Festschrift Pierre Lalive,* Basel, Frankfurt a.M. 1993, at 241 et seq., pp. 244, Disponible en Internet: <https://trans-lex.org/112300>; CALLIESS, Gralf-Peter, "*Lex mercatoria*", Basedow/

por normas de derecho que tienen la accesibilidad, generalidad y previsibilidad necesarias para permitir que se la califique como orden jurídico autónomo, emanado, al menos en parte, de una autoridad (en el entendimiento de que los sistemas pasados y presentes de derecho consuetudinario atestiguan que esta no es una condición necesaria de la "juridicidad"); y fueron sancionados por la profesión, los tribunales arbitrales y los tribunales estatales[19].

Admite el citado autor que el ordenamiento jurídico de la *lex mercatoria* no es todavía completo en algunos aspectos, pero eso no impide, en su opinión, que dicho ordenamiento jurídico exista. Solo implica que existan lagunas, que deberán ser llenadas por una ley etática o interetática. Pone el ejemplo de un contrato que se regule por la *lex mercatoria,* pero en el cual la capacidad para contratar se regula por una ley estatal o interestatal[20].

En sentido contrario, se ha pronunciado Lagarde quien sostiene que no existe un orden jurídico autónomo, distinto del orden jurídico del Estado en cuya ley la *lex mercatoria* se inserta[21]. En similar sentido, Sierralta Ríos afirma, en opinión que comparto, que si bien la nueva *lex mercatoria* "viene a ser un conjunto de reglas y principios de naturaleza cuasi legal disponibles y utilizables por los operadores del comercio internacional"[22], ello no significa que constituya un ordenamiento jurídico equivalente a los ordenamientos jurídicos nacionales, ni un ordenamiento jurídico internacional. Concluye que "No habría, entonces, una equivalencia de or-

---

Rühl/Ferrari/De Miguel (eds.), *Encyclopedia of Private International Law,* Cheltenham, UK – Northampton, MA, USA, Edward Elgar Publishing, 2017, Volume II, pp. 1119-1129, p. 1125.

19 GOLDMAN, Berthold, Nouvelles Réflexions sur la Lex Mercatoria, in: *Festschrift Pierre Lalive,* Basel, Frankfurt a.M. 1993, at 241 et seq., pp. 248, disponible en Internet: <https://trans-lex.org/112300>. El autor cita jurisprudencia francesa en este sentido.

20 GOLDMAN, Berthold, Nouvelles Réflexions sur la Lex Mercatoria, in: *Festschrift Pierre Lalive,* Basel, Frankfurt a.M. 1993, at 241 et seq., pp. 249-250, disponible en Internet: <https://trans-lex.org/112300>.

21 GOLDMAN, Berthold, Nouvelles Réflexions sur la Lex Mercatoria, in: *Festschrift Pierre Lalive,* Basel, Frankfurt a.M. 1993, at 241 et seq., pp. 247, disponible en Internet: <https://trans-lex.org/112300>.

22 SIERRALTA RÍOS, Aníbal, "Comentarios liminares del derecho internacional del comercio: un enfoque latinoamericano. En J. Kleinheisterkamp y G. A. Lorenzo Idiarte (coords.), *Avances del derecho internacional privado en América Latina: liber amicorum Jürgen Samtleben,* Montevideo, Fundación de Cultura Universitaria, 2002, pp. 255-286, p. 259, con cita de Schmitthoff.

denamientos" [23]. No se trata de un "ordenamiento coherente de reglas que hagan innecesario tener que recurrir a algún otro Derecho interno o derecho internacional"[24].

También Glitz considera que "La relación que termina instaurándose es, de alguna forma, simbiótica. De un lado, el Estado no puede simplemente ignorar la existencia del fenómeno denominado *Lex mercatoria*; del otro, el fenómeno de la *Lex mercatoria* no puede prescindir del Estado"[25].

Ello sin perjuicio de que, como sostiene Calliess, ha sido demostrado por varios estudios sobre la antigua y la nueva *lex mercatoria*, que existen sistemas jurídicos privados que operan por fuera del Estado, pero que estos dependen de la administración formalmente organizada de sanciones socioeconómicas. Constituyen más bien excepciones de un sector específico que un orden jurídico comercial transnacional universal[26].

Personalmente, sostuvimos con Opertti y reafirmamos ahora que la *lex mercatoria* "no alcanzan el carácter de una codificación general, por lo cual carecen de principios estructurales suficientes para proveer de una certeza anticipada a los operadores"[27].

---

23 SIERRALTA RÍOS, Aníbal, "Comentarios liminares del derecho internacional del comercio: un enfoque latinoamericano. En J. Kleinheisterkamp y G. A. Lorenzo Idiarte (coords.), *Avances del derecho internacional privado en América Latina: liber amicorum Jürgen Samtleben,* Montevideo, Fundación de Cultura Universitaria, 2002, pp. 255-286, p. 259-260.

24 SIERRALTA RÍOS, Aníbal, "Comentarios liminares del derecho internacional del comercio: un enfoque latinoamericano. En J. Kleinheisterkamp y G. A. Lorenzo Idiarte (coords.), *Avances del derecho internacional privado en América Latina: liber amicorum Jürgen Samtleben,* Montevideo, Fundación de Cultura Universitaria, 2002, pp. 255-286, p. 261, con cita, en este sentido, a Kassis, Delaume, Kahn, Boggiano, Strenger, entre otros.

25 GLITZ, Federico E.Z., «Lex Mercatoria: ¿Orden Jurídico Autónomo?", en Rev. secr. Trib. perm. revis. Año 5, Nº 9; Marzo 2017; pp. 196-223, p. 207.

26 CALLIESS, Gralf-Peter, "*Lex mercatoria*", Basedow/Rühl/Ferrari/De Miguel (eds.), *Encyclopedia of Private International Law,* Cheltenham, UK – Northampton, MA, USA, Edward Elgar Publishing, 2017, Volume II, pp. 1119-1129, p. 1129.

27 OPERTTI BADÁN, Didier y FRESNEDO DE AGUIRRE, Cecilia, "El derecho comercial internacional en la nueva Ley General de Derecho Internacional Privado de Uruguay. Una primera aproximación", en *¿Cómo se codifica hoy el derecho comercial internacional?,* 1er volumen de la Colección Biblioteca de Derecho Global, FERNÁNDEZ ARROYO, Diego P. y MORENO RODRÍGUEZ, José A. (Directores), Asunción, La Ley Paraguay/ CEDEP, 2010, pp. 385-411, p. 394

4. Relaciones entre la lex mercatoria y el derecho estatal

Ahora bien, ya sea que consideremos que la *lex mercatoria* constituye un orden jurídico autónomo o no, es necesario determinar cómo se relaciona con el derecho estatal eventualmente elegido por las partes, o en su defecto, con el señalado por la norma de conflicto como aplicable. Si las partes han elegido válidamente una ley estatal "de común acuerdo" [28], se aplicará esta, desplazando la *lex mercatoria.* Cuando la *lex mercatoria* resulta competente, ya sea porque las partes la han elegido[29] o por otra circunstancia, primará esta sobre la ley estatal, salvo, claro está, que se trate de normas imperativas, de policía o de aplicación necesaria del foro. De esta forma, se resuelve el problema de la relación entre ambos tipos de normas sin necesidad de recurrir a los conceptos de primacía o jerarquía de las normas[30].

La situación es diferente en el arbitraje internacional, ya que éste no tiene foro. En este caso, ¿qué normas de policía deberá tener el árbitro? ¿Las del Estado con el cual el contrato tenga vínculos que justifiquen su aplicación, porque allí debe cumplirse el contrato, por ejemplo? Goldman considera que ello es más que dudoso, porque ello sería negar la transnacionalidad del contrato. Sostiene que un árbitro no está obligado a aplicar la ley de policía de un Estado, salvo que ésta tenga el carácter de orden público transnacional, o verdaderamente internacional, pero en ese caso, afirma, ella corresponderá al orden público de la *lex mercatoria* y será aplicable a ese título[31].

---

[28] GOLDMAN, Berthold, Nouvelles Réflexions sur la Lex Mercatoria, in: *Festschrift Pierre Lalive,* Basel, Frankfurt a.M. 1993, at 241 et seq., pp. 250, disponible en Internet: <https://trans-lex.org/112300>.

[29] En este sentido, LOQUIN, Éric, Les règles matérielles internationales, Recueil de cours, Vol, 322 (2006), p. 111, Nº 246, afirma: Le trait caractéristique des usages internes ou internationaux est leur caractère obligatoire pour les parties. Seule une manifestation contraire de volonté de celles-ci peut les écarter. » Hace referencia luego a las reglas materiales de la Convención de Viena sobre compraventa internacional de mercaderías de 1980 y su referencia a los usos y prácticas en el art. 9 de la referida Convención.

[30] En este sentido se pronuncia GOLDMAN, Berthold, Nouvelles Réflexions sur la Lex Mercatoria, in: *Festschrift Pierre Lalive,* Basel, Frankfurt a.M. 1993, at 241 et seq., pp. 250-251, disponible en Internet: <https://trans-lex.org/112300>. El autor cita jurisprudencia francesa al respecto.

[31] GOLDMAN, Berthold, Nouvelles Réflexions sur la Lex Mercatoria, in: *Festschrift Pierre Lalive,* Basel, Frankfurt a.M. 1993, at 241 et seq., pp. 251, disponible en Internet: <https://trans-lex.org/112300>.

1.5. ¿Obligatoriedad de los usos y prácticas?

Se discute la naturaleza de los usos y prácticas en el comercio internacional, y si estos tienen naturaleza igual o diferente entre sí. Algunos autores sostienen que no tienen una naturaleza diferente, sino que los usos generales serían hábitos de dos partes que se habrían generalizado por un mecanismo de adhesión. Agrega Loquin, con cita de Kassis, que la fuerza obligatoria de los usos no es otra que el acuerdo mismo entre las partes. Nace de una presunción de voluntad. Dicha presunción deriva del hecho de la utilización del uso en determinada rama del comercio, a la que pertenecen las partes. El fundamento de esta tesis derivaría del artículo 9.2 de la Convención de Viena sobre Compraventa internacional de mercaderías de 1980[32]. Conforme la referida norma, los referidos usos se aplican a las partes que tenían o que debieron tener conocimiento de estos. Por lo tanto, señala Loquin con acierto, el uso en cuestión se impone a las partes que no conocían la existencia del mismo, y que por esa sola razón no pudieron referirse tácitamente a dicho uso[33].

Otros autores sostienen que, si el uso en cuestión necesita apoyarse en la voluntad de las partes, significa que no ha alcanzado todavía un grado de generalidad y constancia suficiente, y por tanto, no existe como tal. Los usos se imponen en ausencia de voluntad, incluso tácita[34].

¿Cómo se fundamenta la alegada obligatoriedad de los usos? ¿Cómo es que un uso adquiere fuerza obligatoria? Algunos autores sostienen que si todos los miembros de un cierto grupo consideran que una práctica general es obligatoria para todos los miembros de dicho grupo donde se desarrolló la práctica, ésta pasaría a ser obligatoria para las partes. La paradoja de esta tesis es que la fuerza obligatoria del uso resultaría de un error común. A este respecto la Corte de Casación italiana ha sostenido que el derecho mercantil internacional puede ser establecido por el hecho

---

32 La referida norma establece: «Salvo pacto en contrario, se considerará que las partes han hecho tácitamente aplicable al contrato o a su formación un uso del que tenían o debían haber tenido conocimiento y que, en el comercio internacional, sea ampliamente conocido y regularmente observado por las partes en contratos del mismo tipo en el tráfico mercantil de que se trate". Disponible en Internet: <https://uncitral.un.org/sites/uncitral.un.org/files/media-documents/uncitral/es/v1057000-cisg-s.pdf>.

33 LOQUIN, Éric, "Les règles matérielles internationales », *Recueil des cours*, Vol, 322 (2006), p. 113, Nº 254.

34 LOQUIN, Éric, "Les règles matérielles internationales », *Recueil des cours*, Vol, 322 (2006), p. 114, Nº 255.

de que los operadores de comercio internacional cumplan con los valores de su entorno y que su comportamiento sigue estos valores por el efecto de la *opinio juris*, es decir, la convicción que prevalece entre estos operadores que estos valores son obligatorios[35].

Resulta compartible la afirmación de Loquin al respecto, de que no es razonable creer en "semejante ingenuidad jurídica" de parte de profesionales del comercio internacional[36]. Coincido con Loquin que los usos se imponen a las partes porque existe una fuerza obligatoria que resulta de la intervención de una autoridad que le ha conferido esa fuerza obligatoria, por ejemplo, de la autoridad del juez que la impone a los litigantes[37].

Naturalmente que, si las partes utilizan y cumplen los usos y prácticas que correspondan según la rama de actividad, voluntariamente, no se planteará el problema de su obligatoriedad y consecuente posibilidad de imponer su cumplimiento coactivamente. Pero cuando la situación es la inversa, en particular, cuando una de las partes del negocio se opone en sede judicial a la aplicación de un cierto uso o práctica que en realidad emana de un sector del comercio y se traduce, por ejemplo, en condiciones generales unilaterales, o contratos tipo o formulario emitidos por un determinado sector del comercio internacional, será el juez el que deberá determinar si corresponde o no imponer la aplicación de dicho uso. El juez podrá rechazar dicha aplicación por ser contraria a un principio fundamental de orden público internacional, por contravenir normas de aplicación necesaria, imperativa o de policía del foro, o porque no existió consentimiento a las mismas por una de las partes del contrato. En realidad, en esos casos no se cumple con el requisito del referido artículo 9.2 de Viena, en cuanto que exige que el uso sea "regularmente observado por las partes en contratos del mismo tipo en el tráfico mercantil de que se trate". Volveremos sobre este punto.

---

35 LOQUIN, Éric, "Les règles matérielles internationales », *Recueil des cours,* Vol, 322 (2006), p. 114, Nº 255.

36 LOQUIN, Éric, "Les règles matérielles internationales », *Recueil des cours,* Vol, 322 (2006), p. 114, Nº 256.

37 LOQUIN, Éric, "Les règles matérielles internationales », *Recueil des cours,* Vol, 322 (2006), p. 114-115, Nº 257, con cita de Lambert.

1.6. La lex mercatoria y la resolución de diferendos: el arbitraje comercial internacional

El arbitraje comercial internacional desempeña un rol central en las teorías de la nueva *lex mercatoria*[38]. Como señalan Calliess, Jüenger y Sánchez Lorenzo, entre otros, hay encuestas que muestran que es el método preferido de resolución de diferendos en el comercio internacional, al menos en casos donde están en juego montos muy importantes[39].

Cuando las partes han sometido sus diferendos al arbitraje, los árbitros suelen aplicar "reglas e instituciones derivadas de la *lex mercatoria* y de los Principios de UNIDROIT", aún en el caso que las partes hayan elegido el derecho aplicable a su contrato[40].

Si bien como se sostuvo *supra* la *lex mercatoria* no constituye un verdadero orden jurídico equivalente al orden jurídico en el sentido tradicional del término, indudablemente juega un papel importante por su contenido en la solución de las controversias comerciales internacionales, particularmente a nivel arbitral[41].

Es un dato de la realidad que donde el tema de los usos del comercio tiene mayor desarrollo es en el campo de los arbitrajes, desde que para los árbitros no existe estrictamente *lex fori* en el sentido material de contenido, y, por consiguiente, están habilitados para buscar las reglas aplicables dentro de un análisis del derecho comparado, dentro de las fuentes internacionales y en la jurisprudencia de los tribunales internacionales.

---

38 RUIZ ABOU-NYGM, Verónica, "The lex mercatoria and its current relevance in international commercial arbitration", en *Liber Amicorum en Homenaje al Profesor Dr. Didier Opertti Badán*, Montevideo, FCU (copatrocinado por la OEA), pp. 469-499, comienza su trabajo afirmando: The 'New *Lex Mercatoria*' is a phenomenon that cannot be studied 'alive' outside the framework of international commercial arbitration. Their mutual relevance is remarcable, p. 469.

39 CALLIESS, Gralf-Peter, "*Lex mercatoria*", Basedow/Rühl/Ferrari/De Miguel (eds.), *Encyclopedia of Private International Law*, Cheltenham, UK – Northampton, MA, USA, Edward Elgar Publishing, 2017, Volume II, pp. 1119-1129, p. 1125. Cfr. JUENGER, Friedrich K. & SÁNCHEZ LORENZO, Sixto A., "Conflictualismo y lex mercatoria en el Derecho Internacional Privado", R.E.D.I., vol. LII (2000), 1, pp. 15-47, p. 29.

40 JUENGER, Friedrich K. & SÁNCHEZ LORENZO, Sixto A., "Conflictualismo y lex mercatoria en el Derecho Internacional Privado", R.E.D.I., vol. LII (2000), 1, pp. 15-47, p. 36.

41 CALLIESS, Gralf-Peter, "*Lex mercatoria*", Basedow/Rühl/Ferrari/De Miguel (eds.), *Encyclopedia of Private International Law*, Cheltenham, UK – Northampton, MA, USA, Edward Elgar Publishing, 2017, Volume II, pp. 1119-1129, p. 1129.

Tal autorización no es extensible a la jurisdicción judicial, desde que ésta está obligada fundamentalmente por la fuente legal a la que todo magistrado se halla sometido. Tal como sostiene Espluges Mota,

> El juez estatal solamente puede decidir basándose en la Lex Mercatoria cuando la voluntad de las partes lo habilita en dicho sentido, bajo pena de vaciar de contenido las reglas de conflicto de leyes en materia contractual, previstas en los ordenamientos jurídicos nacionales o en convenciones internacionales[42].

Personalmente agregaría: o cuando la ley lo habilita a ello, como, por ejemplo, el artículo 51 de la Ley General de Derecho Internacional Privado (LGDIPr) Nº 19.920 de Uruguay.

1.7. Fuentes y contenidos de la lex mercatoria

Señala Goldman que en general los autores distinguen las fuentes de los contenidos de la *lex mercatoria.* Afirma que

> Las fuentes definen, según su origen y naturaleza (principios generales del derecho internacional público o privado, o específicamente económico; convenios internacionales; leyes nacionales o estatales uniformes, reglas de arbitraje, codificaciones profesionales, contratos modelo, reglas consuetudinarias o usos no codificados, jurisprudencia estatal o arbitral), los elementos constitutivos, que se aceptarán (o no) para ser incluidos en la composición de la lex mercatoria, independientemente de su contenido específico a la luz de una relación o situación jurídica particular; el contenido se compone de las reglas concretas que la lex mercatoria extrae de estas fuentes, para tratar estas relaciones o situaciones de derecho (así, las Reglas y costumbres de crédito documental son una fuente de la lex mercatoria, pero las prescripciones que consagran forman parte de su contenido).

No obstante, considera que la distinción es relevante solo parcialmente, porque la determinación de las fuentes se hace en base a diversos criterios, que son controvertidos. Los contenidos en cambio se derivan, o deberían derivarse, del análisis de los componentes de las fuentes utilizadas, y en particular, los utilizados por la jurisprudencia arbitral[43].

---

42 ESPLUGUES MOTA, Carlos, "Capítulo IX. Compraventa Internacional de Mercaderías: Los INCOTERMS 2000", en *Derecho del Comercio Internacional. Mercosur – Unión Europea,* obra colectiva coordinada por Carlos Esplugues Mota y Daniel Hargain, Madrid/Montevideo/Buenos Aires, Ed. Reus S.A./Ed. BdeF, 2005, pp. 399-435, p. 402.

43 GOLDMAN, Berthold, Nouvelles Réflexions sur la Lex Mercatoria, in: *Festschrift Pierre Lalive,* Basel, Frankfurt a.M. 1993, at 241 et seq., pp. 242-243, disponible en Internet: <https://trans-lex.org/112300>. (traducción libre de la autora).

2. EL DIPR URUGUAYO Y LA LEX MERCATORIA

2.1. Antecedentes

El 1 de febrero de 1889, el miembro informante de la Comisión de Derecho Comercial del Primer Congreso Jurídico Sudamericano[44], el jurista uruguayo Gonzalo Ramírez, sostenía, al informar sobre el Proyecto de Tratado de Derecho Comercial Internacional:

> La Legislación Mercantil constituye un derecho especial y de excepción, cuyos principios fundamentales y dirigentes tienen su fuente originaria en el Derecho Civil que le impone sus preceptos y esta subordinación, en el orden interno, del Derecho Comercial al Derecho Común o Civil, tiene la misma razón de ser en las relaciones jurídicas de carácter internacional...

No admitió, en cambio, su autonomía[45]. Nótese que eso es exactamente lo que establece el art. 13.1 de la Ley 19.920[46]. Sostuvimos con Opertti, y posteriormente con Lorenzo, que la solución del artículo 13

> reconoce la especialidad del derecho comercial internacional, lo cual no equivale, ciertamente, a la autonomía de esta rama respecto del DIPr. Su propia ubicación en el capítulo de "normas generales" confirma este criterio y permite deslindar claramente el punto, sin confundirlo con la cuestión del derecho del comercio internacional, rama ésta diferenciada claramente del DIPr[47].

---

44 De este Congreso, celebrado en Montevideo entre el 25 de agosto de 1889 y el 17 de febrero de 1889, surgieron 8 Tratados y un Protocolo Adicional de Derecho Internacional Privado, que vinculan a Argentina, Bolivia, Colombia, Paraguay, Perú y Uruguay. Ver sobre el tema, entre muchas otras obras, FRESNEDO DE AGUIRRE, Cecilia, *Derecho Internacional Privado. Parte General. Jurisdicción estatal y arbitral*, Tomo I, 1ª edición, Montevideo, FCU, 2022, pp. 325-331.

45 RAMÍREZ, Gonzalo, *El Derecho Comercial Internacional en el Congreso Jurídico Sudamericano instalado en la Ciudad de Montevideo (República Oriental) el 25 de agosto de 1888*, Montevideo, Tipo-Litografía "Oriental", 1889, pp. 30-32.

46 Dicha norma establece: "(Especialidad del derecho comercial internacional). Se reconoce al derecho comercial internacional como un derecho de carácter especial". disponible en Internet: https://www.impo.com.uy/bases/leyes/19920-2020.

47 OPERTTI BADÁN, Didier y FRESNEDO DE AGUIRRE, Cecilia, "El derecho comercial internacional en la nueva Ley General de Derecho Internacional Privado de Uruguay. Una primera aproximación", en *¿Cómo se codifica hoy el derecho comercial internacional?*, 1er volumen de la Colección Biblioteca de Derecho Global, FERNÁNDEZ ARROYO, Diego P. y MORENO RODRÍGUEZ, José A. (Directores), Asunción, La Ley Paraguay/CEDEP, 2010, pp. 385-411, p. 390; y FRESNEDO DE AGUIRRE, Cecilia y LORENZO

En los años 1983 y 1984, en sesiones del Instituto Uruguayo de Derecho Internacional Privado, se sostuvo, siguiendo a Schmitthoff y a Popescy, que "los países del llamado 'Tercer Mundo' no participan en la elaboración de la nueva *Lex Mercatoria* ...", que "los usos y costumbres que informan la nueva *lex mercatoria* (...) no son equitativos", y que "el cambio de este estado de cosas parece lejano, y posible sólo a través de la Comunidad Internacional"[48]. En el mismo sentido, se pronunciaba Matteo Terra, apoyando la propuesta de Aguirre Meiss de investigar el contenido de la *lex mercatoria* "con miras a proteger la igualdad de las partes en la contratación internacional". Asimismo, consideraba necesaria la participación de los países en desarrollo en la formulación de los usos[49].

2.2 La Ley General de Derecho Internacional Privado N.º 19.920 del 17 de noviembre de 2020

2.2.1. El texto del artículo 13

El art. 13 de la LGDIPr refiere a la especialidad del derecho comercial internacional en los siguientes términos:

(i) «Se reconoce al derecho comercial internacional como un derecho de carácter especial.

(ii) «Las cuestiones relativas a las relaciones comerciales internacionales no resueltas en convenciones internacionales, en leyes especiales o en la presente ley, se dirimen consultando prioritariamente las

---

IDIARTE, Gonzalo A., *Texto y Contexto. Ley General de Derecho Internacional Privado Nº 19.920*, Montevideo, FCU, 2021, p. 144-146.

48 AGUIRRE MEISS, César, « Objeto y Método en el Derecho Internacional privado", en *Objeto y Método en el Derecho Internacional Privado, Exposiciones formuladas y trabajos presentados en las sesiones dedicadas al tema por el Instituto de Derecho Internacional Privado, celebradas en los años 1983 y 1984*, 2ª edición, Montevideo, FCU, 1990, pp. 73-74, con cita de Clive H. Schmitthoff (Contracts of Adhesion and the protection of the weaker party in international trade, Unidroit, 1976) y de Popescu (Le Droit du Commerce International, ¿une nouvelle tache por les legislateurs nationaux ou une nouvelle Lex Mercatoria?, Unidroit, 1976).

49 MATTEO TERRA, Vivien, «Objeto y Método en el Derecho Internacional privado", en *Objeto y Método en el Derecho Internacional Privado, Exposiciones formuladas y trabajos presentados en las sesiones dedicadas al tema por el Instituto de Derecho Internacional Privado, celebradas en los años 1983 y 1984*, 2ª edición, Montevideo, FCU, 1990, pp. 75-86, p. 84.

restantes fuentes del derecho comercial internacional mediante la aplicación de los procedimientos de integración previstos en el inciso segundo del artículo 1° de la presente ley.

(iii) «Se consideran como fuentes materiales del derecho comercial internacional, los usos en la materia, los principios generales aplicables a los contratos y demás relaciones comerciales internacionales, la jurisprudencia de tribunales ordinarios o arbitrales y las doctrinas más recibidas en el Derecho uruguayo y comparado.

(iv) «Se aplicarán, cuando corresponda, los usos que sean ampliamente conocidos y regularmente observados en el tráfico mercantil por los sujetos participantes, o de general aceptación en dicho tráfico, y los principios generales del derecho comercial internacional reconocidos por los organismos internacionales de los que la República forma parte».

2.2.2. Las fuentes del artículo 13 de la Ley 19.920

Esta norma tiene como antecedente el literal 2 del artículo 7 y el literal 2 del artículo 9 de la Convención de 1980 sobre los Contratos de Compraventa Internacional de Mercaderías —vigente en nuestro país— y los artículos 9 y 10 de la Convención Interamericana sobre Derecho Aplicable a los Contratos Internacionales de 1994, que Uruguay suscribió, pero no ratificó. También en el art. 31 de la Ley de Derecho Internacional Privado Venezolana de 1998, y en el artículo 1.9 (2) de los Principios de UNIDROIT sobre los Contratos Comerciales Internacionales. Su inclusión en un texto de naturaleza conflictual, como es la LGDIPr, corresponde plenamente a las orientaciones del derecho comparado en la materia.

El artículo 31 de la Ley de Derecho Internacional Privado Venezolana, el cual, bajo el Título Aplicación de la *Lex Mercatoria*, establece:

> Además de lo dispuesto en los artículos anteriores, se aplicarán, cuando corresponda, las normas, las costumbres y los principios del Derecho Comercial Internacional, así como los usos y prácticas comerciales de general aceptación, con la finalidad de realizar las exigencias impuestas por la justicia y la equidad en la solución del caso concreto.

Es interesante lo que señala Tatiana Maekelt al comentar esta disposición de la Ley Venezolana planteándose varias interrogantes: "¿Cuál es su ubicación en la escala de prelación de fuentes? ¿Deberá tener carácter supletorio, es decir, deberá aplicarse a falta de todas las demás fuentes formales? ¿O podrá tener rango prioritario en el ámbito mercantil?”[50]. Cita luego la Convención Interamericana sobre Derecho Aplicable a los Contratos Internacionales (artículo 10) y el propio artículo 31 de la Ley Venezolana para afirmar luego: “convierten (dichas normas) la *lex mercatoria* en un correctivo para lograr el fin de justicia y equidad”. Con respecto a las demás fuentes, las analizaremos más adelante.

2.2.3. La lex mercatoria en el DIPr autónomo uruguayo

a. El Código Civil y la costumbre como fuente del DIPr

El artículo 9 del Código Civil de 1868, establece: “La costumbre no constituye derecho, sino en los casos en que la ley se remite a ella”[51]. Esta norma integra el Título Preliminar del referido Código, el cual resulta aplicable al DIPr a los efectos de la interpretación e integración de la LGDIPr N.° 19.920[52] y las demás normas de DIPr de fuente nacional, aunque deberá tenerse en cuenta el carácter internacional de las relaciones jurídicas pri-

---

50 MAEKELT, Tatiana B. de, *Teoría General del Derecho Internacional Privado*, Caracas, Academia de Ciencias Políticas y Sociales, 2005, ps. 225 y 226. Evoca aquí la doctrina corroborante; dentro de ésta, PARRA-ARANGUREN, Gonzalo, “La Quinta Conferencia Especializada Interamericana sobre Derecho Internacional Privado (CIDIP-V, México, 1994), en *Revista de la Fundación Procuraduría General de la República*, N° 11, Caracas, 1994, pp. 201-205.

51 MARIÑO LÓPEZ, Andrés, *Código Civil de la República Oriental del Uruguay. Comentado, anotado y concordado*, Tomo I, 3ª edición Actualizada y ampliada, Montevideo, La Ley Uruguay, 2016, p. 95, afirma: “…la ley es la fuente normativa principal; la costumbre sólo ingresa al sistema jurídico si una ley lo introduce a él”. En el mismo sentido, afirmaba RODRÍGUEZ, Agustina, “Aplicación de la lex mercatoria en los contratos internacionales. Análisis bajo el derecho uruguayo y la jurisprudencia de los tribunales nacionales”, en *RUDIP* N° 11, 2020, pp. 109-130, p. 127 (con anterioridad a la aprobación de la LGDIPr), que: “Bajo derecho uruguayo, la lex mercatoria sirve como un criterio para interpretar o integrar las lagunas”.

52 SANTOS BELANDRO, Ruben, *Ley general de Derecho internacional privado de la República Oriental del Uruguay 19.920 de 17 de noviembre de 2020. El texto y su contexto americano. Curso general*, Montevideo, Asociación de Escribanos del Uruguay, 2021, pp. 836, se pronuncia en contra de la remisión que hace el art. 1.2 de la LGDIPr al Título Preliminar del CC, por considerarlo antiguo.

vadas previstas en ellas (artículo 1.2 LGDIPr). Esta norma debe leerse en consonancia con el artículo 13 de la misma ley[53].

Volviendo al Título Preliminar del CC, que permanece incambiado desde 1868, que no ha recibido modificación alguna, debe tenerse presente que en su artículo 11 establece una prohibición a los particulares, según la cual «no pueden derogarse por convenios particulares las leyes en cuya observancia estén interesados el orden público y las buenas costumbres». El artículo 12 establece el monopolio del legislador en cuanto que «solo» a él le toca «explicar o interpretar la ley, de un modo generalmente obligatorio». Para agregar luego: «Las sentencias judiciales no tienen fuerza obligatoria, sino respecto de las causas en que actualmente se pronunciaren».

En cuanto al proceso de integración, el artículo 16 establece:

> Cuando ocurra un negocio civil, que no pueda resolverse por las palabras ni por el espíritu de la ley de la materia, se acudirá a los fundamentos de las leyes análogas; y si todavía subsistiere la duda, se ocurrirá a los principios generales de derecho y a las doctrinas más recibidas, consideradas las circunstancias del caso.

Es obvio que esta es la hipótesis de integración —en cuyo campo estamos— para resolver un «negocio civil» (en sentido amplio), en la cual se autoriza a partir de la LGDIPr (artículo 1.2), a recurrir a esas otras fuentes materiales. Vale decir en presencia de ciertos vacíos o silencios.

La costumbre[54] en el DIPr, a diferencia de lo que ocurre en el derecho internacional público, la generan los particulares a partir de sus prácticas y usos respecto a una determinada cuestión, fundamentalmente en el ámbito comercial. Las costumbres, prácticas o usos del comercio internacional, que constituyen la *lex mercatoria*, son una fuente no estatal, extraetática, salvo en aquellos casos en que la ley se remite a ella. Refiere a ciertos as-

---

53 Cfr. LORENZO IDIARTE, Gonzalo A., *Derecho Internacional Privado Uruguayo Codificado. La Ley General de Derecho Internacional Privado Ley 19.920*, Montevideo, FCU, 2021, p. 19-20.

54 Con respecto a la utilización de los vocablos "costumbre", "usos", "prácticas", "principios" y "*lex mercatoria*" en el derecho comparado, ver la *Guía sobre el Derecho Aplicable a los Contratos Comerciales Internacionales en las Américas,* elaborada por el Comité Jurídico Interamericano de la OEA, cuya relatoría estuvo a cargo de José Antonio MORENO RODRÍGUEZ, publicación preparada y editada por el Departamento de Derecho Internacional, Secretaría de Asuntos Jurídicos de la OEA, bajo la supervisión de Jeannette Tramhel, 2019, pp. 102-107.

pectos del comercio internacional, y es obra de los sectores directamente interesados en él[55].

Por su parte, Lorenzo sostiene que, si bien los tratados y las leyes autónomas son "fuentes prioritarias" de DIPr, los principios generales, la jurisprudencia y la costumbre son "fuentes subsidiarias o complementarias". Concluye que "todas, en diferentes formas, a su tiempo, (son) eventualmente vinculantes"[56].

b. El art. 13, inc. 1º de la LGDIPr: especialidad del derecho comercial internacional

Con respecto a la especialidad del derecho comercial internacional (en adelante, DCI), el artículo 13 hace una referencia genérica y expresa a la especialidad de la rama comercial, que tiene por finalidad, tal como se indicara en la discusión al interior del grupo de trabajo que elaboró la ley, poner de relieve sus distintas fuentes normativas, su pluralismo metodológico, los principios generales de este sector del derecho y naturalmente los usos y prácticas del comercio internacional. Se trata de una solución que reconoce la especialidad del derecho comercial internacional, la cual no equivale, ciertamente, a la autonomía de esta rama respecto del DIPr[57]. Su propia ubicación en el capítulo de Normas Generales confirma este criterio y permite deslindar claramente el punto[58].

---

55 FRESNEDO DE AGUIRRE, Cecilia, *Derecho Internacional Privado. Parte General. Jurisdicción estatal y arbitral*, Tomo I, 1ª edición, Montevideo, FCU, 2022, p. 199.

56 LORENZO IDIARTE, Gonzalo A., *Derecho Internacional Privado Uruguayo Codificado. Civil – Comercial – Procesal*, 4ª ed. revisada y actualizada, Montevideo, FCU, 2020, p. 22. Asímismo, RUIZ ABOU-NYGM, Verónica, "The lex mercatoria and its current relevance in international commercial arbitration", en *Liber Amicorum en Homenaje al Profesor Dr. Didier Opertti Badán*, Montevideo, FCU (copatrocinado por la OEA), pp. 469-499, identifica entre los conceptos básicos sobre la *lex mercatoria* el que describe que "it is a conglomerate of usages and expectations in international trade, which may complement the otherwise aplicable law". (p. 475).

57 Cfr. ESPINAR VICENTE, J. Ma., citado por FERNÁNDEZ ROZAS, José Carlos y SÁNCHEZ LORENZO, Sixto, *Derecho del Comercio Internacional*, (J.C. Fernández Rozas, editor), Madrid, Eurolex, 1996, Capítulo I. El Derecho del Comercio Internacional, p. 39, par. 11. Ver también GOODE, Roy, "Regla, práctica y pragmatismo en el derecho comercial transnacional", en *¿Cómo se codifica hoy el derecho comercial internacional?*, Biblioteca de derecho de la globalización, Coordinadores: J. Basedow, D.P. Fernández Arroyo, J.A. Moreno Rodríguez), La Ley Paraguaya / CEDEP / Thomson Reuters, 2010, pp. 75-106, p. 85-89.

58 OPERTTI BADÁN, Didier y FRESNEDO DE AGUIRRE, Cecilia, "El derecho comercial internacional en la nueva Ley General de Derecho Internacional Privado de Uruguay.

Asimismo, no debe ser confundido con la cuestión del derecho del comercio internacional *strictu sensu*, rama esta diferenciada claramente del DIPr y del propio Derecho Comercial Internacional. Si seguimos a Batiffol[59], no podemos interpretar esta norma de la LGDIPr como una separación de las fuentes propias del DIPr, ni mucho menos limitar o al menos concentrar en las materias comerciales y económicas, su principal objeto, como suele afirmarse sin un sustento válido y un indisimulable tono economicista[60].

c. El art. 13, inc. 2º: ¿qué situaciones estarían incluidas en el marco del art. 13? 61

El artículo 13, tras reconocer la especialidad del DCI, le ordena al intérprete, previa sujeción al principio de prevalencia, consultar «las restantes fuentes del derecho comercial internacional», así como aplicar "lo dispuesto en el Título Preliminar del Código Civil" (arts. 13.2 y 1.2 de la LGDIPr).

Hemos sostenido anteriormente con Opertti[62] y también con Lorenzo[63], que a la hora de interpretar una situación incluida en el marco del

---

Una primera aproximación", en *¿Cómo se codifica hoy el derecho comercial internacional?*, 1er volumen de la Colección Biblioteca de Derecho Global, FERNÁNDEZ ARROYO, Diego P. y MORENO RODRÍGUEZ, José A. (Directores), Asunción, La Ley Paraguay/CEDEP, 2010, pp. 385-411, p. 390 y FRESNEDO DE AGUIRRE, Cecilia, *Derecho Internacional Privado. Parte General. Jurisdicción estatal y arbitral*, Tomo I, 1ª edición, Montevideo, FCU, 2022, p. 204-205.

59 BATIFFOL, Henri, *Choix d'Articles*, Paris 1976, p. 330.

60 OPERTTI BADÁN, Didier y FRESNEDO DE AGUIRRE, Cecilia, "El derecho comercial internacional en la nueva Ley General de Derecho Internacional Privado de Uruguay. Una primera aproximación", en *¿Cómo se codifica hoy el derecho comercial internacional?*, 1er volumen de la Colección Biblioteca de Derecho Global, FERNÁNDEZ ARROYO, Diego P. y MORENO RODRÍGUEZ, José A. (Directores), Asunción, La Ley Paraguay/CEDEP, 2010, pp. 385-411, p. 391 y FRESNEDO DE AGUIRRE, Cecilia, *Derecho Internacional Privado. Parte General. Jurisdicción estatal y arbitral*, Tomo I, 1ª edición, Montevideo, FCU, 2022, p. 205.

61 FRESNEDO DE AGUIRRE, Cecilia, *Derecho Internacional Privado. Parte General. Jurisdicción estatal y arbitral*, Tomo I, 1ª edición, Montevideo, FCU, 2022, p. 205-206.

62 OPERTTI BADÁN, Didier y FRESNEDO DE AGUIRRE, Cecilia, "El derecho comercial internacional en la nueva Ley General de Derecho Internacional Privado de Uruguay. Una primera aproximación", en *¿Cómo se codifica hoy el derecho comercial internacional?*, 1er volumen de la Colección Biblioteca de Derecho Global, FERNÁNDEZ ARROYO, Diego P. y MORENO RODRÍGUEZ, José A. (Directores), Asunción, La Ley Paraguay/CEDEP, 2010, pp. 385-411, p. 391.

63 FRESNEDO DE AGUIRRE, Cecilia y LORENZO IDIARTE, Gonzalo A., *Texto y Contexto. Ley General de Derecho Internacional Privado Nº 19.920*, Montevideo, FCU, 2021, p.

art. 13, habrá que recurrir en primer lugar al capítulo IX, Sección I Obligaciones contractuales, de la LGDIPr, tras lo cual se determinarán los límites de aplicación de dicho artículo 13. Adviértase que el artículo 13.2 refiere a «las relaciones comerciales internacionales no resueltas en Convenciones Internacionales, en leyes especiales o en la presente ley», lo cual confirma la prioridad antes referida.

En consecuencia, a falta de elección válida del derecho aplicable por las partes (de conformidad con el artículo 45), el contrato queda sometido al régimen del artículo 48 (Ley aplicable sin acuerdo de partes), que reproduce las soluciones de los Tratados de Montevideo de Derecho Civil Internacional de 1889 y de 1940, recogidos oportunamente por la Ley Vargas (Apéndice del Código Civil) —hoy derogada— y confirmados por la jurisprudencia. Las restantes fuentes del DCI (artículo 13.2) se aplicarán para integrar las eventuales lagunas que pudieran subsistir, siempre de conformidad a lo dispuesto por el artículo 1 de la LGDIPr. Cuando se trate de alguno de los contratos que fueron objeto de soluciones especiales en el art. 50, se aplicarán las soluciones que esta norma establece. Por su parte, de conformidad con el artículo 51 (que se analiza más adelante), los usos y principios allí referidos, se aplicarán "cuando corresponda". De ninguna manera podría alterarse el orden dispuesto en el artículo 13.2 y darle prioridad a "las restantes fuentes del derecho comercial internacional", frente a las convenciones internacionales, las leyes especiales y la LGDIPr. En otras palabras, las normas convencionales y legales priman frente a "las restantes fuentes del derecho comercial internacional".

En este sentido, cabe reiterarlo, en ningún caso los contratos en que la ley fuere escogida por las partes podrían quedar sujetos a una interpretación libre e independiente de la teoría general, que llevara a desconocer los criterios preceptivos asumidos por la LGDIPr. Este comentario, si bien *strictu sensu* se dirige al tema de la autonomía de la voluntad, desde una visión pragmática es fácilmente advertible que el ámbito natural del artículo 13 será el de aquella contratación que por contar con la autorización autonomista se inclinará más a esta y, asimismo, es altamente probable que la fórmula de solución quede en manos de tribunales arbitrales. De lo anterior se infiere que, en los hechos, el artículo 13 tendrá un ámbito al que

146. En el mismo sentido se pronuncia Lorenzo en LORENZO IDIARTE, Gonzalo A., *Derecho Internacional Privado Uruguayo Codificado. La Ley General de Derecho Internacional Privado Ley 19.920*, Montevideo, FCU, 2021, p. 27.

la propia realidad de los negocios se encargará de ajustar conforme al caso concreto.

El reconocimiento de la aplicación de los procedimientos de integración previstos en el artículo 1.2 de la LGDIPr, con su remisión en materia de interpretación e integración al Título Preliminar del Código Civil, conlleva la unificación de la técnica aplicable tanto en Derecho civil *strictu sensu* como en derecho comercial, ramas que en definitiva hacen parte de un solo tronco –derecho privado–, antes, históricamente, derecho civil. Quizás aquí juegue aquello de que se vuelve a los orígenes. Cabe destacar que, si bien las pautas de interpretación e integración de las leyes se encuentran en el Código Civil, debe tenerse presente que se encuentran incorporadas en el "Título Preliminar–De las Leyes" por lo que su aplicación excede la materia civil y se aplica a todas las leyes, cualquiera sea su objeto de regulación. Esta ha sido la posición absolutamente mayoritaria en la cátedra uruguaya de DIPr.

De esta manera, queda laudado un debate planteado hace algunas décadas en cuanto a que los temas del Derecho comercial internacional debían dirimirse llevando su interpretación al margen del Título Preliminar del CC, no obstante, su notoria universalidad, para dirigirse directamente a las «fuentes» específicas del Derecho comercial internacional. También queda laudado a nuestro juicio, en la LGDIPr, la discusión acerca del carácter adjetivo del DCI, como lo patentiza el recurso a los procedimientos de integración del Título Preliminar[64].

En este contexto es importante subrayar en el tenor del artículo 13.2, la prevalencia a favor de las Convenciones internacionales, de las leyes especiales o de la propia ley, ya antes referida. Ateniéndonos a esta prevalencia, resulta muy claro que por ejemplo la fuente del Derecho comercial internacional no podría autorizar la prescindencia de las normas generales contenidas en la propia LGDIPr, con su respectivo capítulo, del cual forma parte el artículo 13 bajo análisis. Por lo tanto, y sobre este punto, la consulta prioritaria a la que alude el artículo 13.2 no resulta estrictamente tal,

---

64 Recuérdese la diferencia de criterios tempranamente manifestada entre los Profesores Opertti y Talice, cuando el primero defendía la aplicación del Título Preliminar del CC para resolver un problema de transporte internacional terrestre no regulado por los Tratados de Montevideo de 1889 y el último lo dirigía al Derecho Comercial Internacional (*Revista del Colegio de Abogados del Uruguay*, T. 9, Nº ¾). GOLDSCHMIDT, Werner, en su libro *Derecho Internacional Privado,* Buenos Aires, Depalma, 1985, p. 403, cita este trabajo sin manifestar reparo alguno.

cuando se observa en detalle el recorrido que el intérprete ha de hacer antes de arribar a las «restantes» fuentes del DCI. En sentido contrario al indicado precedentemente, se pronuncian los reconocidos juristas compatriotas Talice y Santos. Afirma Talice:

> En mérito al claro sentido y alcance literal del art. 13, me permito disentir con la opinión de los prestigiosos Profesores D. Opertti y C. Fresnedo de Aguirre –siempre respetable–, cuando afirman en mancomún que 'A la hora de interpretar una situación65 concreta, habrá que recurrir en primer lugar al capítulo IX Obligaciones Contractuales, tras lo cual podrá acudirse al art. 13'. (...)

Concluye Talice afirmando que, en su opinión,

> esta aseveración no coincide con el mandato del propio art. 13.2 que ordena 'consultar prioritariamente las restantes fuentes del derecho comercial internacional', ni se compadece tampoco con el implante pluralista que irradia la letra del art. 13 y el espíritu con el cual fue concebido[66].

Agrega más adelante el citado autor:

> Conforme a esta interpretación (...) el régimen contractual general del art. 4567 adquiere primacía absoluta en la regulación de relaciones comerciales internacionales, quedando las fuentes del derecho comercial internacional previstas en el art. 13.4 y en el art. 51 relegadas al lugar que le asigne el derecho interno del Estado en el cual el derecho conflictual localiza la relación. Al mismo tiempo, esta interpretación, cuyo punto de partida supone una importante restricción al principio de la especialidad consagrado en el art. 13.1, tampoco guarda relación con el sentido literal del art. 13.2. En efecto, la disposición refiere a 'Las cuestiones relativas a las relaciones comerciales internacionales no resueltas en convenciones internacionales, en leyes especiales o en la presente ley, se dirimirán consultando las restantes fuentes del derecho comercial internacional...', es decir, dispone que las normas de la Ley General que regulan específicamente las relaciones comerciales inter-

---

65 Nótese que en nuestro original se utiliza la expresión "situación", mientras que en la obra de Talice (p. 112) y en la de Santos que lo cita en la p. 842, se utiliza, sin duda por un error de tipeo, la expresión "solución", lo que le hace perder sentido a la idea.

66 TALICE, Jorge, "Apuntes sobre el Derecho Comercial Internacional t aportes del Dr. Ronald Herbert al sistema uruguayo", en *RUDIPr* N° 8, 2016, Separata, pp. 51-124, p. 112. Coincidentemente, se pronuncia SANTOS BELANDRO, Ruben, *Ley general de Derecho internacional privado de la República Oriental del Uruguay 19.920 de 17 de noviembre de 2020. El texto y su contexto americano. Curso general*, Montevideo, Asociación de Escribanos del Uruguay, 2021, pp. 840-843.

67 El texto original de Talice (p. 113), referido al Proyecto de LGDIPr, refiere al art. 45, que establece como regla general la autonomía de la voluntad conflictual. En la cita que del texto de Talice realiza Santos (p. 842), menciona el art. 48, que establece los criterios para determinar la ley aplicable en ausencia de acuerdo de partes.

> nacionales, sin distinguir si son imperativas o dispositivas, preceden sobre las fuentes supletorias del derecho comercial internacional previstas en el art. 13.3, y solo cuando son imperativas también preceden sobre las fuentes establecidas en el art. 13.4 y 51. Vale decir, su alcance no va más allá de las normas conflictuales especiales que la Ley General destina expresamente a la regulación específica de las relaciones comerciales internacionales, únicas con primacía imperativa y dispositiva sobre las fuentes del derecho comercial internacional previstas en el art. 13.3, y solo con primacía imperativa pero no dispositiva sobre las contempladas en el número 4 y en el art. 51[68].

Con todo respeto hacia la opinión de los estimados y reconocidos colegas, me permito discrepar de su interpretación, por considerar que se aparta del propio texto normativo de los artículos 13 y 51 y va contra principios generales del derecho, fundamentalmente el principio de la igualdad ante la ley[69], consagrado en el artículo 8 de la Constitución uruguaya de 1997[70]. Ello tampoco contradice, en mi criterio, la pluralidad de fuentes (de métodos de elaboración normativa) que desde hace mucho permea el DIPr en general y el DCI en particular. Todo ello en base a los argumentos que se desarrollan a continuación.

---

68 TALICE, Jorge, "Apuntes sobre el Derecho Comercial Internacional t aportes del Dr. Ronald Herbert al sistema uruguayo", en *RUDIPr* Nº 8, 2016, Separata, pp. 51-124, p. 113. Coincidentemente, se pronuncia SANTOS BELANDRO, Ruben, *Ley general de Derecho internacional privado de la República Oriental del Uruguay 19.920 de 17 de noviembre de 2020. El texto y su contexto americano. Curso general*, Montevideo, Asociación de Escribanos del Uruguay, 2021, pp. 840-843.

69 Si bien tiene razón FERNÁNDEZ ARROYO, Diego P., ("La multifacética privatización de la codificación internacional del derecho comercial", en ¿Cómo se codifica hoy el derecho comercial internacional?, Biblioteca de derecho de la globalización, Coordinadores: J. Basedow, D.P. Fernández Arroyo, J.A. Moreno Rodríguez), La Ley Paraguaya / CEDEP / Thomson Reuters, 2010, pp. 51-74, pp. 53-54) cuando afirma que "...en lo que concierne a la elaboración del derecho comercial los particulares precedieron a los Estados", y luego que "se viene desarrollando un marcado proceso de 'privatización' del poder regulador", considero que ello es meramente un dato de la realidad, que no necesariamente es deseable, adecuado y justo. Precisamente en el marco de esa realidad, a algunos se les permite elaborar normas a su entera conveniencia, y a otros sólo les cabe aceptarlas o no contratar. No parece un trato igualitario ante la ley, y tampoco justo. La ley, la que emana del parlamento elegido por la ciudadanía, es la que garantiza, al menos formalmente (porque los lobbies también actúan en los parlamentos) garantizar el justo equilibrio, que deberá ser luego llevado a la práctica por el juez o árbitro actuante. Claro que todo esto es, en mi opinión, el plano del deber ser, no siempre del ser, lamentablemente.

70 El art. 8 de la Constitución establece: "Todas las personas son iguales ante la ley, no reconociéndose otra distinción entre ellas sino la de los talentos o las virtudes".

El art. 13.2 establece con absoluta claridad que son solo "Las cuestiones relativas a las relaciones comerciales internacionales no resueltas en convenciones internacionales, en leyes especiales o en la presente ley", las que se deben dirimir "consultando prioritariamente las restantes fuentes del derecho comercial internacional mediante la aplicación de los procedimientos de integración previstos en el inciso segundo del artículo 1° de la presente ley".

Ello significa, indubitablemente en mi opinión, que las cuestiones relativas a las relaciones comerciales internacionales deben resolverse en primer lugar, por las normas de las convenciones internacionales en cuyos ámbitos de aplicación (espacial, temporal y material) encuadre la cuestión planteada.

Si la relación comercial internacional no encuadrare en los ámbitos de aplicación de ninguna convención internacional, la misma será regulada por las "leyes especiales" (por ejemplo, la Ley N° 19.246 de Derecho Comercial Marítimo de Uruguay) o por "la presente ley", es decir, la LGDIPr (por ejemplo, en el Capítulo IX, Sección I, que regula las obligaciones contractuales internacionales, todas, sin distinguir si son civiles o comerciales). Esta solución del artículo 13.2 es conteste con el principio de especialidad: la ley especial prima frente a la ley general.

En la referida Sección I se establece cuándo un contrato (civil o comercial, reitero) es internacional (artículo 44), el régimen general autonomista (artículo 45), el alcance del acuerdo de elección (artículo 46), la ley aplicable al perfeccionamiento de los contratos celebrados a distancia (artículo 47), la ley aplicable al contrato en ausencia de elección válida por las partes (artículo 48) y los criterios subsidiarios para determinar dicha ley (artículo 49), y las soluciones especiales aplicables a aquellos contratos excluidos expresamente del régimen autonomista (artículo 50). Finalmente, el artículo 51 refiere a los "usos y principios", y establece que se aplicarán "cuando corresponda", lo cual deberá ser determinado por el juez actuante, siguiendo los criterios de integración establecidos en el artículo 13.2 o los de interpretación previstos en el artículo 13.3.

Todas estas normas de la LGDIPr constituyen un sistema y deben ser interpretadas en forma armónica, subsanando eventuales posibles interpretaciones contradictorias entre sus diversos artículos. Es bien claro que "las restantes fuentes del derecho comercial internacional" (art. 13.3) y "los usos en la materia, los principios generales aplicables a los contratos y demás relaciones comerciales internacionales, la jurisprudencia de tribunales ordinarios o arbitrales y las doctrinas más recibidas en el Derecho uruguayo y comparado" (artículo 13.4) se aplicarán en caso de que hayan sido elegidos como derecho aplicable por las partes del contrato (destaco el plural, ambas partes), de conformidad con lo establecido en los arts. 45 y 51 de la LGDIPr y del (incisos 2 y 3 del preámbulo de los Principios de UNIDROIT, versión 2016), en caso de tener que integrar lagunas en el DIPr autónomo, o a los efectos "interpretar o complementar instrumentos internacionales de derecho uniforme" (inciso 5 del preámbulo de los Principios de UNIDROIT, versión 2016) o de "interpretar o complementar el derecho nacional" (inciso 6 del Preámbulo de los Principios de UNIDROIT, versión 2016).

Los criterios citados del preámbulo de los Principios de UNIDROIT pueden extenderse a "...los usos que sean ampliamente conocidos y regularmente observados en el tráfico mercantil por los sujetos participantes, o de general aceptación en dicho tráfico, y los principios generales del derecho comercial internacional reconocidos por los organismos internacionales de los que la República forma parte" (artículo 13.4), a "los usos y principios del derecho contractual internacional de general aceptación o recogidos por organismos internacionales de los que la República forme parte (inciso cuarto del artículo 13 de la presente ley), sin perjuicio de lo previsto en el inciso segundo del artículo 45 de la presente ley" (artículo 51), y a las "normas de derecho generalmente aceptadas a nivel internacional como un conjunto de reglas neutrales y equilibradas, siempre que estas emanen de organismos internacionales en los que la República Oriental del Uruguay sea parte" (art. 45 inc. 2).

En suma, de conformidad con lo establecido en la LGDIPr, en especial en sus artículos. 1, 13, 45, 48, 49, 50 y 51:

- En primer lugar, si existiere, se aplica la convención internacional vinculante,
- En segundo lugar, las normas de derecho (*hard law* o *soft law*) válidamente elegidas por las partes de conformidad con las reglas respectivas para que dicha elección sea válida (en especial, art. 45.4 de la LGDIPr), con exclusión de los contratos excluidos del régimen autonomista, que se regirán preceptivamente por las soluciones preceptivas previstas en el artículo 50 de la LGDIPr o en leyes especiales, como el artículo 7 de la Ley N.° 19.246,
- En tercer lugar, a falta de elección válida, por las soluciones establecidas preceptivamente en el artículo 48 de la LGDIPr, cuyo *nomen juris* es bien claro: "Ley aplicable sin acuerdo de partes". Es decir, a

falta de elección válida de la ley aplicable por las partes, se aplica el artículo 48, no otra cosa.

- En cuarto lugar, cuando no pueda determinarse la ley aplicable al contrato al tiempo de ser celebrado, según las reglas contenidas en el artículo 48 referido, se aplicarán los criterios subsidiarios establecidos en el artículo 49: 1° la ley del lugar de su celebración, y 2°, cuando la ley aplicable no pueda ser determinada en base al criterio anterior, el contrato se regirá por la ley del país con el cual presente los lazos más estrechos.
- En quinto lugar, en ausencia de todo lo anterior o insuficiencia de las normas que resulten aplicables, el juez podrá recurrir por la vía de la integración o de interpretación (o complementación), según el caso, al *soft law* y la *lex mercatoria.*

Volveremos sobre este tema en los epígrafes siguientes, sin perjuicio de concluir aquí que no veo contradicción alguna entre las diversas normas de la LGDIPr, en especial entre los artículos. 1, 13, 45, 48, 50 y 51.

Tampoco creo que la antigüedad de las soluciones establecidas en alguna de las normas de la ley impliquen falta de adecuación a las realidades del siglo XXI, al contrario, algunas de las soluciones consagradas en nuestro ordenamiento jurídico (y también en la *lex mercatoria* y en instrumentos de *soft law*) provienen del Derecho Romano (o de las ferias medievales) y funcionan perfectamente, por eso no se han modificado, porque lo que funciona bien no se cambia, e incluyo aquí el sistema de conflicto en general. ¿Por qué? Porque la unificación no siempre es conveniente, por más que se trate del derecho comercial internacional, porque ello implica tratar igual a situaciones diferentes, y ello genera injusticias y abusos.

No creo tampoco que la interpretación de las normas bajo análisis que efectuáramos con Opertti atente o contradiga la realidad indiscutible del pluralismo (de normas y de métodos para su elaboración) en el DIPr en general y en el DCI en particular. Por el contrario, no lo negamos ni discutimos, simplemente nos apegamos al texto de la LGDIPr y al orden de prelación en cuanto a la aplicación de esa pluralidad de fuentes que ella establece.

Y, por último, como sostuviéramos con Opertti, el reconocimiento de la *lex mercatoria* y de la especialidad del derecho comercial internacional, particularmente en los artículos. 13, 45.2 y 51,

> ...no equivale a afirmar que se ha proveído por vía legal un concepto de lex mercatoria de igual sistematización que el orden jurídico estatal, como tampoco estamos en presencia de un nuevo sistema jurídico capaz de colmar

> todas las insuficiencias o vacíos que no puedan absolverse en su dominio (el de la LGDIPr).

Por el contrario,

> ...el reconocimiento por ley de esta lex mercatoria en definitiva le reconoce el carácter de fuente estatal, con lo cual despeja las vacilaciones que pudiera haber en cuanto a que, en definitiva, la fuente acogida por el DIPr uruguayo es la ley. Esta interpretación, además, es concordante con la vieja (pero sabia, agrego yo ahora) disposición del art. 9.2 del Código Civil (...)[71]

c. El art. 13, inc. 3°: las fuentes del Derecho comercial internacional 72

Con respecto al artículo 13.3 —que trata de las restantes fuentes—, nos encontramos con una norma de tipo material, en la que el legislador opta por formular una declaración acerca de lo que considera como fuentes del DCI. No dirime aquí ningún conflicto de leyes, sino que apela a la identificación de reglas materiales que surgen espontáneamente de la práctica del DCI, de los que enumera, en particular, «los usos en la materia, los principios generales, ...» Obsérvese, sin embargo, que la declaración acerca de la condición de fuentes no incluye la identificación precisa de aquellos usos y principios de aplicación preceptiva y creemos que no se podría sostener que esta norma deroga el artículo 9 del título preliminar del CC, norma matriz en materia de relaciones entre derecho deliberado y derecho espontáneo. Como ya se explicó, este artículo dispone que la costumbre «no constituye derecho, sino en los casos en que la ley se remite a ella». Esta norma, ubicada en el título preliminar del referido cuerpo de leyes, es aplicable a todas las ramas del derecho, incluido por supuesto el DIPr[73].

---

71 OPERTTI BADÁN, Didier y FRESNEDO DE AGUIRRE, Cecilia, "El derecho comercial internacional en la nueva Ley General de Derecho Internacional Privado de Uruguay. Una primera aproximación", en *¿Cómo se codifica hoy el derecho comercial internacional?*, 1er volumen de la Colección Biblioteca de Derecho Global, FERNÁNDEZ ARROYO, Diego P. y MORENO RODRÍGUEZ, José A. (Directores), Asunción, La Ley Paraguay/ CEDEP, 2010, pp. 385-411, p. 392-393.

72 FRESNEDO DE AGUIRRE, Cecilia, *Derecho Internacional Privado. Parte General. Jurisdicción estatal y arbitral*, Tomo I, 1ª edición, Montevideo, FCU, 2022, p. 206-208.

73 Una posición distinta parecería ser la sostenida por SANTOS BELANDRO, Ruben, *Ley general de Derecho internacional privado de la República Oriental del Uruguay 19.920 de 17 de noviembre de 2020. El texto y su contexto americano. Curso general*, Montevideo, Asociación de Escribanos del Uruguay, 2021, pp.836-837, quien al referirse al art. 9 CC, afirma: "En consecuencia, ¿la costumbre sólo valdrá como fuente de Derecho cuando exista

El artículo 9 CC resulta igualmente aplicable a la costumbre nacional y a la internacional referida a cuestiones de tráfico jurídico externo. En este sentido, el artículo 296.6 del Código de Comercio establece que servirán como bases de interpretación de las cláusulas contractuales: «el uso y práctica generalmente observada en el comercio, de igual naturaleza, y especialmente la costumbre del lugar donde debe ejecutarse el contrato (...)». Y el artículo 297 agrega:

> Si se omitiese en la redacción de un contrato, alguna cláusula necesaria para su ejecución, y los interesados no estuviesen conformes, en cuanto al verdadero sentido del compromiso, se presume que se han sujetado a lo que es de uso y práctica en tales casos entre los comerciantes, en el lugar de la ejecución del contrato.

Lo que el legislador ha hecho al señalar las fuentes del DCI ha sido reconocer a la interna de éste el juego de disposiciones correspondientes a la especialidad del objeto tratado, pero sin configurar una solución de tal índole que pudiera ser transferida al DIPr de modo automático. Este es el efecto más importante de la falta de autonomía del DCI. Empero, es preciso tener presente aquellos instrumentos internacionales aceptados por Uruguay que tocan el punto y aparecen citados en la Exposición de Motivos de la LGDIPr.

A mi juicio, la LGDIPr con este artículo 13 no hace, sino ampliar los medios para integrar, sin mengua de las acotaciones de la propia ley y sin detrimento del sistema de DIPr y de los criterios generales aceptados por el legislador nacional al diseñarlo. Un sistema de base conflictualista en el que fundamentalmente se resuelve el conflicto de leyes sin pretender una regulación directa de las categorías en juego. Dicho de otro modo, la LGDIPr reconoce la existencia de una situación jurídica específica, como es la de las relaciones comerciales internacionales, y tras pasarlas por el tamiz de la solución de conflicto (artículo 13.2), establece para la etapa de

---

una remisión operada por el texto legal según el art. 9? ¿Significaría ello, que dentro del Derecho comercial internacional la costumbre y en general el denominado Derecho espontáneo, no tendría vigencia *per se*, sino sólo si lo acepta la ley señalada por la regla de conflicto? (...) A primera vista, lo que está claro es que aun cuando el Derecho comercial internacional es considerado como un Derecho especial, no por ello deja de aplicársele el título preliminar del Código Civil, por cuanto las cuestiones *no resueltas* se dirimirán 'consultando prioritariamente las restantes fuentes del Derecho comercial internacional mediante la aplicación de los procedimientos previstos en el inciso 2 del art. 1 de la presente ley'".

integración un cuadro de normativa material, de modo genérico, correspondiente a la especialidad de la rama del DCI.

En suma, coincido con Fernández Arroyo cuando afirma:

> En la vida real, fuera de los círculos académicos, es evidente que la reglamentación de los negocios internacionales y la resolución de las controversias que generan, presentan en el estadio actual de la evolución del derecho, ingredientes materiales y conflictuales, sustanciales y procesales, interestatales y transnacionales[74].

e. El art. 13, incs. 3 y 4: la lex mercatoria

Hemos sostenido con anterioridad que el reconocimiento en la LGDIPr de la *lex mercatoria* como fuente formal

> implica un notorio avance en la aproximación general que esta figura ha suscitado en el derecho comparado. Empero, ello no equivale a afirmar que se ha proveído por vía legal a un concepto de lex mercatoria de igual sistematización que el orden jurídico estatal, como tampoco estamos en presencia de un nuevo sistema jurídico capaz de colmar todas las insuficiencias o vacíos que no puedan absolverse en su dominio[75].

El referido reconocimiento de la *lex mercatoria* como fuente formal,

> le reconoce el carácter de fuente estatal, con lo cual despeja las vacilaciones que pudiera haber en cuanto a que, en definitiva, la fuente acogida por el DIPr uruguayo sigue siendo la ley. Esta interpretación, además, es concordante con la vieja disposición del art. 9.2 del Código Civil, que establece: 'La costumbre no constituye derecho, sino en los casos en que la ley se remite a ella...'[76].

---

74 FERNÁNDEZ ARROYO, Diego P., "La multifacética privatización de la codificación internacional del derecho comercial", en *¿Cómo se codifica hoy el derecho comercial internacional?*, Biblioteca de derecho de la globalización, Coordinadores: J. Basedow, D.P. Fernández Arroyo, J.A. Moreno Rodríguez), La Ley Paraguaya / CEDEP / Thomson Reuters, 2010, pp. 51-74, p. 53.

75 OPERTTI BADÁN, Didier y FRESNEDO DE AGUIRRE, Cecilia, "El derecho comercial internacional en la nueva Ley General de Derecho Internacional Privado de Uruguay. Una primera aproximación", en *¿Cómo se codifica hoy el derecho comercial internacional?*, 1er volumen de la Colección Biblioteca de Derecho Global, FERNÁNDEZ ARROYO, Diego P. y MORENO RODRÍGUEZ, José A. (Directores), Asunción, La Ley Paraguay/ CEDEP, 2010, pp. 385-411, p. 392.

76 OPERTTI BADÁN, Didier y FRESNEDO DE AGUIRRE, Cecilia, "El derecho comercial internacional en la nueva Ley General de Derecho Internacional Privado de Uruguay. Una primera aproximación", en *¿Cómo se codifica hoy el derecho comercial internacional?*,

Santos, por su parte, afirma que "lo que está haciendo el artículo 13 es delimitar, en la medida de lo posible, las fronteras entre los antiguos órdenes estatales y los nuevos espacios donde también surge el Derecho (...)"[77]. El orden jurídico uruguayo no rechaza el valor que las partes puedan asignarle a las fuentes enunciadas en el art. 13, especialmente numerales 3 y 4, aunque sin asimilarlas al «orden jurídico completo» que constituye el orden estatal[78]. Ello sin dejar de lado las críticas que se dirigen a la *lex mercatoria* desde otros puntos de vista, como las de orden ideológico[79]. La *lex mercatoria* también ha merecido críticas de orden práctico, como la de la eventual contradicción de algunos de sus principios, la vaguedad de sus soluciones y la imposibilidad de colmar sus lagunas de un modo sistemático e indiscutible.

En otros términos, declarada entre las fuentes la existencia, aunque sin nombrarla, de la *lex mercatoria,* se abre con ello un debate muy amplio del que seguramente seguirán participando los especialistas y deberán hacerlo en su momento quienes —jueces y árbitros— estén llamados a resolver las controversias.

Es oportuno recordar aquí la opinión de Lagarde, cuando señala que la *lex mercatoria* es presentada muchas veces beneficiando exclusivamente a los fuertes y especialmente en las relaciones norte-sur, a los litigantes de los Estados desarrollados[80].

Es notorio que nuestro legislador al inspirarse en esa fuente, la expresión «cuando corresponda» (art. 13.4) relativa a los usos, no solamente los ha asimilado —en esencia— a la *lex mercatoria,* sino que ha dejado en manos de la justicia «el momento oportuno» para su aplicación.

1er volumen de la Colección Biblioteca de Derecho Global, FERNÁNDEZ ARROYO, Diego P. y MORENO RODRÍGUEZ, José A. (Directores), Asunción, La Ley Paraguay/ CEDEP, 2010, pp. 385-411, p. 393.

77 SANTOS BELANDRO, Ruben, *Ley general de Derecho internacional privado de la República Oriental del Uruguay 19.920 de 17 de noviembre de 2020. El texto y su contexto americano. Curso general,* Montevideo, Asociación de Escribanos del Uruguay, 2021, p. 565.

78 Cfr. FOUCHARD, Philippe, GAILLARD, Emmanuel, GOLDMAN, Berthold, *Traité de l'arbitrage commercial international,* Litec, 1996, par. 1450, p, 821.

79 de las cuales es portavoz Lagarde, citado por Fouchard, par. 1451.

80 Ver FOUCHARD, Philippe, GAILLARD, Emmanuel, GOLDMAN, Berthold, *Traité de l'arbitrage commercial international,* Litec, 1996, par. 1451, p, 821.

f. El artículo 13, incisos 3 y 4: ¿Qué se entiende por "usos en la materia" y "usos que sean ampliamente conocidos y regularmente observados en el tráfico mercantil por los sujetos participantes, o de general aceptación en dicho tráfico"? [81]

Al hacer referencia a "los usos en la materia" y "los usos que sean ampliamente conocidos y regularmente observados en el tráfico mercantil por los sujetos participantes o de general aceptación en dicho tráfico", el artículo 13, incisos 3 y 4 de la LGDIPr N.° 19.920, está incorporando la *lex mercatoria* como fuente del Derecho comercial internacional[82]. Ello se ve reafirmado más adelante, en el artículo 51 de la ley cuando hace referencia a los "usos"[83] y en el artículo 45.2[84].

La fórmula del artículo 13.4 fue tomada básicamente del artículo 1.9 (2) de los Principios de UNIDROIT sobre los Contratos Comerciales Internacionales de 2004 (en su versión 2016 se mantiene el texto de este artículo en forma idéntica a las anteriores), por lo que los comentarios oficiales al mismo serán de gran utilidad a la hora de interpretar esta norma de la LGDIPr.

Precisamente, el Comentario N.° 4 a dicho Principio establece que

> El hecho de que los usos deban ser 'ampliamente conocidos y regularmente observados (...) por las partes en el tráfico mercantil de que se trate' constituye una condición para la aplicación de cualquier uso, ya sea internacional o solamente a nivel nacional o local.
> El calificativo adicional de 'tráfico internacional' tiene el propósito de evitar que aquellos usos desarrollados y limitados a los negocios domésticos o nacionales sean invocados en negocios realizados con extranjeros.

---

81 FRESNEDO DE AGUIRRE, Cecilia, *Derecho Internacional Privado. Parte General. Jurisdicción estatal y arbitral*, Tomo I, 1ª edición, Montevideo, FCU, 2022, p. 210-214.

82 Cfr. SANTOS BELANDRO, Ruben, *Ley general de Derecho internacional privado de la República Oriental del Uruguay 19.920 de 17 de noviembre de 2020. El texto y su contexto americano. Curso general*, Montevideo, Asociación de Escribanos del Uruguay, 2021, p. 553.

83 Establece la referida norma: «(Usos y principios). -Se aplicarán, cuando corresponda, los usos y principios del derecho contractual internacional de general aceptación o recogidos por organismos internacionales de los que la República forme parte (inciso cuarto del artículo 13 de la presente ley), sin perjuicio de lo previsto en el inciso segundo del artículo 45 de la presente ley".

84 Art. 45.2: "De acuerdo a lo establecido en los artículos 13 y 51 de la presente ley, las partes pueden elegir normas de derecho generalmente aceptadas a nivel internacional como un conjunto de reglas neutrales y equilibradas, siempre que estas emanen de organismos internacionales en los que la República Oriental del Uruguay sea parte".

Y agrega: «Sólo excepcionalmente puede un uso de origen meramente local o nacional ser aplicado sin que las partes hayan hecho una referencia al mismo». La LGDIPr no incluye en la norma que comentamos (artículo 13.4) la expresión «a menos que la aplicación de dicho uso no sea razonable», que sí está incorporada expresamente en el artículo 1.9 (2) de los Principios de UNIDROIT. Ello no es relevante en la práctica, dado que el juez o el árbitro pueden recurrir a los Principios de UNIDROIT a los efectos de interpretar los usos a que refiere el artículo 13.3, de conformidad con el numeral 5 del preámbulo. La finalidad perseguida por esta expresión es dejar de aplicar aquellos usos que, aunque regularmente observados, no resultan razonables frente a un supuesto determinado (Comentario N.º 5 a dicho principio).

Cabe concluir, por tanto, que la aceptación de los «usos en la materia» como fuente del DCI (art. 13.3) está enmarcada o limitada por las condiciones que la propia LGDIPr impone a continuación en el numeral 4.

En otras palabras: si bien «se consideran como fuentes del derecho comercial internacional, los usos en la materia» (artículo 13.3), solo «se aplicarán, cuando corresponda, los usos que sean ampliamente conocidos y regularmente observados en el tráfico mercantil por los sujetos participantes, o de general aceptación en dicho tráfico» (artículo 13.4), y no cualquiera.

Es necesario tener claro que la regla o costumbre o uso concreto que se desarrolla en una particular área del comercio internacional, como los créditos documentarios, por ejemplo, suele ser el de una rama del comercio o la industria específica, que no integra una comunidad homogénea de comerciantes sino «una miríada de comunidades, cada una con sus propias y diferentes reglas consuetudinarias»[85].

La fórmula empleada por el artículo 13.4 requiere amplio conocimiento y regular observación por parte de "los sujetos participantes", lo cual implica generalidad, comprende a todas las partes intervinientes en esa área del tráfico mercantil (compraventa internacional de mercaderías, transporte internacional de mercaderías, medios de pago internacional, crédito documental, etc.) y no una sola.

Ahora bien, ¿corresponde o no incluir en el concepto de "usos" manejado por la LGDIPr a las condiciones generales utilizadas generalmente en

---

[85] REDFERN, Alan and HUNTER, Martin, with BLACKABY, Nigel and PARTASIDES, Constantine, *Law and Practice of International Commercial Arbitration*, 4th ed., London, Sweet & Maxwell, 2004, p. 130-131.

ciertos contratos internacionales, que son elaboradas en forma absolutamente unilateral e impuestas al cocontratante mediante la modalidad de adhesión (*take-it-or-leave-it contracts*), o en los contratos modelo?

Muchas de las cláusulas incluidas en esos instrumentos utilizados en el comercio internacional constituyen «usos que sean ampliamente conocidos y regularmente observados en el tráfico mercantil por los sujetos participantes, o de general aceptación en dicho tráfico», pero otras tantas no son «regularmente observadas» ni «de general aceptación», sino por el contrario contestadas a nivel judicial o arbitral.

En doctrina[86] se han manejado distintos enfoques para identificar el contenido de la nueva *lex mercatoria*. Uno de ellos es el «método de la lista». Diversas instituciones, como la Cámara de Comercio Internacional (CCI o ICC, por su sigla en inglés), trabajan en la elaboración de una *lex mercatoria* capaz de proporcionar a las partes involucradas en el comercio internacional, normas materiales adecuadas a las necesidades de la comunidad transnacional. El objetivo es eliminar por lo menos algunos problemas de conflicto de leyes y jurisdicciones por medio del uso de definiciones ampliamente aceptadas, como los INCOTERMS, o de disposiciones estándar, incluidas en condiciones generales del contrato, lo cual, junto con el arbitraje, tiende a «deslocalizar» muchas transacciones comerciales transnacionales[87].

Los usos del comercio pueden ser muy útiles como complemento, cuando corresponda, del derecho de cada Estado, pero no puede esperarse que eliminen la aplicación de ese derecho[88]. Esto surge claro del hecho de que habitualmente las condiciones generales incluyen cláusulas de elección de la ley, lo que demuestra que no son autosuficientes, y que por más detalladas y exhaustivas que sean, no pueden sustituir completamente al derecho nacional[89]. En este sentido, Kessedjian afirma que aún los defensores de la *lex mercatoria* reconocen que, aunque esta tienda a una completa autonomía, excluyente de toda norma etática, la *lex mercatoria* no puede por sí sola cubrir el campo jurídico de la regulación del comercio internacional, siendo necesario complementarla con otras fuentes, particularmente

---

86 REDFERN, Alan and HUNTER, Martin, with BLACKABY, Nigel and PARTASIDES, Constantine, *Law and Practice of International Commercial Arbitration*, 4th ed., London, Sweet & Maxwell, 2004, p. 131-132.

87 DELAUME, G. R., *Law and Practice of Transnational Contracts*, Ed. 1988, p. 98.

88 DELAUME, G. R., *Law and Practice of Transnational Contracts*, Ed. 1988, p. 99.

89 BOGGIANO, A., International standard contracts. A comparative study, *Recueil des Cours*, 1981-I, p. 54.

cuando la *lex mercatoria* entre en conflicto con las normas de orden público establecidas por los Estados[90].

A partir de 1995, el Proyecto de Comercio Electrónico (ECP) de la Cámara Internacional de Comercio ha colaborado con el desarrollo de una serie de iniciativas y productos, incluyendo los ETERMS, publicados en el «ETERMS Repository Guidebook». La finalidad de esta guía es almacenar un conjunto de pautas y lineamientos en un depósito internacional (o LIBRAR-e), que ponga a disposición, para ser leídos y bajados, contratos comerciales y con consumidores, cláusulas y condiciones contractuales, o para su incorporación por referencia a través de redes abiertas, incluyendo Internet. Pretende facilitar el cibercomercio, haciendo accesibles las cláusulas y terminologías para su uso e incorporación por referencia. Se busca que los ETERMS tengan la misma aceptación que los INCOTERMS, los cuales han sido utilizados en el comercio internacional por muchos años. Todos estos proyectos tendientes a desmaterializar el comercio se basan en el concepto de un contrato de compraventa o prestación de servicios de un país a otro en base a la red, con el comprador accediendo a los términos del contrato del vendedor en su página web y creando un contrato seleccionando y «*clicking*», o arrastrando y colocando términos adicionales en el contrato «*on-line*»[91]. Por consiguiente, a la hora de tener en cuenta los usos, no podría desconocerse la información precedente y las demás pertinentes.

Veamos, a modo de ejemplo, otras áreas en que los contratos modelos podrían configurar usos del comercio internacional. Los contratos de construcción «llave en mano» no han sido regulados en forma específica a nivel convencional, y su regulación por los derechos nacionales es escasa e inadecuada. Esta carencia ha sido compensada por la elaboración de contratos tipo y condiciones generales por parte de organizaciones internacionales y asociaciones mercantiles profesionales[92]. Con respecto a la tarea de las orga-

---

90 KESSEDJIAN, Catherine, « Codification du Droit Commercial International et Droit International Privé. De la gouvernance normative pour les relations économiques transnationales, *Recueil des cours*, Vol 300 (2002), p. 165.

91 BOND, R., The Role of the ICC in Cybertrade, en (1998) *ITLQ* 313-315.

92 Cabe citar a vía de ejemplo respecto de las primeras, la *Guide on Drawing up Contracts for Large Industrial Works* (UN doc. ECE/Trade 117, 1973), elaborada por la Comisión Económica para Europa de las Naciones Unidas, el *UNIDO Model Form of Turnkey Lump Sum Contract for the Construction of a Fertilizer Plant* (UNIDO/PC 25/1981), elaborado por la Organización de las Naciones Unidas para el Desarrollo Industrial, la *Legal Guide on Drawing up International Contracts for Construction of Industrial Works* (UN/doc. A/CN 9/Ser.B, New York, 1988), y la Model Law on Procurement of Goods, construction and services, elaboradas por UNCITRAL (HERNÁNDEZ RODRÍGUEZ, Aurora, Cap.

nizaciones de profesionales[93], las dos instituciones más importantes a nivel mundial son la FIDIC (Fédération International des Ingéniers Conseils) y la ENAA (Engineering Advancement Association of Japan).

La FIDIC «tiene entre sus funciones la de recopilar, a través de condiciones generales y contratos-tipo, los usos y prácticas más habituales en materia de construcción internacional, con el fin de velar siempre por los intereses de sus miembros y agilizar así las relaciones comerciales». Los modelos más difundidos internacionalmente son el "FIDIC Conditions of Contract for Work of Civil Engineering Construction"[94], el "FIDIC Conditions of Contract for electrical and mechanical Works"[95], y las condiciones generales para los contratos «llave en mano»: las "Conditions of Contracts for Design-Build and Turnkey"[96], entre otros[97].

Cabe señalar también la importancia de la obra de ENAA, consistente en la elaboración de un contrato tipo, en varios volúmenes: el "Model Form of International Contract for Process Plant Construction (Turnkey Lump Sum Basis)" [98], que contiene una «regulación detallada sobre los contratos «llave en mano», sino también porque presentan aspectos innovadores respecto a las condiciones FIDIC», especialmente en materia de resolución de litigios[99].

XIV, "Los contratos internacionales de construcción 'llave en mano'", en CALVO CARAVACA, Alfonso L. y FERNÁNDEZ DE LA GÁNDARA, Luis (Directores), BLANCO-MORALES LIMONES, Pilar (Coordinadora), *Contratos Internacionales,* Madrid, Tecnos, 1997, p. 1766-1770).

93 Ver al respecto: HERNÁNDEZ RODRÍGUEZ, Aurora, Cap. XIV, "Los contratos internacionales de construcción 'llave en mano'", en CALVO CARAVACA, Alfonso L. y FERNÁNDEZ DE LA GÁNDARA, Luis (Directores), BLANCO-MORALES LIMONES, Pilar (Coordinadora), *Contratos Internacionales,* Madrid, Tecnos, 1997, p. 1771-2.

94 4ª ed., Lausana, 1987, conocido como el Libro rojo.

95 3ª ed., Lausana, 1987, conocido como el Libro amarillo.

96 1ª ed., Lausana, 1995, conocido como el Libro naranja.

97 Ver desarrollo in extenso de este tema en HERNÁNDEZ RODRÍGUEZ, Aurora, Cap. XIV, "Los contratos internacionales de construcción 'llave en mano'", en CALVO CARAVACA, Alfonso L. y FERNÁNDEZ DE LA GÁNDARA, Luis (Directores), BLANCO-MORALES LIMONES, Pilar (Coordinadora), *Contratos Internacionales,* Madrid, Tecnos, 1997, p. 1771.

98 ª ed., Japón, 1986. disponible en Internet: <https://www.enaa.or.jp/EN/activities/model.html>.

99 HERNÁNDEZ RODRÍGUEZ, Aurora, Cap. XIV, "Los contratos internacionales de construcción 'llave en mano'", en CALVO CARAVACA, Alfonso L. y FERNÁNDEZ DE LA GÁNDARA, Luis (Directores), BLANCO-MORALES LIMONES, Pilar (Coordinadora), *Contratos Internacionales,* Madrid, Tecnos, 1997, p. 1772.

De todas formas, dichos usos, plasmados en cláusulas de condiciones generales o de modelos de contratos, deberán pasar siempre por el filtro del orden público internacional (artículo 5 LGDIPr), de las normas de aplicación necesaria (artículo 6 LGDIPr) y de la aplicación armónica (artículo 11 LGDIPr), entre otras reglas generales contenidas en la LGDIPr.

En este mismo sentido, afirma Fernández Arroyo que en áreas como la de los contratos,

> las partes no sólo pueden moverse en el marco institucional (público), eligiendo entre las jurisdicciones y los ordenamientos jurídicos que les ofrecen los Estados, sino que pueden llevar su poder de regulación más allá, saliéndose de esa oferta 'pública' para utilizar normas elaboradas por organismos privados (la llamada lex mercatoria) o normas elaboradas por organismos públicos pero desprovistas de carácter vinculante, y plantear sus controversias ante otros particulares (árbitro o tribunal arbitral)

Los Estados "siguen reservándose una parcela intocable en términos de orden público o de normas de policía"[100]. Personalmente creo que está bien que así sea, porque eso es garantista con respecto a los intereses de los Estados y de las regiones, que por cierto no siempre son coincidentes en el ámbito del comercio internacional, y también de los particulares comerciantes o no- que no tienen ninguna posibilidad de elegir la ley aplicable a sus negocios y contratos, y mucho menos de codificar esas normas, frente al accionar de los grupos de presión, los lobbies y los grandes actores privados que operan en el comercio internacional. Realidad esta que por cierto existe, diría que es bastante frecuente, y que en general no se toma en cuenta[101].

Sí refiere a esto Fernández Arroyo, cuando luego de afirmar que "En el ámbito de la codificación internacional del derecho comercial, el rol que juegan los actores privados es demasiado obvio para no verlo", reconoce que "...el éxito o el fracaso de los intentos de reglamentación de determi-

---

100 FERNÁNDEZ ARROYO, Diego P., "La multifacética privatización de la codificación internacional del derecho comercial", en *¿Cómo se codifica hoy el derecho comercial internacional?,* Biblioteca de derecho de la globalización, Coordinadores: J. Basedow, D.P. Fernández Arroyo, J.A. Moreno Rodríguez), La Ley Paraguaya / CEDEP / Thomson Reuters, 2010, pp. 51-74, p. 55.

101 Ver sobre esta temática: FRESNEDO DE AGUIRRE, Cecilia, "La autonomía de la voluntad en la contratación internacional y los principios fundamentales en juego: las novedades de la Ley 19.920", en *Comentarios a la nueva Ley General de Derecho Internacional Privado (Nº 19.920 del 17 de noviembre de 2020),* Eduardo Vescovi (Coordinador), Montevideo, Ed. Idea, 2022, pp. 219-266.

nadas materias puede achacarse, en buena medida y sin exagerar, al impacto de las influencias de diferentes grupos de presión…"[102].

Coincido plenamente con la conclusión del reconocido colega, cuando refiriéndose al avance de la privatización de la reglamentación del derecho comercial y de la resolución de litigios comerciales, así como de "la progresiva acogida que los legisladores estatales le han ido dispensando a este fenómeno" (un ejemplo claro de ello es la LGDIPr N.° 19.920 y la Ley de arbitraje comercial internacional N° 19.636 en Uruguay), dice que "es un hecho constatable a simple vista". Y también cuando agrega que, en el marco de la actividad de las organizaciones internacionales, esta tendencia

> no tiene por qué merecer en general una valoración negativa, siempre que la misma se mantenga dentro de unos parámetros que permitan respetar los intereses genuinos representados por los Estados miembros, y siempre que dichos foros no terminen por hacer dejación de las funciones que les están encomendadas.

Menciona luego el tema del riesgo de la financiación privada de sus actividades por parte de quienes tienen interés en la aprobación de determinadas normas de su conveniencia. Analiza las vías para lograr "conseguir una privatización más democrática y descentralizada"[103], a lo que yo agregaría, que garantice un justo equilibrio entre las necesidades y derechos de todas las partes involucradas en el tema a codificar, ya sea en forma privada o pública. Si bien esto podría calificarse como *wishful thinking*, considero que los juristas no debemos cejar en el empeño de lograrlo.

---

102 FERNÁNDEZ ARROYO, Diego P., "La multifacética privatización de la codificación internacional del derecho comercial", en ¿Cómo se codifica hoy el derecho comercial internacional?, Biblioteca de derecho de la globalización, Coordinadores: J. Basedow, D.P. Fernández Arroyo, J.A. Moreno Rodríguez), La Ley Paraguaya / CEDEP / Thomson Reuters, 2010, pp. 51-74, p. 59.

103 FERNÁNDEZ ARROYO, Diego P., "La multifacética privatización de la codificación internacional del derecho comercial", en *¿Cómo se codifica hoy el derecho comercial internacional?*, Biblioteca de derecho de la globalización, Coordinadores: J. Basedow, D.P. Fernández Arroyo, J.A. Moreno Rodríguez), La Ley Paraguaya / CEDEP / Thomson Reuters, 2010, pp. 51-74, p. 55.

g. El art. 13, incs. 3 y 4: los principios104

En base al artículo 16 CC, llegamos, con Lorenzo, a la conclusión de que los principios generales del derecho son fuente formal, aunque subsidiaria, es decir, son fuente formal de derecho, en virtud del artículo 16 CC, "Cuando ocurra un negocio civil, que no pueda resolverse por las palabras ni por el espíritu de la ley de la materia…"[105]. El artículo 16 se remite a los fundamentos de las leyes análogas, a los principios generales de derecho y a las doctrinas más recibidas como fuentes para integrar el DIPr autónomo o nacional cuando éste presenta una laguna. Y el artículo 1.2 de la LGDIPr se remite expresamente al título preliminar a los efectos de interpretar e integrar la referida ley y las demás normas especiales de DIPr de fuente nacional.

Claro que, como bien explica Lorenzo[106], esto no sería posible con un enfoque positivista del DIPr, como el de Alfonsín[107], quien sostenía que el DIPr no tiene lagunas, que cuando una cuestión o relación jurídica no está regulada en una norma de DIPr, dicha relación no es internacional, sino nacional, y se rige por tanto por la ley material interna. Esta posición se ha visto superada por la doctrina y por la jurisprudencia, que en muchos casos han entendido que existe una laguna en el DIPr autónomo, recurriendo a los mecanismos previstos por el artículo 16 del CC[108].

Algunos de los principios particulares del DIPr han sido sistematizados por instituciones internacionales como UNIDROIT[109] (los Principios so-

---

104 FRESNEDO DE AGUIRRE, Cecilia, *Derecho Internacional Privado. Parte General. Jurisdicción estatal y arbitral,* Tomo I, 1ª edición, Montevideo, FCU, 2022, p. 219-220.

105 LORENZO IDIARTE, Gonzalo A., *Derecho Internacional Privado Uruguayo Codificado. Civil – Comercial – Procesal,* 4ª edición revisada y actualizada, Montevideo, FCU, 2020, Parte Primera. Las Fuentes del Derecho Internacional Privado, pp. 19-40, p. 32.

106 LORENZO IDIARTE, Gonzalo A., *Derecho Internacional Privado Uruguayo Codificado. Civil – Comercial – Procesal,* 4ª edición revisada y actualizada, Montevideo, FCU, 2020, Parte Primera. Las Fuentes del Derecho Internacional Privado, pp. 19-40, p. 32-33.

107 ALFONSÍN, Quintín, *Teoría del Derecho Privado Internacional,* Montevideo, Ed. Idea, 1982, p. 359, N° 233

108 Ver LORENZO IDIARTE, Gonzalo A., *Derecho Internacional Privado Uruguayo Codificado. Civil – Comercial – Procesal,* 4ª edición revisada y actualizada, Montevideo, FCU, 2020, Parte Primera. Las Fuentes del Derecho Internacional Privado, pp. 19-40, p. 33, quien cita el conocido *leading case* Brito vs Sacco, publicado en LJU, c. 13.109, y en FRESNEDO DE AGUIRRE, Cecilia, *Derecho Internacional Privado. Material Práctico: Documentos – Casos – Fallos,* Montevideo, FCU, 1ª ed., 2000, pp. 44-78, incluyendo las tres instancias.

109 Instituto Internacional Para la Unificación del Derecho Privado.

bre los contratos comerciales internacionales), y ASADIP[110] (los Principios para el acceso transnacional a la justicia –TRANSJUS–), entre otros[111].

h. El art. 13, incs. 3 y 4: la doctrina112

La doctrina está constituida por las opiniones que emiten los autores (profesores, especialistas y estudiosos del tema) sobre las distintas cuestiones que se plantean en la materia[113]. Estas opiniones interpretan las normas existentes sobre el tema que se esté analizando (leyes, tratados, convenciones), analizan los fallos judiciales, elaboran nuevas teorías con relación a la interpretación de las normas existentes, a la integración de los vacíos normativos, a la necesidad de codificar determinadas cuestiones, etc.

Es indudable la función de fuente material que ha cumplido y sigue cumpliendo la doctrina, en la medida en que sirve de base al legislador para elaborar soluciones normativas y al juez en su tarea de aplicación de la norma general al caso particular. Ahora bien, ¿puede la doctrina devenir en fuente formal de derecho?

Tradicionalmente se ha sostenido –así lo he manifestado en obras de hace algunas décadas– que la doctrina no es fuente formal de derecho en nuestro sistema, pero puede ser utilizada a los efectos de integrar lagunas o vacíos normativos en el DIPr de fuente nacional. Así lo establece el artículo 16 de nuestro Código Civil, que como ya dijimos se aplica a todas las ramas del derecho, incluido el DIPr.

Pero si hilamos fino, siguiendo la línea de razonamiento de Lorenzo[114], lo que hace el art. 16 es referirse a las doctrinas más recibidas –luego de hacerlo a los fundamentos de las leyes análogas y a los principios generales

---

110 Asociación Americana de Derecho Internacional Privado.

111 Ver desarrollo de este tema en: LORENZO IDIARTE, Gonzalo A., *Derecho Internacional Privado Uruguayo Codificado. Civil – Comercial – Procesal,* 4ª edición revisada y actualizada, Montevideo, FCU, 2020, Parte Primera. Las Fuentes del Derecho Internacional Privado, pp. 19-40, p. 32-39.

112 FRESNEDO DE AGUIRRE, Cecilia, *Derecho Internacional Privado. Parte General. Jurisdicción estatal y arbitral,* Tomo I, 1ª edición, Montevideo, FCU, 2022, p. 218-219.

113 PEREZNIETO CASTRO, Leonel, *Derecho Internacional Privado,* 5ª ed., México, Harla, 1991, pág. 17.

114 LORENZO IDIARTE, Gonzalo A., *Derecho Internacional Privado Uruguayo Codificado. Civil – Comercial – Procesal,* 4ª edición revisada y actualizada, Montevideo, FCU, 2020, Parte Primera. Las Fuentes del Derecho Internacional Privado, pp. 19-40, p. 32.

de derecho– como mecanismo de interpretación e integración de la ley, incluyendo, obviamente, las normas de DIPr nacionales o autónomas. Es así como se puede afirmar, como lo hace el citado autor, que las doctrinas más recibidas se convierten en fuente subsidiaria de derecho.

Como parte de su desarrollo argumental, sostiene acertadamente Lorenzo[115] que para determinar cuáles doctrinas pueden calificarse como "más recibidas" debemos atender a las posiciones doctrinas que la jurisprudencia "recoge consistente y firmemente". Podría agregarse, quizás, la de los juristas y académicos de renombre.

i. El art. 13, incs. 3 y 4: la jurisprudencia116

La jurisprudencia nacional está constituida por la interpretación que hacen los jueces de un Estado de la obra del legislador nacional o internacional[117], o sea de las normas jurídicas generales y abstractas de su orden jurídico, ya sean éstas de fuente interna o internacional, a fin de resolver casos de DIPr concretos. Cuando dicha interpretación se hace en forma uniforme, crea la fuerza del precedente, que en algunos sistemas es obligatorio (ej. Inglaterra, USA).

Pero aun dejando de lado los países cuyo sistema jurídico es fundamentalmente jurisprudencial, en muchos países el desarrollo del DIPr obedece básicamente a la jurisprudencia. En Francia, por ejemplo, el establecimiento de un verdadero sistema más o menos completo de DIPr se debe a esta fuente y lo ocurrido con el art. 3 de su Código Civil[118].

---

115 LORENZO IDIARTE, Gonzalo A., *Derecho Internacional Privado Uruguayo Codificado. Civil – Comercial – Procesal*, 4ª edición revisada y actualizada, Montevideo, FCU, 2020, Parte Primera. Las Fuentes del Derecho Internacional Privado, pp. 19-40, p. 32.

116 FRESNEDO DE AGUIRRE, Cecilia, *Derecho Internacional Privado. Parte General. Jurisdicción estatal y arbitral*, Tomo I, 1ª edición, Montevideo, FCU, 2022, p. 215-217.

117 Legislador nacional, cuando se trata del legislador de un Estado que elabora normas de DIPr.; legislador internacional, cuando se trata de dos o más Estados que negocian y elaboran soluciones de DIPr.

118 PEREZNIETO CASTRO, Leonel, *Derecho Internacional Privado*, 5ª ed., México, Harla, 1991, pág. 16. Ver análisis de este punto *supra*, en el apartado referido al método conflictualista unilateral. Cabe aclarar que la referida norma, típicamente unilateral, establece que el estado y la capacidad de los franceses se rige por la ley francesa. La bilateralización que por vía interpretativa efectuara la jurisprudencia de esta fórmula unilateral permitió al juez regular la capacidad no sólo de los franceses sino de cualquier persona. Esa bilateralización consistió en interpretar que, si el legislador francés

La jurisprudencia internacional en sentido estricto estaría constituida por la interpretación que hacen los tribunales internacionales, como por ejemplo la Corte Internacional de Justicia, de las normas jurídicas internacionales. Pero como señala Pereznieto[119], estos tribunales internacionales rara vez se han pronunciado sobre cuestiones de DIPr. No existe un órgano supranacional que resuelva las cuestiones planteadas entre particulares y que funcione en forma permanente. Por el contrario, las cuestiones de DIPr se dilucidan por los mismos tribunales nacionales estatales que resuelven las cuestiones de derecho interno, o por tribunales arbitrales, lo cual merecería un capítulo aparte.

En sentido amplio, se utiliza la expresión jurisprudencia internacional refiriendo a los fallos pronunciados por los tribunales nacionales estatales de los diversos Estados parte en una Convención internacional, interpretando y llevando al caso particular las soluciones –materiales o de conflicto– de dicha convención.

Un ejemplo en que la jurisprudencia internacional entendida en este sentido amplio sirvió a este cometido lo constituye el caso *"La Mannheim c/ China Ocean Shipping Company (COSCO)"*, referido al *buque "Xian-Cheng*[120], en que el tribunal uruguayo[121] acudió a la interpretación jurisprudencial seguida por tribunales extranjeros de Estados Parte de la Convención que resultaba aplicable, en particular en ese caso, la interpretación de los artículos 4.5 y 9.1 de la Convención de Bruselas de 1924 sobre Conocimientos de Embarque. No siendo ni Uruguay ni China (Estados con cuyos ordena-

---

quiso que la capacidad de los franceses se rigiera por la ley francesa, de haberlo previsto hubiera querido que la capacidad de los ingleses se rigiera por la ley inglesa, la de los italianos por la italiana, etc.

119 PEREZNIETO CASTRO, Leonel, *Derecho Internacional Privado,* 5ª ed., México, Harla, 1991, pág. 21, quien menciona algunos ejemplos de estos casos internacionales, como el *caso Boll*, resuelto por la Corte internacional de Justicia en el año 1958, comentado en la obra citada.

120 Publicado en la *Revista de Transporte y Seguros* Nº 10, 1997, caso Nº 186, págs. 99 a 115, sentencia de primera instancia, Nº 42 del 24/10/94 del Jdo. Ldo. de Primera Instancia en lo Civil de 17º turno, Dr. Tabaré Sosa y Sentencia de Segunda Instancia Nº 8 del 12/2/96 del TAC de 3er. Turno, Peri Valdez, Chalar, Ruibal Pino; y en FRESNEDO DE AGUIRRE, Cecilia, *Derecho Internacional Privado. Material Práctico: Documentos – Casos – Fallos,* Montevideo, FCU, 1ª ed., 2000, pp. 160-185.

121 Que asumió competencia en el caso por ser internacionalmente competente desde el punto de vista del derecho uruguayo, art. 2401 C. Civil, vigente en ese momento.

mientos jurídicos estaba involucrado el caso) parte de la misma, la jurisprudencia de los países que sí eran parte resultaba especialmente relevante[122].

Corresponde destacar que, en Uruguay, donde el precedente jurisprudencial no es obligatorio (artículo 12 CC), se observa cada vez con mayor frecuencia la referencia que realizan los jueces a los precedentes jurisprudenciales, de la propia sede y de otras, como mecanismo para fundar su fallo. Ello demuestra el rol cada vez más importante que desempeña en la práctica la jurisprudencia.

Además, como advierte acertadamente Lorenzo, "que ciertas doctrinas sean o no más recibidas depende, en gran medida, de la jurisprudencia"; ello no significa, agrega, "que la jurisprudencia sea *per se* fuente formal subsidiaria de derecho, pero no hay dudas de que la actividad jurisprudencial consolida las doctrinas más recibidas y estas sí son fuente formal subsidiaria de derecho como lo indica el propio artículo 16 C. Civ." [123]

Nótese que el artículo 13.3 refiere expresamente a "la jurisprudencia de tribunales ordinarios y arbitrales" al enumerar las fuentes materiales del derecho comercial internacional". En cuanto a su utilidad, se ha señalado que "Los precedentes arbitrales son usados por las partes para fundar sus pretensiones jurídicas (…) "Descubrir, enumerar, distinguir precedentes no es una tarea inútil, y no se llevaría a cabo si no entrara sistemáticamente en la decisión de los casos"[124]. Afirma Santos al respecto, con acierto, que "se trata de extraer de los tribunales ordinarios y arbitrales, nacionales y extranjeros, las orientaciones necesarias para dictar una resolución que respete la internacionalidad del caso".[125]

---

122 Ver fallo citado, en particular el considerando IV, págs. 113 a 115.

123 LORENZO IDIARTE, Gonzalo A., *Derecho Internacional Privado Uruguayo Codificado. Civil – Comercial – Procesal,* 4ª edición revisada y actualizada, Montevideo, FCU, 2020, Parte Primera. Las Fuentes del Derecho Internacional Privado, pp. 19-40, p. 32.

124 BENTOLILA, Dolores, "Hacia una jurisprudencia arbitral en el arbitraje de inversiones", *Anuario Mexicano de Derecho Internacional, Décimo Aniversario,* 2012, pp. 373-420.

125 SANTOS BELANDRO, Ruben, *Ley general de Derecho internacional privado de la República Oriental del Uruguay 19.920 de 17 de noviembre de 2020. El texto y su contexto americano. Curso general,* Montevideo, Asociación de Escribanos del Uruguay, 2021, pp. 838.

j. El art. 45, inc. 2°: ¿pueden las partes elegir derecho no estatal para regular su contrato?126

El artículo 45.2, siguiendo la solución de los principios de La Haya sobre la elección del derecho aplicable en materia de contratos comerciales internacionales de 2015, admite que las partes puedan elegir, para regular su contrato, reglas de *soft law*, de acuerdo a lo establecido en los artículos 13 y 51 de esta ley, y dentro de ciertos límites: que se trate de "normas de derecho generalmente aceptadas a nivel internacional como un conjunto de reglas neutrales y equilibradas, siempre que estas emanen de organismos internacionales en los que la República Oriental del Uruguay sea parte". Se trata de una novedad trascendente que se suma a la posibilidad de elegir la ley. Las partes no solamente podrán elegir una ley estatal aplicable al contrato, sino que podrían perfectamente desprenderse de todo derecho estatal para referirse a normas que emanen de organismos internacionales en los que Uruguay se parte. El ejemplo típico es el de los Principios de UNIDROIT sobre los contratos comerciales internacionales.

Esto tiene mucha más relevancia práctica de lo que podemos suponer, porque muchas veces las partes de un contrato no son conocedoras del derecho de otros Estados, pero sí se sienten seguras de recurrir a normativa emanada de organismos internacionales que recogen principios generales o prácticas generalmente aceptadas.

Cabe señalar que Lorenzo señala, con razón, que el artículo 45.2 no solo permite a las partes de un contrato elegir los usos y principios como derecho aplicable, sino que "en tal calidad, se puede eludir -legítimamente- reglas de orden público interno del derecho que habría sido en defecto aplicable (lo mismo ocurriría si se eligiera un derecho estatal diferente)"[127]. Nótese que el autor refiere al orden público interno, no al internacional, que obviamente no puede ser eludido por las partes, en especial el del Estado donde se plantea la pretensión.

---

126 FRESNEDO DE AGUIRRE, Cecilia, *Derecho Internacional Privado. Parte Especial. Derecho Internacional Privado Civil y Comercial*, Tomo III, 1ª edición, Montevideo, FCU, 2022, pp. 295-296.

127 LORENZO IDIARTE, Gonzalo A., *Derecho Internacional Privado Uruguayo Codificado. La Ley General de Derecho Internacional Privado Ley 19.920*, Montevideo, FCU, 2021, p. 54.

k. El art. 51: "aplicación de oficio cuando corresponda"

El artículo 51 establece:

> (Usos y principios). Se aplicarán, cuando corresponda, los usos y principios del derecho contractual internacional de general aceptación o recogidos por organismos internacionales de los que la República forme parte (inciso cuarto del artículo 13 de la presente ley), sin perjuicio de lo previsto en el inciso segundo del artículo 45 de la presente ley.

Tal como afirma Lorenzo, acertadamente en mi opinión, "esta aplicación de oficio no puede eludir las normas de orden público interno del Estado cuya ley resulta aplicable según las reglas anteriores, porque se aplican 'cuando corresponda'" [128]. A continuación, afirma el citado autor que

> No se hace referencia a 'la justicia y equidad en la solución del caso concreto' de la Convención de México, porque ese no es el único fundamento de aplicación". Personalmente, creo que el juez actuante deberá tener siempre en cuenta la equidad en el caso concreto, porque su función es hacer justicia (sustantiva) en el caso concreto, mientras que la justicia formal le corresponde al legislador (a priori del caso concreto). Nótese que, además, en los casos previstos en el art. 11 de la LGDIPr129, que tiene como fuente el art. 9 de la Convención Interamericana sobre Normas Generales de DIPr (CIDIP-II, Montevideo, 1979) estará obligado a tener en cuenta "la equidad en el caso concreto.

3. LA AUTONOMÍA DE LA VOLUNTAD CONFLICTUAL Y LA LEX MERCATORIA

En el mismo sentido ya señalado respecto a las normas uruguayas de DIPr autónomas, sostienen Jüenger y Sánchez Lorenzo, aunque con referencia a normas europeas, que

> la sumisión por las partes a la lex mercatoria no impide que puedan hacerse valer los intereses estatales a través de correcciones como el orden público (art. 16 del Convenio de Roma) o la aplicación de normas imperativas de

---

[128] LORENZO IDIARTE, Gonzalo A., *Derecho Internacional Privado Uruguayo Codificado. La Ley General de Derecho Internacional Privado Ley 19.920*, Montevideo, FCU, 2021, p. 60.

[129] Dicha norma establece: "(Aplicación armónica). Las normas competentes para regular los diferentes aspectos de una situación determinada, deben ser aplicadas armónicamente, tomando en consideración la finalidad perseguida por cada uno de los respectivos derechos. Las eventuales dificultades que puedan surgir se resolverán tomando en cuenta la equidad en el caso concreto."

> dirección económica (art. 7 del Convenio de Roma). En efecto, el hecho de que el art. 3 del Convenio de Roma incluyera la posibilidad de elegir, como Derecho aplicable, la lex mercatoria, no impediría buscar un equilibrio entre los intereses de las partes y los intereses públicos[130].

Ello es conteste con lo previsto en el art. 1.4 de los Principios de UNIDROIT sobre los contratos comerciales internacionales, que prevé que "estos principios no restringen la aplicación de reglas imperativas, sean de origen nacional, internacional o supranacional, que resulten aplicables conforme a las normas pertinentes de Derecho internacional privado".

Resulta claro que el Derecho Internacional Privado es compatible con la *lex mercatoria*, a través de la autonomía de la voluntad conflictual[131], cuando ésta habilita a las partes a someter su contrato a la *lex mercatoria*, por ejemplo, a determinados usos, costumbres, prácticas o Principios, como los de UNIDROIT, como lo hace el art. 13 de la LGDIPr.

Aún en los casos en que las normas de DIPr no se pronuncien al respecto, es un dato de la realidad que transacciones comerciales importantes se rigen por reglas no nacionales, como las Reglas y Usos Uniformes de la Cámara de Comercio Internacional para los Créditos Documentarios y los INCOTERMS[132] y en general van acompañadas de un acuerdo arbitral.

4. LA LEX MERCATORIA Y LAS CONVENCIONES INTERNACIONALES

La costumbre adquiere particular importancia cuando los convenios internacionales se refieren a ella, como ocurre en los casos que se mencionan a continuación a vía de ejemplo[133]. A continuación, trataremos la *lex mercatoria* en relación con la Convención Interamericana sobre Derecho Aplicable a los contratos Internacionales (CIDIP-V, México, 1994), la Convención de Viena sobre Compraventa Internacional de Mercaderías de

---

130 JUENGER, Friedrich K. & SÁNCHEZ LORENZO, Sixto A., "Conflictualismo y lex mercatoria en el Derecho Internacional Privado", R.E.D.I., vol. LII (2000), 1, pp. 15-47, p. 33.

131 JUENGER, Friedrich K. & SÁNCHEZ LORENZO, Sixto A., "Conflictualismo y lex mercatoria en el Derecho Internacional Privado", R.E.D.I., vol. LII (2000), 1, pp. 15-47, p. 36.

132 JUENGER, Friedrich K. & SÁNCHEZ LORENZO, Sixto A., "Conflictualismo y lex mercatoria en el Derecho Internacional Privado", R.E.D.I., vol. LII (2000), 1, pp. 15-47, p. 37.

133 FRESNEDO DE AGUIRRE, Cecilia, *Derecho Internacional Privado. Parte General. Jurisdicción estatal y arbitral*, Tomo I, 1ª edición, Montevideo, FCU, 2022, pp. 198-200.

1980, los Principios de UNIDROIT sobre los contratos comerciales internacionales (1994 y ediciones posteriores) y los Principios de La Haya sobre la elección del Derecho aplicable en materia de contratos comerciales internacionales (2015).

4.1. La Convención Interamericana sobre Derecho Aplicable a los contratos Internacionales (CIDIP-V, México, 1994)

El art. 9, incs. 1 y 2, de la Convención de México establece:

> Si las partes no hubieran elegido el derecho aplicable, o si su elección resultara ineficaz, el contrato se regirá por el derecho del Estado con el cual tenga los vínculos más estrechos.
> El tribunal tomará en cuenta todos los elementos objetivos y subjetivos que se desprendan del contrato para determinar el derecho del Estado con el cual tiene vínculos más estrechos. También tomará en cuenta los principios generales del derecho comercial internacional aceptados por organismos internacionales[134].

Jüenger y Sánchez Lorenzo estiman que

> Los términos de esta disposición, que mezcla las conexiones tradicionales con principios materiales de una forma ecléctica, difícilmente puede considerarse ideal. Tiene, empero, la innegable virtud de proporcionar a jueces y árbitros un margen de discrecionalidad que les permite recurrir a los Principios UNIDROIT antes que a alguna oscura e inaceptable regla de un Derecho nacional[135].

Por su parte, el art. 10 de la Convención de México[136], aunque no ha sido ratificada por Uruguay, constituye un ejemplo de una norma que se refiere a la costumbre internacional, elevándola a la categoría de fuente

---

[134] Ver sobre este tema: OPERTTI BADÁN, Didier, "El estado actual del tratamiento jurídico de los contratos comerciales internacionales en el continente americano", en Los Principios de UNIDROIT: ¿Un derecho común de los contratos para las Américas?, UNIDROIT, 1998, pp. 29-75, en especial pp. 51-53.

[135] JUENGER, Friedrich K. & SÁNCHEZ LORENZO, Sixto A., "Conflictualismo y lex mercatoria en el Derecho Internacional Privado", R.E.D.I., vol. LII (2000), 1, pp. 15-47, p. 44.

[136] Aprobada en CIDIP-V, celebrada en México en 1994, firmada por Uruguay en dicha oportunidad y aún no incorporada al orden jurídico uruguayo por los mecanismos constitucionales ya analizados. A la fecha de la publicación de este libro la Convención fue ratificada sólo por México y Venezuela (ver al respecto y para informarse acerca de su estado de ratificación, la página web de OEA. Disponible en Internet: <https://www.oas.org/juridico/spanish/firmas/b-56.html>.

de derecho, conforme al artículo 9 de nuestro Código Civil. Establece el referido art. 10:

> Además de lo dispuesto en los artículos anteriores, se aplicarán, cuando corresponda, las normas, las costumbres y los principios del derecho comercial internacional, así como los usos y las prácticas comerciales de general aceptación con la finalidad de realizar las exigencias impuestas por la justicia y la equidad en la solución del caso concreto.

Esta fórmula de la Convención de México se basó en una propuesta del Prof. Gonzalo Parra Aranguren, en Tucson, donde se celebró en noviembre de 1993 la Reunión de Expertos previa a la CIDIP-V. Herbert sostuvo siempre en relación con la Convención de México que el artículo 10 refiere exclusivamente a la interpretación del contrato, (y no a la interpretación de la Convención, a la cual refiere el art. 4). Consideró que constituía una innovación absoluta, que serviría como medio para mantener al día la Convención[137]. Opertti por su parte consideró que era mejor la redacción propuesta por Parra Aranguren, que decía: "No obstante lo dispuesto por los artículos anteriores, ..." La expresión "Además" con que comienza la norma, le da carácter acumulativo. Por tanto, parecería que se trata de un caso de aplicación del derecho, más que de interpretación. Afirmó Opertti que esta norma le fijó un límite importante a la *lex mercatoria*, dándole empleo, pero no rango igual al de ley del Estado[138].

Samtleben, por su parte, luego de analizar las posibles interpretaciones de los arts. 9 y 10 de la Convención de México, concluye afirmando que el art. 9 "...trata la determinación del derecho aplicable al contrato, sea por aplicación del método conflictual, o por recurso a un conjunto de reglas sustantivas elaborado como ordenamiento jurídico para el comercio internacional". Y agrega: "...en primer lugar, se debe buscar por criterios objetivos y subjetivos el derecho nacional con el cual el contrato se encuentre más estrechamente vinculado. El texto de la norma no nos indica en qué casos se debe prescindir de este método y recurrir a las reglas sustantivas de los principios generales del derecho comercial internacional"[139].

---

137 HERBERT, Ronald, "La Convención Interamericana sobre Derecho Aplicable a los Contratos Internacionales", *RUDIPr*, N.° 1, 1994, pp. 45-62, p. 59.

138 OPERTTI BADÁN, Didier, "La CIDIP V: una visión en perspectiva", *RUDIPr*, N.° 1, 1994, pp. 13-43, p. 35.

139 SAMTLEBEN, Jürgen, "Los principios generales del derecho comercial internacional y la lex mercatoria en la Convención Interamericana sobre derecho aplicable a los contratos internacionales", en *¿Cómo se codifica hoy el derecho comercial internacional?*, 1er volumen de la Colección Biblioteca de Derecho Global, FERNÁNDEZ ARROYO,

Para responder a este interrogante, el citado jurista recurre al criterio teleológico, y sostiene que

> ...en el mundo de la globalización, hay casos que están conectados con varios Estados sin que se pueda afirmar que el ordenamiento jurídico de uno de ellos se presta mejor que los otros a regular las obligaciones de las partes del contrato. Así, no se justifica insistir en el método conflictual para buscar un derecho nacional aplicable cuya relación con el contrato en estas circunstancias es más ocasional que real. Son estos los casos para los que los Principios de UNIDROIT se ofrecen como solución. El art. 9 inciso segundo de la Convención de México abre el camino para aprovechar esta solución, cuando por el método conflictual no se pueda establecer una conexión suficientemente efectiva con un derecho nacional [140].

La *Guía sobre el Derecho Aplicable a los Contratos Comerciales Internacionales en las Américas* (en adelante, Guía del CJI) establece con cita de Siqueiros, que la Convención de México habla de "derecho aplicable", en vez de "ley aplicable", "...básicamente para dejar en claro que la intención era abarcar los usos internacionales, los principios del comercio internacional, la *lex mercatoria* y expresiones similares". Esta posición fue apoyada por Jüenger y por Pereznieto Castro[141].

La LGDIPr, como ya se explicó, en sus artículos 1, 13, 45.2 y 51 da un paso más en cuanto a la aplicación directa de los usos y principios, dentro del marco que establece la propia ley en los artículos referidos. La solución plasmada en esta norma es "de amplio recibo, en especial en materia comercial y permite incorporar prácticas y principios que no son contenido de reglas normativas, así como soluciones generadas en organismos especializados, tales como el UNIDROIT, del que Uruguay forma parte", como se expresa en la Exposición de Motivos de la LGDIPr.

Diego P. y MORENO RODRÍGUEZ, José A. (Directores), Asunción, La Ley Paraguay/ CEDEP, 2010, pp. 413-426, p. 425.

140 SAMTLEBEN, Jürgen, "Los principios generales del derecho comercial internacional y la lex mercatoria en la Convención Interamericana sobre derecho aplicable a los contratos internacionales", en *¿Cómo se codifica hoy el derecho comercial internacional?*, 1er volumen de la Colección Biblioteca de Derecho Global, FERNÁNDEZ ARROYO, Diego P. y MORENO RODRÍGUEZ, José A. (Directores), Asunción, La Ley Paraguay/ CEDEP, 2010, pp. 413-426, p. 425-426.

141 *Guía sobre el Derecho Aplicable a los Contratos Comerciales Internacionales en las Américas*, elaborada por el Comité Jurídico Interamericano de la OEA, cuya relatoría estuvo a cargo de José Antonio MORENO RODRÍGUEZ, publicación preparada y editada por el Departamento de Derecho Internacional, Secretaría de Asuntos Jurídicos de la OEA, bajo la supervisión de Jeannette Tramhel, 2019, pp. 108-109.

4.2. La Convención de Viena sobre Compraventa Internacional de Mercaderías de 1980

Asimismo, el art. 8.3 de la Convención de Viena sobre Compraventa Internacional de Mercaderías de 1980[142] hace referencia a las "prácticas que las partes hubieran establecido entre ellas, los usos y el comportamiento ulterior de las partes"[143].

4.3. Los Principios de UNIDROIT sobre los contratos comerciales internacionales (1994 y ediciones posteriores)

Los Principios de UNIDROIT establecen en su art. 1.9:

> (Usos y prácticas) (1) Las partes están obligadas por cualquier uso en que hayan convenido y por cualquier práctica que hayan establecido entre ellas. (2) Las partes están obligadas por cualquier uso que sea ampliamente conocido y regularmente observado en el comercio internacional por los sujetos participantes en el tráfico mercantil de que se trate, a menos que la aplicación de dicho uso sea irrazonable.

Ya nos referimos *supra* a este tema. La costumbre constituye fuente subsidiaria de derecho, siempre que constituya efectivamente un principio[144], de conformidad con el art. 16 del C. Civ.:

> Cuando ocurra un negocio civil, que no pueda resolverse por las palabras ni por el espíritu de la ley de la materia, se acudirá a los fundamentos de las leyes análogas; y si todavía subsistiere la duda, se ocurrirá a los principios generales de derecho y a las doctrinas más recibidas, consideradas las circunstancias del caso.

---

142 Aprobada en Uruguay por ley N° 16.879 de 21/10/97, ratificada el 25/1/99.

143 Con respecto a los principios generales de Derecho comercial internacional, con especial referencia a la Convención de México y a la de Viena sobre compraventa puede verse SANTOS BELANDRO, Ruben, Ley general de Derecho internacional privado de la República Oriental del Uruguay 19.920 de 17 de noviembre de 2020. El texto y su contexto americano. Curso general, Montevideo, Asociación de Escribanos del Uruguay, 2021, pp. 571 y ss.

144 LORENZO IDIARTE, Gonzalo A., *Derecho Internacional Privado Uruguayo Codificado. Civil – Comercial – Procesal*, 4ª edición revisada y actualizada, Montevideo, FCU, 2020, Parte Primera. Las Fuentes del Derecho Internacional Privado, pp. 19-40, p. 32

4.4 Los Principios de La Haya sobre la elección del Derecho aplicable en materia de contratos comerciales internacionales (2015)145

Al igual que la Convención de México, los Principios de La Haya utilizan la expresión "normas de derecho" (art. 3) para aludir al derecho no estatal, pero luego agrega que esas normas de derecho deben ser "generalmente aceptadas a nivel internacional, supranacional o regional como un conjunto de normas neutrales y equilibradas, salvo estipulación en otro sentido del Derecho del foro". Como se establece en la *Guía del CJI*, instrumento de *soft law* de gran importancia práctica[146],

> Con la exigencia de 'normas neutrales y equilibradas' se pretende responder a la inquietud de que el poder negociador desigual lleve a la aplicación de reglas injustas o inequitativas. Por ello, en el Comentario 3.11 relativo a los Principios de La Haya se señala que la fuente 'debe ser reconocida de forma general como un órgano neutral e imparcial, es decir, un órgano que representa distintas posiciones jurídicas, políticas y económicas'[147].

Como bien se explica en la *Guía del CJI*,

> Las reglas elegidas de derecho no estatal deben distinguirse de las reglas establecidas por las partes. En el Comentario 3.4 relativo a los Principios de La Haya se explica que las partes no pueden efectuar una elección en materia de conflictos por mera referencia a un conjunto de normas contenidas en el propio contrato, a las cláusulas estándar elaboradas por las partes o a un conjunto de condiciones locales específicas de un sector. Por ejemplo, si varios bancos se ponen de acuerdo sobre determinadas condiciones generales que regirán determinados servicios que prestan, no podrán elegirse esas condiciones como normas de derecho aplicable. Teniendo en cuenta los atributos que deben poseer las normas de derecho (es decir, constituir un conjunto de normas neutras y equilibradas), un instrumento como los Principios de UNI-

---

145 https://assets.hcch.net/docs/21356f80-f371-4769-af20-a5e70646554b.pdf.

146 Ver al respecto el Propósito y objetivos de la Guía, en *Guía sobre el Derecho Aplicable a los Contratos Comerciales Internacionales en las Américas,* elaborada por el Comité Jurídico Interamericano de la OEA, cuya relatoría estuvo a cargo de José Antonio MORENO RODRÍGUEZ, publicación preparada y editada por el Departamento de Derecho Internacional, Secretaría de Asuntos Jurídicos de la OEA, bajo la supervisión de Jeannette Tramhel, 2019, p. 37-38.

147 *Guía sobre el Derecho Aplicable a los Contratos Comerciales Internacionales en las Américas,* elaborada por el Comité Jurídico Interamericano de la OEA, cuya relatoría estuvo a cargo de José Antonio MORENO RODRÍGUEZ, publicación preparada y editada por el Departamento de Derecho Internacional, Secretaría de Asuntos Jurídicos de la OEA, bajo la supervisión de Jeannette Tramhel, 2019, p. 109-110.

> DROIT o la CIM148 podría ser elegido como derecho no estatal. En cambio, es obvio que las cláusulas o condiciones contractuales redactadas unilateralmente no pueden considerarse como derecho no estatal que pueda elegirse como derecho aplicable. Por ejemplo, el contrato FIDIC o las normas GAFTA (...)[149].

Agrega la *Guía del CJI* con respecto a la expresión "normas de Derecho generalmente aceptadas" incluida en el art. 3 de los Principios de La Haya, que ello "busca disuadir a las partes de elegir categorías vagas como normas de derecho. Algunos ejemplos de conjunto de normas generalmente aceptadas son los Principios UNIDROIT (...)"[150]. Este criterio de interpretación se puede transpolar a otros instrumentos de *hard law* o de *soft law* que utilizan la misma expresión.

5. LA COSTUMBRE EN LA DOCTRINA CONTEMPORÁNEA151

La doctrina contemporánea ha ido un paso más allá, en particular en materia de derecho comercial internacional, como se desprende de la obra y los postulados de varios juristas de la región y del mundo.

Partiendo de principios incuestionables, afirma Lorenzo que cuando no existiera tratado y tampoco normas de DIPr de fuente autónoma, se produce un vacío normativo en el sistema nacional que es necesario integrar, de conformidad con el art. 16 del CC (y art. 1.2 de la LGDIPr), recurriendo a los fundamentos de leyes análogas, a los principios generales del derecho

---

148 Comisión Interamericana de Mujeres. disponible en Internet: <https://www.oas.org/es/cim/nosotros.asp#:~:text=La%20CIM%20fue%20el%20primer,derechos%20humanos%20de%20las%20mujeres.&text=La%20CIM%20est%C3%A1%20constituida%20por,designadas%20por%20sus%20respectivos%20gobiernos>.

149 *Guía sobre el Derecho Aplicable a los Contratos Comerciales Internacionales en las Américas*, elaborada por el Comité Jurídico Interamericano de la OEA, cuya relatoría estuvo a cargo de José Antonio MORENO RODRÍGUEZ, publicación preparada y editada por el Departamento de Derecho Internacional, Secretaría de Asuntos Jurídicos de la OEA, bajo la supervisión de Jeannette Tramhel, 2019, p. 110-111.

150 *Guía sobre el Derecho Aplicable a los Contratos Comerciales Internacionales en las Américas*, elaborada por el Comité Jurídico Interamericano de la OEA, cuya relatoría estuvo a cargo de José Antonio MORENO RODRÍGUEZ, publicación preparada y editada por el Departamento de Derecho Internacional, Secretaría de Asuntos Jurídicos de la OEA, bajo la supervisión de Jeannette Tramhel, 2019, p. 111.

151 Ver: FRESNEDO DE AGUIRRE, Cecilia, *Derecho Internacional Privado. Parte General. Jurisdicción estatal y arbitral*, Tomo I, 1ª edición, Montevideo, FCU, 2022, p. 200-201.

y a las doctrinas más recibidas, en ese orden. Destaca, con cita de Fernández Arroyo, la especial relevancia de la nueva *lex mercatoria* por su función integradora y también porque los Estados han venido reconociendo esta manifestación de normas y decisiones provenientes del ámbito privado[152].

Advierte con acierto Fernández Arroyo que se observa "...cierto proceso de 'homologación' pública de las reglas originalmente privadas, proceso que tiene lugar cada vez que estas son bien 'endosadas' por una organización internacional o bien utilizadas como base, tenidas en cuenta o directamente reproducidas por una reglamentación de carácter público, cualquiera sea su tenor"[153].

Destaca el renombrado autor el papel cada vez más relevante que desempeñan los actores privados en la codificación internacional del derecho comercial. Y afirma: "Tanto es así que el éxito o el fracaso de los intentos de reglamentación de determinadas materias puede achacarse, en buena medida y sin exagerar, al impacto de las influencias de diferentes grupos de presión..." Refiere luego a que "Los cauces para la expresión de los intereses de los actores privados son muy diversos, como diverso es el grado de legitimidad de dichos intereses". Existen "manifestaciones directas" ..., vías indirectas, menos perceptibles, que son utilizadas para influir en la conformación de la voluntad del 'legislador' internacional. (...) Lo que cambia es el marco en el que se opera, con todo lo que acarrea el paso de lo interno a lo internacional, donde, paradójicamente, el rol de los actores privados es al mismo tiempo más decisivo y menos perceptible para la opinión pública"[154].

Analizando los cambios producidos a partir del último cuarto del siglo XX con relación al "advenimiento del comercio global", los mercados nacionales "interconectados", "la tecnología moderna vinculada a grandes

---

[152] LORENZO IDIARTE, Gonzalo A., *Derecho Internacional Privado Uruguayo Codificado. Civil – Comercial – Procesal*, 4ª edición revisada y actualizada, Montevideo, FCU, 2020, Parte Primera. Las Fuentes del Derecho Internacional Privado, pp. 19-40, p. 29.

[153] FERNÁNDEZ ARROYO, Diego P., "La multifacética privatización de la codificación internacional del derecho comercial", en *¿Cómo se codifica hoy el derecho comercial internacional?*, Biblioteca de derecho de la globalización, Coordinadores: J. Basedow, D.P. Fernández Arroyo, J.A. Moreno Rodríguez), La Ley Paraguaya / CEDEP / Thomson Reuters, 2010, pp. 51-74, p. 56.

[154] FERNÁNDEZ ARROYO, Diego P., "La multifacética privatización de la codificación internacional del derecho comercial", en *¿Cómo se codifica hoy el derecho comercial internacional?*, Biblioteca de derecho de la globalización, Coordinadores: J. Basedow, D.P. Fernández Arroyo, J.A. Moreno Rodríguez), La Ley Paraguaya / CEDEP / Thomson Reuters, 2010, pp. 51-74, p. 58-59. El destacado es nuestro.

sistemas de cámaras de compensación y de pago (…)", entre otros factores, afirma Goode:

> Todos estos desarrollos han tenido un efecto profundo tanto en el contenido del derecho comercial transnacional como en el proceso de armonización. La concepción de las fuentes de derecho comercial que regulan las transacciones internacionales, es mucho más amplia de lo que solía ser, y engloba a la así denominada lex mercatoria y a una variedad de formas de derecho blando (soft law), abarcando las leyes modelos, guías legislativas, reglas uniformes contractualmente incorporadas, términos comerciales promulgados por organizaciones comerciales internacionales y los restatements internacionales preparados por profesores de distintas familias jurídicas y jurisdicciones.

Hace referencia luego a el aumento de la influencia de abogados y expertos de las distintas industrias involucradas, en la preparación de convenciones internacionales[155].

6. A MODO DE CONCLUSIÓN: LOS GRUPOS DE PRESIÓN Y LAS GARANTÍAS NECESARIAS

Es precisamente el papel que desempeñan los grupos de presión[156], los lobbies, los grupos de interés, a veces más poderosos que algunos Estados, en los procesos de codificación en organismos internacionales universales o regionales, como UNCITRAL o CIDIP, lo que debe llevar a buscar ciertas garantías a la hora de validar en forma amplia el efecto vinculante de la costumbre y el *soft law* en general en todas sus variantes.

Basedow por su parte llega a sostener que "…la elaboración de las normas debería dejarse en mayor medida en manos de los propios actores privados", y que "…probablemente el individuo se encuentra en una mejor situación que cualquier Estado para decidir qué ley se ajusta a sus necesidades actualmente y en el futuro"[157].

---

155 GOODE, Roy, "Regla, práctica y pragmatismo en el derecho comercial transnacional", en *¿Cómo se codifica hoy el derecho comercial internacional?*, Biblioteca de derecho de la globalización, Coordinadores: J. Basedow, D.P. Fernández Arroyo, J.A. Moreno Rodríguez), La Ley Paraguaya / CEDEP / Thomson Reuters, 2010, pp. 75-106, p. 77-78

156 Ver sobre este tema: FRESNEDO DE AGUIRRE, Cecilia, *Derecho Internacional Privado. Parte General. Jurisdicción estatal y arbitral*, Tomo I, 1ª edición, Montevideo, FCU, 2022, p. 202-203.

157 BASEDOW, Jürgen, *El derecho de las sociedades abiertas. Ordenación privada y regulación pública en el conflicto de leyes*, Legis, 2017, pp. 53-54.

Goode también afirma que es un dato de la realidad que "la comunidad comercial, en virtud de su conocimiento íntimo de las interioridades del comercio y las finanzas, es la mejor equipada para identificar a los problemas e idear soluciones (...)". Pero también reconoce que "el objetivo de todo derecho transnacional es mantener el balance o equilibrio entre los distintos intereses en juego" [158].

El problema es, en mi opinión, que normalmente existen necesidades e intereses contrapuestos: lo que le conviene a cierto grupo de individuos no le conviene a sus contrapartes. En otras palabras, los distintos actores del comercio internacional, que interactúan entre sí o con terceros, tienen muchas veces intereses diversos, incluso opuestos. En consecuencia, dependerá de qué individuo o grupo de individuos elabora las reglas, de la naturaleza que sean, si éstas satisfacen las necesidades de unos u otros. Es por eso por lo que no debe desdeñarse la tarea de los Estados, que al menos en teoría, formalmente –porque a nivel de los Parlamentos nacionales también actúan los lobbies o grupos de presión–, brindan las garantías de un tercero imparcial que se supone que buscará una solución equilibrada entre los intereses privados de los distintos grupos de actores privados, en especial en el ámbito del comercio internacional.

Además, precisamente en el ámbito del comercio internacional, el Estado debe preservar los intereses nacionales. Por **ejemplo**, en materia de codificación del derecho marítimo internacional, no son los mismos los intereses de los Estados que proveen servicios armatoriales, que los intereses de aquellos otros Estados que no tienen más remedio que comprar esos servicios porque carecen de flota mercante. Limitándonos al ámbito de los particulares, los intereses de aquellos comerciantes que venden servicios armatoriales, fletes, espacio en bodega, etc., suelen ser opuestos a los de aquellos comerciantes que no tienen otra opción que comprar esos servicios. A los primeros les interesa imponer normas –convencionales o de *soft law*– que limiten su responsabilidad al mínimo posible, o que directamente los exoneren de responsabilidad por los daños a la carga. A los comerciantes que utilizan los servicios de transporte, les conviene que no se fijen límites de responsabilidad, o al menos que éstos sean razonables. Si se deja la codificación en manos de uno u otro sector, el resultado será

---

[158] GOODE, Roy, "Regla, práctica y pragmatismo en el derecho comercial transnacional", en *¿Cómo se codifica hoy el derecho comercial internacional?*, Biblioteca de derecho de la globalización, Coordinadores: J. Basedow, D.P. Fernández Arroyo, J.A. Moreno Rodríguez), La Ley Paraguaya / CEDEP / Thomson Reuters, 2010, pp. 75-106, p.103.

desequilibrado en muchos aspectos, por ejemplo, en el precio de la prima del seguro que deberá pagar cada sector.

Esta problemática es reconocida por Fernández de la Gándara y Calvo Caravaca, quienes, con cita de Rabel, afirman: "El riesgo de que, a través de los usos comerciales internacionales o de los contratos-tipo y condiciones generales elaborados unilateralmente se encubran y protejan los intereses de la parte más fuerte en la contratación mercantil internacional, no es una hipótesis que deba desecharse"[159].

Agregan más adelante: "...se hace necesario asegurar de algún modo la participación internacional de todos los medios profesionales interesados en la construcción de este Derecho, si se quiere realmente que esta elaboración se realice sobre la base de un justo equilibrio" [160]. Y, por último, afirman:

> La sociedad internacional de los comerciantes -no se olvide- no es el paraíso terrenal. Como en cualquier sociedad, hay relaciones de poder, de dominación y de sumisión, adjetivadas por el ánimo de lucro. Parafraseando a Cicerón, cabe recordar que, entre el fuerte y el débil, la ley libera y la libertad esclaviza: la interposición del Estado es, desde esta perspectiva, instancia de protección de los débiles frente a los fuertes.

Agregan cita de Gondra, quien afirma: "La uniformidad jurídica, que por esta vía se pueda alcanzar, no garantiza el equilibrio y la justicia de la regulación" [161]. Más allá de los problemas reseñados, la realidad actual es que normas del estilo de los referidos art. 10 de la Convención Interamericana sobre Derecho aplicable a los Contratos Internacionales y art. 8.3 de la Convención de Viena sobre Compraventa Internacional de Mercaderías se han convertido en un principio para la contratación comercial internacional, previsto incluso en los Principios de UNIDROIT sobre los Contratos Comerciales Internacionales[162].

---

159 FERNÁNDEZ DE LA GÁNDARA, Luis y CALVO CARAVACA, Alfonso-Luis, *Derecho Mercantil Internacional*, 2ª ed., Madrid, Ed. Tecnos, 1995, p. 51.

160 FERNÁNDEZ DE LA GÁNDARA, Luis y CALVO CARAVACA, Alfonso-Luis, *Derecho Mercantil Internacional*, 2ª ed., Madrid, Ed. Tecnos, 1995, p. 52.

161 FERNÁNDEZ DE LA GÁNDARA, Luis y CALVO CARAVACA, Alfonso-Luis, *Derecho Mercantil Internacional*, 2ª ed., Madrid, Ed. Tecnos, 1995, p. 53-54, y nota al pie Nº 89.

162 disponible en Internet: <https://www.unidroit.org/spanish/principles/contracts/principles2016/principles2016-blackletter-s.pdf>. El art. 1.9 establece: "(Usos y prácticas) (1) Las partes están obligadas por cualquier uso en que hayan convenido y por cualquier práctica que hayan establecido entre ellas. (2) Las partes están obligadas por cualquier uso que sea ampliamente conocido y regularmente observado en el comer-

En esta línea, sostiene Basedow que "la apertura de las sociedades y economías priva de manera progresiva a los legisladores estatales de su habilidad de tener suficiente conciencia sobre las situaciones transfronterizas típicas y de concebir las correspondientes normas para ello". (...) Agrega:

> ... es mucho más probable que en las sociedades abiertas el conocimiento sobre las circunstancias de hecho, que resulta sustancial para la regulación de las transacciones internacionales, se confiera a los particulares y no a los Gobiernos o a los tribunales de justicia. En consecuencia, sale a la luz la regulación privada, ya sea de forma colectiva mediante asociaciones u otros cuerpos privados o por el individuo mismo a través de una elección de la ley privada.

Reconoce no obstante el renombrado jurista que la regulación privada debe estar sujeta a determinadas limitaciones, que la delegación de la tarea codificadora a los privados no soluciona todos los problemas, que "la regulación pública seguirá siendo necesaria allí donde la regulación privada es ausente o inefectiva o irrelevante (...) y allí donde los intereses públicos deben ser protegidos"[163], afirmaciones que personalmente comparto.

---

cio internacional por los sujetos participantes en el tráfico mercantil de que se trate, a menos que la aplicación de dicho uso sea irrazonable".

163 BASEDOW, Jürgen, *El derecho de las sociedades abiertas. Ordenación privada y regulación pública en el conflicto de leyes,* Legis, 2017, pp. 55-56.

Referencias

AGUIRRE MEISS, César, Objeto y Método en el Derecho Internacional privado, en Objeto y Método en el Derecho Internacional Privado, Exposiciones formuladas y trabajos presentados en las sesiones dedicadas al tema por el Instituto de Derecho Internacional Privado, celebradas en los años 1983 y 1984, 2ª edición, Montevideo, FCU, 1990, pp. 73-74.

ALEGRÍA, Héctor, Globalización y Derecho. Disponible en Internet: <https://www.studocu.com/pe/document/universidad-de-san-martin-de-porres/introduccion-al-derecho/globalizacion-y-derecho-hector-alegria/12787598 ; http://www.derecho.uba.ar/publicaciones/pensar-en-derecho/revistas/0/globalizacion-y-derecho.pdf>.

ALFONSÍN, Quintín, Teoría del Derecho Privado Internacional, Montevideo, Ed. Idea, 1982.

BASEDOW, Jürgen, El derecho de las sociedades abiertas. Ordenación privada y regulación pública en el conflicto de leyes, Legis, 2017.

BOGGIANO, Antonio, Derecho Internacional Privado, T. I, 2ª Ed., Buenos Aires, Depalma, 1983.

BOGGIANO, Antonio, International standard contracts. A comparative study, Recueil des Cours, 1981-I.

BOUTIN, Gilberto, "Lex Mercatoria: Fundamento y apreciación en el Derecho Internacional Privado Panameño", en J. Kleinheisterkamp y G. A. Lorenzo Idiarte (coords.), Avances del derecho internacional privado en América Latina: liber amicorum Jürgen Samtleben, Montevideo, Fundación de Cultura Universitaria, 2002, pp. 287-300.

CALLIESS, Gralf-Peter, "Lex mercatoria", Basedow/Rühl/Ferrari/De Miguel (eds.), Encyclopedia of Private International Law, Cheltenham, UK – Northampton, MA, USA, Edward Elgar Publishing, 2017, Volume II, pp. 1119-1129.

CARLE, Gregorio Cristóbal, Regulación legal del comercio exterior: Visión retrospectiva y futuro del recurso normativo a la "Nueva Lex Mercatoria Internacional", *vLex International*–Núm. 44, Enero 2019.

DELAUME, G. R., *Law and Practice of Transnational Contracts,* Ed. 1988.

ESPLUGUES MOTA, Carlos, "Capítulo IX. Compraventa Internacional de Mercaderías: Los INCOTERMS 2000", en *Derecho del Comercio Internacional. Mercosur – Unión Europea,* obra colectiva coordinada por Carlos Esplugues Mota y Daniel Hargain, Madrid/Montevideo/Buenos Aires, Ed. Reus S.A./Ed. BdeF, 2005, pp. 399-435.

FERNÁNDEZ ARROYO, Diego P., "La multifacética privatización de la codificación internacional del derecho comercial", en ¿Cómo se codifica hoy el derecho comercial internacional?, Biblioteca de derecho de la globalización, Coordinadores: J. Basedow, D.P. Fernández Arroyo, J.A. Moreno Rodríguez), La Ley Paraguaya / CEDEP / Thomson Reuters, 2010, pp. 51-74.

FERNÁNDEZ DE LA GÁNDARA, Luis y CALVO CARAVACA, Alfonso-Luis, Derecho Mercantil Internacional, 2ª ed., Madrid, Ed. Tecnos, 1995.

FOUCHARD, Philippe, GAILLARD, Emmanuel, GOLDMAN, Berthold, Traité de l'arbitrage commercial international, Litec, 1996.

FRESNEDO DE AGUIRRE, Cecilia, Derecho Internacional Privado. Material Práctico: Documentos – Casos – Fallos, Montevideo, FCU, 1ª ed., 2000.

FRESNEDO DE AGUIRRE, Cecilia y LORENZO IDIARTE, Gonzalo A., Texto y Contexto. Ley General de Derecho Internacional Privado Nº 19.920, Montevideo, FCU, 2021.

FRESNEDO DE AGUIRRE, Cecilia, Derecho Internacional Privado. Parte General. Jurisdicción estatal y arbitral, Tomo I, 1ª edición, Montevideo, FCU, 2022.

FRESNEDO DE AGUIRRE, Cecilia, Derecho Internacional Privado. Parte Especial. Derecho Internacional Privado Civil y Comercial, Tomo III, 1ª edición, Montevideo, FCU, 2022.

GARRIDO GÓMEZ, Ma. Isabel, El soft law como fuente del Derecho extranacional, Madrid, Editorial Dykinson, 2018, en especial "Capítulo III. La Lex Mercatoria", pp. 91-126.

GLITZ, FRederico E.Z., «Lex Mercatoria: ¿Orden Jurídico Autónomo?", en Rev. secr. Trib. perm. revis. Año 5, Nº 9; Marzo 2017; pp. 196-223.

GOLDMAN, Berthold, "Nouvelles Réflexions sur la Lex Mercatoria", en *Festschrift Pierre Lalive*, Basel, Frankfurt a.M. 1993, at 241 et seq., Disponible en Internet: <https://trans-lex.org/112300>.

GOODE, Roy, "Regla, práctica y pragmatismo en el derecho comercial transnacional", en ¿Cómo se codifica hoy el derecho comercial internacional?, Biblioteca de derecho de la globalización, Coordinadores: J. Basedow, D.P. Fernández Arroyo, J.A. Moreno Rodríguez), La Ley Paraguaya / CEDEP / Thomson Reuters, 2010, pp. 75-106.

Guía sobre el Derecho Aplicable a los Contratos Comerciales Internacionales en las Américas, elaborada por el Comité Jurídico Interamericano de la OEA, cuya relatoría estuvo a cargo de José Antonio MORENO RODRÍGUEZ, publicación preparada y editada por el Departamento de Derecho Internacional, Secretaría de Asuntos Jurídicos de la OEA, bajo la supervisión de Jeannette Tramhel, 2019.

JÜENGER, Friedrich K. y SÁNCHEZ LORENZO, Sixto A., "Conflictualismo y lex mercatoria en el Derecho Internacional Privado", *R.E.D.I.*, vol. LII (2000), 1, pp. 15-47.

KESSEDJIAN, Catherine, Codification du Droit Commercial International et Droit International Privé. De la gouvernance normative pour les relations économiques transnationales, Recueil des cours, Vol. 300, 2002.

LEÓN ROBAYO, Édgar Iván, "La nueva Lex Mercatoria: un derecho transnacional uniforme", Derecho internacional: varias visiones, un maestro. Liber Amicorum en Homenaje a Marco Gerardo Monroy Cabra, Rosario, Universidad de Rosario, 2014, pp. 397-432.

LOQUIN, Éric, Les règles matérielles internationales, Recueil des cours, Vol. 322, 2006.

LORENZO IDIARTE, Gonzalo A., Derecho Internacional Privado Uruguayo Codificado. La Ley General de Derecho Internacional Privado Ley 19.920, Montevideo, FCU, 2021.

LORENZO IDIARTE, Gonzalo A., Derecho Internacional Privado Uruguayo Codificado. Civil – Comercial – Procesal, 4ª ed. revisada y actualizada, Montevideo, FCU, 2020.

MAEKELT, Tatiana B. de, Teoría General del Derecho Internacional Privado, Caracas, Academia de Ciencias Políticas y Sociales, 2005.

MARIÑO LÓPEZ, Andrés, Código Civil de la República Oriental del Uruguay. Comentado, anotado y concordado, Tomo I, 3ª edición Actualizada y ampliada, Montevideo, La Ley Uruguay, 2016.

MARZORATTI, Osvaldo J., Derecho de los negocios internacionales, Tomo I, 3ª ed. actualizada y ampliada, Buenos Aires, Ed. Astrea, 2003.

MATTEO TERRA, Vivien, Objeto y Método en el Derecho Internacional privado, en Objeto y Método en el Derecho Internacional Privado, Exposiciones formuladas y trabajos presentados en las sesiones dedicadas al tema por el Instituto de Derecho Internacional Privado, celebradas en los años 1983 y 1984, 2ª edición, Montevideo, FCU, 1990, pp. 75-86.

MIAJA DE LA MUELA, Adolfo, Derecho Internacional Privado, Tomo Primero, 2ª ed., Madrid, 1956.

OPERTTI BADÁN, Didier, "El estado actual del tratamiento jurídico de los contratos comerciales internacionales en el continente americano", en Los Principios de UNIDROIT: ¿Un derecho común de los contratos para las Américas?, UNIDROIT, 1998, pp. 29-75.

OPERTTI BADÁN, Didier y FRESNEDO DE AGUIRRE, Cecilia, "El derecho comercial internacional en la nueva Ley General de Derecho Internacional Privado de Uruguay. Una primera aproximación", en *¿Cómo se codifica hoy el derecho comercial internacional?*, 1er volumen de la Colección Biblioteca de Derecho Global, FERNÁNDEZ ARROYO, Diego P. y MORENO RODRÍGUEZ, José A. (Directores), Asunción, La Ley Paraguay/CEDEP, 2010, pp. 385-411.

PEREZNIETO CASTRO, Leonel, *Derecho Internacional Privado. Parte General*, 8ª ed., México, Oxford University Press, 2003.

RAMÍREZ, Gonzalo, El Derecho Comercial Internacional en el Congreso Jurídico Sudamericano instalado en la Ciudad de Montevideo (República Oriental) el 25 de agosto de 1888, Montevideo, Tipo-Litografía "Oriental", 1889.

RODRÍGUEZ, Agustina, "Aplicación de la lex mercatoria en los contratos internacionales. Análisis bajo el derecho uruguayo y la jurisprudencia de los tribunales nacionales", en *RUDIP* Nº 11, 2020, pp. 109-130.

RUIZ ABOU-NYGM, Verónica, "The *lex mercatoria* and its current relevance in international commercial arbitration", en *Liber Amicorum en Homenaje al Profesor Dr. Didier Opertti Badán*, Montevideo, FCU (copatrocinado por la OEA), pp. 469-499.

SAMTLEBEN, Jürgen, "Los principios generales del derecho comercial internacional y la *lex mercatoria* en la Convención Interamericana sobre derecho aplicable a los contratos internacionales", en ¿Cómo se codifica hoy el derecho comercial internacional?, 1er volumen de la Colección Biblioteca de Derecho Global, FERNÁNDEZ ARROYO, Diego P. y MORENO RODRÍGUEZ, José A. (Directores), Asunción, La Ley Paraguay/CEDEP, 2010, pp. 413-426.

SANTOS BELANDRO, Ruben, Ley general de Derecho internacional privado de la República Oriental del Uruguay 19.920 de 17 de noviembre de 2020. El texto y su contexto americano. Curso general, Montevideo, Asociación de Escribanos del Uruguay, 2021.

SIERRALTA RÍOS, Aníbal, "Comentarios liminares del derecho internacional del comercio: un enfoque latinoamericano. En J. Kleinheisterkamp y G. A. Lorenzo Idiarte (coords.), Avances del derecho internacional privado en América Latina: liber amicorum Jürgen Samtleben, Montevideo, Fundación de Cultura Universitaria, 2002, pp. 255-286.

TALICE, Jorge, Objeto y Método en el Derecho Internacional privado, en Objeto y Método en el Derecho Internacional Privado, Exposiciones formuladas y trabajos presentados en las sesiones dedicadas al tema por el Instituto de Derecho Internacional Privado, celebradas en los años 1983 y 1984, 2ª edición, Montevideo, FCU, 1990, pp. 29-61.

TALICE, Jorge, "Apuntes sobre el Derecho Comercial Internacional t aportes del Dr. Ronald Herbert al sistema uruguayo", en RUDIPr Nº 8, 2016, Separata, pp. 51-124.

TELLECHEA BERGMAN, Eduardo, "Las normas materiales legisladoras del tráfico jurídico privado integran el derecho internacional privado", en Objeto y Método en el Derecho Internacional Privado, Exposiciones formuladas y trabajos presentados en las sesiones dedicadas al tema por el Instituto de Derecho Internacional Privado, celebradas en los años 1983 y 1984, 2ª edición, Montevideo, FCU, 1990, pp. 119-129.

Hacia un Nuevo Derecho Común de Contratos

ENRIQUE BARROS BOURIE[1]

El derecho de contratos de Hispanoamérica tiene una matriz común en la tradición del derecho civil fundada por el *Code civil* francés de 1804, cuyos antecedentes fueron los romanistas y iusnaturalistas Dumoulin (S. XVI), Domat (S. XVII) y Pothier (S. XVII). Esta rica tradición se alimenta de las costumbres de la época. El contrato típico era la compraventa de un predio, esto es, un negocio que recae sobre un cuerpo cierto. La cosa vendida suelen ser hoy mercaderías, a menudo en compraventas internacionales. El concepto de contrato de la codificación decimonónica no se hace cargo de contratación moderna, centrada en servicios y en bienes fungibles.

El modelo clásico del contrato de compraventa de una cosa específica ha sido superado por la realidad. La explosión de la contratación moderna no responde, sino muy excepcionalmente los negocios de la temprana modernidad. Ese derecho clásico de contratos, que tiene un punto alto en el Código de Bello, pero se ve superado por la diversidad de tipos contractuales en el tráfico económico, por nuevas formas de contratación masiva, de relaciones asimétricas entre proveedores y consumidores, por el comercio de mercaderías, por la contratación electrónica inimaginable en el siglo XIX. A ello se agregan contratos comerciales en externo complejos, como la construcción de caminos y de obras industriales.

Además de que el modelo de racionalidad que subyace al contrato del derecho clásico está muy influido por el individualismo racionalista. El principio rector de la relación contractual es *caveat emptor,* cada cual, de cuidar su interés, asumiéndose que las diferencias de conocimiento, experiencia y discernimiento son de exclusivo cargo de cada cual.

II

Estos cambios hacen muy difícil un concepto simple de contrato. En un extremo se encuentran los contratos de consumo; en el otro, los contratos complejísimos negociados en detalle, siguiendo prácticas negociales en extremo complejas. Esta realidad obliga a que el modelo del sujeto racional

---

1 Académico del Número Academia de Ciencias Sociales, Políticas y Morales. Instituto de Chile.

que cuida informadamente su interés no sea representativo de la realidad contractual en que la asimetría de las partes suele dificultar un consentimiento informado. Así, el primer paradigma en cuestión es el concepto de sujeto racional subyacente a la economía del contrato de la doctrina clásica: la protección de la confianza, desde las negociaciones preliminares, es precisamente un reconocimiento de las cargas y limitaciones que tiene el control del abuso de posiciones de poder, de influencia, de información y de profesionalismo.

A ello se agrega una mirada más distanciada del principio de que es la voluntad, y no la participación en una práctica contractual, el elemento constitutivo del contrato. Ello se muestra en la doctrina del error, que solo mira la posición de quien lo sufre, porque es *su* voluntad la viciada; pero esa mirada supone dejar de lado el interés de la otra parte en que el contrato sea observado. La seguridad jurídica ha llevado a que la doctrina clásica del error se haya moderado porque se toma en cuenta la alteridad del contrato: solo en la medida que la contraparte quede justamente protegida habrá lugar a acoger el error con vicio de nulidad. Y la fuerza no es solo esa amenaza de un mal irreparable, sino también el abuso de posición de una parte respecto de la otra.

Finalmente, cuando se contrata se participa de una práctica. En contratos cotidianos esperamos que la contraparte se comporte con decoro, según las expectativas que una persona razonable tendría a ese respecto. Por eso, el contrato no solo se integra con las normas de derecho dispositivo, sino, siempre atendiendo al tipo de contrato, con los mandamientos de la buena fe, que desde Domat nos hacen mirar no solo a las palabras, sino a la *naturaleza de la relación*. Los contratos de consumidores son ejemplares al respecto, al quedar limitada las posibilidades de los proveedores de cambiar a su arbitrio, mediante condiciones generales de contratación, aquello *que el consumidor razonable tiene derecho a esperar*.

III

En el otro extremo de la relación contractual quisiera referir la redefinición funcional del sistema de acciones judiciales y demás remedios contractuales. La tendencia es a simplificar y ampliar la protección del acreedor, lo que es una necesidad funcional de la economía moderna. Por ejemplo, la exigencia de la doctrina clásica de recurrir al juez para hacer valer un derecho en caso de incumplimiento impone a la parte cumplidora una carga que es por completo disfuncional. Un reordenamiento del sistema de acciones y demás remedios por incumplimiento es esencial para evitar que el acreedor quede a disposición del deudor incumplidor en un sistema de contratos en que el tiempo es muy relevante. También a este respecto, las acciones protectoras del comprador de un cuerpo cierto no son modelos razonables en un contratos de transporte marítimo o en un contrato de consumo. Un ejemplo está dado por el entendimiento por la doctrina civil clásica de la forma operativa de las normas sobre resolución. Si el vendedor no entrega las mercaderías, el comprador debe demandar judicialmente la resolución en juicio ordinario que dura años. Entretanto queda entregado al vendedor. Esta distribución de posiciones estratégicas no hace sentido en la funcionalidad del contrato como instrumento eficiente de intercambios; y tampoco desde el punto de la justicia conmutativa se justifica dejar en situación desventajosa a quien ha cumplido su propia obligación. Abundan los ejemplos de debilidades estructurales de la doctrina clásica en la ordenación de los efectos del contrato.

IV

En ambos extremos, el de la formación y de los efectos del incumplimiento contractual, el modelo de los códigos decimonónicos es insuficiente. Por eso, la doctrina ha desarrollado lo que podemos llamar un derecho común de contratos. En las últimas décadas algunos países iberoamericanos han cambiado sus códigos civiles (v. gr. Perú, Brasil, Argentina). Son antecedentes valiosos, pero solo parcialmente siguen los que podemos llamar un nuevo derecho común de contratos.

La doctrina dominante en Chile es que debemos adoptar el punto de vista del derecho común de contratos, que atiende a los aspecto que he referido. No es casual que los dos principales códigos de la tradición del derecho civil, el alemán y el francés, hayan sido modificados recientemente. Pero en gran medida lo han hecho siguiendo una tradición común que ha caminado en las direcciones que sucintamente he reseñado.

En un seminario orientado a mirar el derecho desde perspectivas multinacionales no puedo omitir una referencia a lo que ha sido la historia de esta evolución. El punto de partida es el estudios comparado del derecho de la compraventa de Ernst Rabel de 1934. Buena parte de la evolución bosquejada en esta ponencia encuentra su fundamento en su análisis de la Convención de Naciones Unidas sobre Compraventa internacional de Mercadería, que ha sido ratificada por todos los países representados en este Congreso.

Este instrumento forma parte de nuestros derechos nacionales y es el punto de partida para el desarrollo de un derecho común de contratos, que se ha ido concretizando en el derecho europeo de la tradición del derecho civil, que nos obliga a promover una interpretación e integración sensible a las realidades del tráfico en nuestros derechos nacionales

Es tarea esencial de la doctrina jurídica que este desarrollo se alimente de una tendencia que atiende a justicia del tráfico, protegiendo el consentimiento frente a abusos y estableciendo nuevos deberes de lealtad, por un lado, y se haga cargo de la seguridad del crédito en una economía que depende de la confianza en la eficacia del tráfico, por el otro.

Capítulo 3

Los desafíos generados para el derecho por la inteligencia artificial (IA)

ARMANDO S. ANDRUET (H)
HUMBERTO ROMERO-MUCI
RAMIRO MORENO BALDIVIESO
ERNESTO CAVELIER FRANCO

Inquietudes por el futuro de la ciencia jurídica fragmentada por la inteligencia artificial y los tiempos digitales[1]

ARMANDO S. ANDRUET (H)[2]

1. GRADO CERO DE LA PROPUESTA

Queremos iniciar el presente aporte con una reflexión que hace el filósofo José Ortega y Gasset en el primer párrafo de una obra central, publicada en el año 1939 intitulada '*Meditación sobre la técnica*' y que nos ha inspirado mucho para esta contribución. Dice el profesor madrileño

> Uno de los temas que en los próximos años se va a debatir con mayor brío es el del sentido, ventajas, daños y límites de la técnica. Siempre he considerado que la misión del escritor es prever con holgada anticipación lo que va a ser problema, años más tarde (...) y proporcionarles a tiempo (...) ideas claras sobre la cuestión..."[3].

Ciertamente que no podremos nosotros brindar una completa claridad a las ideas que tenemos respecto al problema de la ciencia jurídica y por las controversias que se habrán de tener que afrontar por el advenimiento y eventual consolidación de la inteligencia artificial (en adelante IA); y por ello, es que nuestras ideas a tal respecto, no serán completamente terminantes y decisorias, sino que en realidad nuestro principal objetivo en la presente ocasión, será como máximo, aspirar a colaborar con algunas reflexiones que se asienten en un eje, que pueda ser un aporte colabora-

---

1 El texto es una labor de escritura ampliada de la síntesis que se hiciera en la Mesa III intitulada 'Los desafíos generados para el derecho por la inteligencia artificial', en el marco del Ier. Congreso Regional de Académicas Jurídicas de América del Sur, organizado por la Academia Colombiana de Jurisprudencia los días 4 al 6 de octubre en Bogotá, Colombia.

2 Doctor en Derecho. Presidente y Académico de Número de la Academia Nacional de Derecho y Cs.Ss. de Córdoba. Profesor Emérito de la Universidad Católica de Córdoba. Código Orcid: 0000-0002-7447-9590. Contacto: armandoandruet@gmail.com

3 Ortega y Gasset, José (1945) Ensimismamiento y alteración – Meditación de la técnica. Buenos Aires: Espasa Calpe, pág. 57.

tivo para encontrar verdaderas vías reflexiva a tal respecto, aun sabiendo que incluso en el caso de encontrarlas a ellas, habrán de ser igualmente provisorias todavía.

Tal como conocemos en la historia de la filosofía hay un registro central y que no se puede obviar de considerarlo en esta ocasión; y que, como tal, es lo que permitió a que en el siglo VI a.C. se produjera algo verdaderamente central para el pensamiento y la civilización como fue, haberse abierto el camino para el tránsito fecundo primero y luego la consolidación, de un período que se define sencillamente bajo el sintagma del 'paso del mito al logos'[4] y con él, habrá de comenzar un proceso de trasformación complejo, donde el origen y principio de las cosas no será incierto e indeterminado, sino que habrá una pregunta y una reflexión que acompañe desde la razón, desde el '*logos*' tal cuestión, y que será respondida de diversas maneras.

La interrogación por el '*arje*' o principio, es de algún modo la que sintetiza el mencionado tránsito, puesto que el hombre se admira de la naturaleza y busca razones que la expliquen y ya no resulta suficiente la creencia mítica de los dioses que expliquen todo, sino de un *logos*, de una razón que lo pueda hacer. Tal desarrollo, que se inicia con dicha piedra de anclaje de retirar el mito y en su lugar instalar el *logos*, llevará un tiempo de pensamiento y que históricamente se les reconoce a los cosmólogos presocráticos[5], que tenían como preocupación el reconocer en una naturaleza física aquello que era el principio. Así, algunos lo atribuirán al agua, otros al aire o aquello que resultaba indefinido y con ello, habrá de comenzar la explicación racional y no ya mítica y mágica acerca de las cosas.

Cabe agregar que esta construcción racional por la cual se intenta explicar el orden del universo reposa sobre la idea central de la '*physis*' que no solo es aplicable para el cosmos, sino también para la naturaleza humana. Pues la *physis* es de donde todo emerge, y lo que coloca el orden en todo ello. La naturaleza está ordenada por el mismo *logos*. Finalmente, *logos* y *physis* son la misma cosa[6].

---

4 Hirschberger, Johannes (1979) Historia de la filosofía. Barcelona: Herder, T.I, pág. 44.

5 Vide Gomperz, Theodor (1951) Pensadores griegos – Historia de la filosofía de la antigüedad. Asunción: Guarania, T.I, pág. 73 y ss.

6 Jaeger, Werner (1962) La medicina griega considerada como *paideia*. En Paideia: Los ideales de la cultura griega. México: F.C.E., pág. 787 y 788.

La *physis* que es el principio del orden del cosmos está presente en la totalidad de la naturaleza y dicho orden natural, por definición para el hombre griego habrá de estar centralizado en cuatro elementos activos y que se identifica con lo seco, húmedo, caliente y frio. Agregan también que los cambios que se producen en la naturaleza humana y no humana pueden ser ellos por necesidad (*factum*) y entones son inexorables y también superiores a toda voluntad humana, y los otros que se corresponden al mero azar y que permiten la intervención en su realización al hombre[7]. Todo comenzó claramente 25 siglos atrás, especialmente para nuestra cultura occidental[8].

Los tiempos que corren hoy, en la tercera década del siglo XXI nos vuelven a enfrentar con una situación tan especial como aquella otra, puesto que también asistimos a un giro tan trascendental como aquél paso del mito al logos, puesto que a nuestra civilización de *homo sapiens sapiens* se le avecina un nuevo 'paso', como es el que se corresponde con superar el 'mundo analógico' para una instalación del 'mundo digital'. Quien con mejor claridad se ha referido a este problema –según lo hemos podido consultar nosotros– ha sido Andrés Gil Domínguez quien indica: "*El tránsito del mundo analógico al mundo digital implica también una transformación ontológica de la condición humana no solo por la cantidad de información que se produce sino porque las esencias emergen a la superficie la complejidad queda escondida en algún lugar*"[9].

De algún modo, en ese mismo tránsito, también se consolida otro paso igualmente de alta significación como es del 'humanismo al poshumanismo' y con ello, se habrán de producir transformaciones también severas en diferentes categorías sociales, políticas, culturales y jurídicas hoy existentes, y que por dichas circunstancias se habrán de modificar centralmente. Algunas de ellas, dejarán de existir en modo completo y otras habrán de tener que sufrir profundas transformaciones para poder seguir en pie y por ello, dudando si realmente son ellas o son otras distintas, pero a las cuales, le hemos mantenido su lexicografía gramatical, aunque su semántica pueda ser muy diferente.

A la luz de todo ello, sin duda que los próximos e inmediatos años, habrán de ser al fin de cuentas, los que consolidarán a la sociedad en una

---

7 Bréhier, Emile (1948) Historia de la filosofía. Buenos Aires: Sudamericana, T.I, pág. 92 y ss.

8 Vide Nemo, Philippe (2006) ¿Qué es occidente? Madrid: Gota a Gota.

9 Gil Domínguez, Andrés (2023) Constitucionalismo digital – Digitalización, Big data, Inteligencia artificial, Blockchain, Tokenización, Metaverso. Buenos Aires: Ediar, pág. 14.

nueva materialización civilizatoria, principalmente instrumentalizada por una tecnocracia algorítmica y nuestro planeta, será un espacio cohabitado por diversas especies de seres, puesto que, sin duda, algunos continuarán siendo hombres, otros serán transhumanos y finalmente los restantes quizás posthumanos.

Creer que la ciencia jurídica actual y aquella otra mejorada a la cual se pueda arribar con relativa urgencia y fuerte ejercicio de cosmética normativa, pueda ser suficiente para soportar el embate transformativo de los tiempos por advenir, y de los cuales habremos de hacer un breve apunte solo fundamentado y no por ello en modo superficial, en la misma evolución y progresividad de la tecnología computacional y de las disciplinas que alimentan el acróstico central del transhumanismo como es NBIC. Todo ello nos coloca en una posición de máxima precaución y prevención frente al futuro cuando reflejamos dichos avances en el espejo de las ciencias jurídicas.

De esta manera, es que no dudamos que los requerimientos que al derecho normativo se le habrá de hacer, serán muy importantes y el embate por dichas cuestiones no será potencial, sino real y, por lo tanto, también, la solución no podrá ser ficcional ni hipotética, tendrá que ser una que tenga la suficiente entidad como para poder ser efectiva.

2. EL CAMINO DE UNA CIENCIA JURÍDICA NOVA – POSIBILIDADES Y NECESIDADES

Tenemos para nosotros en dicho orden de transformaciones significativas, el aprendizaje de cuando la biotecnología empezaba a demostrar que su desarrollo futuro, iba a poner en compromisos antropológicos a la especie humana propiamente, puesto que resultaba evidente que podía –como es tal– intervenir sobre las líneas celulares germinales; fue que rápidamente se pusieron en marcha juristas, eticistas, filósofos, bioeticistas y científicos en la construcción de instrumentos internacionales que dieran contención y limitación a tales experiencias soñadas y por ello se consideraba firmemente que una Declaración Universal de Bioética y Derechos Humanos, como fuera la dictada por UNESCO en 2005 sería un elemento de consulta, reflexión y autolimitación para esos peligros y otros tantos, que todavía no se proyectaban en modo completo pero que ya, sus siluetas se perfilaban en el horizonte científico.

Sin embargo, nada de ello ocurrió y la Declaración antes citada, desde su aprobación hasta el mismo día de hoy, integra parte de un territorio erudito y muy significativo para los grandes desarrollos intelectuales y la discusión dialéctica de congresos y *papers* académicos, pero a los sistemas jurídicos en concreto poca colaboración ha brindado y solo ha servido, para una vaga hermenéutica teleológica que algún juez pueda hacer, pero sin ningún efecto ordenatorio propiamente. Lo cual es absolutamente cierto porque se trata de una Declaración y no de un Tratado, pero podría perfectamente servir de elemento hermenéutico en tantísimos casos y cuestiones en que la bioética y el derecho se intersectan en el sistema jurídico. Para la ciencia jurídica podría ser inexistente dicha Declaración y penosamente, sería igual la reflexión y definición de los tribunales.

Es probable, nuevamente, que dos décadas después frente a sucesos todavía más significativos que aquellos que hemos referenciado, como son los que tenemos por delante por este tiempo, volvamos a pensar la solución por dicha ruta ya conocida de documentos internacionales de Naciones Unidas y que, a la vista dada por la Declaración de Bioética, pues sin duda que ha dejado un bajo resultado operativo y ello hace, infecundo *a priori* volver a transitar dicho camino sin perjuicio que siempre es un trabajo estimulante y muy significativo el de UNESCO en todos estos complejos temas.

Pues por ello, es que, frente a las inocultables carencias de otras reflexiones, las que acaso fueran propuestas por UNESCO no puedan ser despreciadas, porque conforman un bloque reflexivo de alto valor orientativo, puesto que no se puede dudar de la mencionada seriedad, trabajo académico y científico que sostienen todos los documentos que de allí proceden. Pero ello en modo alguno, puede ser punto final porque en otras situaciones análogas no ha funcionado. Sin embargo debería ser en rigor de verdad, un excelente punto de inicio para proyecciones continentales y nacionales de carácter normativo propiamente.

El tiempo de las Declaraciones fue sin duda importante setenta y cinco años atrás, cuando luego de la segunda guerra mundial, los países –no todos– promovieron la Declaración de los Derechos de Hombre. Hoy los sistemas jurídicos deben buscar y ejecutar sus transformaciones sustanciales en sus cuerpos normativos de modo inexorable, de nuevo lo decimos, porque la totalidad de los sistemas jurídicos han sido pensados en clave analógica y no digital y el futuro próximo, tendrá como lo tiene el comercio electrónico hoy, una tendencia al crecimiento sostenido[10].

---

10 El crecimiento de e-comercio o comercio digital en los últimos, especialmente luego de la pandemia es totalmente sostenido en su fortalecimiento en todos los rubros.

De tal manera, que los juristas deberán pensar una ciencia jurídica para un nuevo tiempo que se emplaza en la realidad de una extraña manera, en donde se desmaterializa la persona tal como la conocemos y en su lugar, habrá otras presencias, puesto que bien podrá ser un avatar, un humanoide, un transhumano o hasta, quien lo sabe hoy, una naturaleza cerebral volcada sobre un instrumento maquínico que alberga todo su yo[11], etc.

Posiblemente los ejemplos que más nos pueden cooperar, para construir la reflexión vía analógica de la necesaria reconsideración de una buena parte del sistema jurídico que hoy existe, pueda ser advertida teniendo a la vista, las diferentes alquimias que los juristas construyen, para dar un emplazamiento coherente con el sistema, por ejemplo a una cierta entidad de transportación ya en camino de proyectarse globalmente al mercado de consumo, como es la que se corresponde con los vehículos autónomos, esto es, sin conductor humano y sin tener resuelta la responsabilidad por la siniestralidad que se puede producir. Las discusiones acerca de quién será el responsable por un daño es completamente discutible y hay buenas razones para unos y para otros quienes sostienen tesis antagónicas, y con ello se advierte que hay una franja que habrá de transformar la prudente cuota de discernimiento judicial en una auténtica incógnita judicial y por ello, abierta a capítulos de arbitrariedad manifiesta.

Lo definitivamente cierto, es que con mucho o poco de lo que tienen en general la mayoría de las ciencias jurídicas nacionales, no parece que en ellas exista una estructura suficiente para soportar el embate jurídico que se avecina como es, el de las cosas manejadas por inteligencia artificial. Sin duda que la ciencia jurídica futura no puede ser satisfactoria si es solo una mera ampliación de la que es, o una cuidada remasterización de institutos del mundo analógico transformados para ser emplazados en el mundo digital.

Tales supuestos lo podrán ser en los procesos vestibulares –tal como es el actual– donde los epifenómenos y fenómenos de la IA recién se están materializando en perspectivas de conflicto y hasta tanto se generen los nuevos sistemas jurídico-digitales y quede consolidada la realización de sociedades completamente atravesadas por la IA y por ello, con grandes distancias con la actual. En dicho ínterin el uso *ad simili* de lo analógico para lo digital podrá ser suficiente solo en cuanto que, en ese mismo tiempo se estén ensayando los modelos teóricos de una nueva ciencia jurídica, donde

---

Entre otros, se pueden consultar estadísticas confiables en https://es.statista.com/temas/9072/comercio-electronico-en-el-mundo/#topicOverview.

11 Cfr. O'Connell, Mark (2019) Cómo ser una máquina. Madrid: Capitán Swing, pág. 56, 69.

la construcción dogmática actual quede reducida y se abra ante nuestros ojos, un derecho que no esté construido bajo y desde la centralidad antropológica, esto es del hombre.

No porque el hombre no siga siendo la pieza sustantiva del sistema jurídico-digital, sino porque en el futuro de los sistemas jurídicos, la centralidad habrá de pasar a los '*diversos escenarios del hombre*' y por ello, bien se podrá pensar el postmoderno sistema jurídico-digital territorializado en espacios digitales, analógicos y mixtos y por lo que, habrá que pensar las vertebraciones monocordes para cada una de esas regiones y también aquellas otras que interrelacionen unas con otras.

Hasta resultaría posible de indicar, que nuestra ciencia jurídica ha pensado al derecho como no podía ser de otro modo, en clave antropológica o para decirlo de otro modo, en coordenadas del ser, y por lógica deducción, en esa construcción el derecho es el instrumento que asegura la posible realización del ser hombre en cuanto socialmente comparte con otros y aspira a una vida comunitaria con ellos[12].

El derecho hasta nuestro días no se puede desentender de su condición de ser pensado primariamente en clave humana, está formulado en modo antropocéntrico y ello parece no solo adecuado sino naturalmente saludable. Solo muy excepcionalmente en las últimas décadas se ha abierto el sistema jurídico a reconocer, alguna otra categoría de entes a las que se le pueda brindar connotación de poseer una cierta personalidad jurídica –no tratándose de una persona jurídica–, como son los llamados 'animales sintientes' siguiendo una tradición contemporánea formulada otrora por el filósofo y bioeticista australiano Peter Singer[13] y la inmerecida tesis del imperialismo humano sobre los animales y que nombra bajo el concepto de 'especismo' que prejuiciosamente los hombres –según este autor– ejercitamos alegremente sobre los animales[14].

---

12 Vide Troplong, Raymond (1947) La influencia del cristianismo en el derecho civil romano. Buenos Aires: Desclée de Brouwer; Supiot, Alain (2007) Homo juridicus – Ensayo sobre la función antropológica del derecho. Buenos Aires: Siglo Veintiuno.

13 Singer, Peter (1984) Ética práctica. Gran Bretaña: Cambridge University Press, pág. 136 y ss.; también Gruen, Lori (2004) Los animales, en Singer, Peter, '*Compendio de Ética*', Alianza: Madrid, pág 466/478.

14 Posiblemente uno de los últimos antecedentes que en esta dilatada materia los tribunales constitucionales vienen configurando, está en el Constitucional de Colombia, quien ha expuesto en su resolución del 2.V.23 en modo categórico que todos los animales son seres sintientes. En la información periodística se indica que "*La Corte fue enfática en resaltar que, 'el mandato de protección a los animales se desprende del principio de*

Sin perjuicio de esa excepcionalidad no antropológica del sistema jurídico, fuera de toda discusión está, que dichas estructuras normativas habrán de tener que hacer severas mutaciones para ajustarse a los tiempos por venir en el mediano plazo, puesto que la llamada algoritmización de la administración de justicia es un hecho por demás advertible y claramente en franca expansión, basta para ello, tomar razón de la manera en que ciertas prácticas jurídicas, están siendo hoy organizadas para ser cumplidas a partir de modelos de *blockchain*, de *smartcontracts*, o simplemente de negociaciones en el espacio virtual no con personas sino con avatares u otros sujetos no humanos, puesto que las interrelaciones con androides[15] serán claramente frecuentes, desde aquellos que cooperen en tareas manuales en nuestra vida corriente, a otros que se conviertan en asistentes todo terreno y con máxima competencia técnica en lo que sea. A ello cabe sumar, todo el diagrama de acciones que se habrán de organizar en nuestra vida corriente a partir de una inmensa gestión de trazabilidad de algoritmos que estarán inscriptos por rutina para nuestra cotidianidad y también para situaciones de mayor complejidad[16].

---

constitución ecológica, la función social de la propiedad y la dignidad humana'. En ese sentido, la Corte Constitucional reiteró que todos los animales son seres sintientes, pero que el objeto de esto es para evitar daños en el ambiente. "Si bien no existe consenso acerca de si los peces son seres sintientes, lo cierto es que en virtud del principio de precaución, de acuerdo con el cual, aún en ausencia de certeza científica en torno a un daño o su magnitud, cuando existen elementos que preliminarmente permiten evidenciar el riesgo de que se produzca un daño al ambiente, del que hacen parte los animales a los que se refiere la demanda, producido por una actividad determinada, resulta necesaria la intervención del Estado a efectos de evitar la degradación del medio ambiente". En el documento presentado por el alto tribunal dice que se deben "evitar impactos nocivos en estos seres (peces) y su entorno", por lo que "debe preferirse la exclusión de la actividad" (Disponible en Internet: https://www.infobae.com/america/colombia/2022/05/03/corte-constitucional-declara-inconstitucional-la-pesca-deportiva/).

15 "*Los robots humanoides, es decir, que tienen forma humana, reciben el nombre de androides. Construir un androide no es sencillo porque el balance sobre dos pies que caracteriza a la posición erguida de los humanos ha sido optimizado durante milenios por la selección natural*" (Latorre, José (2019) Ética para máquinas. Barcelona: Ariel, pág. 152).

16 Una lectura a la obra que se indica puede resultar suficientemente ilustrativo de lo que estamos señalando. Borisonik, Hernán y Rocca, Facundo (comps.) (2023) ¿Un futuro automatizado? Perspectivas críticas y tecno-diversidades. Buenos Aires: UNSAM.
Con algún detalle se ha ocupado Silvia Barona Vilar de señalar, gran parte de los desafíos de dicho porvenir –y que muchos de ellos están ya siendo– preguntándose acaso dicha autora, si "*el pensar como jurista es una facultad atributiva solo a cerebros humanos o si es posible que el pensamiento-razonamiento-interpretación-argumentación jurídicos*" puedan ser cumplidos mediante sistemas computacionales sin más (Barona Vilar, Silvia (2021) Algoritmización del derecho y de la justicia. De la inteligencia artificial a la Smart Justicie. Valencia: Tirant lo blanch, pág. 553).

Reconozco que pueden parecer un tanto extravagante estas consideraciones y muy probablemente podamos ser tachados bajo una cuestionable condición de jurista futurista y en verdad es lo que menos desearíamos. En realidad simplemente nos posicionamos como lectores de los tiempos modernos en donde nos basta tomar como unidad de medida del tiempo digital y tecnológico en el cual estamos inmersos, el reconocer cual es la mejora operativa que se advierte entre la versión anterior y la última de GPT-4, y a la vez marcando a dicho instrumento como dominante en lo que se ha venido a reconocer bajo la idea de inteligencia artificial generativa.

> Las técnicas predominantes de IA generativa en la actualidad son dos: las redes antagónicas generativas (GAN, Generative Adversarial Networks) y el Transformador preentrenado generativo (GPT, Generativo Pre-Trained Transformer). Las antagónicas generativas constan de dos partes: una red generativa y otra discriminadora, la primera dedicada a crear contenido nuevo y la segunda encargada de valorar si el contenido creado es real o falso, en un juego continuo de suma cero que tiene la finalidad de entrenar al generado y perfeccionar la precisión de sus respuestas (...). Mientras que los modelos GPT utilizan el método de aprendizaje no supervisado que les permite procesar grandes cantidades de datos de texto y generar texto similar a los datos de entrada en los que se entrenó[17].

Para tomar la métrica del crecimiento exponencial que dicha tecnología tiene y que no debería sorprendernos tampoco en un grado extraordinario, puesto que al final, vendría a ser consecuente con las tesis de la llamada 'Ley de Moore' y que fuera uno de los ejes sobre los cuales autores como Ray Kurzweil, van a sostener que la futura, aunque muy próxima '*singularidad tecnológica*' se encuentra muy cercana a su materialización. A tales efectos se señala que los propios registros de la dinámica de la evolución de la tecnología, basada en buena parte en la indebidamente llamada *Ley de Moore* –puede que en realidad no es otra cosa que un supuesto– así lo justifica. Se conoce que:

> La 'ley de Moore' {propuesta por Gordon E. Moore en 1965} establece que el número de transistores que pueden colocarse en un microprocesador (o en resumidas cuentas, el poder computacional de los ordenadores) se duplica en períodos que van de dieciocho meses a dos años, es decir, tiene un crecimiento exponencial[18].

---

17 Bujosa Vadell, Lorenzo (2023) Chat GPT y proceso. En Guerra Moreno, Débora (Coord.) *Constitución y Prototipos de IA en el Proceso.* Bogotá: Universidad Libre, pág. 52-53.

18 Diéguez, Antonio (2021) Transhumanismo – La búsqueda tecnológica del mejoramiento humano. Barcelona: Herder, pág. 74.

Ese es el mundo digital y tecnologizado al cual los sistemas jurídicos tal como existen hoy no podrán brindar una respuesta auténtica, por la sola consistencia de que han sido elaborados teniendo como eje central el relacionamiento personal y no, uno que al final de cuentas esté permanente y consistentemente mediado por una tecnología que lo asiste o que directamente reemplace a la operación humana. En dicho contexto, en el mejor de los casos y solo forzadamente, los sistemas jurídicos podrán brindar respuestas para las controversias que se produzcan.

Tampoco debe pensarse que habrán de desaparecer las instituciones jurídicas que conocemos, ciertamente que ellas habrán de sostenerse porque es la persona humana, quien seguirá actuando en el sistema, aunque bajo condiciones diferentes. Será ella, quien habrá de operativizar buena parte de sus acciones por intermedio de lo que animamos a denominar como los '*entes tecnológico-digitales*' que sin duda que serán muchos y muy importantes y es por ello, que habrán de merecer un área disciplinar propia y original y no fruto de transformaciones de las existentes, que como tal las regule y norme hasta donde sea ello posible. En rigor deberíamos decir, no es un cambio en la 'condición humana' sino en la 'manera o modo', en que dicha condición habrá de venir a ser realizada[19].

De tal modo se puede decir, que la IA nos ha enfrentado con la primera gran problemática del tiempo venidero a corto plazo y que se inscribe en el mismo código planetario del futuro próximo y que es sin más, lo que se corresponde con una sociedad completamente atravesada por la IA y su inevitable compañero de senda como son los respectivos algoritmos. Hoy ya vivimos en una sociedad impactada por ello, pero no tenemos dudas acerca de que la sociedad futura, habrá de ser una completamente algocrática[20].

En ella como es natural advertirlo, habrá un conjunto de nuevos abecedarios que se fusionarán e integrarán en nuestra discursividad corriente; así, tópicos como redes neuronales profundas, datos, patrones, aprendi-

---

19 Cfr. Arendt, Hannah (2003) La condición humana. Buenos Aires: Paidós, pág. 311 y ss. Sin perjuicio de lo dicho, hay autores que prefieren orientarse directamente en que ya ha mutado la condición humana a una condición digital. Así se ha dicho que "*La condición humana es ya condición digital. Los elementos principales de la vida humana, todo aquello que condiciona nuestra existencia como seres humanos, se nos presenta y se vive de manera digital*" (Suárez, Juan (2023) La condición digital. Madrid: Trotta, pág.21).

20 Solar Cayón, José (2020) Inteligencia artificial en la justicia penal: Los sistemas algorítmicos de evaluación de riesgos. En Solar Cayón, José (Ed.) *Dimensiones éticas y jurídicas de la Inteligencia Artificial en el marco del estado de derecho*. Madrid: Universidad de Alcalá, pág. 125-172.

zaje profundo, sesgos, corrección, alucinación tecnológica, y otros tantos sintagmas del discurso tecnodigital, serán en buena medida los que habrán de venir a trazar los modernos diagramas de los nuevos mapas del derecho.

La pregunta central en dicho entorno habrá de ser, la de conocer si las barreras de contención que hasta hoy existen desde el derecho romano en adelante[21], continuarán siendo eficaces tutores y valladares para organizar la vida en común y en provecho de todos, tal como cualquier búsqueda auténtica de bien común aspira. En ese orden, la pregunta central que atraviesa el horizonte humano del tiempo futuro próximo es saber, si conceptos con la textura de dignidad humana, valores y principios con la gramática y hermenéutica que han consolidado al menos desde el inicio de la era cristiana hasta hoy, pasando por la innumerable cantidad de documentos internacionales y universales que de ellos se han ocupado con tanto detenimiento, si acaso serán suficientes o no.

Adelantamos nuestra respuesta por la negativa de ello, lo que no quiere decir que no sigan siendo válidos para todo lo demás, pues las grandes instituciones del derecho sin duda que no habrán de desaparecer, pues el dolo, la culpa, la responsabilidad, los delitos, los cuasidelitos, los contratos, la posesión, la propiedad, las obligaciones, la familia, matrimonio, etc., naturalmente que allí estarán y el ordenamiento jurídico con las actualizaciones que correspondan a los signos de los tiempos serán suficientes y sin duda adecuados; pero a la par de ellos, deberá haber algo que se podría denominar como un '*subsistema jurídico tecnodigital*' que se ocupe de todas aquellas otras cuestiones, en donde la operación humana queda intermediada por IA en sentido lato.

De la misma manera, que hoy la culpa es algo más que la primitiva culpa Aquiliana, el sistema jurídico deberá orientarse seccionadamente para una realización biográfica humano-digital y no, como lo es hasta hoy, centralmente humano-analógica.

Estimamos que habrá que pensar en nuevos derechos que bien se podrán nombrar como '*infodigitales*', como así también otros instrumentos de tutela para tales nuevos derechos que serán fruto de un estadío donde el mundo analógico y el digital habrán de coexistir con igual relevancia. Hoy, ya se advierte dicha coexistencia en alguna medida cuando se expurga que gran cantidad de negocios de compra y venta de cosas que están en el co-

---

21 Vide Campa, Ricardo (1990) La práctica del dictamen – Del *ius* a la *humanitas*. Buenos Aires: Grupo Editor Latinoamericano.

mercio, se ejecutan por vía digital como también los negocios bursátiles y el mundo financiero se encuentran completamente digitalizados y se comienza a avizorar, que poco a poco la misma sociabilidad de las personas comienzan a transferirse a plataformas digitales, sea ello para establecer relaciones desde afectivas a generales[22].

Todo ello muestra en grado suficiente, aunque hay que decirlo también no en manera irreversible, que el mundo de la ciencia jurídica que está gestado y construido para una comunidad de humanos fenomenológicamente interactuando en actos, hechos y circunstancias muestra sus dificultades operativas, cuando tiene que hacer regulaciones que no se corresponden con el mundo analógico sino digital, recalibrando instrumentos del espacio tradicional y que probablemente puedan todavía ser posibles de utilizarlas, pero a medida que lo '*tecnoinfodigital*' progrese en sus mismas estructuras, el servicio de lo anterior del sistema jurídico será cada vez más estrecho y demostrativo de la misma obsolescencia que posee para dichos escenarios.

Cabe reiterar que el centro del derecho es el hombre, desde hace ya suficiente tiempo conocemos que allí donde hay hombres también existe el derecho –*Ubi societas, ibi ius*–; mas lo que deberíamos revisar si esa sociedad no se habrá de transformar en modo trascendente por el impacto *tecnoinfodigital* de modo completamente superior a cuando se produjo la revolución cultural con la invención de la imprenta, con la revolución industrial y el advenimiento de las máquinas en general y tantas otras transformaciones centrales que como micromomentos, se fueran dando y cimentado nuestro entorno actual claramente maquínico-humano[23].

Sin embargo, no se puede dejar de señalar, que, en los momentos anteriores por definición, la transformación técnica que se producía, resultaba ser una entidad que inmediatamente devenía en ser utilizada por el

---

22 Vide Van Dijck, José (2016) La cultura de la conectividad – Una historia crítica de las redes sociales. Buenos Aires: Siglo Veintiuno; Boczkowski, Pablo y Mitchelstein, Eugenia (2022) El entorno digital – Breve manual para entender cómo vivimos, aprendemos, trabajamos y pasamos el tiempo libre hoy. Buenos Aires: Siglo Veintiuno.

23 Vide Pasquinelli, Matteo (2021) La inteligencia artificial como instrumento del conocimiento. laFuga, 25. Disponible en Internet: http://2016.laFuga.cl/el-nooscopio-de-manifiesto/1053; Berti, Agustín (2022) Nanofundios – Crítica de la cultura algorítmica. Córdoba: La Cebra-UNC; Linares, Jorge (2019) Adiós a la naturaleza – La revolución bioartefactual. Madrid: Plaza y Valdés; Sandrone, Darío (2022) Máquina. En Parente, Diego et al, *Glosario de filosofía de la técnica*. Buenos Aires: La Cebra, pág. 303-305; Rossi, Paolo (1967) Los filósofos y las máquinas 1400-1700. Barcelona: Labor; Simondon, Gilbert (2007) El modo de existencia de los objetos técnicos. Buenos Aires: Prometeo.

hombre para producir otros bienes y servicios y servirse de ella al fin, como instrumento. Mientras, según lo creemos, la transformación digital hacia la cual todo parece indicar que nos dirigimos, es algo más que mera producción instrumental, por una parte naturalmente que lo es, en tanto que es utilizada ella por el hombre: el resultado tecnológico cualquiera sea el mismo, es utilizable sin duda alguna.

De igual forma, la diferencia está, en que, al utilizarla el hombre, es el mismo hombre quien se vuelve digital para poder utilizarla y con ello, disuelve en lo digital su misma condición humana por una nueva condición, que quizás haya que nombrarla como la '*condición humano-digital*'. En dicho orden resulta estimulante el primer grupo de '*tecnopersonas*' que Javier Echeverría y Lola Almendros proponen, así: "*Aquellos seres humanos que dependen radicalmente de las tecnologías para vivir, hasta el punto de que muchas de sus acciones cotidianas se realizan mediante implementaciones tecnológicas informatizadas*"[24].

Vale entonces la pena advertirlo, una cosa es la transformación generativa de instrumentos y máquinas en cuanto que sirven al hombre para nuevas cosas, y otra muy diferente, cuando es el mismo instrumento tecnoinfodigital quien permite que el hombre quede alienado en el mismo y, por lo tanto, su naturaleza humana provisoriamente y mientras se encuentra en dicho tránsito, ha perdido centralidad humana y la ha cedido deliberadamente a ser digital.

Existe allí, una suerte de resignación del humano a ser humano –o continuar siéndolo– y por ese momentáneo trance en el mundo digital, goza la experiencia de ser algo diferente. Quizás y aunque pueda parecer un registro de muy baja entidad, pero en nuestro parecer es una tesis suficientemente expandible, durante la pandemia de SARS-CoV-2 entre el 2020 y el 2021, donde todas las personas, pero especialmente quienes nos dedicamos al ámbito académico fuimos asiduos participantes de coloquios, conferencias, seminarios en tantos lugares del mundo –porque la demanda era altamente requirente de ello y en verdad también hay que decirlo, el tiempo del que disponíamos en muchos casos era cuasi infinito–, a una buena cantidad de nosotros nos ha sucedido que a la mañana participábamos de un evento que acontecía en América Central y nos presentaba el Decano de una Universidad determinada, por la tarde lo hacíamos en otro evento en Argentina y finalmente en la noche éramos invitados a compar-

---

24 Echeverría, Javier y Almendros, Lola (2023) Tecnopersonas – Cómo nos transforman las tecnologías. Buenos Aires: Grama, pág. 77.

tir un panel con profesores españoles sobre los compromisos bioéticos en tiempos de pandemia.

Si bien todos sabemos, que no por ello teníamos el don de la ubicuidad de poder estar simultáneamente en diferentes lugares, habíamos alcanzado el privilegio de la deslocalización física y la localización digital sin ninguna dificultad y conocíamos perfectamente, que habíamos estado y participado de un evento académico en República Dominicana, en Buenos Aires y finalmente en Madrid durante el mismo día. Las certificaciones académicas así lo dicen y sin embargo, jamás nos habíamos movido de nuestro escritorio en Barrio Paso de los Andes de la ciudad de Córdoba.

La deslocalización geográfica ha sido sin duda alguna, la primera experiencia profunda que podemos intuir al menos como posible en un venidero itinerario posible de una vida humana completamente digitalizada. Nos asistimos, para darnos a entender mejor en este delicado aspecto, acudiendo a un recurso filmográfico de la ciencia ficción que como tal, siempre coopera cuando uno aspira mirar más allá de las necesarias imposiciones que la racionalidad nos coloca para comprender desde ese casillero las cosas que suceden[25].

Utilizando de tal recurso, queremos recordar un film del año 2009 dirigido por Jonathan Mostow y que en Hispanoamérica se comercializó bajo el título de '*Identidad Sustituta*' y su título original es '*The surrogates*', película que parece basarse en una relectura de un cuento de un autor chileno Hugo Correa, titulado '*Alter ego*' del año 1967 y donde, la vida de las personas se ha vuelto lo suficientemente cómoda y no riesgosa, aunque con otros pesares, porque en realidad quien hace todo lo que por defecto nosotros no queremos hacer, es nuestro avatar, un sustituto al fin[26]. Pensamos en dicha película que situaba su temporalidad para el 2017, cuando para el año 2020 algo cercano y en una escala naturalmente muy inferior a ello tuvimos y hoy continúa con prácticas semejantes, y por ello es por lo que se ha naturalizado en modo completo y casi que ya, no advertimos si estamos momentáneamente localizados digitalmente en cualquier otro lugar, menos en el cual, geográficamente estamos.

---

25 La obra Justin Smith puede ser un excelente disparador de tales perspectivas. Smith, Justin (2021) Irracionalidad – Una historia del lado oscuro de la razón. Buenos Aires: F.C.E.

26 El eje argumental del *film* se encuentra disponible en Internet: https://es.wikipedia.org/wiki/Surrogates.

Está fuera de toda duda, que los escenarios que nos propone una película de ciencia ficción son todavía lejanos, pero sin embargo también nos muestra que hay otros escenarios que están mucho más cercanos, aunque en esa misma dirección; lo cual evidencia que muchos de los problemas que se habrán de presentar cada vez, serán más complejos para poderles brindar una respuesta satisfactoria desde las estructuras jurídicas que hasta hoy, en términos generales han resuelto los problemas de nuestra vida en común, basada de nuevo sobre una naturaleza de lo real completamente tangible y existencial y en modo alguno, inmaterial, digital, virtual.

> Las revoluciones, escribía Antonio Gramsci, representan una forma de hegemonía cultural. La revolución digital no solo ha conseguido imponerse a las sociedades modernas como un universo cultural de referencia sino también con una idea dominante que todos hemos interiorizado y hecho nuestra de algún modo. La revolución 4.0, que según Floridi se remonta a Alan Turing, nos coloca en un contexto de metamorfosis del mundo en donde se halla en juego la conservación de la esencia humana ante el horizonte de la singularidad biotecnológica, en el cual 'la inteligencia ya no es solo una prerrogativa humana sino también artificial y digital'[27].

Sería de altísima complejidad, hacer una enunciación aun incompleta de un catálogo de mutaciones a las cuales nos estamos enfrentando actualmente y que nos anuncian a todos nosotros, por cuáles sitios habrá de pasar el canal de la transformación de lo analógico a lo digital en el espacio judicial al menos.

Dicho catálogo es impreciso, también defectuoso y con demasiado desorden interno; pero nada de ello puede ocultar el estado de confusión que existe en la superficie de lo judicial en general y que como siempre, delata tal cuestión al viento que sopla extraño cuando anuncia la tempestad que habrá de presentarse.

En tal orden de cosas, hacemos un breve itinerario por diversas situaciones jurídicas que comienzan a mostrar la extraña singularidad de los tiempos actuales y las inocultables disrupciones que en la geografía de la ciencia jurídica actual se van presentando y que poco a poco, terminan por demostrar un tanto calidoscópicamente el tránsito hacia una transformación profunda que se aproxima en manera inexorable.

---

27 Llano Alonso, Fernando José (2020) Singularidad tecnológica, metaverso e identidad personal: del *homo faber al novo homo ludens*. En Solar Cayón, José (Ed.) Dimensiones éticas y jurídicas de la Inteligencia Artificial en el marco del estado de derecho. Madrid: Universidad de Alcalá, pág. 210.

Entre otros decimos: 1) La existencia cada vez más numerosa de jueces que dictan sus resoluciones asistidos por la IA. Tomando en esta ocasión nosotros por todos ellos, solo a quienes expresamente han señalado la utilización de dicha asistencia aunque sin ignorar que existen otra gran cantidad de jueces, que igualmente se auxiliarán con la IA, pero sin haberlo indicado en el texto resolutivo. El caso, más paradigmático por ser quizás el primero en indicarlo en la región de América Latina y el Caribe, fue el juez de Cartagena Manuel Padilla quien ha dictado la resolución N.° 32 con fecha 30. I. 23[28].

2) También hay que sumar el extravagante suceso de la jueza colombiana del Tribunal Administrativo de Magdalena que con fecha 10.II.23, admitió que la audiencia inicial del mencionado trámite judicial sea realizada en el mundo virtual del metaverso[29] y para lo cual, debió realizar una logística importante con todos los protagonistas de la escena jurisdiccional que, sin duda, según apuntan los expertos, importó un dispendio mayor de recursos económicos y tecnológicos que haberla hecho, por una vía corriente.

3) El juez federal de Washington, Beryl Howell, quien, en el año 2022, decidió en el caso *'Stephen Thaler vs. Shira Perlmutter and The United States Copyright Office'* (1:22-cv-01564) que el arte generado por la IA al no ser una creación humana no podía ser registrado a nombre de la empresa '*Creativity Machine*' y tampoco del propietario de ella, Stephen Thaler.

---

28 Hemos efectuado un comentario a tal situación en '*Limites imprecisos de la IA en las sentencias judiciales: ChatGPT, una mirada ético-judicial*'. Disponible en Internet: https://comercioyjusticia.info/opinion/limites-imprecisos-de-la-ia-en-las-sentencias-judiciales-chatgpt-una-mirada-etico-judicial/

29 Hemos efectuado un comentario a tal situación en '*Limites imprecisos de la IA en las sentencias judiciales: ChatGPT, una mirada ético-judicial*'. Disponible en Internet: https://comercioyjusticia.info/opinion/limites-imprecisos-de-la-ia-en-las-sentencias-judiciales-chatgpt-una-mirada-etico-judicial/. En particular sobre el tema se puede consultar Bueno de la Mata, Federico (2022) Del metaverso a la metajurisdicción: desafíos legales y métodos para la resolución de conflictos generados en realidades virtuales inmersivas. En Revista de Privacidad y Derecho Digital, Julio-Septiembre 2022, N° 27, pág. 19 y ss.
Para muchos autores, entre ellos Jordi Nieva Fenoll, dicha realización es el ejemplo más próximo que tenemos por delante de lo que puede suceder, si deja que una iniciativa privada se inmiscuya en sectores clave de la vida democrática de la ciudadanía, puesto que según asegura, son las maneras estructurales en que la justicia va camino a ser privatizada por las grandes corporaciones (Nieva Fenoll, Jordi (2023) Perder el control: ¿Hacia una distopía judicial? En Guerra Moreno, Débora (Coord.) *Constitución y Prototipos de IA en el Proceso.* Bogotá: Universidad Libre, pág. 32).

Naturalmente que también queda claro en dicha resolución, que si la obra no es propiedad del dueño de la IA, como cosa existe en el mundo de lo real, su autor –con independencia de derechos– será la IA; aunque para ser más precisos deberíamos decir, del algoritmo que la define a la acción quien, a su vez, no transfiere derechos de propiedad al propietario del *software* y con lo cual se está reconociendo la autoría de la obra, a un ente no humano[30].

4) También se ha producido en todo este conjunto novedoso de situaciones en el mundo jurisdiccional la multa que impusiera el juez Kevin Castel del Distrito Sur de Nueva York, al abogado Steven Schwartz y Peter LoDuca por la cantidad de U$ 5.000, por haber traído al estrado como apoyo a su reclamo –un daño a un pasajero de la Aerolínea Avianca, golpeado con un carro de comidas abordo– quien procedió a citar un conjunto de precedentes, en particular los que se correspondían con los casos '*Varghese vs. China Southern Airlines*' resuelto por la Cámara de Apelaciones del 11 Circuito de los EE.UU. y otro '*State of Durden y KLM Royal Dutch Airlines*', que cuando la contraria intentó encontrarlos para organizar su estratégica profesional resultaron inhallables, lo cual lo llevó a denunciar dicha situación al tribunal, quien trasladando la inquietud al abogado presentante de los mismos para que precisara dicha fuente, tuvo que admitir que en ningún momento verificó la existencia de los nombrados casos como reales, concluyéndose que en especial el caso '*Varghese*' había sido completamente alucinado por el chat GPT que se había utilizado[31].

---

30 Un detalle con aspectos específicos vinculados con el mundo de las patentes intelectuales para este tipo de entidades y particularmente de este caso, puede leerse con total interés en el trabajo de Ernesto Cavelier intitulado '*Inteligencia Artificial y propiedad intelectual*' que se encuentra en este mismo volumen.

31 Información periodística indica que "*El letrado estadounidense justificó su accionar diciendo que nunca había usado una herramienta de este tipo. "La Corte se encuentra ante una situación inédita", destacó el juez de la causa" (27 de mayo de 2023). Un abogado de Estados Unidos se enfrenta a posibles sanciones luego de haber usado el popular ChatGPT para redactar un escrito y descubrirse que la aplicación de Inteligencia Artificial había inventado toda una serie de supuestos precedentes legales (…) Según publicó este sábado el diario The New York Times, el letrado en problemas es Steven Schwartz, abogado de un caso que se dirime en un tribunal de Nueva York, una demanda contra la aerolínea Avianca presentada por un pasajero que asegura que sufrió una lesión al ser golpeado con un carrito de servicio durante un vuelo (…) "La Corte se encuentra ante una situación inédita. Una presentación remitida por el abogado del demandante en oposición a una moción para desestimar (el caso) está repleta de citas de casos inexistentes", precisó el juez Kevin Castel este mes. El magistrado emitió una orden convocando a una audiencia el próximo 8 de junio, en la que Schwartz deberá tratar de explicar por qué no debería ser sancionado después de haber tratado de usar supuestos precedentes totalmente falsos (…) El*

5) Por su parte el juez federal de EE. UU. Brantley Starr a cargo del juzgado del Distrito Norte de Texas, emitió una resolución con alcance a su distrito, exigiendo a los abogados que certifiquen que al ser redactados los escritos que son presentados, no se ha utilizado IA sin supervisión humana que, como tal, la valide en su pertinencia[32].

---

abogado subrayó que no tenía ninguna intención de engañar al tribunal y exculpó totalmente a otro abogado del bufete que se expone también a posibles sanciones. El documento, visto por la agencia de noticias EFE, se cierra con una disculpa en la que Schwartz lamenta profundamente haber usado inteligencia artificial para apoyar su investigación y promete no hacerlo nunca más sin verificar totalmente su autenticidad" (Disponible en Internet: https://www.pagina12.com.ar/553272-abogado-admite-haber-usado-chatgpt-para-un-escrito-y-la-just).

32 "*El formulario fue publicado en la página oficial de ese tribunal, sin embargo a la fecha la misma permanece caída, pudiéndose acceder desde el servicio de archivo de la web Web back machine. "Todos los abogados que comparezcan ante el Tribunal deberán presentar en el expediente un certificado que acredite que ninguna parte de la presentación ha sido redactada por inteligencia artificial generativa (como ChatGPT, Harvey.AI, o Google Bard) o que cualquier lenguaje redactado por inteligencia artificial. generativa ha sido verificada por un ser humano en cuanto a su exactitud, utilizando reporteros impresos o bases de datos jurídicos tradicionales". En la página en la sección de "Requerimientos específicos del juez" y bajo el título de "Certificación obligatoria sobre inteligencia artificial generativa" se explicaba que "todos los abogados que comparezcan ante el Tribunal deberán presentar en el expediente un certificado que acredita que ninguna parte de la presentación ha sido redactada por inteligencia artificial generativa (como ChatGPT, Harvey.AI, o Google Bard) o que cualquier lenguaje redactado por inteligencia artificial generativa ha sido verificado por un ser humano en cuanto a su exactitud, utilizando reporteros impresos o bases de datos jurídicos tradicionales.*"

si bien agregaron que dichas plataformas son potentes y permiten múltiples usos, "*la información jurídica no es una de ellas", al menos en el estado actual, ya que alegaron que se "inventan cosas, incluso citas", y presentan otros inconvenientes como la confiabilidad o la parcialidad. Además recordaron que los letrados deben hacer un juramento de defensor fielmente la ley y representar a sus clientes dejando de lado prejuicios, sesgos y creencias personales, mientras que los programadores que crean esas plataformas no tuvieron que prestar tal juramento, por lo que no guardan lealtad a los clientes, el estado, las leyes o la Constitución nacional (...) Como consecuencia explicaron que el tribunal anularía cualquier presentación de un abogado que no haya presentado el certificado en el expediente, donde manifieste que leyó los requisitos del tribunal y que tendrá responsabilidad por el contenido presentado.*

En ella se estipula lo siguiente: "*Yo, el abogado abajo firmante, por la presente certificación que he leído y cumpliré con todos los requisitos específicos del juez Brantley Starr, Juez de Distrito de los Estados Unidos para el Distrito Norte de Texas. Certifico además que ninguna parte de cualquier presentación en este caso será redactada por inteligencia artificial generativa o que cualquier lenguaje redactado por inteligencia artificial generativa-incluyendo citas, aseveraciones parafraseadas y análisis legal-será verificado en cuanto a su exactitud, usando reporteros impresos o bases de datos legales tradicionales, por un ser humano antes de ser presentado al Tribunal. Entendiendo que cualquier abogado que firme cualquier presentación en este caso será considerado responsable de su contenido de acuerdo con la Regla Federal de Procedimiento Civil 11, independientemente de si la inteligencia artificial generativa redactó cualquier parte de esa*

6) A fines de mayo de 2019, se dio a conocer que el Ministerio de Justicia de Estonia –país a la vanguardia en inteligencia artificial– ha estado trabajando en una inteligencia artificial que actúe como juez para encargarse de los casos más sencillos y de reclamos menores, aun cuando la decisión final no dejaría de estar a cargo de un juez. El robot podría analizar miles de documentos legales y cruzar información para resolver, con el consiguiente ahorro de tiempo[33].

7) No menos interesante es el caso resuelto por la Sala Constitucional Cuarta del Tribunal de Justicia Departamental de Santa Cruz de la Sierra, Bolivia, lo ha sido mediante IA, siendo el primero que se vale de dicho instrumento en un proceso de acción de privacidad y que fuera resuelto en abril del año 2023[34]. Este caso no es semejante al tipo primario que hemos comentado en el numeral 1.

El nombrado estado de cosas y nuestra condición de cierta fragilidad reflexiva hoy reinante, frente a la perspectiva todavía muy desconocida de la IA y el desiderátum que de ella puede seguirse, hace que en todo momento y en modos poco felices, establezcamos con la IA relaciones dialécticas constantes tanto de proximidad cuanto de lejanía.

Es decir, una aproximación a veces de máxima intimidad y necesidad con ella, y en otras ocasiones, movidos por el mismo temor a lo desconocido que en ella habita, orientamos nuestro comportamiento a una deliberada distancia y lejanía de todo tipo de una asistencia tal. En ambos casos, más allá de lecturas psicológicas que se pueden hacer a dichos comportamientos, no dudamos en considerar que tanto la distancia como la proximidad con la IA, son respuestas que se fundan en variables individuales y personales de quienes las toman a ellas, pero en cualquier caso, están ellas especialmente atravesadas por los requerimientos utilitarios que todos nosotros tenemos y ejercitamos en manera corriente frente a estímulos o necesidades que se nos presentan.

---

presentación". Disponible en Internet: https://www.diariojudicial.com/news-95130-a-jurarle-al-juez-que-no-intervino-la-ia).

33 Connelly, Thomas (2019): Estonia to build "robot judge" to clear case backlog. Legal Cheek. bit. ly/3tFyudG. Citado por Jueces robots, artículo de Ronald Cárdenas. Disponible en Internet: https://revistas.uautonoma.cl/index.php/rjyd/article/view/1345/1138

34 Con detalle en los aspectos específicos vinculados al tema y sus controversias –por haberlo conocido por su autor–, puede leerse con total interés en el trabajo de Ramiro Moreno Baldivieso intitulado '*La Inteligencia Artificial y las decisiones judiciales*' que se encuentra en este mismo volumen.

Con tal devenir de nuestra realización frente a la IA y que de alguna manera reitera las mismas prevenciones que por lo general todas las personas tenemos, frente a cualquier suceso donde la técnica y mayor aun lo tecnológico, ha irrumpido en nuestra civilización y en particular en nuestro diario vivir[35]. Así es que no se puede desconocer, el temor humano que existe frente a dicha incertidumbre por algo todavía no completamente conocido ya sea en razón a su funcionamiento o resultado.

Hasta el día de hoy, existen muchas personas que consideran que gran parte de enfermedades y deterioros en la salud, están generados por el uso rutinario que hacemos del artefacto inventado por el ingeniero Percy Spencer y que desde el año 1947 conocemos como 'microondas' para nuestra alimentación general[36] u otros, tienen la equivocada apreciación no científica que las vacunas deliberadamente son causales de enfermedades o daños determinados[37].

Así es nuestra relación personal con la IA, la que incluso por momentos y en algunos individuos se antropomorfiza de una manera tal, que permite dudar de las condiciones psicológicas de las personas que llegan a dicho estadío y que tan adecuadamente fueran retratadas en el film *'Her'*–donde un intelectual termina estableciendo una relación sentimental con un sistema operativo[38]– y otras veces, tenemos frente a ella, negaciones absurdas y propias de la desconfianza no cognitiva por lo desconocido y así es como, entre otras prácticas corrientes nos negamos a seguir la ruta más corta que el GPS nos propone, porque nuestra intuición nos sugiere una diferente.

---

35 Cfr. Laloup, Jean (1964) La ciencia y lo humano. Barcelona: Herder.

36 Huelga recordar que la Organización Mundial de la Salud (OMS), ha señalado en un documento emitido en el año 2005, que utilizar correctamente el electrodoméstico no conllevan ningún riesgo, siempre que sea utilizado de acuerdo con las instrucciones del fabricante y por ello es que los microondas son un artefacto seguro.

37 A este tema, hemos dedicado un volumen todavía en prensa, 'Vulnerabilidad y derechos fundamentales en tiempos de pandemia – Discusión en torno a la vacunación obligatoria', Editorial Astrea, Buenos Aires.

38 Naturalmente que no se puede obviar la referencia que a tal respecto el director Spike Jonze en el film '*Her*' (2013) ha querido marcar con la voz de 'Samantha' (el sistema operativo de un smartphone), quien siempre está disponible para solucionar los problemas de su dueño, quien concluye en una relación afectiva con dicho sistema operativo, pero como los mismos carecen de todo sentimiento, el pobre personaje enamorado –personificado en la actuación de J. Phoenix- es abandonado, puesto que prefiere dicho IOS migrar a mantener mayores interacciones con otros artefactos similares. Terrible decepción humana, ser abandonado sentimentalmente por un objeto.

Todo ello nos recuerda aquella ilustrativa metáfora que Arthur Schopenhauer describiera en su obra '*Parerga y Paralipómena*'[39] (1851) cuando se ocupa de describir el llamado '*dilema de puercoespín*' para ilustrar con ella, las dificultades de las personas para la vida en común.

> Varios puercoespines, durante una fría jornada de invierno, se apiñan muy cerca uno del otro, dándose calor mutuamente para no morir congelados. Pero cuanto más se acercan entre sí los puercoespines, las púas de los demás les producen un dolor tan agudo que los obliga inevitablemente a alejarse unos de otros. Cuando la sensación oprimente de frío los obliga a acercarse de nuevo, otra vez el dolor que produce el contacto físico los obliga a distanciarse, hasta que logran, finalmente, encontrar una 'moderada distancia recíproca', como un término medio fundamental para su propia subsistencia[40].

De la misma manera, es nuestro comportamiento frente a la IA. Por momentos queremos todo de ella y a la vez, sabemos acerca de los riesgos que tomamos con su utilización. Seguramente que durante varios años, ese sea nuestro *corsi et ricorsi* con ella, hasta que finalmente logre la IA por el imperio de la utilidad que a nosotros nos brinda, imponerse como un código de vida para todos y que, por otro lado, no sería una cosa mayormente diferente de lo que viene históricamente ocurriéndonos[41]. Sin perjuicio de no desconocer que como hasta hoy, existen personas que no calientan sus comidas en el microondas por temor a contraer cáncer y otras que creen ya, no poder prescindir del artefacto eléctrico como de la misma IA para todo lo que ella, emerge como domésticamente disponible: smartphone, chat GPT o cualquier otro, GPS, apps comandadas por algoritmos para ejecutar diversidades de funciones domóticas, automóviles con sistema de estacionamiento asistido por IA y una innumerable cantidad de cosas que nos rodean ordinariamente.

Lo verdaderamente cierto es que de la misma forma que el 90 % de la sociedad utiliza el microondas o recibe las vacunas con buen deseo; existe una inmensa mayoría de ellas, quienes advierten o definitivamente coligen que el planeta en su conjunto estará inexorablemente ajustado bajo estándares regulados por la IA y no habrá alternativa posible para que algo se haga de otra manera. Nada escapará a sus operaciones y, por lo tanto, la ciencia jurídica se deberá reorganizar desde su grado cero, para poder es-

---

39 Schopenhauer, Arthur (2006) Parerga y Paralipómena. Madrid: Trotta, pág. 520.

40 La síntesis en la obra de Sisto, Davide (2023) Puercoespines digitales – Vivir y nunca morir online. Buenos Aires: F.C.E., pág. 33.

41 Mumford, Lewis (1982) Técnica y civilización. Alianza: Madrid; Cotta, Sergio (1970) El desafío tecnológico. Buenos Aires: Eudeba.

tar a la altura de ser útil y continuar asegurando la conveniencia de la vida en común de las personas.

3. RECEPCIÓN DE LA IA EN INSTRUMENTOS INTERNACIONALES

En rigor de verdad, más allá de los documentos particulares y con alcances geográficos delimitados que como tal ya existen respecto al tema que nos ocupa, no se puede dejar de señalar que hasta el momento, los capítulos vinculados con orientaciones de tipo normativo en el sentido puro de ello no existen como tal y que, lo que tenemos en fase de realización o también ya como documentos concluidos no son más, que un conjunto de buenas prácticas que con el tiempo puedan devenir en algo semejantes a un tipo normativo que se ha dado en nombrar como las prácticas de *soft law*[42] y quizás en proyección de alcanzar a ser un derecho normativo en algún momento y que hace, que como tal, exista una situación caótica y desvertebrada aun para dar acogida a situaciones como las que hemos enumerado a modo solo ejemplificativo más arriba, pero que están muy lejos de agotar el *stock* de situaciones de transformación para el sistema jurídico.

Por lo cual, pues parece que los dos instrumentos que resultan más adecuados para tomar como referencia para intentar saber por dónde habrá de ir el camino, en referencia a la relación sistemas jurídicos en IA, es considerar las '*Recomendaciones de la UNESCO sobre la IA*' que fuera aprobada con fecha 23. XI. 21, por una parte, y por la otra, el reciente proyecto de '*Ley Europea sobre IA*' aprobado en su borrador el 14. VI. 23.

Comenzaremos por brindar algunos registros vinculados con la '*Ley Europea sobre IA*'[43] y que, como tal, según estiman los entendidos en dichos trámites legislativos para el bloque europeo, suponen al menos tres años más, hasta que atraviesa todas las instancias que corresponden como es el

---

[42] Soft Law "*1. Int. priv. Conjunto de normas o reglamentaciones no vigentes que pueden ser considera-das por los operadores jurídicos en materias de carácter preferentemente dispositivo y que incluye reco- mendaciones, dictámenes, códigos de conducta, principios, etc. Influyen asimismo en el desarrollo le-gislativo y pueden ser utilizadas como referentes específicos en la actuación judicial o arbitral. 2. Int. púb. Actos jurídicos que sin tener fuerza vinculante obligatoria contienen las pautas inspiradoras de una futura regulación de una materia, abriendo paso a un posterior proceso de formación normativa*" (Diccionario panhispánico del español jurídico) Disponible en Internet: https://dpej.rae.es/lema/soft-law

[43] Disponible en Internet: https://www.europarl.europa.eu/pdfs/news/expert/2023/6/story/20230601STO93804/20230601STO93804_es.pdf; https://www.europarl.europa.eu/doceo/document/TA-9-2023-0236_ES.pdf.

Consejo de Europa inicialmente y luego por los respectivos Estados miembros, antes de convertirse en ley[44].

Con buen criterio se advierte en los expertos en la construcción del nombrado documento base, es de que existe un evidente temor generalizado en ellos, en que la tecnología de la IA suponga al final de cuentas un riesgo cierto para la humanidad tal como, el propio Stephan Hawking lo había anticipado respecto a que la IA destruiría a la humanidad, según lo dijera en una entrevista por la BBC el 2. XII. 14[45].

En esa misma perspectiva se puede comprender la moratoria tenológico-digital –al estilo de lo que fuera la moratoria científica biológica por los riesgos de la ingeniería genética y los desarrollos vinculados con el ADN solicitada por un comité científico encabezado por Paul Berg y que cesaría pocos años después, en las llamadas conferencias de Asilomar en 1975–, en dicha secuencia ahora, la '*carta pública*' que en orden a la IA se ha brindado y que se ha denominado '*Pausar experimentos gigantes de IA: una carta abierta–Hacemos un llamado a todos los laboratorios de IA para que detengan inmediatamente durante al menos 6 meses el entrenamiento de sistemas de IA más potentes que GPT-4*'[46] y que encuentra la firma de auténticas personalidades del

---

44 Información respecto a las discusiones en la eurocamara por proyectos y futuras observaciones, disponible en Internet: https://www.lanacion.com.ar/tecnologia/la-eurocamara-aprueba-negociar-la-primera-ley-sobre-inteligencia-artificial-del-mundo-nid15062023/.

45 "*Stephen Hawking advirtió este martes que los esfuerzos por crear máquinas inteligentes representan una amenaza para la humanidad. El reconocido científico dijo a la BBC que "el desarrollo de una completa inteligencia artificial (IA) podría traducirse en el fin de la raza humana" (...) Para Hawking la inteligencia artificial desarrollada hasta ahora ha probado ser muy útil, pero teme que una versión más elaborada de IA "pueda decidir rediseñarse por cuenta propia e incluso llegar a un nivel superior". "Los humanos, que son seres limitados por su lenta evolución biológica, no podrán competir con las máquinas, y serán superados", comentó el científico*" (Disponible en Internet: https://www.bbc.com/mundo/ultimas_noticias/2014/12/141202_ult-not_hawking_inteligencia_artificial_riesgo_humanidad_egn).

46 El texto de la carta es el siguiente "*Los sistemas de IA con inteligencia competitiva humana pueden plantear profundos riesgos para la sociedad y la humanidad, como lo demuestra una extensa investigación y reconocido por los principales laboratorios de IA. Como se indica en los Principios de IA de Asilomar, ampliamente respaldados, la IA avanzada podría representar un cambio profundo en la historia de la vida en la Tierra, y debe planificarse y administrarse con el cuidado y los recursos adecuados. Desafortunadamente, este nivel de planificación y gestión no está sucediendo, a pesar de que en los últimos meses los laboratorios de IA han visto a los laboratorios de IA atrapados en una carrera fuera de control para desarrollar y desplegar mentes digitales cada vez más poderosas que nadie, ni siquiera sus creadores, puede entender, predecir o controlar de manera confiable.*

mundo tecnológico y que han contribuido muchos de ellos en forma activa

---

Los sistemas de IA contemporáneos se están volviendo competitivos para los humanos en tareas generales, y debemos preguntarnos: ¿Debemos dejar que las máquinas inunden nuestros canales de información con propaganda y falsedad? ¿Deberíamos automatizar todos los trabajos, incluidos los satisfactorios? ¿Deberíamos desarrollar mentes no humanas que eventualmente podrían superarnos en número, ser más astutas, obsoletas y reemplazarnos? ¿Debemos arriesgarnos a perder el control de nuestra civilización? Tales decisiones no deben delegarse a líderes tecnológicos no elegidos. **Los sistemas de IA potentes deben desarrollarse solo una vez que estemos seguros de que sus efectos serán positivos y sus riesgos serán manejables.** *Esta confianza debe estar bien justificada y aumentar con la magnitud de los efectos potenciales de un sistema. La reciente declaración de OpenAI con respecto a la inteligencia general artificial, afirma que "en algún momento, puede ser importante obtener una revisión independiente antes de comenzar a entrenar sistemas futuros, y para los esfuerzos más avanzados acordar limitar la tasa de crecimiento de la computación utilizada para crear nuevos modelos". Estamos de acuerdo. Ese punto es ahora.*

Por lo tanto, **hacemos un llamado a todos los laboratorios de IA para que detengan inmediatamente durante al menos 6 meses el entrenamiento de sistemas de IA más potentes que GPT-4**. *Esta pausa debe ser pública y verificable, e incluir a todos los actores clave. Si tal pausa no puede promulgarse rápidamente, los gobiernos deberían intervenir e instituir una moratoria.*

Los laboratorios de IA y los expertos independientes deben utilizar esta pausa para desarrollar e implementar conjuntamente un conjunto de protocolos de seguridad compartidos para el diseño y desarrollo avanzados de IA que sean rigurosamente auditados y supervisados por expertos externos independientes. Estos protocolos deben garantizar que los sistemas que se adhieren a ellos sean seguros más allá de toda duda razonable. Esto no significa una pausa en el desarrollo de la IA en general, simplemente un paso atrás de la peligrosa carrera a modelos de caja negra impredecibles cada vez más grandes con capacidades emergentes.

La investigación y el desarrollo de la IA deben reenfocarse en hacer que los sistemas poderosos y de vanguardia de hoy sean más precisos, seguros, interpretables, transparentes, robustos, alineados, confiables y leales.

Paralelamente, los desarrolladores de IA deben trabajar con los responsables políticos para acelerar drásticamente el desarrollo de sistemas robustos de gobernanza de IA. Estos deberían incluir, como mínimo: autoridades reguladoras nuevas y capaces dedicadas a la IA; supervisión y seguimiento de sistemas de IA altamente capaces y grandes grupos de capacidad computacional; sistemas de procedencia y marca de agua para ayudar a distinguir lo real de lo sintético y rastrear fugas de modelos; un sólido ecosistema de auditoría y certificación; responsabilidad por daños causados por IA; una sólida financiación pública para la investigación técnica sobre seguridad de la IA; e instituciones bien dotadas de recursos para hacer frente a las dramáticas perturbaciones económicas y políticas (especialmente para la democracia) que causará la IA.

La humanidad puede disfrutar de un futuro floreciente con la IA. Después de haber logrado crear poderosos sistemas de IA, ahora podemos disfrutar de un "verano de IA" en el que cosechamos las recompensas, diseñamos estos sistemas para el claro beneficio de todos y damos a la sociedad la oportunidad de adaptarse. La sociedad ha hecho una pausa en otras tecnologías con efectos potencialmente catastróficos en la sociedad. Podemos hacerlo aquí. Disfrutemos de un largo verano de IA, no apresurémonos sin preparación en un otoño". (Pause Giant AI Experiments: An Open Letter–Future of Life Institute). Hemos mantenido los subrayados existentes en el texto oficial y hemos evitado hacer la transcripción de las notas, que se corresponden con referencias bibliográficas que se han consignado.

a la misma generación de los Chatbot GPT 3 o superiores como es la empresa OpenIA y que ha sido la principal responsable de ponerlo en acceso público con pago y sin él, quien por su presidente como es Elon Musk, ha solicitado ahora una moratoria respecto a dichos desarrollos, hasta que se pueda garantizar la práctica de un control adecuado de los contenidos que por dicha vía son formulados o presentados, puesto que no hacerlo implica "grandes riesgos para la humanidad". Se reclama un detenimiento por seis meses las investigaciones en el sector hasta que haya un marco legal que pueda evitar posibles consecuencias. Las firmas al día de hoy han tenido un incremento muy significativo[47].

De cualquier modo, no se puede desconocer que han existido también opiniones que han mostrado una cierta incomodidad por el tenor de la '*carta*' y, en particular, por quienes son sus firmantes, puesto que han sido ellos los mismos generadores de la masividad de la IA por vía de los chatbot, y por ello, sostienen que en realidad se debería prestar atención a otra carta, como es la brindada por la '*Red Abierta de Inteligencia Artificial a Gran Escala*' (LAION, por sus siglas en inglés), una organización alemana sin ánimo de lucro y famosa por defender la democratización de los datos y el código abierto, y han indicado que la carta abierta de Musk y firmantes tiene "*un enfoque equivocado*". Refiere a tal respecto, con el siguiente aporte Darío Sandrone, quien dice:

> "La diferencia sustancial entre una y otra carta es cómo se concibe la relación entre el sector público y el sector privado. Mientras que la primera carta concibe el sector público como un regulador de los desarrollos de IA que realizan las corporaciones privadas, LAION propone que, precisamente, es el sector público, en lugar de las corporaciones, el que debe desarrollar ese tipo de tecnologías, y no limitarse a regularlas. Para ello, afirma que no hay que realizar una pausa, que solo serviría "para que actores corporativos o estatales oscuros y potencialmente maliciosos realicen avances en la oscuridad" a la vez que restringiría la posibilidad de hacerlo a todos los demás. Propone, en su lugar, "la creación de laboratorios de IA de código abierto con recursos informáticos financiados con fondos públicos, que actúen de acuerdo con las normativas dictadas por las instituciones democráticas".
> Se cambia así el eje de la discusión. No se trata de "planificación" o "pausa" del statu quo actual, sino de intervenir el sistema de innovación tecnológica, transfiriendo poder de decisión a "las empresas más pequeñas, las instituciones académicas, las administraciones municipales y las organizaciones sociales, así como los Estados-nación", en busca de que "afirmen su autonomía y se abstengan de depender únicamente de la benevolencia de estas poderosas

[47] Vide https://www.clarin.com/tecnologia/elon-musk-mil-expertos-piden-poner-pausa-avances-inteligencia-artificial-grandes-riesgos-humanidad-_0_8sHKPyJKnV.html.

> entidades que a menudo se mueven por intereses lucrativos a corto plazo y actúan sin tener debidamente en cuenta a las instituciones democráticas en su toma de decisiones".
> *Desde este punto de vista, pausar el desarrollo no implica mayor seguridad. En cambio, acelerar la participación de la comunidad académica y los entusiastas del código abierto podría permitir que se "identifiquen y aborden los posibles riesgos de forma más rápida y transparente"*[48].

Un repaso por todas las voces que con alguna alarma se están presentando en este orden, parece ser un síntoma de madurez humana ante un peligro inminente que hace correr amenazante la circunstancia de que el hombre resigne su capacidad intelectiva, creativa y constructiva por la comodidad que el recurso al chatbot GPT le ofrece a un costo de pago muy bajo[49].

Con el conocido tono irónico de muchas de sus agudas reflexiones Slavoy Zizek, indica en un aporte periodístico publicado recientemente, lo siguiente:

> El problema no es que los chatbots sean estúpidos; es que no son lo suficientemente "estúpidos". No es que sean ingenuos (y no capten la ironía y la reflexividad); es que no son lo suficientemente ingenuos (y no se dan cuenta cuándo la ingenuidad enmascara la perspicacia). El verdadero peligro, entonces, no es que la gente tome a un chatbot por una persona real; es que comunicarse con los chatbots haga que las personas reales hablen como chatbots, pasando por alto todos los matices y las ironías, diciendo obsesivamente y con precisión lo que creen que quieren decir[50].

Volviendo al proyecto Europeo de ley sobre IA, corresponde agregar, que no se pueden ignorar en el análisis y permite visualizar desde otro lugar la magnitud de poder económico que existe detrás de estos desarrollos y por lo que también, existe un cierto recelo en avanzar sobre marcos regulatorios toda vez, que es lógico pensar que ellos lo único que harán finalmente, es evitar los despliegues y, por lo tanto, dejará o permitirá ello, que sean otros países y empresas los que habrán de tener la conquista del

---

48 Vide https://hoydia.com.ar/columnistas/cultura-y-tecnologia/dos-cartas-para-la-inteligencia-artificial/.

49 Un chatbot en la construcción que del mismo realiza Miguel Solano Gadea dice que "*es un robot de conversación, diseñado para mantener conversaciones con humanos pudiendo escuchar, entender, razonar, indagar y contestar, y por ello interactuar*" (Solano Gadea, Miguel (2019) Chatbot. En Barrio Andrés, Moisés (Coord.) *Legal tech la transformación digital de la abogacía.* España: Wolters Kluwer, pág. 154.

50 Vide https://www.clarin.com/cultura/slavoj-zizek-inteligencia-artificial-peligro-tomar-chatbot-persona-personas-hablen-chatbots-_0_UGO4aDdnqs.html

espacio tecnoinfodigital y, por lo tanto, de un gobierno indirecto sobre el planeta mismo.

A modo de síntesis en búsqueda de lo que resulta ser materia de nuestro interés del borrador de la '*Ley Europea sobre I.A.*' hay que advertir que su núcleo central en nuestra perspectiva está colocado en poder hacer una "*promoción de una IA fiable y centrada en el ser humano y garantizar protección a la salud, seguridad, derechos fundamentales, democracia, estado de derecho y medio ambiente*".

Así es como se definen tres categorías de riesgos y acorde a cada una de ellas, los requerimientos de seguridad que se deben contemplar para su utilización, partiendo de la base que aquellas operaciones con IA con '*riesgo prohibido*' y que, por lo tanto, son claramente inaceptables y para lo cual, se ilustran con algunas situaciones como las siguientes: i) reconocimiento facial en tiempo real en espacios públicos, pudiendo ser admitida dicha práctica cuando tienen una clara detección policial y siempre que sea *a posteriori* de alguna situación policial que como tal lo autoriza; ii) como práctica de uso de herramientas policiales de tipo predictivo; iii) para dar sustento a modelos de cualquier tipo que encastren en prácticas de administración automatizada de las conductas sociales, ya sea al modelo chino o a cualquier otro semejante; iv) manipulación cognitiva del comportamiento de personas, esto es, prestando particular atención a los sistemas electoras en su vinculación con los sistemas electorales.

El '*riesgo es alto*' cuando hay ciertas áreas que son alcanzadas por los ámbitos de la IA, como son aquellos que afectan a la seguridad de las personas o también, cuando afectan a los derechos fundamentales y para lo cual, el proyecto de ley indica la existencia de ocho categorías que resultan generales, entre ellas, nosotros tomamos para puntualizar solo aquellas en donde parece existir incumbencia directa o no, con el sistema jurídico, así: i) identificación biométrica y categorización de personas, ii) educación y formación profesional, iii) aplicación de la ley, iv) asistencia en la interpretación jurídica.

Por último, hay un rango de '*riesgo bajo*' para la socialización con la IA y que por defecto se produce cuando, los sujetos conocen de antemano que están interactuando con una IA y por lo cual, pueden hacer un control adecuado del proceso deliberativo que intercambian con la IA.

En orden a la IA Generativa, como ChatGPT, se indica que debería cumplir requisitos de transparencia, así: i) Revelar que el contenido ha sido generado por IA; ii) diseñar el modelo para evitar que genere contenidos ilegales; iii) publicar resúmenes de los datos protegidos por derechos de autor utilizados para el entrenamiento

De todo ello resulta evidente, que el principal objetivo no es desalentar la utilización de la IA sino por el contrario, orientar a que la prioridad sea que tal uso en la Unión Europea sea "*seguro, trazable y transparente sin generación de discriminación alguna y respetuoso del medio ambiente*"[51].

Desde ese punto de vista, el mayor instrumento universal que hoy se encuentran consensuado por la mayoría de los países en Naciones Unidas es el aprobado el 23. XI. 2021 por UNESCO –'*Recomendaciones sobre la ética de la Inteligencia Artificial*'– que ya hemos nombrado, ha sido pensado

> como una herramienta fundamental para fomentar la elaboración de textos legislativos, políticas y estrategias nacionales e internacionales en el ámbito de la inteligencia artificial y reforzar su aplicación, así como para potenciar la cooperación internacional en torno al desarrollo y el uso ético de la inteligencia artificial en apoyo de los Objetivos de Desarrollo Sostenible.

A manera de guisa general, se advierte del nombrado texto, que ha prevalecido en el mismo una idea ya presente en muchos de los textos, como es, lo relativo a la justicia social como principio ético de beneficio a toda la humanidad por los avances de la IA[52].

> Tomando el mismo resumen que se puede obtener de la página de UNESCO, apuntamos lo siguiente: La Recomendación se basa en cuatro valores fundamentales que sientan las bases para que los sistemas de IA trabajen por el bien de la humanidad, las personas, las sociedades y el medio ambiente: 1 Derechos humanos y dignidad humana: Respeto, protección y promoción de los derechos humanos y las libertades fundamentales y la dignidad humana. 2 Vivir en sociedades pacíficas: justas e interconectadas. 3 Garantizar la diversidad y la inclusión. 4 Florecimiento del medio ambiente y los ecosistemas. Cláusula innovadora. Una comprensión dinámica de la IA: La Recomendación interpreta la IA en sentido amplio: son aquellos sistemas con capacidad para procesar datos de forma similar a un comportamiento inteligente. Esto es

---

51 Por todas las citas se puede consultar en https://www.europarl.europa.eu/pdfs/news/expert/2023/6/story/20230601STO93804/20230601STO93804_es.pdf

52 Vide Preámbulo parágrafos 7, 8, 18 y 21 y en el cuerpo normativo en los apartados 22 a 24 a la hora de desarrollar los valores y también, cuando se ocupa de los principios identificados en los apartados 28 a 30. Luego en once ámbitos de actuación contemplados en la Recomendación, la idea de justicia social aparece como un elemento transversal. Ello ha llevado a Daniel García San José señalar que ello "*evidencia que, de entre todos los principios y valores proclamados en este instrumento, éste sería sino el más importante, sí al menos, uno de los más relevantes y sin duda, ubicado en el núcleo duro de los valores que deben presidir la ética aplicada a la IA*" (García San José, Daniel (2022) Significado y alcance de los valores de la Carta de Naciones Unidas en la regulación internacional de la inteligencia artificial. En Llano Alonso, Fernando (Dir.) *Inteligencia artificial y filosofía del derecho.* Madrid: Laborum, pág. 443).

crucial, ya que el rápido ritmo del cambio tecnológico dejaría obsoleta de forma repentina cualquier definición fija y estrecha, además de hacer inviables las políticas que se hubieran podido desarrollar de cara al futuro.
Un enfoque de la IA basado en derechos humanos. Diez principios básicos establecen un enfoque de la ética de la IA centrado en los derechos humanos: 1. Proporcionalidad e inocuidad: El uso de sistemas de IA no debe ir más allá de lo necesario para alcanzar un objetivo legítimo. La evaluación de riesgos debe utilizarse para prevenir los daños que puedan derivarse de usos ilegítimos. 2. Seguridad y protección: Los daños no deseados (riesgos de seguridad) y las vulnerabilidades a los ataques (riesgos de protección) deberían ser evitados y tomados en consideración. 3. Derecho a la intimidad y protección de datos: La privacidad debe protegerse y promoverse a lo largo de todo el ciclo de vida de la IA. También deben establecerse marcos adecuados de protección de datos. 4. Gobernanza y colaboración adaptativas y de múltiples partes interesadas: En el uso de datos, deben respetarse el derecho internacional y la soberanía nacional. La participación de diversas partes interesadas a lo largo del ciclo de vida de los sistemas de IA es necesaria para el desarrollo de enfoques inclusivos de gobernanza. 5. Responsabilidad y rendición de cuentas: Los sistemas de IA deben ser auditables y trazables. Deben existir mecanismos de supervisión, evaluación de impacto, auditoría y diligencia debida para evitar conflictos con las normas de derechos humanos y amenazas al bienestar medioambiental. 6. Transparencia y explicabilidad: El despliegue ético de los sistemas de IA depende de su transparencia y explicabilidad (T&E). El nivel de T&E debe ser adecuado al contexto, ya que puede haber tensiones entre T&E y otros principios como la privacidad, la seguridad y la protección. 7. Supervisión y decisión humanas: Los Estados Miembros deberían velar por que siempre sea posible atribuir la responsabilidad ética y jurídica a personas físicas o a entidades jurídicas existentes. 8. Sostenibilidad: Las tecnologías de IA deben evaluarse en función de su impacto en la "sostenibilidad", entendida como un conjunto de objetivos en constante evolución, incluidos los establecidos en los Objetivos de Desarrollo Sostenible (ODS) de Naciones Unidas. 9. Sensibilización y educación: La sensibilización y la comprensión del público respecto de la IA y el valor de los datos deberían promoverse mediante una educación abierta y accesible, la participación cívica, las competencias digitales y la capacitación, y la alfabetización mediática e información. 10. Equidad y no discriminación: Los actores de la IA deberían promover la justicia social, salvaguardar la equidad y luchar contra todo tipo de discriminación, adoptando un enfoque inclusivo para garantizar que los beneficios de la IA sean accesibles para todos[53].

También hemos señalado acerca de que existen algunos otros instrumentos que para el ámbito Latinoamericano y el Caribe pueden ser de importancia, aunque naturalmente sin tener la relevancia de los anterio-

---

[53] Disponible en Internet: https://www.unesco.org/es/artificial-intelligence/recommendation-ethics . En el mismo lugar, se encuentra disponible el documento completo de UNESCO.

res, pero a la vez, siendo mucho más dirigidos al espacio judicial y por ello, es que los traemos a la reflexión. Así el dictamen N.° 24 de la Comisión Iberoamericana de Ética Judicial intitulado '*El uso ético de la inteligencia artificial en la labor jurisdiccional*' y del cual, especialmente extraemos de su parte recomendativa tres de los trece parágrafos que posee, por ser ellos especialmente significativos en el desarrollo en curso, así:

> 51. La implementación de los sistemas de IA puede mejorar la eficiencia y ser de ayuda en los procesos judiciales. No obstante, debe mantenerse la supervisión o revisión humana para prevenir cualquier funcionamiento indebido o desviado que pueda afectar a la adecuada prestación del servicio judicial.
> 52. La utilización de la IA para predecir la reincidencia debería descartarse. En todo caso, no es prudente que las personas juzgadoras se dejen influir por ese tipo de proyecciones a la hora de emitir sus sentencias, ya que estas deben estar orientadas por la legislación y la valoración fáctica de cada caso concreto, no por proyecciones que pueden o no realizarse.
> 53. A juicio de la Comisión, la IA puede colaborar en múltiples tareas dentro del sistema judicial, pero la labor de juzgar y de adoptar decisiones judiciales debe seguir siendo una función propia de las personas juzgadoras, que deben tener la capacidad de comprender el espíritu de las normas y las implicaciones de cada caso concreto y que, al mismo tiempo, deben responder por sus decisiones[54].

4. ¿CUÁNTO SABEMOS ACERCA DE LA IA?

Deliberadamente hemos dejado irresuelta y no por omisión, una falta de conceptualización acerca de lo que se ha venido fortaleciendo como eje central de nuestra formulación, esto es, la misma IA. Y ello se debe a varios motivos, aunque especialmente porque se trata de una pregunta que torna a la respuesta en sumamente compleja y también equívoca.

> Para algunos, por caso especialistas en aprendizaje profundo (deep learning) brindarán una respuesta técnica "acerca de cómo las redes neuronales se organizan en docenas de capas que reciben datos etiquetados a los que se les asignan pesos y niveles de capacidad para, de esa manera poder clasificarlos de modos que aún no podemos explicar del todo. En 1978, mientras discutía sobre los sistemas expertos, el profesor Donald Michie describió la IA como el refinamiento del conocimiento donde 'se puede producir una confiabilidad

---

[54] Hemos efectuado un comentario a tal dictamen de la Comisión Iberoamericana de Ética Judicial intitulado 'Acerca del uso ético de la IA' de la Comisión Iberoamericana de Ética Judicial. Disponible en Internet: https://comercioyjusticia.info/opinion/acerca-del-uso-de-inteligencia-artificial-y-las-consideraciones-eticas-de-la-comision-iberoamericana-de-etica-judicial-ciej-dictamen-24/

> y competencia en la codificación que supera con creces el nivel más alto que un ser humano experto y sin ayuda haya podido, o quizás incluso pueda algún día alcanzar. En uno de los manuales más populares sobre el tema Stuart Russell y Peter Morvig señalar que la IA es el intento por entender y construir entidades inteligentes. La inteligencia se ocupa principalmente de la acción racional-aseguran-. De manera ideal, un agente inteligente toma la mejor decisión posible en una situación[55].

Proponemos para este concepto central, un muy incompleto inventario de conceptualizaciones respecto a qué cosa es la IA. De tal modo que iniciamos con la formulación amplia que brinda UNESCO en el documento central citado del año 2019 y que dice que "*Los sistemas de inteligencia artificial son tecnología de procesamiento de la información que integran modelos y algoritmos que producen una capacidad para aprender y realizar tareas cognitivas, danto lugar a resultados como la predicción y la adopción de decisiones en entornos materiales y virtuales*".

También José Manuel Muños Vela indica, en una muy extensa tesis doctoral brinda la siguiente, a nivel técnico, como la

> capacidad de un sistema o programa informático instalado en un hardware, máquina o dispositivo, operativo aisladamente o integrado con otros sistemas y tecnologías, que permite la identificación, calificación, captación, almacenamiento, análisis e interpretación de los datos y conocimientos de entrada, su tratamiento y gestión, conforme a unos parámetros predefinidos, que pueden incluir su capacidad de autoaprendizaje automatizado y profundo, y su utilización para proporcionar datos o conocimientos de salida, que pueden ir asociados a una propuesta de resolución decisión o ejecución tareas o acciones igualmente predefinidas por el ser humano. Y si a dicho concepto añadimos el componente ético, adicionaría y llevadas a cabo bajo la supervisión y control humano[56].

Una que resulta más acotada y simple formulada por Cecilia Danesi indica que "*la IA consiste en hacer predicciones futuras basándose en datos, muchos datos, del pasado. Esas predicciones las realizan algoritmos que tienen la capacidad*

---

55 Crawford, Kate (2022) Atlas de inteligencia artificial – Poder, política y costos planetarios. Buenos Aires: F.C.E., pág. 28.

56 Muñoz Vela, José (2021) Derecho de la inteligencia artificial- Un enfoque global de responsabilidad desde la ética, la seguridad y las nuevas propuestas reguladoras europeas. Valencia: Universidad de Valencia. Tesis doctoral, pág. 67. Disponible en Internet: https://roderic.uv.es/bitstream/handle/10550/81318/TD_JMMV_Dep%c3%b3sito_2021.pdf?sequence=1&isAllowed=y

de aprender de patrones que se encuentran en los datos. Por eso se afirma que sin datos no existe la IA y de ahí que se los considere el petróleo de nuestra era"[57].

A todo efecto corresponde recalar en un párrafo escrito por un no científico que indica con bastante claridad, lo que nos resulta necesario conocer acerca de cómo es el funcionamiento básico de la IA, y para lo cual, lo inicial es tener por cierto que procesa gran cantidad de información, que está direccionada "*a generar contenido original a partir de los datos existentes, a través de algoritmos y redes neuronales avanzadas que aprenden de textos e imágenes para crear nuevos contenidos*". A lo cual se agrega que:

> Si la red neuronal primitiva tenía tres capas de neuronas (entrada, procesamiento y salida), las nuevas empezaron a añadir capas de procesamiento apiladas por docenas. También a imitación del cerebro, estas capas abstraen la información en pasos progresivos antes de emitir una respuesta. En esto consiste el aprendizaje profundo (deep learning) que ha revolucionado el campo[58].

Sin embargo, también es adecuado equilibrar las miradas tecnofílicas con otras un tanto más críticas y que miran los procesos de causalidad retrospectiva de la IA y que arrojan una mirada absolutamente crítica y severa respecto a la misma. En ese orden se orienta la autora ya citada, Kate Crawford quien indica:

> La IA no es artificial ni inteligente. Más bien existe de forma corpórea, como algo material, hecho de recursos naturales, combustible, mano de obra, infraestructuras, logística, historias y clasificaciones. Los sistemas de IA no son autónomos, racionales ni capaces de discernir algo sin un entrenamiento extenso y computacionalmente intensivo, con enormes conjuntos de datos o reglas y recompensas predefinidas (...) En este sentido, la IA es un certificado de poder[59].

Esta tesis que naturalmente compartimos como parte cierta y deliberadamente oculta de la IA, lleva a orientar sin lugar a mayores discusiones que la IA, es un instrumento de poder muy importante en tiempos de ultramodernidad y que está por encima de cualquier soberanía nacional y en gran medida, es lo único que explica que la comunidad internacional

---

[57] Danesi, Cecilia (2022) El imperio de los algoritmos – IA inclusiva, Ética y al servicio de la humanidad. Buenos Aires: Galerna, pág. 40.

[58] Bujosa Vadell, Lorenzo (2023) Chat GPT y proceso. En Guerra Moreno, Débora (Coord.) *Constitución y Prototipos de IA en el Proceso.* Bogotá: Universidad Libre, pág. 51.

[59] Crawford, Kate (2022) Atlas de inteligencia artificial – Poder, Política y Costos Planetarios. Buenos Aires: F.C.E., pág. 29.

tenga un ánimo poco dispuesto para las regulaciones en dicha materia, toda vez, que los límites que a ella puedan aplicar los Estados o bloques continentales que la regulen, impactará negativamente sobre el desarrollo tecnológico que sobre dicha materia tal Estado o continente quiere emplazar y con ello, quedará atrás en la carrera mundial nada menos, que por el poder biocapitalista del planeta.

En esta línea de acción es que corresponde visualizar los grandes polos de desarrollo mundial en dicha materia, estos son: i) Los EE. UU. que tiene una mínima intención de limitar su desarrollo tecnológico e inversión en IA, sin perjuicio que de futuro de serle necesario para la misma seguridad del Estado, habrá de poner en acción los institutos jurídicos antimonopolio, tal como lo ha puesto en práctica en pocas semanas atrás con el pleito contra Google[60]; ii) el bloque continental europeo por su parte, tal como hemos adelantado, fiel a una siempre presente tradición humanista y respetuosa completamente de los derechos humanos, ya ha avanzado en miras a su regulación y con ella, las limitaciones que se han enunciado aun sabiendo que ello la colocará –como ya lo está– en un paso atrás frente a los bloques de EE. UU. y también de China; iii) la China difícilmente pueda hacer alguna limitación por parte del Estado quien encarna la síntesis perfecta toda vez, que no habrá de disponer de grandes limitaciones a las empresas que hacen los desarrollos respectivos, simplemente porque ya tiene el poder completo regulatorio del Estado sobre ellas acorde la Constitución Política de la República Popular de China.

En ese entramado complejo tal como se puede reconocer se produce en modo sórdido, pero con un alto voltaje económico y judicial las permanentes luchas y desafíos de atrapar clientes –no por lo que consuman sino por lo datos y metadatos que allí puedan brindar– las grandes empresas de occidente estadounidense que se resuelven en el acróstico GMAFIA (esto

---

60 El primer párrafo de la noticia del diario 'El País' de España delata el pleito que sin duda se ha convertido el más importante por monopolio en dicha materia en los últimos veinte años, intenta resolver si Google abusó de su posición de dominio en las búsquedas por internet. "*Google y Apple son fieros competidores. Sin embargo, cuando alguien está navegando en su iPhone o su Mac con Safari, el explorador de Apple, y hace una búsqueda, acaba por defecto en los resultados de Google, en virtud de un multimillonario acuerdo entre los dos gigantes. Acuerdos como ese serán analizados desde este martes en el juicio por monopolio más importante de la era de internet. El Departamento de Justicia acusa a Google de abusar de su posición dominante en los servicios de búsqueda*" (Disponible en Internet: https://elpais.com/economia/2023-09-11/google-afronta-desde-este-martes-en-ee-uu-el-juicio-por-monopolio-mas-importante-en-dos-decadas.html).

es Google, Microsoft, Amazon, Facebook, IBM, Apple) y el grupo empresarial oriental chino BAT (Badiu, Alibaba y Tencent).

Advertimos que la evolución de la IA en los próximos años, fuera de toda duda que será de gran envergadura y según los observadores más atentos y que no se destacan por ser técnicamente conocidos por su sesgo futurista, avizoran tres escenarios posibles. Así lo destaca Amy Webb y queremos brevemente dejarlos esbozados a ellos, para pasar al último segmento de esta contribución. Así se indica que son: i) optimista, ii) pragmático y iii) catastrófico. En todos ellos la IA, abandonará su matriz actual, de Inteligencia Artificial Estrecha (IAE[61]), para convertirse en Inteligencia Artificial General (IAG[62],[63]), siendo su tránsito lo que conocemos hoy como IA Creativa o Generativa (IACG) y que es de alguna manera, en el estadío en donde nos encontramos evolutivamente por este tiempo.

Nuestras lecturas, en especial sobre la capacidad tecnológica que se puede alcanzar, incluido los desarrollos de la física cuántica[64] y las nano-

---

61 En apretada síntesis, la IAE es aquella en donde todavía los seres humanos son los encargados de crear la arquitectura de los sistemas y escribir los códigos para hacer avanzar las diversas aplicaciones de la IA.

62 En la actualidad se están desarrollando desde las grandes compañías y laboratorios asociados, la IAG "*con el objetivo de que puedan razonar, resolver problemas, pensar en abstracto y tomar decisiones con la misma facilidad con que lo hacemos los humanos, obteniendo resultados iguales o mejores. Gracias a la IAG aplicada, se obtendrían avances en la investigación a una velocidad exponencialmente mayor, además de resultados como el mejoramiento de los diagnósticos médicos y nuevas maneras de resolver espinosos problemas de ingeniería. El mejoramiento de la IAG nos debería llevar, finalmente, a la tercera categoría: la superinteligencia artificial*" (Webb, Amy (2021). Nueve gigantes – Las máquinas inteligentes y su impacto en el rumbo de la humanidad. Buenos Aires: Paidós, pág. 203).

63 Bien se ha dicho que la IAE "*es el proyecto que busca crear sistemas que realicen una tarea particular de forma inteligente, mientras que la segunda aspira a crear una artefacto que actúa y piense integralmente de una manera humana. Hoy solo conocemos proyectos de IA estrecha, que es hacia donde apuntan la inmensa mayoría de los esfuerzos de compañías privadas y estatales, mientras que la IA general se mantiene (...) como un objetivo ideal*" (Grupo GIFT, Inteligencia artificial, filosofía y derecho (2021). En Suplemento Innovación & Derecho. Buenos Aires: Thomson Reuters, pág.7. AR/DOC/327/2021).

64 La Inteligencia Artificial (IA) está desarrollando experimentos que trascienden cualquier idea humana y consiguiendo un progreso sorprendente en las fronteras de la física cuántica experimental, informa *Scientific American*. Detrás de esta proeza está el físico cuántico Mario Krenn, que este mes ha iniciado un nuevo grupo de investigación en el Instituto Max Planck para la Ciencia de la Luz, en Alemania, con la finalidad de utilizar algoritmos de IA como fuente de inspiración en la física cuántica. El artículo en cuestión puede ser leído en su totalidad en: Aprendizaje de representaciones inter-

tecnologías[65], nos orientan a pensar que dichos desarrollos no identifican una IAG depredante –esto es el escenario catastrófico– al menos hasta que se alcance –de suceder, y que es puesto en duda con gran firmeza por la comunidad científica no distópicos– la '*singularidad tecnológica*'[66]; puesto que allí, reiteramos de existir, el grado cero de una civilización poshumana[67] y que los más entusiastas como Ray Kurweil lo ubican sobre el año 2050[68].

Mientras que los dos primeros escenarios –optimista y pragmático–, estarán orientados a la producción, utilización y disfrute de bienes y servicios de una batería de artefactos controlados por IA General o todavía en un desarrollo mayor también a veces nombrada como aplicada y controlada por la IA Creativa-Generativa.

En estos dos escenarios que posiblemente al fin estén coincidiendo temporalmente en una fase temprana, hasta que finalmente haya decantado lo suficiente el optimismo y la fascinación por la IA y se comience a una utilización mucho más dominante y por ello, haciendo traslados cada vez más complejos a la IA y que muy probablemente los pueda cumplir con completa satisfacción.

---

pretables de entrelazamiento en experimentos de óptica cuántica utilizando modelos generativos profundos. Disponible en https://arxiv.org/abs/2109.02490.

65 "*Definiremos 'nanotecnología' como la disciplina que se basa en aprovechar a nivel tecnológico las discontinuidades que aparecen en determinadas propiedades observables, debido a los efectos cuánticos que se hacen relevantes cuando los átomos superficiales de los objetos predominan sobre los átomos internos (...) Con una definición como la propuesta, se supera el error, muy habitual, por otro lado, de identificar nanotecnología con tecnología nanométrica o nanoscópica, lo que equivale a confundir lo que supone que es un ámbito revolucionario de la tecnociencia con una mera reducción a la escala nanométrica de una tecnociencia ya existente*" (Ruíz Trujillo, Pere (2019) Ética de las nanotecnologías. Barcelona: Herder, pág, 65).

66 "*El argumento esencial asociado a la Singularidad es de una lógica aplastante. Si construimos inteligencias artificiales cada vez más potentes y autónomas, llegará un instante en que un algoritmo podrá mejorarse a sí mismo. Una vez mejorado, el nuevo algoritmo será aún más potente y, en consecuencia, capaz de volver a mejorarse a sí mismo. Se establece una cadena que se retroalimenta. Cada inteligencia artificial diseñará a la siguiente que será aún mejor que ella misma. Ese proceso iterativo seguirá avanzando de forma imparable hacia una inteligencia brutal. Habremos alcanzado la Singularidad*" (Latorre, José (2019) Ética para máquinas. Barcelona: Ariel, pág. 241). De igual manera se anota que "*Poco después, la IA fuerte {o general} se transformará en IAS (S de sobrehumano), ya que los sistemas serán lo bastante inteligentes como para copiarse a sí mismos, y así sobrepasarnos en número, y mejorarse a sí mismos y así ser más inteligentes que nosotros. Los problemas y decisiones más importantes los abordarán los ordenadores*" (Boden, Margaret (2017) Inteligencia artificial. Madrid: Turner, pág. 145).

67 Harari, Yuval (2017) Homo deus. Madrid: Debate.

68 Kurweil, Ray (2012) La singularidad está cerca: cuando los humanos trascendamos la biología. Madrid: Lola books.

Dejando esos aspectos para situaciones del futuro y que no está dentro de nuestro alcance poder evaluar en la ocasión, queremos ahora hacer un deliberado intercalado para considerar cuáles podrían ser los alcances que la IA Creativa-Generativa tiene y puede llegar a tener, en el espacio judicial concreto.

Sin embargo, no se puede dejar de señalar un peligro más que latente sino hasta podemos decir obsesivamente presente, y que se vincula fundamentalmente con las grandes corporaciones de la industria de la infotecnología y que, por este tiempo, se están apropiando de la mayor base de datos e información reclutada a nivel planetario, y, por ello, cuando lo quieran, habrán de poder ingresar en una manera agresiva en términos comerciales sobre el espacio judicial.

Aparece como una ecuación simple de elaborar en el mundo corporativo, particularmente cuando se tienen instrumentos de dominación a gran escala, porque en el fondo se trata de una servidumbre voluntaria la que todos los ciudadanos brindamos a las redes sociales en general y en la cual, dejamos nuestro 'ADN biográfico' y que bien saben utilizar. Con ello en el acervo empresarial y con economías anémicas de ciertos países y por ello, desarrollos tecnológicos precarios y obsoletos, pues la oferta por la cooperación al desarrollo tecnológico será una proposición que tendrá que ser cuidadosamente evaluada puesto que, podrá ser equívoca en su resultado final.

En este orden de reflexión, algunos autores, entre ellos Jordi Nieva Fenoll ha señalado su preocupación por lo que ha nombrado, como los caminos de una distopía posible en la justicia y que como bien sabemos, ello ya ha comenzado a materializarse de alguna manera en ciertos espacios comerciales de penetración mundial como es '*eBay*' y '*PayPal*', los que tienen un sistema de servicios de mediación privada para resolver conflictos de usuarios en las relaciones de compraventa que se producen en sus locales, y que tal como indican las fuentes consultadas resulta exitoso[69].

---

[69] Bien se ha dicho "*Cada vez es mayor el número de conflictos jurídicos que encuentran solución al margen del sistema formal de Administración de Justicia a través de cauces mucho más baratos, raídos y accesibles. Baste recordar en este sentido cómo la plataforma de adjudicación digital de disputas Modria –desarrollada conjuntamente por eBay y PayPal- resuelve de forma totalmente automatizada, solo entre usuarios de estas compañas, más de 60 millones de disputas cada año: una cifra que supone, aproximadamente, el triple del número total de demandas que recibe en ese mismo período todo el sistema judicial estadounidense (la jurisdicción federal y las cincuenta jurisdicciones estatales) (…). No por casualidad, la compañía Modria fue adquirida en 2017 por Tyler Tecnologies, el principal suministrador de tecnología de los tribunales estadounidense, con el fin de explorar la automatización de diversos tipos de casos. Hoy su plataforma digital de*

El autor citado a partir de allí construye una tesis que orienta a que podría tratarse de una vía de acostumbramiento a que la justicia quede en manos privadas y digitalizada en su mayor parte, resulte más conveniente que aquella otra ofrecida estatalmente y además más lenta y no siempre más eficiente. Y para lo cual, el proceso de colonización de la justicia por el ámbito empresarial privado, primero requiere acostumbrar a la ciudadanía que la justicia privada digitalizada es posible, luego convertirse las empresas en buenas oferentes de los instrumentos jurídicos colaborativos a los Poderes Judiciales de insumos para sus necesidades operativas, sabiendo que con el tiempo, habrán de haber ganado la dependencia del Poder Judicial por necesidad de seguir estando actualizados y finalmente y alcanzado dicho estadío, poder orientar prácticas y acciones a resultados que resulten más afines a sus propios proyectos económicos y de control biopolítico[70].

Con buen criterio el autor citado señala que, a los efectos de tener una suerte de inmunidad frente a dicha problemática completamente posible, comprende que lo mejor que puede hacer un Estado que aspire a la protección de su soberanía judicial, es promover que su Poder Judicial, ingrese progresivamente en el desarrollo de la IA aplicada al sector justicia. Así dice:

> En consecuencia, es imprescindible la formación de este servicio público que cree y se ocupe del mantenimiento de la herramienta de la IA de la justicia. Cualquier otra alternativa externalizadora en manos privadas redundará en un alienación del servicio que, aunque ahora cueste concebirlo, acabaría cambiando nuestra sociedad[71].

---

adjudicación de disputas es utilizada en ese país y en Canadá no polo por asociaciones privadas de arbitraje, sino también por algunas agencias administrativas y tribunales locales" (Solar Cayón, José (2022) Inteligencia artificial y justicia digital. En Llano Alonso, Fernando (Dir.) *Inteligencia Artificial y Filosofía del Derecho.* Madrid: Laborum, 382).

70 Vide Berardi, Franco (2017) Futurabilidad – La era de la impotencia y el horizonte de la posibilidad. Buenos Aires: Caja Negra; Lemke, Thomas (2017) Introducción a la biopolítica. México: F.C.E.

71 Nieva Fenoll, Jordi (2023) Perder el control: ¿Hacia una distopía judicial? En Guerra Moreno, Débora (Coord.) *Constitución y Prototipos de IA en el Proceso.* Bogotá: Universidad Libre, pág. 32. También Aliste Santos, Tomás (2023) Hacia la justicia posmoderna. Barcelona: Atelier.

5. LA PRESENCIA DE LA IA CREATIVA-GENERATIVA EN LOS PODERES JUDICIALES

Para comprender adecuadamente nuestro análisis en dicho punto, partimos del dato de la facticidad de la mayoría de los Poderes Judiciales que se han visto altamente impactados en los últimos veinte años al menos, por los diferentes y múltiples desarrollos tecnocientíficos de tipo transhumanista de primera generación y que se han venido cumpliendo con intermediación de las técnicas de convergencia para la mejora humana[72], conocidas por el acróstico NBIC, atento las disciplinas integrativas: Nanotecnologías, Biotecnología, Informática y Ciencias cognitivas.

Especialmente con ello, nos estamos refiriendo a todo un conjunto de prácticas que se relacionan con las llamadas técnicas de reproducción humana asistida y donde no solo se han vinculado *in vitro* cromosomas de dos personas –hombre y mujer–, sino de tres, a los efectos de insertar mediante el sistema de edición CRISPR/Cas9[73], una sección de un cromosomas que tenía alguna mutación degenerativa por otro, provisto por un tercero que no tenía dicha deficiencia y por lo tanto, la persona que finalmente naciera, no tendría la afectación cromosomática que por herencia genética de sus padres le hubiera correspondido poseer. Cabe recordar al paso, que desde los estudios de Robert Edwards y Patrick Steptoe que fueron los promotores de la conocida técnica de 'fecundación in vitro' a esta técnica, mucho más abarcativa, por supuesto, realizada por Emmanuelle Charpentier y Jennifer Doudna, solo ha transcurrido algo más de cuarenta años.

Tomando ese solo supuesto como suficiente, se materializa que las prácticas de transhumanismo tienen ya, un cierto grado de materialización en

---

72 "*En la actualidad se entiende por mejora humana las actuaciones tendientes a sobrepasar los límites de la naturaleza humana mediante la aplicación de una gama de técnicas que convergen en esa finalidad. Estas técnicas pertenecen a cuatro ámbitos distintos: nanotecnologías (nano), biotecnologías (bio), tecnologías de la información (info) y neurotecnologías (cogno). Son las conocidas como NBIC o también TC (tecnologías convergentes) o HET (Tecnologías para la Mejora Humana)*" (Junquera de Estéfani, Rafael (2016) Autonomía y tecnologías convergentes. En Romeo Casabona, Carlos (Ed.) *Tecnologías convergentes: desafíos éticos y jurídicos.* Valencia: Cremares, pág. 43).

73 Mediante dicha técnica de edición genética, la mentalidad biomédica imperante, atravesado por el canon de la '*perspectiva molecular*' no posibilitado aislar, recombinar y editar genes y con ello se alcanza que la '*facticidad de lo natural y vital*', habrá sido suplantado por la '*realización de lo posible eficientemente*' que la disciplina científica ha alcanzado y colocado como mejora en la naturaleza corporal (y por ello también mental) humana. Así es como el *logos* del *bios* ha mutado al *logos* de lo técnico.

Institutos y Centros Avanzados de tratamientos de reproducción humana o de corrección de mutaciones cromosomáticas que, como tal, habrán de alterar la progenie de quienes no quieren poseerla. En este tipo de supuestos, estamos claramente ubicados dentro de una práctica de mejoramiento humano típicamente curativa, puesto que con ella se evita que se materialice un daño en una persona que si naciera sin dicha corrección, definitivamente debería acarrear una enfermedad grave por el resto de su vida, y que de esta manera se ha evitado.

Resulta así, que el transhumanismo ya está entre nosotros y también lo está, cuando pensamos en las múltiples acciones terapéuticas que las personas reciben y donde, por las razones que sea, reciben diversas prótesis que por defecto son artificiales, para solucionar una determinada carencia biológica o fisiológica que la persona como tal tiene y que van, desde huesos sintéticos que son parte de reemplazo o utilización de instrumentos o artefactos mecánicos y/o electrónicos que cooperan desde dentro del mismo organismo a que éste, cumpla adecuadamente sus funciones. Todo ello, está dentro del rango de lo que se nombra como prácticas transhumanistas; también las hemos denominado a dichas prácticas como de primera generación, porque en rigor son ellas de naturaleza curativa.

Hasta el momento presente, para la comunidad jurídica en general la realización de las prácticas transhumanistas no ha sido un motivo de completa atención, porque se ha movido en términos generales dentro de lo que se ha nombrado como '*mejoramiento humano curativo*'. La cuestión severa sin duda que deberá afrontar el sistema jurídico, será cuando, se pase a la fase siguiente y que como tal, es bastante cercana. Esto es, el mejoramiento humano perfectivo y, por lo tanto, cuando las ciencias que integran el acróstico NBIC, cooperen para que el hombre no ya, pueda curar o remplazar lo que naturalmente se encuentra enfermo o en carencia, sino cuando, se quiera potenciar y multiplicar lo que naturalmente al ser humano como tal, le corresponda. En tal caso, dichas acciones serán consideradas de segunda generación.

Allí de nuevo las increíbles historias que cinco décadas atrás veíamos en una serie televisiva de mucho éxito y que en América Latina conocimos como '*El hombre nuclear*'[74], que era una persona que genética y téc-

[74] La serie en su título original '*The Six Million Dollar Man*', se transmitió entre 1973 y 1978. El actor era Lee Majors, y que personificaba al sofisticado señor Steve Austin, a la vez, un agente especial de los EE. UU. para misiones ultra riesgosas. El proyecto que había costados seis millones de dólares se conocía como 'Biónico'.

nicamente había sido mejorada y perfeccionada y, por lo tanto, tenía una vista muchas veces superior a la corriente, y podía desarrollar velocidades increíbles al correr. Aquello, hoy, es muy próximo a ser realizado y para lo cual, los sistemas jurídicos no han previsto todavía una manera de ingresarlo o claramente negarlo, en su realización.

Para tal comportamiento inmunitario los sistemas jurídicos en general, tienden a considerar que están suficientemente protegidos de poder repeler dicho tipo de acciones bajo conceptos que hacen a la solidez moral y ética de los sistemas jurídicos en general y que son de alguna manera, principios y valores que se encuentran claramente consolidados y entrañablemente vinculados a la tradición cultural y ética del mundo occidental, como es, centralmente la idea de la dignidad humana[75], que es siempre un valladar en estos temas; puesto que es fundamento de la teoría contemporánea de los derechos humanos y también anclaje de la bioética. La dignidad humana será la válvula final que brindará el juicio y permitirá o no, el paso de novedosas conductas que encierren las prácticas transhumanas[76] y que, como tal, van desde la mejora física a la cognitiva y concluyen en la moral[77].

---

75 Torralba Roselló, Francesc (2005) ¿Qué es la dignidad humana? Barcelona: Herder; Gómez Pin, Víctor (1995) La dignidad – Lamento de la razón repudiada. Barcelona: Paidós; Hottois, Gilbert (2013) Dignidad y diversidad humanas. Bogotá: Universidad El Bosque; Gomá Lanzón, Javier (2019) Dignidad. Barcelona: Galaxia Gutenberg; Waldron, Jeremy (2019) Democratizar la dignidad. Estudios sobre dignidad humana y derechos. Bogotá: Universidad del Externado.

76 Cabe señalar, que han sido dos los argumentos centrales con los que se ha mostrado la oposición a la mejora humana. Por una parte, el que se corresponde con la discriminación y que tiene que ver con el acceso a la intervención como con sus consecuencias (Nussbaum, Martha (2002) Genética y justicia: Tratar la enfermedad, respetar la identidad. En Isegoría N° 27, pág. 5-17) y por otra parte el daño a la identidad humana aun cuando, la intervención sea consentida (Sandel, Michel (2007) Contra la perfección. Barcelona: Marbot).

77 Douglas, Thomas (2008) Moral enhancemente. En Journal of Applied Philosophy 25, 3, 162-177, también Persson, Ingmar y Savulescu, Julian (2008) The Periles of Cognitiva Enhancement and the Urgent Imperative to Enhancethe Moral Character of Humanity. En Journal of Applied Philosophy, 25, 3, 162-177. Ambos citados por Rafael de Asis Roig, quien señala que de entre las diversas críticas que merece la explicación de que, la mejor moral es necesaria para que la mejora cognitiva no afecta discriminatoriamente a los demás, está centrada en la dificultad de lograr un consenso sobre lo éticamente correcto y también, que dichas técnicas parecen ir en contra de la autonomía de las personas (De Asis Roig, Rafael (2022) Ética, tecnología y derechos. En Llano Alonso, Fernando (Dir.) *Inteligencia artificial y filosofía del derecho*. Madrid: Laborum, pág. 31).

Hemos señalado más arriba, que la tesis de que la dignidad humana será insuficiente para poder dar contención a los compromisos que la IA habrá de colocar a los sistemas jurídicos en general, y ello mismo pensamos en orden a su capacidad perfomativa en función de las prácticas de transhumanismo. O sea que la mera existencia en el ordenamiento jurídico de la tesis aceptada de la dignidad humana devendrá insuficiente.

Para ello destacamos que, en nuestro parecer, es inocultable la plasticidad, indeterminación o cierta borrosidad que existe en el concepto de dignidad humana, y que es justamente lo que nos permite que invocando ella, se puedan sostener con adecuada argumentación, tesis contrarias[78].

---

[78] El argumento kantiano suele ser el mayormente utilizado toda vez, que retira el velo fundamentatorio que se hunde en las raíces de las religiones monoteístas y que como tal, importan primero adscribir a la confesionalidad y luego ser contributivo con la conclusión. Kant por el contrario, hace que se puedan tomar esas importantes distancias y por ello, ser invocada por auditorios completamente pluriconfesionales; de cualquier manera no se puede desconocer, aunque no suele ser lo advertido en las lectura no filosóficas al menos del problema. Es precisamente para el autor, la dignidad lo que tienen las personas y no precio como las cosas. Como a la vez dicha dignidad se expresa o fenomenaliza por vía de la autonomía y donde por defecto, opera la matriz del imperativo categórico.

Así se indica "*En el reino de los fines todo tiene o un precio o una dignidad. Aquello que tiene precio puede ser sustituido por algo equivalente; en cambio, lo que se halla por encima de todo precio y, por tanto, no admite nada equivalente, eso tiene una dignidad (...) Pues nada tiene otro valor que el que la ley le determina. Pero la legislación misma, que determina todo valor, debe por eso justamente tener una dignidad, es decir, un valor incondicionado, incomparable, para el cual solo la palabra respeto de la expresión conveniente de la estimación que un ser racional debe tributarle. La autonomía es, pues, el fundamento de la dignidad de la naturaleza humana y de toda naturaleza racional*" (Kant, Emanuel (1973) Fundamentación de la metafísica de las costumbres. Madrid: Espasa Calpe, pág. 92 y 94 respect.).

También hemos leído autores modernos que conociendo la proximidad que formula Kant de la dignidad con la autonomía, han descubierto con gran provecho a Pico Della Mirandola y con su texto, consideran encontrar un argumento fundamentatorio universal para la dignidad y que no esté impregnado de una consideración metafísica o teológica. Sin embargo, también otros autores, han señalado que si bien la primera pate del '*Discurso*' de Picco Della Mirandola resulta moderno y secular, no se puede desconocer que en rigor el autor, identifica la '*dignidad*' sin más, con la '*libertad*' del hombre; cuestión ésta, que no es siempre adecuadamente advertida. Baste para ello, reparar en uno de los párrafos iniciales y centrales de la obra, que es cuando Dios –el óptimo artífice- lo dota –al hombre- al inicio con lo correspondiente, señalando: "*Oh, Adán, no te he dado ni un lugar determinado, ni un aspecto propio, ni una prerrogativa peculiar con el fin de que poseas el lugar, el aspecto y la prerrogativa que concientemente elijas y que de acurdo con tu intención obtengas y conserves. La naturaleza definida de los otros seres está constreñida por las precisas leyes por mí prescriptas. Tú, en cambio, no constreñido por estrechez alguna, te la determinarás según el arbitrio a cuyo poder te he consignado (...) No te he hecho*

Con esto, no queremos nosotros sostener, como se ha dicho ingratamente que la noción de dignidad es inútil o inadecuada[79].

Creemos al fin de cuentas que se torna un tanto carente de especificidad y es por lo cual, ha tenido la potencia de la que no dudamos y también la porosidad que se reconoce. En realidad no alcanza dicho concepto a proyectar un criterio no abstracto a cuestiones que son por demás desafiantes a la misma naturaleza humana, ya sean las propias prácticas transhumanas no de mera mejora sino de perfeccionamiento, como los complejos desarrollos que la tecnología de la IA nos puede poner frente a la operación humana.

Para dar un ligero criterio sustentatorio a nuestra afirmación y no intentando desarrollar una línea argumental completa, apuntamos que el objeto material del derecho es la conducta humana[80], la cual se ha diversificado en múltiples maneras y por ello, se han delimitado áreas sistémicas de la ciencia jurídica (por ejemplo, derecho privado, penal, público, laboral, etc.), como también otras intrasistémicas, por caso la organización normativa respecto al derecho privado, con sus ejes centrales, transversales e institutos. Por otra parte, el objeto formal de la ciencia jurídica –custodiado

---

ni celeste ni terreno, ni mortal ni inmortal, con el fin de que tú, como árbitro y soberano artífice de ti mismos, te informases y plasmases en la obra que prefirieses. Podrás degenerar en los seres inferiores que son las bestias, podrás regenerarte, según tu ánimo en las realidades superiores que son divinas. ¡Oh suma libertad de Dios padre, oh suma y admirable suerte del hombre al cual le ha sido concedido el obtener lo que desee, ser lo que quieras ¡" (Della Mirandola, Pico (1978) Discurso sobre la dignidad del hombre. Buenos Aires: Goncourt, pág. 48/49. Traducción, estudio preliminar y notas de Adolfo Ruiz Díaz).

79 Vide Macklin, Ruth (2003) Dignity es a Useless Concept. En British Medical Journal 327, pág. 1419/1420. Se ha indicado a dicho respecto que "*La brevedad del texto es inversamente proporcional al volumen de reacciones (...) El concepto de dignidad habría surgido en los años 70 en el marco del 'derecho de morir dignamente' donde, de acuerdo con Macklin, no tiene otro significado que el del respeto por la autonomía del individuo (...) Finalmente, elabora una hipótesis acerca del origen de esos usos: la influencia de la Iglesia Católica romana. La última frase del artículo es "Dignity is a useless concept in medical ethics and can be eliminated without any losss of content*" (La dignidad es un concepto inútil en la ética médica y puede eliminarse sin pérdida de contenido) (Hottois, Gilbert (2013) Cuestiones filosóficas. Del concepto de dignidad en Bioética. En *Dignidad y diversidad humanas*. Bogotá: Universidad El Bosque, pág. 39). En respuesta a Macklin el estudio de Andorno, Roberto (2012) Bioética y dignidad de la persona. Madrid: Tecnos. También Pinker, Steven (2008) The Stupidity of Dignity. En New Republic, 28.V.2008.

80 En recuerdo siempre de nuestro Maestro. Ghirardi, Olsen (1982) Lecciones de lógica del derecho. Córdoba: Ed. Autor, pág. 52.

por los juristas y la legislación– es quien define el ámbito de las conductas humanas diferenciándose las que son jurídicas y las que no[81].

Dichas fronteras con la modernidad se han debilitado, especialmente en temas relativos a la vida, salud y el cuerpo de las personas; generándose nuevos institutos: trasplantes de órganos, técnicas de reproducción humana asistida, maternidad subrogada, entre otros. Y todos ellos han importado una primera expansión sobre la '*frontera horizontal del derecho*' materializada como una realización 'interdisciplinaria' de los mencionados temas con el intra-sistema del Código Civil Nacional.

Además, existe otra frontera del derecho y que es '*vertical*', en ella los límites son borrosos, y sus materias más holísticas y ellas no funcionan '*interdisciplinarmente*' con el derecho, sino que lo hacen en modo '*transdisciplinario*' y, por ello, será el derecho quien habrá de asimilar prácticas disciplinarias y de discernimiento de esas formaciones científicas produciéndose con el derecho, una realización de cohabitación.

En este marco transdisciplinario, generado por los desarrollos de la IA y las técnicas NBIC; resulta naturalmente lógico, que se conforme un subsistema normativo que ampare a las nombradas, y que lo hará bajo los principios generales del intra-sistema del Código Civil Nacional modalizados los mismos, a las variables transdisciplinarias promovidas por la IA y NBIC. La discusión en tal escenario quedará centrada, en saber conjugar los principios rectores del subsistema normativo y aquellos otros, que son propios del intrasistema principal del Código Civil Nacional[82].

Con todo ello a la vista, los niveles corrientes de discrecionalidad judicial tendrán más criterios colaborativos para la reflexión y decisión, puesto que lo transdisiciplinario, cooperará a la reflexión desde otros y nuevos principios. Es probable también, que la síntesis transdisciplinaria produzca una disrupción en el canon de justicia que desde la sola antropología jurídica como eje nuclear y totalizante pueda invocarse[83]. Y podrá ser desplazada ella de tal centralidad, por una perspectiva que si bien no confronte con lo antropológico, resulte más acorde a una naturaleza humana fuertemente intervenida por la tecnociencia.

---

81 Engisch, Karl (1960) El ámbito de lo no jurídico. Córdoba: UNC.

82 Vide nuestra contribución intitulada El bioderecho y el conocimiento cuasi científico para la inclusión en salud. En Revista La Ley (2023). Buenos Aires: Thomson Reuter, 18.IX.23.

83 Vide la obra de Supiot, Alain (2007) Homo juridicus – Ensayo sobre la función antropológica del derecho. Buenos Aires: Siglo XXI, pág. 257 y ss; Castán Tobeñas, José (1962) Humanismo y derecho. Madrid: Reus.

6. LA FUNCIÓN JUZGADORA Y LOS DESAFÍOS DE LA IA

Resultaría una afirmación totalmente desinformada señalar que la IA, no le ha aportado ya y de seguro que en el futuro próximo mucho más, a los Poderes Judiciales, casi lo equivalente a todo lo que la historia como poder del Estado el Poder Judicial viene cumpliendo en torno a los derechos, los bienes, la libertad e incluso la vida de las personas. Que la IA, la algoritmización y la digitalización judicial son resultados que se materializan en avances muy importantes para cualquier Poder Judicial, es ello un registro incuestionable.

Seguramente que ello no ha sido igual a lo que ha sucedido en otras disciplinas profesionales en donde, existe junto a la misma racionalidad de la materia científica particular de la que se trate y que todas como tal las poseen, un cierto componente de destreza que el profesional debe cumplir con sus propias acciones y realizaciones.

Por caso, el médico puede conocer mucho acerca de la etiología, evolución y crisis de una enfermedad, pero en rigor de verdad su primer encuentro con el paciente se vincula a partir de una acción empírica y que desde Hipócrates hasta nuestros días se nombra la realización semiológica[84]. Sin embargo, la discusión que existe hoy en referencia a dicha profesión, es que comienzan a aparecer evidentes sustitutos que se pueden encargar de hacer dichas prácticas semiológicas con mejor resultado diagnóstico que lo que puede hacer un médico, basta para ello solo pensar en algo más de un siglo hacia atrás, que es el tiempo desde el cual se hacen radiografías y hoy tomografías; con ellas la tecnología ha logrado que el proceso de exploración del cuerpo de la persona sea más vasto y exitoso.

Con todo ello, bien se puede decir que se ha superado la semiología por la predicción médica y que tal como sabemos, la medicina de selección comienza a ser cada vez, una práctica que se extiende en la medida que ella se vuelve más accesible a la sociedad. La medicina entonces se ha personalizado y en función de ella, se hace molecularmente predictiva para cada supuesto paciente o consultante[85].

---

84 Vide nuestro aporte a dicho problema y que se relaciona directamente con el desarrollo de la tecnología en la medicina. El ocaso antropológico- De la semiología en el acto médico a la teleconsulta. En Colección *Ethos.* Córdoba: EDUCC, N°2, 2021. Disponible en Internet: https://www2.ucc.edu.ar/archivos/documentos/Bioetica/ethos-2.pdf.

85 Escobar Triana, Jaime (2007) Bioética, cuerpo humano, biotecnología y medicina del deseo. En Revista Colombiana de Bioética, Vol. 2, N°1, Enero-Junio, págs. 33-51; González Quirós, José (2012) Tecnología, ortopedia e hibridación. En *Thémata.* Revista de

También se podría pensar lo mismo, si lo ejemplificáramos con otra profesión que no sea la de médico, sino la de un ingeniero, quien hoy hace sus cálculos asistido con instrumentos tecnológicos que no solo le brindan los valores que requiere para su cálculo, sino que también, los puede previamente reproducir en una computadora para visualizar su ensamble proyectado como si acaso, estuviera materializado en un lugar real y no meramente en un espacio digital. También aquí existe un juicio predictivo, que se materializa mediante un instrumento de IA, que permite volcar en imagen los cálculos realizados para la construcción de una determinada obra de ingeniería civil por ejemplo.

Es decir, que, en la mayoría de las profesiones, la tecnología en general y de allí la IA en especial, tiene una relevancia más que central. Sin embargo en los sistemas jurídicos ello no es tan lineal de ser utilizado especialmente en miras a la predictibilidad de los resultados, como al menos someramente acabamos de presentar en otras disciplinas profesionales.

Ello es debido a que fundamentalmente abogados y jueces, trabajan con su intelecto, con su racionalidad y razonabilidad y no requieren de tanta asistencia técnica y/o instrumental como ocurre en otras profesiones y que por ello, tales disciplinas se habrán de desarrollar de una manera superior en tales aspectos frente a lo que sucederá en el derecho; que al fin y al cabo, si tenemos una cierta capacidad imaginativa y una buena lectura de la vida forense romana de los primeros siglos de nuestra era, basta con pensar las enseñanzas que Fabio Quintiliano brindaba con sus '*Instituciones Oratorias*' o el maravilloso atlas de la oratoria forense de Cicerón, recogido en su recordado trabajo intitulado '*Sobre el orador*', para advertir, que por definición el arsenal instrumental del ejercicio de la abogacía está por definición centrado en la construcción mental y discusiva de quien ejercita dicha práctica. Es el derecho quizás con la filosofía como disciplina, las que menor requerimiento de instrumental anexo precisan, puesto que son primariamente intelectuales.

Desde este último aspecto bien vale apuntar, y porque nos resulta por demás atinado señalarlo en esta contribución donde el núcleo central se orienta en la tecnología computacional y la ciencia jurídica, que, para el derecho, la mayoría de las cuestiones que en su espacio se discuten pueden ser equívocas y que pasan a una cierta univocidad por el entorno en el cual ellas son expuestas y dicho contexto a la vez, nunca es estático sino en

---

Filosofía N° 46, Segundo Semestre, págs. 25-41; Rose, Nikolas (2012) Políticas de la vida – Biomedicina, poder y subjetividad en el siglo XXI. Buenos Aires: Unipe.

permanente movimiento y transformación. Con gran lucidez y de nuevo traemos al presente una reflexión de José Ortega y Gasset cuando señala:

> No sé si todas las palabras son de hecho equívocas, pero la averiguación no tendría importancia porque es incuestionable que todas lo pueden ser. La frase, a su vez, suele ser equívoca, por tanto, tampoco tiene de verdad un sentido. Reclama que la refiramos al resto del texto, a la página, al capítulo, en fin, al libro. La frase tampoco funciona, tampoco es lo que es, sino con un contorno en derredor de sí. Este contorno inmediato de una palaba, de una frase de un texto, es el contexto. El contexto es un todo dinámico en que cada parte ejerce influjo, modifica las demás y, viceversa, recibe de las demás presiones (…) Lo cual quiere decir que el contorno forma parte de la palabra esencialmente y que la palabra es actividad, puro dinamismo, presión de un contorno sobre ella y de ella sobre un contorno"[86].

Los avances que la tecnología ha brindado a la ciencia jurídica por supuesto que se inician con la imprenta en el siglo XV y todo el flujo de servicios que llegan hasta las copias fotoestáticas y naturalmente, la máquina de escribir desde fines del siglo XIX y luego de ella, toda la retahíla tecnológica de computadoras que siguieron. Pero sin embargo *el 'trabajo intelectual y no la manera en que se plasma en la realidad dicho trabajo'*, de la razón del abogado y de los jueces, no ha cambiado en modo alguno y ello se ha extendido para la mayoría de los países hasta los últimos años en donde la irrupción sanitaria de la pandemia del covid-19 de los años 2020-2021, impuso por una definición de supervivencia de un Poder del Estado, que la tecnología tuviera un ingreso en los espacios judiciales no como un bárbaro que arrasaría, sino como un colaborador que evitó en muchas ocasiones, situaciones que sin ella, hubieran sido por demás trágicas.

Ello como tal, fue lo que permitió desterritorializar el escenario judicial y, por lo tanto, hoy sin discusión en la mayoría de ellos, se admiten audiencias por vía telemática, transferencias de información por vía digital y al fin, se tiende aceleradamente a dar sepultura al expediente físico por el llamado 'expediente electrónico o digital'. Con ello se han evidenciado los grandes avances que se producen en los Poderes Judiciales, pero volvemos a señalar lo central en nuestro parecer, es que dichas *transformaciones no son en la manera en que se razona la práctica de la ciencia jurídica, sino en la manera en que es materializada dicho modo de razonar*, que es una cuestión completamente diferente en sus efectos y por supuesto en su génesis.

---

86 Ortega y Gasset, José (1962) Comentario al 'Banquete' de Platón (Qué es leer). En *Misión del Bibliotecario*. Madrid: Revista de Occidente, pág.164 y 166 respectivamente).

Sin embargo, y tal como lo hemos emplazado en otra aportación académica, la práctica digital de la abogacía importa alteraciones centrales en la forma en que la lectura por parte de los jueces es realizada, debido ello a la *manera en que se materializa dicho modo de razonar* y hasta donde hemos podido advertir, se pueden percibir ciertos elementos y/o registros que desde la neurociencia nos permiten brindar con algún crédito real, que dicha manera de conocer los casos por lecturas sobre instrumentos digitales, esto es pantallas[87] muy probablemente, incide para que la práctica empática que los jueces realizan con las causas mediante dicha lectura, en muchos casos en donde el proceso no es completamente oralizado, produzca una suerte de mayor distancia entre el juicio cognitivo humano que el juez está realizando de ese justiciable y, por lo tanto, lo cual al fin importaría un aspecto negativo para los intereses de los abogados.

En rigor queremos decir, que los diferentes escenarios materiales desde los cuales se cumple con el *'ejercicio de la lectura por los jueces'*, coopera en alguna escala, para la conformación de lo que hemos apuntado más arriba del adecuado contorno de esa causa y todo parece indicar, especialmente cuando se ha podido profundizar en la neurobiología en lo que es el estudio de la estructura, función y desarrollo de las áreas visuales de la corteza cerebral y de que, no se puede sostener que exista división entre el proceso de ver y el de entender lo que se ve[88].

De la misma manera, que llevó varios siglos hasta que el hombre dejó de leer escuchándose y pasó a realizarlo en silencio sobre el inicio de la alta

---

87 El panel de las pantallas el elemento que nos proporciona la imagen. Es un soporte sobre el cuál se instalan millones de diodos que varían dinámicamente la intensidad de la luz o de brillo en tres colores básicos, el rojo, azul y verde (RGB). Por lo general las pantallas LCD para laptop —o pantallas Liquid Crystal Display— forman un grupo que incluye varios modelos diferentes que varían entre sí dependiendo de las características específicas de cada uno de ellos. Ahora bien, todas las pantallas comparten cosas en común. Estas funcionan con una fuente de luz que es bloqueada por millones de puntos formados por cristal líquido (los píxeles de esta pantalla). Estos se vuelven opacos o traslúcidos con la electricidad, evitando de esta forma que les atraviese la luz y generando así una silueta —similar a como lo haría un títere de sombra—. En la actualidad existen un gran abanico de posibilidades con altas tasas de refrescamiento de la imagen. Estas son las pantallas LCD para laptop más populares. Una información completa acerca de tipos de pantalla y sus propiedades, se encuentran disponibles en https://culturacion.com/tipos-de-pantallas/.

88 Cfr. De la Fuente, Ramón (1999) Biología de la mente. En De la Fuente, R. y Alvarez Lecfmans, Francisco. México: F.C.E., pág.16.

edad media, para leer solo viendo[89], no hay duda que, una situación es hacerlo sobre un materialidad aprehensible y permanente y no sobre otra, que aparece y desaparece; que como tal, retira la permanencia de un alguien que es juzgado y, por lo tanto, cosifica como un algo que se pone y quita.

Lo cierto y con independencia de este aspecto que vale como muy interesante a la hora de revisar las maneras en que se potencia o no, la natural sensibilidad judicial y que no se trata de un mero recurso al modo de un argumento *ad misericordiam,* sino de una necesidad básica de que los jueces tengan una mayor aproximación al problema humano que subyace o se esconde en toda discusión judicial, toda vez que los problemas judiciales son antes que nada, problemas morales de las personas que se resuelven con la cooperación de instrumentos jurídicos previamente construidos.

La mencionada dificultad de alejar el proceso de sensibilidad del juez del problema juridicial puede dejar como consecuencia que su resultado resolutivo sea cada vez más, una resultante normativa con bajo nivel de inserción moral del mismo juez en la materia y que por lo general, ello se desliza en la práctica judicial a partir del ejercicio discrecional que los jueces tienen al momento de resolver las causas.

Así decimos que la despapelización jurídica y su digitalización, promocionará nuevas insensibilidades en los juzgadores, que, como tal, no lo serán en materias de completa facticidad, sino de una especie que propiamente obedece a la matriz desde donde se produce la lectura de la causa que es digital y no directamente sobre un materialidad que podríamos denominar estática y materialmente fenomenológica. Ese soporte físico habrá de estar ahora en lo digital, que cuando la máquina se apaga desaparece y al encenderla vuelve a renacer.

De tal forma que, si bien era ya complejo, que los jueces ubicaran detrás de los papeles físicos –cuando los sistemas procesales no son orales– los ecos humanos de los problemas morales que eran traídos bajo algún tipo de formulación jurídica canalizada mediante alguna institución jurídica, verbigracia contrato, desalojo, filiación, etc.

---

89 Recuerda Martyn Lyons que "*En las Confesiones San Agustín, el autor manifiesta su sorpresa cuando observa a San Ambrosio, obispo de Milán, leyendo exclusivamente en silencio porque 'cuando leía, sus ojos recorrían las páginas y su corazón profundizaba el sentido, pero la voz y la lengua descansaban' (...). En el siglo VII, Isidoro de Sevilla declaró que la lectura en voz alta obstaculizaba la comprensión del texto y recomendó la lectura en silencio, en la que los lectores movieran los labios y murmuraban el texto*" (Lyons, Martyn (2012) Buenos Aires: Del Calderón, pág. 44).

Ahora y por la digitalización, la distancia con dichos núcleos morales formalizados jurídicamente, se multiplican en forma notable; en buena medida ello solo porque el vehículo trasmisor del problema no está papelizado, sino que es completamente inmaterial, está disuelto, porque es digital[90] y, por ello, su accesibilidad no es desde un soporte físico (papel, papiro, pergamino, piedra) sino maquínico, computacional. Y no podemos dejar de considerar como hipótesis de trabajo al menos, que la plasticidad cerebral estará reconstruyendo los modos de hacer las sinapsis adecuadas frente a esos desafíos de comprensión intelectiva, pero también emotiva y contextual desde dicho soporte digital.

Huelga señalar, que, hasta el día de hoy, muchas personas cuando quieren hacer lecturas de importancia por el tema del que se trate, evitan hacerlo sobre lo digital y agotan las vías para tenerlo en un soporte material de papel, sobre la idea común y corriente, que lo 'entienden mejor'. Nos remitimos a las pruebas que la vida corriente a todos nosotros nos ha brindado, más allá de los aportes que la neurobiología pueda brindar con mayores razones[91].

Investigadores de las neurociencias admiten que la utilización de matrices digitales, actúan en el cerebro humano proporcionando un cierto aplanamiento de determinados reflejos neuroempáticos –la explicación es mucho más compleja– que por lo general, tampoco son completamente registrados por una imagen digital de una persona y seguramente con menor intensidad incluso en un mero documento de lectura y los abogados bien saben, que los jueces –al menos hasta nuestros días– no se comportan robóticamente[92],

---

90 Apunta Rodríguez de las Heras (2002) Hiperpresentación. En Alonso, Andoni y Arzoz, Iñaki, *La Nueva Ciudad de Dios*. Madrid: Siruela; que cualquier objeto que pasa al espacio digital se disuelve en el código binario. Digital es igual a haber desmaterializado la realidad para haber luego, construido representaciones binarias de 0 y 1 de ellas. El nombrado proceso ha sido indicado por Roy Ascott de la siguiente forma: "*Nos dirigimos hacia una desmaterialización radical, por medio de las redes de bioelectrónica y la nanotecnología, hacia una reconfiguración de las estructuras moleculares de nuestro mundo, rediseñando la base atómica de la realidad, algo que podríamos llamar Naturaleza II (la versión beta)*" (citado por Sibila, Paula (2005) El hombre postorgánico. Cuerpo, subjetividad y tecnologías digitales. Buenos Aires: F.C.E., pág. 96).

91 Nos remitimos en modo general y con las disculpas del caso por su falta de desarrollo ahora, pero excedería largamente nuestro espacio, la densa obra de Stanislas Dehaene, quien se ocupa con centralidad de esta materia propiamente. Dehaene, Stanislas (2023) El cerebro lector – Últimas noticias de las neurociencias sobre la lectura, la enseñanza, el aprendizaje y la dislexia. Buenos Aires: Siglo Veintiuno.

92 Resulta de gran interés la lectura colateral que se puede hacer del ensayo firmado por Ronald Cárdenas Krentz, intitulado 'Jueces robots'. Disponible en Internet: https://revistas.uautonoma.cl/index.php/rjyd/article/view/1345/1138.

sino a la luz de una sensibilidad que los conmueve de modos muy diversos y que los experimentados abogados saben fortalecer o debilitar, mediante un extenso catálogo de prácticas, acciones y figuras gramaticales, que son ejercitadas por antonomasia con la palabra y secundariamente con la escritura. Y si está última vía, que ya estaba en pérdida en su efecto empatizante en el *ethos* del juez, por la intermediación del papel físico de un anticuado expediente con hojas escritas en cuyas letras entintadas el juez deberá representar el nudo moral del litigio; el mundo digital ha venido a colocar una mayor distancia a cualquier vía sensitiva del juez interpretando una pantalla que se ilumina de píxeles que codifican números de códigos binarios.

De cualquier manera, tales aspectos pueden no ser los más importantes en este desarrollo, sino estos otros que nos muestran cuales son los beneficios *inextenso* que la IA puesta al servicio de la práctica judicial puede proveer.

Así, es que corresponde precisar que el '*Sistema de Justicia*' se encuentra integrado por el '*Sistema de Administración de Justicia*' y el '*Servicio de Justicia*', y entre ambos quien se verá más beneficiado por la IA, *prima facie*, será el 'Sistema de Administración de Justicia' y que se ocupa de la estructura de los Poderes Judiciales verbigracia, edificios, parque informático, códigos, acuerdos, competencias, flujos y diagramas procesales, estadísticas y control de gestión etc. Allí se habrán de visualizar dichos avances en manera significativa.

Sin embargo, los progresos que se puedan producir en el 'Sistema de Administración de Causas' no tienen la misma posibilidad de replicarse con una igual envergadura en cuanto corresponde al 'Servicio de Justicia'; esto es, en lo que concierne a la infraestructura de los Poderes Judiciales y que se relaciona ella con la matriz de virtudes epistémicas y éticas que los jueces de ese Poder Judicial tienen como tal.

No obstante, ello no quiere decir que no pueda tener una cooperación igualmente valiosa, sino que ha demostrado que es importante en las áreas de naturaleza decisional que como tal, tienen una alta tasa de repetitividad y por ello, la función decisional por predicción es significativa tal como sucede con el proyecto decisorio judicial gestionado por IA y denominado '*Prometea*'. Como el nombrado, existen otros semejantes en alguna medida en el ámbito internacional, con formulaciones de naturaleza predecisional y que se ubican en la vía de resolución de conflictos por la vía amistosa como es el proyecto CREA impulsado por el Programa Justicia de la Unión Europea[93], también desde 2016 en Canadá existe una vía de resolución de disputas mediante la auto-resolución en donde si la negociación automatizadas no es exitosa, se pasa a la intervención de un facilitador humano y si fracasa, se hace la adjudicación judicial[94]. El proyecto en curso más importante es en China, llamado como '*Corte inteligente*' que promueve que a causas iguales corresponden iguales resoluciones, para lo cual alberga más de 100 millones de resoluciones que son revisadas con herramientas de *big data, deep learning* y procesamiento de lenguaje natural. La aplicación se denomina '*Rui Fa Gun*' (Juez Sabio) desarrollada por el Tribunal Supremo de Beijín[95]. En todos los casos, existe un componente de alta repetitividad y de muy baja particularidad y por ello, pueden funcionar en términos por lo general aceptables en su condición de ser predecibles en su resultado exitoso.

De cualquier modo, no se puede pasar inadvertido, que son los jueces quienes siempre son el *humus* de cualquier Poder Judicial y como *humus*, propician –o no– la fertilidad de alcanzar la justicia por la vía del derecho. No interesa para ello, cuán domotificados estén los edificios judiciales o cuanta IA se haya desarrollado para el 'Sistema de Administración de Justicia', puesto que el gobierno de la estructura Poder Judicial, reposa en modo inexorable sobre su infraestructura que no es otra, que la matriz que los jueces realizan y prodigan con sus resoluciones y comportamientos públicos y privados con trascendencia pública[96].

De aquí con buen tino se puede preguntar, ¿cuál será el límite de la IA en el 'Sistema de Justicia'? esto es, quedará limitada ella a los ámbitos que se corresponden con el 'Sistema de Administración de Justicia' y que al fin, son cuestiones de naturaleza operativa y que permiten que las rutinas

---

93 "*Su finalidad es el diseño de algoritmos para resolver de manera amistosa disputas que implican un reparo de bienes (divorcios, herencias, disolución de sociedades...), optimizando la propuestas de solución de disputas a partir de las preferencias expresadas por cada una de las partes sobre los bienes en disputa*" (Solar Cayón, José (2022) Inteligencia artificial y justicia digital. En Llano Alonso, Fernando (Dir.) *Inteligencia artificial y filosofía del derecho*. Madrid: Laborum, pág. 410).

94 Se accede al tribunal en: https://civilresolutionbc.ca/ . Algunos detalles de los importantes resultados pueden ser consultados en: https://civilresolutionbc.ca/crt-statisctics-snapshot-december-2020

95 Vide Solar Cayón, José (2022) Inteligencia artificial y justicia digital. En Llano Alonso, Fernando (Dir.) *Inteligencia artificial y filosofía del derecho*. Madrid: Laborum, pág. 413.

96 El giro '*comportamientos públicos y privados con trascendencia pública*', se corresponde con el utilizado en el Código de Ética Judicial para magistrados y funcionarios del Poder Judicial de Córdoba en su regla 4.3.

procedimentales de lo judicial sean cumplidas con velocidad, mayor trazabilidad y, por lo tanto, generando un espacio de visibilidad y transparencia para todos los ciudadanos; y para el caso que se pueda extender al Servicio de Justicia, tal como hemos dicho que es posible, lo será para supuestos de alta frecuencia y repetitivos; ¿pero podrá ser igualmente posible ello para otros casos que no tengan dicha condición?

En orden al 'Sistema de Justicia' los tiempos actuales muestran los beneficios que mediante la intervención de la IA se han materializado en la vida judicial, como también sabemos que dichas utilidades están subaprovechadas y que, en corto tiempo, habrá una laboriosidad de IA mejor aplicada para esos entornos. Aunque en nuestra opinión, dichos avancen serán verdaderamente significativos en cuanto nos estemos refiriendo a la '*praxis procedimental sobre los entes judiciales*'[97]. Mediante dichas operaciones, la praxis procedimental resulta esquematizada, digitalizada, artificialmente secuenciada; como también sus resultados puedan ser reconocidos, calificados y ponderados desde la corrección/incorrección; pero todo ello es solo el '*fenómeno judicial*' importante sin duda, porque impactará en el tránsito del pleito sobre el cuerpo social. Constituye de alguna manera, todo ello el extenso continente de resultados de la microfísica del 'Sistema de Justicia'; pero siempre son eventos fenoménicos y por lo general anteriores al '*memento sentencial*'[98].

Posterior a lo '*fenoménico judicial*' se realiza el 'memento sentencial', que no es mera *praxis* procedimental sino una realización cumplida al amparo

---

97 Tal como '*Prometea*' puede realizar sin dificultad y que mejores desarrollos de la IA, habrán de ampliar el espectro operativo.

98 La palabra latina '*memento*' es traducida al español como 'acuérdate'; y ella tiene una tradición fundamentalmente de tipo religioso tal como el *Diccionario de la Lengua Española* lo indica en la 2ª acepción "*Cada una de las dos partes del canon de la misa, en que se hace conmemoración de los fieles vivos y de los difuntos*". Dicha acepción se aplica de igual modo al '*memento mori*', necesario registro antropológico de que el hombre debe saber que habrá de morir y con ello también, desvanece cierta natural soberbia del hombre. Por otra parte, también el Diccionario indica una locución verbal poco usada que dice '*hacer alguien sus mementos*' para lo que explica como "*Detenerse a discurrir con particular atención y estudio lo que le importa*". O sea que también se puede colegir el *memento* con una suerte de estado psicológico de la persona y en el cual reflexiona acerca de aquello que mucho le importa. La palabra tiene una vinculación con la raíz indoeuropea '*men*' que, a la vez, se relaciona no solo con pensar, sino con estados de la mente.
Por todo ese conjunto de elementos: trascendencia, antropología, limitación, pensamiento y estados de la mente; orientamos a que el señalamiento que el 'acto de juzgar' predica, es también un tiempo en donde existe en el juez un acontecimiento completo que reúne todas esas variables y por ello, lo denominamos como el '*memento* sentencial'.

de un acto singular y especial como es, el '*acto de juzgar*' que en rigor de verdad es una auténtica '*poiesis judicial*'[99] y que reposa en el '*juicio del juzgador*' que habitualmente lo nombramos mediante su resultado material como es la 'sentencia judicial'[100].

La interrogación dicho lo anterior, habrá de ser entonces, ¿qué clase de IA es necesaria para cooperar con dicho juicio del juzgador? Algunos documentos internacionales y otra cantidad de autores, han brindado respuestas confusas a dicha pregunta, toda vez, que cuando no existe una clara diferencia entre el 'Sistema de Administración de Justicia' y 'Servicio de Justicia', cualquier respuesta será inconsistente, porque los niveles de satisfacción que se deben alcanzar en cada uno de ellos es completamente diferente, el primero atiende a la *praxis* y el restante a la *poiesis* judicial.

---

99 "*Aristóteles contraponía praxis, la actividad como quehacer, y poiesis como producción. En ese sentido, la dimensión práctica (típica, por ejemplo, de la ética), fija el sentido de la acción en la forma de su propia estructura; la dimensión poiética (típica de la estética) se centra en el resultado o producto de la actividad*" (Thiebaut, Carlos (2000) Conceptos fundamentales de filosofía. Madrid: Alianza, pág. 89).
Vale aclarar que Aristóteles, ha diferenciado el pensamiento en tres categorías: teórico (*theoria*), práctico (*praxis*) y poético (*poiesis*). El primero es esencialmente especulativo y los dos restantes, son prácticos. El segundo de los indicados se refiere a la conducta moral de los hombres y el tercero, a la perfección del objeto que se hace o fabrica. Cuando ese hacer se lleva adelante acorde a reglas o normas conocidas por el sujeto y poseídas a modo de hábito, estaremos frente a un arte o *teckhné* (Aristóteles, Metafísica 1025b25, L.VII; Ética a Nicómaco 1140a40, L.VI, Cap. III). De aquí señalamos que la sentencia que el juez alcanza, en un supuesto podrá ser perfectamente asimilada a *teckhné* y estará en línea con lo que ordinariamente señalamos como la 'justificación interna' de ella y, por lo tanto, satisfecha su realización desde la lógica formal y que no habrá mayor dificultad que la IA Estrecha la pueda controlar.
Mas tratándose la sentencia de una *poiesis* judicial, o sea cuando esa fabricación sentencial tiene técnicas dispersas, puesto que se integra con premisas tanto normativas como morales, escapa al concepto de *teckné* y se ajusta en función de un patrón de reflexión diferente que es iluminado en la ocasión, mediante el *memento* sentencial.

100 Durante mucho tiempo, la discusión en torno a la sentencia judicial –requisitos procesales al margen- ha estado centrada en si ella, es un acto mental del juez o sea un resultado completamente teórico y por ello, un acto de su inteligencia; o por el contrario lo que se denomina un acto de voluntad. También hay quienes han razonado que son ambos elementos. Solo en las últimas décadas, cuando el razonamiento judicial y forense ha sido impactado por la teoría estándar de la argumentación jurídica, ha quedado reconocido que en realidad son los dos elementos que simultáneamente operan sobre el decisorio. Entonces no puede ser un solo juicio lógico; pero tampoco una voluntad que ignore toda lógica y estado de la cultura en donde la resolución habrá de impactar.

Hemos indicado más arriba el giro del 'acto de juzgar', y estudiando el sintagma en su cuidada estructura y completa semántica[101], pone de resalto un singular universo de sinapsis mentales neuro-fisiológicas allí presentes y que solo en función de tales eventos, se puede decir que el 'acto de juzgar' es una materialización de un acto de justicia[102].

Huelga decir, que detrás del sintagma y las sinapsis mentales neuro-fisiológicas que se conforman, se encierra el ignorado tópico aun de la relación mente-cerebro-conciencia[103] o de redes neuronales artificiales profundas que, como tal, es el rango al que la IA Estrecha como tal no alcanza y que aspira lograrlo la IA General[104].

De cualquier manera, apuntamos una tesis que, si bien proviene de un contexto no judicial, hemos encontrado un anclaje que nos parece significativo de señalar, por la relevancia internacional de quien lo indica, como es Gilbert Hottois quien señala que *"La I&D Tecno-Científico no pueden conducir más que a la tecnocracia, nunca jamás a la 'tecno-poiesis"*[105] y que tal vez, pueda ser analogada para el espacio judicial igualmente.

La incompetencia de la IA, para gobernar dicho '*memento* judicial' obedece a la misma naturaleza de dicho acontecimiento. Recordemos antes,

---

101 Beiner, Ronald (2009) Hannah Arendt y la facultad de juzgar. En Arendt, H., *Conferencias sobre la filosofía política de Kant.* Buenos Aires: Paidós, pág. 157 y ss.

102 "*Una neurona humana procesa señales que llegan a ella a través de las sinapsis que la conectan con otras neuronas. Si las señales son suficientemente intensas, se produce una activación y se dispara una nueva señal hacia otras neuronas. El conjunto de neuronas forma una complejísima red (…) Existen funciones que se replican un gran número de veces para dar redundancia y resiliencia al cerebro (…) Se estima que el cerebro contiene unos cien mil millones de neuronas conectadas a través de unos quinientos billones de sinapsis. El cerebro puede estar procesando en paralelo más de quinientos millones de señales por segundo*" (Latorre, José (2019) Ética para maquinas. Barcelona: Ariel, pág. 109).

103 Farisco, Michele (2018) Filosofía de las neurociencias. Salta: EUCASA; Searle, John (1985) Mente, cerebro y ciencia. Madrid: Cátedra; Oliverio, Alberto (2013) Cerebro. Buenos Aires: Adriana Hidalgo.

104 Bien se ha indicado que "*Las tecnologías de IA no buscan remplazar a los jueces. No pueden remplazarlos en la medida que la noción de justicia es una construcción de la cultura jurídica que ninguna red neuronal computacional puede reproducir. La justicia es producto de la estética, de la empatía y de un criterio de lo bello, y no solo de una idea de razón argumentada. Pero la IA puede aportar a las Cortes capacidad de análisis eficiente, transparente y completa de millones de datos que hoy los operadores jurídicos tardarían años analizando*" (Sierra Cadena, Grenfieth (2022) Inteligencia Artificial en las Altas Cortes. En Suplemento Innovación & Derecho, Buenos Aires: La Ley, N°2, pág. 9).

105 Hottois, Gilbert (2013) La filosofía frente a la antropo-técnica. En *Dignidad y diversidad humanas.* Bogotá: Universidad El Bosque, pág. 208.

lo obvio del suceso, como es, que el derecho no es la justicia y la sentencia siempre arrastra un sentimiento por ser un juicio de la naturaleza humana[106] y tal aspecto, se vincula en modo inexorable con la profunda limitación que cualquier IA al menos hasta el momento presente importa, como es, la de no tener consciencia acerca de lo propio que está haciendo[107] y sin ello, tampoco hay posibilidad alguna de una transferencia propia de una realización de sentimiento –sentir algo– que de alguna manera con posterioridad pueda ser trasladado a una resolución de la que se pueda predicar ser ella también, un 'acto de juzgar'.

Aunque la comparación habrá de ser tosca, es elocuente. Ninguno de nosotros subimos a nuestro vehículo para trasladarnos hacia algún lugar –próximo o lejano– y nos preguntamos por el humor del automóvil para que nos intermedie en la necesidad de llegar a nuestro destino. El motor marcha porque tiene sus piezas y fluidos adecuadamente establecidos, ignora si traslada una familia, un enfermo, un delincuente; es solo una máquina que marcha sin consciencia de hacerlo y por él, llegamos adonde queríamos en los tiempos previstos. El acto de sentenciar bajo el paradigma de la IA no ofrece otro resultado que en el mejor de los casos, nos lleve a un resultado más previsto por incierto, no pidamos que el mismo sea el propio de un 'acto de juzgar'. De nuevo será solo el resultado de un acto de computar, calcular y no de razonar, estimar.

No podemos desconocer que es muy atractivo pensar en términos de rapidez y eficiencia a las funciones judiciales. Es cierto, pero los derechos de las personas no son objetos sino bienes y por lo cual, su dinámica de realización y alcance, está profundamente anclada en una mirada holística de quien juzga que es completamente necesaria para que sea un 'acto de juzgar'; y esa perspectiva omnicomprensiva desde lo contextual de tiempo y espacio y pragmática desde lo lingüístico y discursivo, supone no solo lo dicho, sino también y que resulta obvio, que quien no tiene consciencia en el sentido de saberse quien es –como cualquier IA– tampoco tiene una

---

106 Algunos autores, advierten una referencia etimológica a ello –que nosotros no encontramos- por caso Nieto, Alejandro (2000) El arbitrio judicial. Barcelona: Ariel, pág. 405 y ss. De cualquier modo, Joan Corominas, cuando se ocupa de la etimología de la voz '*sentir*', que deriva del sustantivo '*sentido*', relaciona '*sentimiento*'. Luego cuando indica ciertos cultimos de la voz, destaca '*sentencia*' sobre 1220-50, "*lat. Sententia 'opinión', 'consejo', 'voto'; sentencioso, 1607; sentenciar, 1438*" (Corominas, Joan (1998) Breve diccionario etimológico de la lengua castellana. Madrid: Gredos, pág. 531).

107 Cfr. Barrio Andrés, M (2023) Chat GPT y su impacto en las profesiones jurídicas. En Diario La Ley (España), 18.V.23.

referencia adecuada sino solo marginal del espacio de sentido común y por ello, multiplica las posibilidades de fracaso de experimentar por la vía de la IA el 'acto de juzgar'.

> Señala con toda autoridad científica Judea Pearl que "el aprendizaje automático nunca podrá ofrecernos una comprensión real porque el análisis de los datos no abarca el conocimiento de la estructura causal del mundo real, esencial para la inteligencia. La escalera de causalidad, tal y como la llama él, parte de la asociación de puntos de datos (ver y observar), y continúa con una intervención en el mundo (hacer), lo cual requiere el conocimiento de las causas. A continuación, sigue avanzando hacia el pensamiento contrafactual, como la imaginación, el entendimiento y las preguntas de tipo: ¿y si hubiera hecho algo de manera diferente?[108].

Para dicho 'acto de juzgar' la IA que colaborativamente se requiere, debería ser una IA General y no IA Estrecha como disponemos hoy, y la IA Generativa aun para los pronósticos de los futuristas más lanzados, requiere de algunas décadas más y ello, debería ser una buena razón para abortar la reflexión teórica al menos provisoriamente.

Obviamos internarnos en un tema todavía más complejo, pero que hace a la centralidad del 'acto de juzgar' y que supone para ser auténticamente uno tal, que quien lo dicta, es quien a la vez se posiciona hasta en un cierto momento –y sabiendo retirarse también de ella–[109] en el lugar de aquellos que son los involucrados en el problema, para de esa forma, poder tener una aprehensión más cercana a la realidad que está juzgando.

Es obvio que no habiendo consciencia de sí, ni sentido común general, también se carece de la facultad mental de la memoria que tal como se sabe, no es "*la repetición exacta de una imagen, sino la puesta en juego de un proceso de categorización. Una memoria dada depende del contexto presente y de la experiencia pasada de un organismo y cada recuerdo es una recategorización*"[110], facultad esta, que no solo es conocer algo que se hizo –volviendo al ejemplo anterior, mi automóvil me puede señalar la manera de volver a llegar a un lugar que fui anteriormente utilizando su GPS, sino poder recategorizar las experiencias de aquella situación ya experimentada, pero en el ejemplo,

---

108 Citado por Larson, Erik (2023) El mito de la inteligencia artificial – Por qué las máquinas no pueden pensar como nosotros lo hacemos. España: Schackleton, pág. 157.

109 Vide Kronman, Anthony (2010) Vivir en el derecho. Buenos Aires: Universidad de Palermo, pág. 384 y ss.

110 De la Fuente, Ramón (1999) Biología de la mente. En De la Fuente, R. y Alvarez Lecfmans, Francisco. México: F.C.E., pág.16.

no podrá devolver dicho instrumento de navegación la vivencia subjetiva de lo experimentado en aquél lugar hasta donde el vehículo me trasladó.

De cualquier manera, hay que decir, que la IA Estrecha podrá ser –para ciertas territorialidades judiciales– un instrumento cooperativo muy apreciado para el ejercicio sentencial y no dudamos que alcanzará resultados lógicamente correctos y, por lo tanto, analizado el resultado desde su racionalidad no puede ser tachado en modo alguno como inadecuado o no acorde a las reglas de derecho en consideración. Mas lo que no podrá alcanzar dicha IA Estrecha son todas aquellas otras sinapsis emotivas, morales y éticas que están en juego cuando se cumple con el 'acto de juzgar' que como tal, apetece a modo de causa formal de una adecuación a un *'justo decisorio'*.

No ocultamos nuestra adscripción a la tesis que se nombra como de la encarnación material del pensamiento (*embodied perspective*) y que en apretada síntesis, refleja Esther Thelen quien indica que "*la cognición depende de los tipos de experiencias que se derivan de tener un cuerpo con capacidades perceptivas y motoras particulares que están inseparablemente vinculadas y que juntas forman la matriz dentro de la cual se engranan la memoria, la emoción, el lenguaje y todos los demás aspectos de la vida*"[111]; de allí su impacto en el mismo 'acto de juzgar'.

En función a dicha adscripción es que nos hemos referido también a la no menor incidencia que en todo este desarrollo del 'acto de juzgar', como algo diferente al mero hecho de dictar una sentencia, como cuestión imposibilitada la primera para la IA y sí factible en la segunda combinación dicha. A lo dicho, no se puede dejar de señalar como se adelantó también, que el cerebro humano es el fruto de una evolución de millones de años[112] y que ello mismo

---

111 Thelen, Esther (2000) Grounded in the world: Developmental origins of the embodied mind. En Infancy 1, 1, 3-28, pág. 4). Todavía se podría llevar a un nivel de mayor sofisticación la tesis, si se tiene a la vista el desarrollo que Bruno Latour realiza ejecutando su teoría del actor-red, mediante la cual, los procesos mentales de los individuos son el resultado de una convergencia de redes que se producen en cada sujeto que lo lleva a concluir que no existe propiamente una inteligencia natural (Latour, Bruno (2005) Reensamblar lo social. Una introducción a la teoría del actor-red. Buenos Aires: Manantial).

112 Apunta Ramón de la Fuente que "*Para algunos puede ser desalentador saber que compartimos 98,4% de nuestra dotación genética con el chimpancé y que las moléculas las células que operan en su cerebro y en el nuestro son las mismas. Una de las diferencias principales radica en que las conexiones interneuronales en su cerebro y en el nuestro son las mismas. Una de las diferencias principales radica en que las conexiones interneuronales en el cerebro humano son mucho más numerosas y complicadas que en el chimpancé. Cien trillones de interconexiones en serie y en paralelo proveen la base física de la velocidad y la sutileza de operación del cerebro. Haciendo posible sus funciones. Al nacer contamos con casi todas las neuronas que habremos de tener en la vida, y el aumento en el*

explica su vigente plasticidad –como propiedad fundamental de los sistemas neuronales– para adaptar progresivamente en largo plazo las funciones de la mente, y con ello, la formación de nuevos circuitos como sustrato de las experiencias que se van poseyendo; todo lo cual se ha podido comprobar a partir de los estudios de los procesos fisiológicos subyacentes a las funciones mentales tales como: atención, percepción, memoria y aprendizaje.

Naturalmente que esta tesis, no está exenta de miradas contrarias y que, por ello, abogan sin más por la implantación de 'jueces-robots' y decisiones completamente automatizadas; lo cual supone comprender que la mente humana opera con plena automaticidad y que no dudamos que vayan a existir, ahora que puedan ser conceptualmente asignados sus resultados como sentencias judiciales, es ello otra cuestión[113]. Tal como se puede advertir, la dialéctica que está en juego está centrada en la cuestión de la tecnologización de la mente y la humanización de la máquina[114] y de cuya controversia, en rigor de verdad no se puede obtener otra conclusión y reconociendo lo que cada uno de esos núcleos importa, lo que bien afirma Adela Cortina, que "*a este tipo de seres –las personas- es imposible entonces intercambiarlos por equivalentes que realizarían la misma función, porque no tienen equivalente*"[115].

Las redes neuronales artificiales que se encuentran desarrolladas al tiempo presente y que como tal, se componen de muchas unidades interconectadas, cada una capaz de realizar una sola operación y que albergan

---

tamaño de la masa cerebral, hasta alcanzar la del adulto, no se debe al incremento en el número de células, sino al de sus ramificaciones y conexiones" (De la Fuente, Ramón (1999) Biología de la mente. En De la Fuente, R. y Alvarez Lecfmans, Francisco. México: F.C.E., pág.12).

113 A este respecto es valioso recordar un párrafo que anota José Ignacio Solar Cayón, luego de mostrar su igual negativa por el modelo de 'juez-robot' indicando que "*Baste recordar aquí la posición de la Unión Europea en este punto. Tanto el Consejo (Council of the European Union, 2020, pár. 39) como el Parlamento (European Parliament, 2020, pár. 71) y, por último, la Comisión Europea en su Propuesta de Reglamento sobre inteligencia artificial, subrayan que las decisiones judiciales deben ser siempre tomadas por seres humanos y no pueden delegarse en sistemas de inteligencia artificial, de manera que, en todo caso, el empleo de sistemas de toma automatizada de decisiones debe ir siempre acompañado de una supervisión humana efectiva. Lo que significa que el juez ha de ser capaz de decidir, en cualquier situación particular, no emplear el sistema de inteligencia artificial o, si no, no tomar en consideración, ignorar o revocar su resultado (European Commission, 2021)*" (Solar Cayón, José (2022) Inteligencia artificial y justicia digital. En Llano Alonso, Fernando (Dir.) *Inteligencia artificial y filosofía del derecho.* Madrid: Laborum, pág. 412).

114 Garrido Martín, Joaquín (2022) Inteligencia (artificial) y automatismo. Anatomía de un conflicto. En Llano Alonso, Fernando (Dir.) *Inteligencia artificial y filosofía del derecho.* Madrid: Laborum, pág. 176 y ss.

115 Cortina, Adela (2009) Las fronteras de la persona. Madrid: Taurus, pág. 24.

el desarrollo del eventual aprendizaje profundo por la IA, sin duda que es muy significativo, pero ello no le quita objetivamente la distancia que todavía existe con la IA General; pues el cerebro humano contiene redes innumerables en muchos niveles diferentes donde interactúan de manera muy compleja. Afirma lacónicamente al respecto Margaret Boden: "*En suma, la IAFuerte (o General) todavía queda muy lejos*"[116].

Dicho de otra manera, la racionalidad de las normas que hoy se puede asegurar para ciertas materias mediante IA Estrecha, no implica que también se pueda alcanzar la razonabilidad de la justicia de la decisión y el objetivo de una sentencia para ser plenamente el resultado de un 'acto de juzgar' es que sea racional, justa y razonable, y no solo acorde a la racionalidad de las reglas de derecho.

Retomando desde otro ángulo el problema en cuestión, hemos ya dicho que el '*acto de juzgar*'[117] es algo superior al mero '*dictar resoluciones jurisdiccionales*'. Estas últimas, pueden ser formuladas con un bajo o nulo equipamiento reflexivo moral, porque en ellas la '*capa de insensibilidad*' que recubre el problema es gruesa y de poca posibilidad de ser retirada, porque no competen a tales eventos sentenciados mayores responsabilidades de sensibilidad judicial, puesto que son cuestiones que denominamos de '*completa facticidad*', porque el legislador lo ha querido de esa manera. Las sentencias que se dictan sobre esas materias, no son otra cosa que '*resoluciones de la ley*' y por lo tanto, desde esta construcción, no importan ellas un completo y auténtico '*acto de juzgar*'.

Dicha facticidad, por ejemplo, son las que resultan de los llamados papeles de comercio, verbig. pagarés, cheques, etc., donde los caminos procesales están trazados y las respuestas son completamente previsibles. Allí,

---

116 "*Comparadas con el cerebro, las RNA {redes neuronales artificiales} son demasiado claras, demasiado simples, demasiado escasas y demasiado pobres. Demasiado claras, porque las redes de construcción humana priorizan la elegancia matemática y la potencia, mientras que el cerebro evolucionado de manera biológica no. Demasiado simples, porque una solo neurona (de las que hay unas treinta clase diferentes) es tan compleja computancionalmente como un sistema PDP {procedimiento distribuido en paralelo} completo o incluso como un pequeño ordenador. Demasiado escasas, porque incluso las RNA con millones de unidades son minúsculas comparadas con el cerebro humano. Y demasiado pobres porque los investigadores de RNA por lo general ignoran además de los factores temporales como frecuencias neuronales en su punto máximo y sincronías, la biofísica de las espinas dendríticas, los neuromoduladores, las corrientes sinápticas y el paso de iones*" (Boden, Margaret (2017) Inteligencia artificial. Madrid: Turner, pág. 84 y 94.

117 Ricoeur, Paul (1999) El acto de juzgar. En Lo Justo. Madrid: Caparrós, pág. 177 y ss.

de nuevo, la '*capa de insensibilidad*' será espesa y el juez aunque quiera no podrá perforarla, salvo situaciones muy extremas.

En otras ocasiones, no será el desiderátum de un modelo legal, sino el resultado de una '*facticidad operativa-procesal*', la que resulta impuesta al juez y la mencionada '*capa de insensibilidad*' quedará intacta. Por caso, cuando no puede negar declarar herederos del causante a quienes hayan acreditado el vínculo filial con aquel y no exista impugnación alguna a ello. En tal caso, no existe tampoco propiamente un '*acto de juzgar*', sino que hay un '*acto de adjudicación legalmente previsto*'.

En ese tipo de acciones, impuestas por la nombrada 'facticidad legal' o la 'facticidad operativa-procesal', se advierte una morfología judicial del acontecimiento jurídico del que se trata de nula sensibilidad moral por el sentenciante. Allí, para nada importa su consideración de justicia o incluso su juicio equitativo a tal respecto, la solución resolutiva alcanzada es consecuencia necesaria de los elementos que son sus antecedentes y no existe desvío posible sin lesionar el sistema. Pero también existe otro tipo de pérdida de sensibilidad por el juez y que se materializa con la digitalización de los papeles judiciales y que bien podrá terminar, en una resolución completamente asistida por IA sin intervención humana y que no negamos ni en su posibilidad ni desaprobamos operativamente. Pero ratificamos de nuevo, tampoco es ello un '*acto de juzgar*' auténtico.

En nuestro parecer para este tipo de situaciones y otras tantas que se puedan presentar con una reflexión más detenida y sin con ello, hacer forzamiento alguno, no vemos inconveniente –sino todo lo contrario–, esto es, que la justicia puede ser claramente predictiva, porque en realidad ella lo es, por el mismo imperio de la ley.

Y si ello es de esa manera, una de las objeciones más severas que se presenta contra la construcción de una justicia predictiva que se encuentre asistida por la IA, es que ella –a más de los sesgos y prejuicios que puede traer por la construcción de sus algoritmos– es que efectivamente sea una acción jurisdiccional cerrada, no creativa y repetitiva y, por lo tanto, no se pueda esperar de ella, nada diferente a lo que se pensó cuando se la generó y por lo tanto; consolidar con su misma utilización la petrificación de la evolución del pensamiento judicial, lo que en este tipo de supuestos o algunos otros análogos no debería ser un óbice, porque desde que la ley –por ejemplo– determina quién es el heredero del causante, sabemos también la manera en cómo habrá de tener que culminar la declaratoria de herederos para estar acorde a derecho. Con o sin IA predictiva el resultado sería el mismo.

Por el contrario, puede parecer importante maximizar la predictividad en aquellas geografías judiciales en donde lo esperable es justamente ello y, de esa forma, evitar todo tipo de severas arbitrariedades que también en dichas áreas se producen con intervenciones jurisdiccionales inadecuadas[118].

De la misma manera y por todas las razones ya dichas, cuando la materia jurisdiccional no tenga ese carácter repetitivo o cerrado *a priori*, y, por ello, sea propiamente un 'acto de juzgar' o al menos tenga viso suficiente de serlo, la asistencia de la IA será muy inferior y quedará completamente apartada del proceso de *poiesis* sentencial porque en tal espacio, ningún aporte puede brindar y con certeza puede proponer su utilización situaciones completamente inesperadas.

Con esto dicho, hemos apuntado nuestras inquietudes por el futuro de la ciencia jurídica fragmentada por la IA que, al fin, era la hipótesis de trabajo para esta contribución que a pesar de todo sigue estando en desarrollo como lo están, los tiempos digitales.

[118] Bujosa Vadell, Lorenzo (2023) Chat GPT y proceso. En Guerra Moreno, Débora (Coord.) *Constitución y Prototipos de IA en el Proceso*. Bogotá: Universidad Libre, pág. 44 y ss.

Desafíos de la inteligencia artificial (IA) a la tributación[1]

HUMBERTO ROMERO-MUCI[2]

SALUTACIÓN

Ante todo, quiero expresar mi especial agradecimiento a la Academia Colombiana de Jurisprudencia en persona de su presidente, Dr. Augusto Trujillo Muñoz y a todo su eficiente equipo, por su liderazgo para organizar este esplendido ***I Congreso Regional de Academias Jurídicas de América del Sur*** y, en especial, al Dr. Armando Andruet, presidente de la academia Nacional de Derecho y Ciencias Sociales de Córdoba, República Argentina, por promover y organizar este Panel, sobre el provocador tema de ***Los desafíos generados para el derecho por la inteligencia artificial.*** Así mismo, quiero expresar mi complacencia por la compañía de los notables académicos suramericanos que se dan cita hoy en este panel, para ilustrarnos con sus conocimientos y experiencias sobre este acuciante tema.

Objetivos:

Limitaré mi intervención a comentar los ***desafíos de la inteligencia artificial (IA) en la tributación***, en su aplicación por las administraciones tributarias y por el sector privado de la economía. Con las limitaciones de tiempo cubriré los siguientes objetivos:

---

1 Conferencia dictada el día 6 de octubre de 2023 en el I Congreso de Academias Jurídicas de América del Sur, celebrado en la Academia Colombiana de Jurisprudencia, Bogotá, Republica de Colombia.

2 Abogado ***summa cum laude*** de la Universidad Católica Andrés Bello, Magister en Leyes de Harvard ***Law School***, Doctor en Derecho de la Universidad Central de Venezuela, Profesor Titular y Jefe de la Cátedra de Derecho Tributario en la Universidad Católica Andrés Bello, Profesor de Derecho de la Contabilidad en el Postgrado de Derecho Financiero de la Universidad Católica Andrés Bello y en los Cursos de Doctorado en Derecho de la Universidad Central de Venezuela, Individuo de Número y ex presidente de la Academia de Ciencias Políticas y Sociales de Venezuela (Sillón No. 14). Académico correspondiente en las Academias Colombiana de Jurisprudencia, Nacional de Derecho y Ciencias Sociales de Córdoba, República Argentina y Nacional de Ciencias Jurídicas de Bolivia y Académico Honorario en la Real Academia de Jurisprudencia y Legislación de España. Socio en el despacho de abogados D´Empaire.

Comentar sobre los temas de la IA más importantes para la fiscalidad:

1. La automatización de la gestión tributaria y los derechos y garantías la de los contribuyentes, particularmente las garantías relativas al debido proceso y la protección de la data (datos).
   a. La imposición por el uso de robots por el desplazamiento de la mano de obra humana. El temido problema del "desempleo tecnológico".
   b. La fiscalidad de los criptoactivos y las operaciones económicas con los mismos.
2. Comentar cuáles son las garantías jurídicas, entiéndase las técnicas jurídicas, aplicables para asegurar el uso más respetuoso de la IA para el derecho y sus instituciones.

1. ¿QUE ES LA IA?

La tributación no escapa a las tecnologías disruptivas que se identifican como inteligencia artificial. Se trata de cambios tecnológicos radicales. Son innovaciones tecnológicas que sustituyen de forma definitiva e irreversible las forma y sustancia de la acción humana como las conocemos; no consisten en producir lo mismo, ni hacer algo más barato, más accesible a lo que ya hay. Son cambios tecnológicos paradigmáticos.

La tecnología de IA tiene la particularidad de contar con la capacidad de aprender por sí misma, hacer predicciones, puede tomar decisiones e incluso emular capacidades cognitivas del ser humano. Cuando hablamos del uso de la IA, nos referimos: (i) al aprendizaje automático (*machine learning),* (ii) el uso de la meta data (*Bigdata*), (iii) el uso de los robots, (iv) el uso de la tecnología de las cadenas de bloques (el llamado *blockchain este es el campo fecundo de los contratos inteligentes, las criptoactivos y criptomonedas, las bases de datos de registro de nombre, sistemas de pago, etc.*)

Las tecnologías de la IA se encuentran en constante evolución y desempeñan un papel cada vez más importante en la toma de decisiones por las administraciones públicas y los ciudadanos particulares. Es importante diferenciar la IA de la digitalización. Lo típico de la IA es la toma de decisiones basada en datos mediante algoritmos; la digitalización, consiste en la conversión de datos y procesos físicos en formato digital, para facilitar su búsqueda, procesamiento y accesibilidad de la información en bases de almacenamiento.

2. AUTOMATIZACIÓN DE LA GESTIÓN TRIBUTARIA Y LA PROTECCIÓN DEL DEBIDO PROCESO Y LAS GARANTÍAS DEL CONTRIBUYENTE

El primer tema sobre la IA vinculado a la fiscalidad es la automatización inteligente por las administraciones tributarias de sus relaciones con los contribuyentes.

Las nuevas tecnologías han modificado los procesos de interacción de las administraciones tributarias por la forma de recopilar información, procesarla y tomar decisiones. Todo ello expresado en una máxima reducción de interacción con el ciudadano contribuyente, lo que aparte de abaratar costos sube las posibilidades de control y con ello la extralimitación de funciones y hasta la desviación de poder. El desafío en el uso de la tecnología consiste en que la automatización no desborde el Estado de derecho y la legalidad administrativa[3].

La IA se funcionaliza a través de los denominados algoritmos que se definen como decisiones automatizadas sin intervención humana significativa, con capacidades predictivas. Parte de un conjunto de instrucciones o reglas definidas, no ambiguas, ordenadas y finitas que permite típicamente solucionar un problema, realizar un cómputo, procesar datos y llevar a cabo otras tareas o actividades.

Así surgen cuestiones como las determinaciones y las resoluciones automatizadas, el uso de instrumentos de inteligencia artificial para geolocalizar a los contribuyentes y controlar las situaciones de permanencia y la residencia efectiva o la elaboración de perfiles sobre capacidad contributiva, riesgos de cumplimiento de los contribuyentes, incluso detección de fraudes.

Los modelos predictivos son fruto de la búsqueda automática de correlaciones, infiriéndose una serie de coincidencias entre los diferentes componentes de otras resoluciones ya dictadas sobre la materia y construyendo los correspondientes vínculos que no son puramente jurídicos sino más bien estadísticos y no necesariamente causales. Lo importante es que se construyen sobre patrones recurrentes (datos, conceptos, categorías).

---

3 Ver GARCIA NOVOA, Cesar, **"Tributación de la economía Digital"**, en ***XXXI Jornadas Latinoamericanas de Derecho Tributario***, Relatoría General, Tema 1, Tomo I, Instituto Guatemalteco de Derecho Tributario, Ciudad de Guatemala 2022, p. 174.

El proceso más importante en la instauración de la inteligencia artificial consiste en (i) el diseño del algoritmo y (ii) el uso de la data. Son decisivos la selección de criterios, programación, entrenamiento y alimentación de datos efectuado por los seres humanos, por lo que es necesario que se transparente por la autoridad tributaria en el momento de iniciar las facultades de comprobación. Esto permitirá evitar los sesgos en la automatización, esto es, desviaciones sistemáticas o inclinación de resultados que no son neutras. El sesgo puede ser en la creación del algoritmo (en su retroalimientación, consideraciones culturales, de género, politicas o raciales), en el uso de los datos y, por lo tanto, la discriminación de contribuyentes o grupos de contribuyente en clave jurídica. Al final lo decisivo en la creación de los algoritmos es propender a la equidad tributaria mediante criterios que focalicen en el gravamen de capacidades económicas efectivas.

Por eso frente al irremediable avance tecnológico y sus consecuencias es esencial garantizar que los algoritmos sean razonables y explicable en sus conclusiones y procesos en su aplicación a los particulares. Este es el aspecto de la inteligencia artificial que tiene principal proyección en los derechos y garantías de los contribuyentes[4]. Si los algoritmos son opacos la confianza en el sistema fiscal queda erosionada para el público.

Las garantías de transparencia y la explicabilidad de los algoritmos son consecuencias necesarias de principios éticos esenciales al uso de la IA, como expresión de principios democráticos y derechos fundamentales.

Debe tenerse claro que, siempre, los derechos fundamentales de la persona prevalecen sobre la tecnología, los que se extiende no solo al debido proceso, tutela judicial efectiva, sino a los derechos como el honor, la intimidad, la propia imagen.

La transparencia supone la necesidad de hacer visibles y comprensibles las de decisiones de una institución, las características y singularidades de un producto o de un servicio. La transparencia es un principio fundamental de la acción administrativa y por tanto de la legalidad de la administración pública, para visibilizar el poder. En nuestro caso, se trata de hacer controlables los indicadores que subyacen a los sistemas automatizados de detección de riesgos tributario y toma automatizada de decisiones.

El proceso de razonamiento de un algoritmo no siempre es fácil de entender y comprender. Por eso se hace necesario su explicabilidad, esto

---

4 *Vid.* SERRAT ROMANÍ, Marina, ***Los derechos y garantías de los contribuyentes en la era digital (transparencia e intercambio de información tributaria)***, Aranzadi, Pamplona 2018, p. 38.

es, proporcionar la información al público en general sobre los resultados del algoritmo en el contexto de su finalidad. De esta forma, el usuario del sistema de inteligencia artificial podrá valorar cómo el modelo genera las predicciones y se vincula a la percepción que tiene el usuario de cómo funciona el modelo y que puede esperar para una entrada de información determinada.

La transparencia y la explicabilidad también supone que el sistema sea ***auditable***, esto es, implica la capacidad de un sistema de someterse a la evaluación de sus algoritmos, datos y procesos de diseño y garantizar la existencia de mecanismos de trazabilidad y registro desde las primeras fases de diseño del sistema lo que permite ser verificable, fiable y permitir la comprobación realmente de sus resultados.

Todos nuestros países existen una regulación el sobre el debido proceso administrativo para garantizar el respeto de los derechos de los contribuyentes y la legalidad de las funciones de inspección, fiscalización y recaudación de tributos, incluido el control de legalidad de los actos de contenido tributario.

La vigilancia predictiva vinculada a la inteligencia artificial en ningún caso puede reducirse a un derecho sancionador determinista[5] o de autor, basado en clasificaciones estadísticas y no en hechos objetivos. La IA solo tiene virtualidad en el terreno de la prevención de infracciones.

Otro asunto importante es la garantía de privacidad de la data personal y financiera de los contribuyentes, particularmente en lo relativo al intercambio de información entre administraciones tributarias a nivel internacional.

En Latinoamérica existe una denominada carta de los Derechos del Contribuyente para los países que integran el Instituto Latinoamericano de Derecho Tributario, aprobado en las XXX Jornadas Latinoamericanas que tuvieron lugar en noviembre de 2018. Básicamente los contribuyentes tienen derecho a (i) que se les comunique la información que va a ser objeto de transferencia a terceros; (ii) a formular alegaciones en caso de considerar que la misma es inexacta y a recurrir el acto de comunicación de información; y, (iii) que la información solicitada tenga exclusivamente trascendencia tributaria y que se concilie el deber de información con el derecho individual a la privacidad, sin que se viole con ocasión de las investigaciones fiscales el secreto de las comunicaciones y que los datos de comunicación se limiten a consumos y se excluyan datos de tráfico. La

---

5 LÓPEZ, Jorge Martín, Inteligencia ***artificial y comprobación tributaria: transparencia y no discriminación***, Aranzadi, Pamplona 2023, p. 176.

recomendación a nivel comparado es elaborar cartas específicas de protección derechos digitales del contribuyente, para asegurar la transparencia en el uso de la IA[6], la protección de datos y el debido proceso.

3. LA TRIBUTACIÓN DE LOS ROBOTS O LA AUTOMATIZACIÓN INTELIGENTE

El segundo tema con trascendencia fiscal en relación con la aplicación de la IA o automatización inteligente es el problema ético del desplazamiento de mano de obra humana que produce los procesos de producción y distribución de bienes y servicios mediante robots.

En resumidas cuentas, la automatización supondrá la destrucción neta de puestos de trabajo que incidirá especialmente en aquellos de menos cualificados. Esta es una materia en la que ha incidido una multitud de estudios en los últimos años alertando la susceptibilidad de automatización del empleo que actualmente realizan los seres humanos. Es posible que sea necesario ajustar las políticas fiscales para abordar las consecuencias sociales y económicas de estos cambios en la fuerza laboral

Hablamos de los robots en relación con la inteligencia artificial como aquellas máquinas programadas con capacidad para actuar por sus propios medios, incluso reproduciendo un mecanismo de toma de decisiones propias de los humanos. Es decir, máquinas que tienen capacidad de adquirir autonomía, de interactuar con el entorno adaptando sus comportamientos y acciones al mismo, con un soporte físico, aunque pueden limitarse a ser un programa informático y capacidad de auto aprender basándose en la experiencia adquirida.

El uso de robots tiene consecuencias fiscales en los impuestos clásicos que no deberían suscitar demasiados problemas, como ISR e IVA. Cuando se incorporan los procesos productivos se le califica como una inversión, por lo tanto, despreciable y el gasto deducible de la base imponible de ISR. Igualmente, su adquisición implicará soportar impuesto IVA que será deducible por la empresa adquirente del robot. También podrá beneficiarse de los incentivos fiscales por las inversiones de desarrollo e innovación.

---

[6] Ver. GARCIA NOVOA, Cesar, **"Tributación de la economía Digital"**, en ***XXXI Jornadas Latinoamericanas de Derecho Tributario***, Relatoría General, Tema 1, Tomo I, Instituto Guatemalteco de Derecho Tributario, Ciudad de Guatemala 2022, p. 175.

Como consecuencia inmediata de la destrucción del empleo, la sustitución de mano de obra por robots puede tener trascendencia tributaria en orden a la planificación fiscal, puede producir un importante descenso de la población activa y con ello de contribuyentes, haciendo insuficiente un sistema tributario como el actual, sustentado en las rentas del trabajo y el consumo, incluso pone en riesgo la seguridad social y con ello riesgos de mayor desigualdad en la distribución de la riqueza.

En este escenario, el debate se centra en cómo se van a financiar las necesidades públicas: si la sustitución de un trabajador por un robot supone un empleo de menos que no percibirá un salario (no pagará impuesto sobre la renta) ni consumirá (no causará IVA). El problema sigue estando allí a pesar de que, la pérdida de recaudación pueda neutralizarse con un eventual incremento de productividad de la empresa por suponer futuros mayores beneficios gravables.

El problema de la destrucción del empleo por la robotización se ha sugerido el uso de un impuesto específicos con fines extrafiscales, lo que obviamente tendrá una vertiente recaudatoria dirigido a financiar políticas sociales de prevención o lucha contra la exclusión social o incluso se ha postulado que sea una de las principales fuentes de ingresos para implantar una renta mínima.

Se han producido muchos informes elaborados por ***think tanks*** tanto para medir la pérdida eventual de trabajos como los recursos que se necesitan para ecualizar esas eventuales pérdidas de ingresos por la robotización. Para tener solo una idea se ha dicho que los trabajos menos especializados o ejecutados por personas sin mayor preparación intelectual, pueden desaparecer en los próximos 15 años. Serán funciones que serán suplantados por robots[7].

La implantación de estos impuestos a los robots requiere varios niveles de análisis de política tributaria. Se ha dicho que la formulación de un impuesto específico sobre robots esconde la exposición de las ventajas del progreso tecnológico sobre el empleo, el trabajo y la reducción de costos sociales.

---

7 Algunas referencias sobre estudios efectuados sobre el desempleo tecnológico, en GARCIA NOVOA, Cesar, **"Tributación de la economía Digital"**, en ***XXXI Jornadas Latinoamericanas de Derecho Tributario***, Relatoría General, Tema 1, Tomo I, Instituto Guatemalteco de Derecho Tributario, Ciudad de Guatemala 2022, p. 176.

En esta materia se ha hablado inclusive de la posibilidad de gravar a los robots considerando una personalidad o una personería tributaria autónoma, una personalidad tributaria específica porque representaría una capacidad contributiva específica, de modo que sean reconocidas por el derecho tributario como entidades separadas. En todo caso lo que se ha dicho hasta la fecha es que los robots no son sujetos de derecho sino objetos jurídicos. Por eso los eventuales contribuyentes serán las empresas titulares de la propiedad obligada a satisfacer el correspondiente impuesto.

También se ha hablado de la estructura de estos impuestos. ¿Cómo se mide la base imponible de un impuesto de esta naturaleza?, ¿en función de la retribución del trabajador que ha sido desplazado?, esto es, un salario imputado a las actividades de los robots tomando en consideración al nivel retributivo del trabajador desplazado.

Se ha dicho igualmente que todas estas consideraciones no resisten un análisis riguroso. Nos superan la prueba de racionalidad del sistema fiscal. Un impuesto a los robots contribuiría a añadir más saturación al sistema de impuestos especiales para hacer frente a situaciones puramente coyunturales que genera la nociva complejidad del ordenamiento tributario. Tampoco es fácil explicar desde la ortodoxia fiscal un impuesto sobre un elemento del activo como puede ser un robot. Es más fácil lograr recaudación por vías menos perturbadoras de la lógica fiscal como limitar la depreciación del activo sin necesidad de definir el robot como un sujeto tributario. En definitiva, por ahora las objeciones de tipo jurídico tributario desaconsejan la creación de un impuesto a los robots, por considerarlas utópicas[8].

4. LA TRIBUTACIÓN DE LOS CRIPTOACTIVOS Y LAS TRANSACCIONES ASOCIADAS

Lo primero que tenemos que decir es que los sistemas fiscales actuales no están adaptados para gravar adecuadamente las distintas manifestaciones de capacidad contributiva surgidas en torno a la novedad de los crip-

---

8 Ver GARCIA NOVOA, Cesar, **"Tributación de la economía Digital"**, en ***XXXI Jornadas Latinoamericanas de Derecho Tributario***, Relatoría General, Tema 1, Tomo I, Instituto Guatemalteco de Derecho Tributario, Ciudad de Guatemala 2022, p. 186.

toactivos. Por eso, por ahora lo que se ha puesto en pie son guias administrativas para orientar la tributación y adaptarla a los impuestos vigentes[9].

Los criptoactivos son elementos patrimoniales de la economía digital y globalizada que utilizan la tecnología del ***blockchain***. Se trata de un registro digital descentralizado de transacciones compartidas en una red que es inmodificable, esto es, una estructura de datos que contienen información codificada inmutable y compartida.

El ***blockchain*** tiene potencialmente lo necesario para facilitar aquellos negocios que requieren certeza, confianza, seguridad, inmediatez y publicidad, todo ello sin depender de una autoridad centralizadora.

Los sistemas basados en ***blockchain*** funcionan sin intermediarios. Las máquinas se conectan en base a protocolos y otras reglas codificadas que funcionan sin intervención humana. Esto crea tensiones con el derecho que está pensado para instituciones que intermedian. El funcionamiento del *blockchain* solo dependen de lo que está escrito en los códigos informáticos para organizar la actividad económica y social que es su objeto[10].

Son muy variados los tipos de criptoactivos y con muy distintas funcionalidades. Entre ellos destacan la representación del dominio y de derechos reales limitados en fichas digitales, los denominados ***token*** que operan con tecnología blokchain. Los más comunes son los tokens de pago (las criptomonedas, monedas virtuales-*bitcoin*), los ***utility tokens*** (representan derechos de uso de un bien o para la prestación de un servicio), los ***security tokens*** (mecanismos de financiamiento***), asset-baked tokens*** (representan derechos sobre activos subyacentes susceptibles de circulación y con liquidez)[11], los monitos...

La gran innovación que suponen las criptomonedas radica en el entorno en el cual estas son generadas y adquieren valor, aparte de que no se reconoce fronteras ni soberanías, debido a su carácter desmaterializado.

Desde un punto de vista fiscal, el desafío de las criptomonedas reside en la propensión a su uso como refugio de fondos de procedencia ilícita y las posibilidades de fraude debido a su uso pseudo anónimo, a la falta de

---

9 *Cfr.* GARCIA NOVOA, Cesar, **"Tributación de la economía Digital"**, en ***XXXI Jornadas Latinoamericanas de Derecho Tributario***, Relatoría General, Tema 1, Tomo I, Instituto Guatemalteco de Derecho Tributario, Ciudad de Guatemala 2022.

10 *Cfr.* NASSARRE AZNAR, Sergio, **"Naturaleza jurídica y régimen civil de los tokens en el blockchain",** en ***La tokenizacion de bienes en el blockchain***, p. 71.

11 Ver RIVAS NIETO, Estela, **"Implicaciones tributarias de la tokenizacion de bienes"**, en ***La tokenización de bienes en blockchain (cuestiones civiles y tributarias)***, Aranzadi, Pamplona 2020.

un control centralizado, las dificultades de valoración y sus características híbridas entre instrumentos financieros y activos intangibles, aparte de la complejidad inherente a la tributación de las innovaciones tecnológicas.

A diferencia de la moneda tradicional no depende de la decisión del poder político ni del respaldo de un estado, sino del consenso de la comunidad de los usuarios. Pueden ser utilizados como medios de pago, como unidad de cuenta para denominar obligaciones pecuniarias y como mecanismo de atesoramiento de valor.

Son verdaderos retos a la imposición directa e indirecta. No existen normas claras sobre su tributación. La indeterminación es fuente de inseguridad para los operadores jurídicos, de abusos de algunos contribuyentes y por supuesto de arbitrariedad de las administraciones. Según afirmamos anteriormente, según su funcionalidad existen infinidad de criptoactivos y a su vez los criptoactivos pueden ser objeto de distintas transacciones susceptibles de imposición, fundamentalmente por tributos directos como el ISR y el IGP.

La mayoría de los países simplemente han aprobado guías administrativas para orientar la tributación y adaptar su tratamiento a luz impuestos vigentes. Lo particular de los criptoactivos es que, por su naturaleza digital, están desmaterializados y no son susceptibles de ubicación según los criterios clásicos de vinculación territorial; algunos son susceptibles de anonimato y por su carácter intangible su valoración es volátil. Son todo un reto a la racionalidad de los sistemas fiscales fundamentados en los criterios de vinculación de presencia física y tangible, personales y de valores objetivos, típicos de una economía real y no virtual.

Siempre frente a nuevas tecnologías la reacción de los ordenamientos tributarios es crear tributos nuevos, ***ad-hoc*** o tratar de reducir su tratamiento a los estándares de los tributos existentes.

El ejemplo más paradigmático es el denominado "metaverso" (universo virtual), que representa un nuevo ámbito de negocios descentralizado. Los avatares (las identidades virtuales) son los protagonistas. El Tribunal Supremo alemán, ha dicho que solo son gravables las transacciones del metaverso cuando se materializan en algún intercambio con el mundo real.

Los objetos imponibles fundamentales son (i) Transacciones de transferencias de criptoactivos y (ii) las transacciones de minería o creación de criptoactivos (las autenticaciones o verificación de las transacciones), el ***staking*** o verificación de transacciones.

En caso de la tributación indirecta la primera pregunta es sobre la Sujeción al IVA de operaciones con tokens. Existen varias modalidades como se dijo. Típicamente los criptoactivos usados como medios de pago (***payment tokens***), derecho de uso a una plataforma digital ***utility tokes***, son considerados no gravables porque se trata de intangibles o se asimila a operaciones financieras no sujetas.

En el caso de los tributos directos como ISR, los problemas fundamentales son los de localización del enriquecimiento por las ganancias de capital asociadas a la enajenación de los cripto activos, pues la operación se verifica en la web y mediante la prestación de un servicio que no necesariamente es ubicable. Por eso se denominan activos virtuales. Las valoraciones son difíciles de establecer porque no responden a precios objetivos o de mercado observables, sino a valoraciones, a veces fijadas por las plataformas en la que circulan. Esto los hace muy inconfiables.

Como los criptoactivos no están bajo la soberanía de ningún estado, son una materia internacionalizable. Surgen los temas sobre tributación internacional, esto es, los hechos imponibles transfronterizos y las típicas transacciones entre partes relacionadas, donde son decisivas las técnicas de las valoraciones de esas transacciones entre partes relacionadas para garantizar que sea en condiciones de libre competencia.

Estos temas típicamente están cubiertos por los tratados para evitar doble tributación, y la atribución del poder de gravar las manifestaciones de riqueza derivadas de operaciones con criptomonedas lo cual exige las calificación y encajes conceptuales según los tratados. Aquí surge el tema de la ubicación de estas transacciones y particularmente la vinculación a establecimientos permanentes como vinculo territorial con los entes exactores.

5. LAS TÉCNICAS JURÍDICAS APLICABLES PARA ASEGURAR EL USO MÁS RESPETUOSO DE LA IA PARA EL DERECHO Y SUS INSTITUCIONES.

1. La armonización del leguaje de la IA es garantía de entendimiento y aplicación homogénea para la regulación jurídica mediante precisión de conceptos, adaptación de estándares de las mejores prácticas que deben ser de alcance global por el carácter internacionalizable de la actividad y la transformación de la relación jurídico-tributaria en la era de la inteligencia artificial. Este es un esfuerzo multidisciplinario que incluye consideraciones técnicas, éticas y de politicas públicas. Este es campo fecundo para el desarrollo del ***softlaw*** y la adaptación de los tratados internaciones para evitar la doble tributa-

ción y la evasión internacional al reconocimiento de características típicas de la IA para garantizar su efectiva aplicación.

2. Las organizaciones tienen la responsabilidad de que sus soluciones inteligentes estén desarrolladas bajo principios éticos, siendo la explicabilidad uno de los más importantes, esto es, poder explicar el funcionamiento del modelo y su proceso de aprendizaje (el razonamiento de la solución inteligente), pero también es fundamental comprender los datos que maneja para después explicar mejor los resultados que proporciona dicha solución inteligente.

3. El respeto de los derechos humanos debe ser una garantía principal de este proceso. La IA no sustituye al ser humano. La cultura digital de masas ha barrido derechos fundamentales como el derecho a la intimidad, la privacidad, el honor y un largo etcétera y también está afectando el derecho a la libertad alimentándose con la oferta de los enormes beneficios que ello reporta a la humanidad. El uso de la IA esta y debe estar al servicio del ser humano siempre.

Referencias

AAVV, Tendencias y desafíos fiscales de la economía digital, (Saturnina Moreno González, directora), Aranzadi, Pamplona, 2017.

AAVV, La tokenización de bienes en blockchain (cuestiones civiles y tributarias), Aranzadi, Pamplona, 2020.

AAVV, Transparencia y explicabilidad de la inteligencia artificial, (Lorenzo Cotino Hueso y Jorge Castellanos Claramunt, editores), Tirant lo Blanch, Valencia, 2022.

AAVV, Fiscalidad e inteligencia artificial: administración tributaria y contribuyentes en la era digital, (Fernando Serrano Anton, director), Aranzadi, Pamplona, 2020.

BARONA VILAR, Sylvia, La algoritmización del derecho y la justicia <de la inteligencia artificial a la smart justice>, Tirant lo Blanch, Valencia, 2021.

GARCÍA NOVOA, Cesar, **"Tributación de la economía Digital"**, en XXXI Jornadas Latinoamericanas de Derecho Tributario, Relatoría General, Tema 1, Tomo I, Instituto Guatemalteco de Derecho Tributario, Ciudad de Guatemala, 2022.

LÓPEZ, Jorge Martin, Inteligencia artificial y comprobación tributaria: transparencia y no discriminación, Aranzadi, Pamplona, 2023.

RIVAS NIETO, Estela, **"Implicaciones tributarias de la tokenizacion de bienes"**, en La tokenización de bienes en blockchain (cuestiones civiles y tributarias), Aranzadi, Pamplona, 2020.

SERRAT ROMANÍ, Marina, Los derechos y garantías de los contribuyentes en la era digital, transparencia e intercambio de información tributaria, Aranzadi, Pamplona, 2018.

La inteligencia artificial y las decisiones judiciales

RAMIRO MORENO BALDIVIESO[1]

La máquina no sustituirá al abogado, pero los abogados que sepan utilizar maquinas sustituirán a los que no sepan.

Enrique Dans

Resumen: El alcance del presente ensayo versa a como una parte de la Inteligencia Artificial (IA) puede ser aplicada para decidir controversias en procesos judiciales, lo cual implicaría la sustitución del razonamiento humano por la computadora y la informática en un proceso judicial, aprovechando las ventajas que nos brinda el avance cada vez más de estas ciencias, para determinar que los fallos judiciales que sean emitidos por un juez-robot (Sistema de Experto JudicialSEJ) solo vengan a ser una herramienta o un auxiliar del juez humano. Analizaré también un fallo judicial utilizando el ChatGPT emitido por la Sala Constitucional Cuarta del Tribunal de Justicia Departamental de Santa Cruz de la Sierra, Bolivia; primer fallo en un proceso de Acción de Privacidad resuelto en abril del presente año.

1. INTRODUCCIÓN[2]

La tarea jurídica que realiza un juez en un proceso está determinada por la existencia de un conflicto entre las partes que puede comprender a

---

1 Abogado graduado de la Universidad Mayor de San Andrés, La Paz, Bolivia. Máster en Leyes LLM Harvard Law School, Harvard University. Doctorando en la Universidad de Salamanca, España. Presidente de la Academia Nacional de Ciencias Jurídicas de Bolivia. Miembro Académico Correspondiente Extranjero y Honorario de Academia de Córdoba, Argentina, Jurisprudencia de Colombia, Mexicana de Jurisprudencia y Legislación, Real Academia de Jurisprudencia y Legislación de Madrid, España. Exconjuez de la Corte Suprema de Justicia de Bolivia y de la Corte de Distrito Judicial de La Paz. Docente de la Universidad Mayor de San Andrés, y Profesor de Derecho Civil de la Facultad de Derecho y Ciencias Políticas. Profesor de Maestrías Universidad Andina Simón Bolívar y Universidad Privada Boliviana. Socio Director de Moreno Baldivieso del Estudio de Abogados, La Paz, Bolivia.

2 CARCOVA, Carlos M. "*Que hacen los jueces cuando juzgan? Enfoques plurales sobre la interpretación del derecho y la hermenéutica judicial.*, de Derecho Privado. Libro homenajea

las más variadas situaciones que se atraviesa en el devenir de la vida. Es el juez decisor de la controversia en ejercicio de las facultades jurisdiccionales reconocidas por la ley, y que son vinculantes a las partes.

El juez cuando juzga lleva adelante muchas actividades para dar solución y definición a la controversia, como lo manifiesta el autor Carlos Maria Carcova, "los jueces cuando juzgan muchísimas cosas, ponen en juego todo lo aprendido, conceptual o experimentalmente. Conocen, interpretan, valoran, deslindan, estipulan y, además, dudan, como la suya es una tarea humana, resulta totalmente incierta y compleja". Como se puede apreciar, la tarea que lleva adelante un juez no es sencilla de realizarla, pues de su razonamiento dependerá de la decisión de una controversia.

En gran parte del pasado anterior y del reciente, la forma de llevar adelante un proceso era demasiada tedioso y complicado con la utilización de muchos formalismos escritos, con escasa o casi nula utilización tecnológica, con las consecuencias de la excesiva demora en la resolución de los casos y ni qué decir de la ingente acumulación de causas desembocando en el retraso en la solución de estas. Con el adelanto tecnológico y el desarrollo de las ciencias computacionales junto con el avance de la tecnología con la creación de las herramientas tecnológicas, hizo que sin pausa se ingrese a una etapa de concebir el derecho en su integridad, siempre tomando en cuenta y utilizando las herramientas tecnológicas que el hombre está poniendo al alcance de la sociedad en general.

Una de las herramientas tecnológicas creadas por la informática y que es aplicada a la ciencia del derecho, es la conformada por la Inteligencia Artificial (IA). En efecto, la expansión y la utilización practica de esta que tiene en los últimos tiempos, está causando mucho debate a todo nivel, abarcando áreas que antes no se pensaba que podría alcanzar, como lo expresa el autor español José Manuel Muños Vela:

> La inteligencia artificial forma parte de nuestra vida diaria, si bien en ocasiones, puede resultar confuso identificar qué es y donde está presente, pero la sociedad en general la viene asociando casi sistemáticamente a cualquier sistema, dispositivo y objeto que pueda hacer por sí mismo de manera automatizada[3].

Alberto J. Bueres, dirigido por Ameal, Oscar J. y coordinado por Gesualdi, Dora Mariana. Argentina: Ed. Hammurabi-José Luis Depalma, 2001, pp. 2 y 3.

3 MUÑOS Vela, José Manuel, "Derecho de la Inteligencia Artificial", Tesis doctoral, Universidad de Valencia, 2021, p. 19. *Ibidem*, "el potencial de la inteligencia artificiales inmenso (...) La Inteligencia artificial se está desarrollando y aplicando a un ritmo exponencial gracias, entre otros factores, a la mayor capacidad de computación y al-

Muchas de las características que nos presenta en la actualidad la inteligencia artificial, están todavía sujetas a numerosos y severos análisis, no solamente sobre su presencia en diversos aspectos de la vida de relación de los hombres en sociedad, sino en su utilización intensa en muchos sectores, sea medicina, biotecnología, teleasistencia, conducción autónoma, arte, interpretación, cinematografía, y ni que decir en lo relacionado con el derecho y aspectos jurídicos, etc.[4]

Pero dentro del propósito de la presente investigación, de lo que se trata es la irrupción de la inteligencia artificial en las ciencias jurídicas, pero en su dimensión procesal. Es decir, como se vería afectado el razonamiento jurídico de los jueces y magistrados con relación a la actuación las herramientas de los chatbots, el ChatGPT, dentro del concepto general de la inteligencia artificial[5].

Es conveniente puntualizar qué es el enfoque del razonamiento jurídico es lo que nos interesa, y es el objetivo central del presente el análisis, y no así el tratamiento de la tecnología computacional que se utiliza en los procedimientos judicial o administrativo que tenga como propósito y objeto una mejor y más eficiente administración de justicia, en su entorno general y no solo particular o limitado.

---

macenamiento, la mayor disponibilidad de datos, el aumento de sus capacidad, mejora de con conectividad y del incremento de su interacción con otras tecnologías y elementos, y considero que se convertirá en un recurso o medio esencial para el futuro de la humanidad, en principio, orientado a lo que deferían ser sus principales finalidades, esto es, resolver problemas, mejorar nuestra vida y nuestro mundo". P. 9. Los denominados Chatbots.

4 CERRILO Agusti, afirma "que en los últimos años, diversos países incorporaron una variedad de programas de tecnología con el objeto de mejorar la administración de Justica y que se han mostrado retos que deben hacer frente el gobierno y la Administración de Justicia para avanzar en la E-Justicia, es decir el uso de las tecnologías de la información y el conocimiento en la Administración de Justicia pueden suponer importantes beneficios en el funcionamiento de la Administración de Justicia: los profesionales de la justicia pueden ahorrar tiempo y trabajo,; el Gobierno y la Administración de Justicia pueden obtener mayor información y transparencia sobre el funcionamiento de la justicia , y ofrecerla de manera más eficaz y eficiente" E-Justicia: las tecnologías de la información y conocimiento al servicio de la justicia Iberoamericana en el siglo XXI. Revista de Internet, Derecho y Política, p. 3.

5 GÓMEZ Sancha, Santiago. "Inteligencia artificial" Legal Tech, La Transformación Digital de la Abogacía, P. 111. Wolters Kluver, 2019. Continúa afirmando que, en los últimos diez años, el aumento cuasi exponencial de la potencia de los procesadores, el uso de la tecnología de proceso en paralelo y la aparición de enormes bases de datos de ejemplos para el entrenamiento de los sistemas han llevado a esta tecnología proporcionar resultados útiles, precisos y utilizados ya por todos nosotros en nuestro día a día".

De diversa índole pueden ser los motivos que pueden llevar a la modernización de la justicia y, más aún desde la perspectiva procedimental. Es decir, como conducir y tramitar, precisamente los procesos judiciales, para poder alcanzar el propósito que es compartido por muchos: mejorar la tramitación y la gestión de las causas en la perspectiva que los jueces y tribunales, emitan la mejor decisión para dirimir la controversia.

Sin embargo, lo anterior, no es el núcleo de lo que queremos expresar en la presente investigación. En otras palabras, no nos referimos a cómo implementar mecanismos para mejorar el acceso a la justicia, y poner al alcance de abogados y jueces herramientas tecnológicas para la agilización de la justicia de manera eficiente (la denominada E-Justicia), sino la forma como los jueces y tribunales resuelven las causas utilizando otras y novedosas herramientas tecnológicas como el ChatGPT, el Bart de Google y otros similares, podrían sustituir el razonamiento humano por el razonamiento de la maquina en la resolución de las causas, es decir, ¿seremos reemplazados por la inteligencia artificial, el razonamiento humano?

Esta pregunta resulta difícil de responder en la actualidad, pues para unos, en las actuales circunstancias en el pleno de la Cuarta Revolución Industrial, no es posible. Sin embargo, con el transcurso del tiempo y los avances imparables de la tecnología, podría en el futuro ser posible arribar a esa situación. Afirma el autor español Santiago Gómez Sacha, que "la inteligencia artificial no va a asumir el control del mundo y esclavizar a los humanos tal y como algunos auguran. Al menos no por ahora"[6]. Reitero que esta apreciación es temporal y que no podríamos negar que el futuro tengamos mucha más dependencia no solamente de los programas, sino de muchas otras tecnologías periferales, por lo menos en el mundo de las ciencias jurídicas, su avance parece incontenible.

2. LAS DECISIONES JUDICIALES EMITIDAS CON LA AYUDA DE LA INTELIGENCIA ARTIFICIAL

La emisión de las decisiones o fallos judiciales llevadas adelante por jueces y tribunales consistía en un análisis de fondo de las pretensiones de las partes y del acompañamiento probatorio, y con el razonamiento del juez en aplicación de la jurisdicción reconocida a este para juzgar y resolver las

---

6 GÓMEZ Sancha, Santiago. "Inteligencia artificial" Legal Tech, La Transformación Digital de la Abogacía. Wolters Kluver, 2019..

causas, este llevaba a cabo su cometido, es decir, resolver la controversia. Con posterioridad, y aprovechando el desarrollo de las ciencias computacionales y la tecnología, se facilitó la labor del juez en cuanto al procedimiento, pero sin pasarle la gestión, autoría y responsabilidad de resolver la causa, a la maquina o al programa de computación que para el efecto se estaba utilizando.

En cuanto a esto último, es necesario a estas alturas de la presente investigación, tener algunas aproximaciones de lo que constituye la inteligencia artificial. Inicialmente, se hace difícil contar con un concepto univoco, pues existen diversos enfoques de lo que se puede entender por inteligencia artificial. En efecto, se puede partir de un enfoque de inicio que nos dan los impulsores de la inteligencia artificial en 1956 cuando nació esta disciplina en la Conferencia de Dartmouth en oportunidad de la reunión de varios investigadores norteamericanos, y uno de ellos fue el que acuño la expresión de "*Artificial Intelligence*", (John McCarthy) y la definió de un manera simple como "(…) la ciencia e ingenio de hacer maquinas inteligentes especialmente programas de cómputo inteligentes"[7], hasta otras de carácter institucional como la que proporciona la Comunicación de la Comisión Inteligencia Artificial para Europa en el 2018, definiendo a la inteligencia artificial como "los sistemas que manifiestan un comportamiento inteligente, pues son capases de analizar su entorno y pasar a la acción –con cierto grado de autonomía– con el fin de alcanzar objetivos específicos"[8].

No es mi propósito ingresar en una suerte de enumeración de las distintas aproximaciones que existen de cómo se define o puede la inteligencia artificial ser comprendida y conceptualizada, pues excedería de los fines de la presente investigación; por lo que me limitare a señalar una definición con un contenido más específico y técnico, pero adecuada para una investigación como la presente, refiriéndome a la que nos brinda el ya nombrado investigador español de estas ciencias, José Manuel Muños Vela:

> A modo de conclusión, en mi opinión, cuando hablamos de inteligencia artificial a nivel técnico deberíamos referirnos a la misma como la "capacidad de un sistema o programa informático instalado en un hardware, maquina o dispositivo, operativo aisladamente o integrado con otros sistemas y tecnologías, que permite la identificación, calificación, captación, almacenamiento, análisis e interpretación de los datos y conocimientos de entrada, su tratamiento y gestión, conforme a unos parámetros predefinidos, que pueden incluir su

---

7 Legal Tech, La Transformación digital de la abogacía" Santiago Gómez Sancha, P. 111. Wolters Kluver, 2021.

8 *Ibidem*, MUÑOS Vela, José Manuel, "Derecho de la Inteligencia Artificial", Tesis doctoral, Universidad de Valencia 2021, p. 19.

> capacidad de autoaprendizaje automatizado y profundo, y su utilización para proporcionar datos o conocimientos de salida, que pueden ir asociados a una propuesta de resolución decisión o ejecución tareas o acciones igualmente predefinidas por el ser humano. Y si a dicho concepto añadimos el componente ético, adicionaría "y llevadas a cabo bajo la supervisión y control humano[9].

Con base en lo anterior y con posterioridad, conforme al desarrollo de nuevas tecnologías y la acumulación de grandes bases de datos, los abogados y jueces empezaron a utilizar herramientas novedosas para resolver la contienda de una forma rápida y segura, ahorrando tiempo y recursos para los jueces y las partes.

Inicialmente, y junto a inteligencia artificial, se complementó con lo anterior la utilización de herramientas auxiliares denominados: Agentes Inteligentes o Sistema de Expertos Judiciales (SEJ), o como lo denomina Orión Vargas Vélez, sistema experto Juez Inteligente[10]. Este sistema puede ser entendido como:

> El Juez Inteligente es un programa de computador inteligente o sistema experto que emplea una base de conocimiento y un procedimiento de construcción de inferencias para calcular el peros o valor probatorio en un conjunto de pruebas en un proceso judicial El Juez Inteligente interactúa con un usuario (estudiante, profesor, abogado en ejercicio, juez o fiscal) a través de una GUI y permite la construcción de inferencias, desde las pruebas hasta las pretensiones que son planteadas y alcanzadas por el usuario[11].

Estas herramientas permiten a los jueces y tribunales emular a la inteligencia humana en la resolución de los casos en casos concretos y de alcance limitado. Es tal su difusión que en un informe de *Global Estate of Artificial Inteligence* publicado por la consultora *Frost & Sullivan*, los investigadores Peter J.F. Lucas y Linda van der Gaag de la Universidad de Twente, Holanda, en su libro *Principles of Expert Systems*, estimaron que en 1991 existían al-

---

9 MUÑOS Vela, José Manuel, "Derecho de la Inteligencia Artificial", Tesis doctoral, Universidad de Valencia, 2021, p. 67

10 VARGAS Vélez Orión, (2021) Juez inteligente. Sistema Experto que asiste al Juez en la valoración de la Prueba Judicial. Derecho y Sociedad, (57), 1-24. http://doi.org/10.18800/dys.202102.009.
Ibidem, MUÑOS Vela, José Manuel, "Derecho de la Inteligencia Artificial", Tesis doctoral, Universidad de Valencia 2021, p. 19.

11 *Ibidem*, VARGAS Vélez Orión, pp. 4-5.

rededor de 100 000 sistemas de expertos en el mundo, estos se han elevado a 300 000 en los últimos años[12].

Como podemos notar, los avances de esta herramienta de la inteligencia artificial tienen un uso muy amplio y difundido. Según esa misma publicación, los sistemas de expertos son programas informáticos diseñados para simular el conocimiento y las habilidades de una especialista en un campo concreto. Su finalidad es proporcionar a los usuarios recomendaciones, diagnósticos, soluciones o decisiones de nivel experto en áreas complejas, pero bien definidas[13].

Para poder entender de mejor manera la operatividad de la inteligencia artificial al ser utilizada en las diversas disciplinas de la ciencia del derecho, es necesario analizar las características de algunas de las herramientas de esta. En efecto, sin desechar muchas herramientas de que hasta ahora está compuesta la inteligencia artificial, nos concentraremos en una en particular, que es el Chatbot, ChatGPT.

Un Chatbot de acuerdo con el experto español Miguel Solano Gadea, experto en transformación digital e ingeniero informático, es un "robot de conversación, diseñado para mantener conversaciones con humanos pudiendo escuchar, entender, razonar, indagar y contestar, y por ello interactuar". De acuerdo con su definición, sus elementos que lo caracterizan son: 1) Escuchar, es decir, mantener conversaciones para comprender, sea en lenguaje natural oral o escrito; 2) Entender, debe estar formado o entrenado para conocer el campo de conocimiento que se le ha encomendado; 3) Razonar, es decir, poder interpretar las necesidades del interlocutor incluso ayudándole a formalizar su propuesta y guiarle para conocer sus intenciones de la manera más rápida posible; 4) Indagar, disponer de un acervo de datos e información y de una herramienta de gestión que puedan dar respuesta a lo que se ha concretado mediante el dialogo; 5) Contestar, para mantener una conversación nos apoyamos en el uso de lenguaje natural, oral o escrito[14].

---

12 Santander Universidades, Sistemas de Expertos: el impulso de la Inteligencia Artificial, p. 1.

13 *Ibidem*, Santander Universidades, Sistemas de Expertos: el impulso de la Inteligencia Artificial, p. 2.

14 SOLANO Gadea Miguel, "Chatbot" en Legal Tech. La Transformación Digital de la Abogacía. La Ley, pp. 154-155. Wolters Kluver, 2019.

Como podemos apreciar, esta herramienta es un subsistema informático para mantener una conversación con los humanos. Se constituye en un soporte y ayuda para ciertas tareas específicas que no desembocan en una sustitución del razonamiento jurídico por parte de jueces y magistrados, solo se pueden limitar a reunir los antecedentes y fundamentos; pero no llegan a una resolución de fondo de la causa, pues se puede incurrir fallas de entendimiento de la pregunta que se formule como también en el resultado de la respuesta. Sin embargo, si la situación se diera de que la resolución fue en fondo –que pudiera darse según el caso de que se trate– esta puede adolecer de errores e impresiones, siendo por tanto necesaria la intervención del intelecto humano.

En lo particular, la relación entre la inteligencia artificial y el derecho es desde hace un tiempo atrás. Se pensaba que la inteligencia artificial estaba solamente destinada a contribuir con algunos aspectos con el desarrollo de la tecnología; pero cuando conforme a su desarrollo e impulso con sus nuevos métodos tanto del *software* como del *hardware*, diversos investigadores y escolásticos, gobiernos, y alguna de sus entidades, se pusieron en la labor de darle mayor importancia.

En la actualidad estamos llegando a no solo a tener más cantidad de sistema de expertos, nuevos auxiliares, sino, cada vez más avance hacia un conjunción entre no solo la imitación o reproducción de parte de la máquina, sino el acercamiento hacia el pensamiento similar del ser humano, aunque en estos tiempos no se logre todavía, pero al paso que vamos, çomo lo afirmo Bill Gates últimamente, "eventualmente, la IA será lo suficientemente buena para expresar ideas que podrá escribir sus correos y administrar su bandeja de entrada por usted. Podría escribir una solicitud en ingles sencillo o en cualquier otro idioma y generar presentación de su trabajo"[15].

3. ¿EXISTIRÁN LOS JUECES ROBOTS?

Las resoluciones judiciales de manera general son de diversa índole dependiendo de la materia que se trate. En ella, los letrados se encargan de hacer la presentación fáctica, la información que rodean a los hechos, las leyes o disposiciones legales que puedan calzar y aplicar a los hechos, contando desde luego con el apoyo clarificador de la doctrina y jurisprudencia a ser invocada en el caso, para desembocar en el desenlace o resolución de la controversia.

---

15 Revista el Cronista España. Actualizado el 7 de septiembre de 2023

Lo anterior es presentado ante el juzgador quien emitirá su resolución adjudicando el derecho como corresponda. Como afirma el autor argentino Jorge A. Rojas, "el proceso judicial puede concebirse como un conjunto de actividades desplegadas tanto por el Estado como por los particulares, en aras de hacer actuar la voluntad de la ley sustancial, a través de los diversos sistemas e instituciones establecidos por ella"[16].

Desde la perspectiva de la emisión de la resolución, tenemos que tomar en cuenta que hay todo un proceso de análisis y procesamiento de la información y pensamiento hecho por el hombre-juzgador. Sin embargo, ya desde hace mucho tiempo atrás y debido a los avances de la ciencia de la computación y la tecnología, se viene investigando y probando con insistencia la probabilidad de que todos los actos de procesamiento y resolución de causas sean llevados a cabo por una máquina y no por el hombre, es decir, que esta sustituya el razonamiento humano por la tecnología, principalmente con la utilización de los chatbots y los sistemas expertos legales.

Medir el impacto que puedan tener el avance de la tecnología y computación en el proceso judicial, ya no es un tema extraño y lejano, más por el contrario, en el panorama mundial tanto a nivel estatal como privado se están dando pasos importantes tendientes a la utilización del denominado jueces-robot. Nos señala José Muños Vela que,

"desde el inicio de la tecnología, el ser humano no ha cesado de crear maquinas capaces de realizar comportamientos cada vez más complejos, automáticos y progresivamente ha ido incorporando a los mismos la imitación del ser humano y sus procesos mentales en la resolución de las controversias".

Esto indudablemente nos puede llevar a que estaremos en un futuro más próximo, a que las causas sean resultas por jueces-robot. En efecto, tenemos, así como precedente las experiencias de Estonia y China. Estonia se ha convertido en el primer país en utilizar el mecanismo de los jueces-robot para disputas que no lleguen a 7 000 euros, esperándose que pueda eliminar la acumulación de casos para jueces y funcionarios judiciales. Sin embargo, funcionarios del gobierno de Estonia, revelaron que podría darse una vulnerabilidad en el sistema de identificación. El juez-robot podría

---

16 Rojas, Jorge A.: Nociones básicas (teórico-prácticas) der Derecho Procesal Civil, Ed. Rubinzal Culzoni, Santa Fe, 2020, p. 15. *Ibidem*, MUÑOS Vela, José Manuel, "Derecho de la Inteligencia Artificial", Tesis doctoral, Universidad de Valencia 2021, p. 935.

analizar miles de documentos legales y cruzar la información para resolver, con el consiguiente ahorro de tiempo. El sistema funcionaba cuando las dos partes hacían la carga de los documentos y otra información de carácter relevante, y la inteligencia artificial procedía a emitir una resolución la misma que podía ser apelada ante juez humano.

Por su parte China, a través del tribunal de Internet de Beijing puso en marcha un Centro de Servicios de Litigio en Línea, incluyendo la inteligencia artificial, teniendo el juez hasta una imagen femenina con voz y facciones de una persona real[17].

El sistema de China se diferencia del programa de Estonia en que el sistema no es facilitado por el Gobierno, mientras que Estonia sigue los canales oficiales del Gobierno, y como consecuencia de no ser una figura de gobierno existe un sistema de adhesión voluntaria al sistema. Los usuarios pueden recíprocamente convenir en llevar el caso ante el juez-robot, como si estuvieran acudiendo a los jueces y tribunales jurisdiccionales normales.

El beneficio de ambos sistemas tanto el de Estonia como de China, es que se pueden encontrar procesos más rápidos y a la vez, llevar adelante múltiples casos en un solo tiempo, como así también pueden encontrar documentos legales relevantes casi instantáneamente, esto no solamente beneficia a los jueces en enfocar fundamentos, sino ayuda a los ciudadanos que no deseen estar pasando por procesos lentos, caros y estresantes.

4. EL CASO DE ACCIÓN DE PROTECCIÓN DE PRIVACIDAD EN BOLIVIA

Como mencionamos anteriormente, hoy nos encontramos ante un desarrollo inevitable de los chatbots, los sistemas expertos y de las diversas formas que la inteligencia artificial se encuentra hoy presente. Para los gobiernos, no solo en el plano administrativo y en otros sectores, están volcados a mejorar los sistemas con la utilización de la tecnología y la computación.

---

17 ¿Jueces robots? Inteligencia artificial y derecho ¿Judges robots? Artificial intelligence and law. Article in Justicia & Derecho June 2021. Ronald Cárdenas Krenz Universidad de Lima, Unife, ESAN, Your Honor AI. Joshua Park. Harvard International Review.

En el campo judicial, en diversos países también se vienen implementando diversos sistemas para una mejor administración de justicia en lo referente a lo procedimental, como también en lo judicial. Es así, en la actualidad ya se cuenta –como vimos líneas arriba– con jueces-robot para resolver cierta clase de controversias, que estaban destinadas a ser resueltas por los humanos exclusivamente. Como afirma el autor español Antonio Enrique Pérez Luño, "hasta ahora se ha dado por supuesto que la inteligencia artificial en toda su extensión era una característica exclusivamente humana, pero, sin embargo, esta premisa que durante siglos ha sido un dogma de fe, empieza a tener sus fisuras"[18].

En efecto, en varios países se vienen utilizando no solo los Chatbots para entender y usar el lenguaje natural dialogando entre la persona y la máquina, "infiriendo o extrayendo un juicio o conclusión partir de hechos, proposiciones o principios, sean generales o particulares. Puede ser la clásica, que aporta verdadero o falso, o multivariada, difusa o probabilística"[19]. En ese sentido, se deja librado a la maquina la que defina la contención, usando el modelo de inteligencia artificial como una herramienta que coadyuva a la administración de justicia, como es el caso de la Sentencia de 17 de abril de 2023, dictada por la Sala Constitucional Cuarta del Tribunal Departamental de Justicia, de Santa Cruz de la Sierra, Bolivia, que pasamos a analizarla en sus parte más relevantes.

Una persona de sexo femenino, en fecha 17 de Abril de 2023, presento una Acción de Protección de Privacidad en contra de tres periodistas de la ciudad de Santa Cruz de la Sierra, fundándose en los artículos 130 de la Constitución Política de Estado Plurinacional de Bolivia y 58 del Código Procesal Constitucional, por haber ellos subido a una cuenta del Facebook creada por dichos periodistas, unas fotos de la señora accionante en las que aparecían algunas partes de su cuerpo, sin mostrar su cara, y que según ella, atentaban contra su intimidad.

Dichas fotos, según afirmación de ella fueron subidas al Facebook sin su autorización y consentimiento; pidiendo en la resolución se conmine a los referidos periodistas a que eliminen las publicaciones que ellos tienen en su programa, en sus redes sociales con referencia a las fotos de su cuerpo, y se les ordene hacer las aclaraciones en sus programas de la equivocación

---

18 Pérez Luño A.E., Manual de informática y Derecho, Ariel Derecho, Madrid, 1997, p. 181.

19 Solano Gadea, Miguel, Legal Tech. La Transformación digital de la abogacía. La Ley, p. 153. 2023.

en la que incurrieron como un efecto de limpiar la imagen de ella, la accionante.

Los periodistas en su defensa por su parte alegaron que ella misma habría enviado las fotografías, que ella las habría divulgado voluntariamente con anterioridad, por lo tanto, estaban frente a un acto consentido cual es la divulgación de las fotografías.

Adicionalmente afirman los periodistas que la accionante, en fecha 8 de Marzo de 2023 mediante una llamada de su celular, puso en conocimiento de ellos el hecho de violencia, solicitándoles que se difundieran las imágenes con la finalidad de que las autoridades policiales y los fiscales conozcan la situación, a lo cual los periodistas accedieron a hacerlo ya que las fotos fueron proporcionadas vía WhatsApp, para que se diera a conocer a la opinión pública y no así exclusivamente por medio del Facebook.

También afirmaron los periodistas que, en su calidad de tales, por disposición constitucional, artículos 106 y 107 de la Constitución Política del Estado Plurinacional de Bolivia, se protege el derecho a la comunicación, el derecho de información y por tanto su conducta debe ser regulada por las nomas de la Ley de Imprenta y su propio tribunal que es el jurado de imprenta, quienes pueden pedir las aclaraciones pertinentes que el caso así lo requiera.

Complementaron los periodistas indicando que:

> lo que hicieron fue publicar las imágenes con el fin de proteger la integridad de toda mujer, y proteger lo que es el derecho a vivir una, (vida) libre de violencia de cualquier índole, y más aún si se trata de una mujer, precautelando que es la vida, estamos hablando de que el derecho a la vida es más superior e importante todavía que el derecho a la imagen" (sic).

Lo llamativo del caso fue que el Tribunal de Garantías antes de emitir su fallo, hizo referencia especial a lo que ellos denominaron expresamente: "Sobre el uso del modelo de inteligencia artificial como una herramienta que coadyuva a la administración de justicia", apoyándose para tal efecto, en normas internas bolivianas "para impulsar la explotación de la inteligencia artificial aplicada desde el gobierno electrónico para la implementación de las políticas públicas a través del uso intensivo de las TIC".

En ese sentido, utilizaron el sistema informático ChatGPT de OpenAI como una herramienta tecnológica, aclarando

> que no reemplazara la decisión personal que pueda tener cada miembro de este Tribunal a efecto de la construcción del texto de la sentencia, sino que se va a utilizar esta herramienta de uso tecnológico, solamente como un apo-

> yo auxiliar a efecto de poder clarificar algunos conceptos a realizar, ya que contar con estos aplicativos en Articulo 178-1) de la Constitucion Politica del Estado Plurinacional de Bolivia, en relacion con el Art. 103 – IyII y con el Plan General de Desarrollo Economico y Social 2021-2025, denominado Reconstruyendo la Economia para Vivir Bien Hacia la Industrializacion con sustitucion de Importaciones aprobado por Ley, No. 1407 de 9 noviembre de 2001, en sus ejes 5 y 5,4. http://chat.openai.com// el nuevo Bing, htpp://www.bing.com/. basado en la inteligencia artificial, puede permitir transparentar de mejor manera la administración de justicia, así como dan celeridad a la misma.

Las preguntas que se formularon (que juntamente con sus respuestas se transcriben en el Anexo A del presente trabajo) desde luego, rondaron acerca de ¿cuál era el interés público de la divulgación de fotos que fueron subidas al Facebook, y si contaban con el consentimiento o autorización de ella?, ¿la ponderación del derecho a la autodeterminación informática y el derecho a la información, cuál era la ponderación de estos dos derechos? y,¿ si la falta de consentimiento para la publicación, se podría considerar la posibilidad de ordenar el borrado o baja de las mismas por parte del tribunal de garantías, como una vulneración del derecho a la información?

Las respuestas, que luego sirvieron de fundamento del fallo, señalaron que estas "*dieron una clara evidencia de que, en el caso de la ponderación entre el derecho a la autodeterminación informática y el derecho a la información, el que prevalece es el de la autodeterminación informática*". En lo referente a cuál sería el interés público o legítimo de la divulgación de las fotos sin el consentimiento de la persona, "*dicho interés público no sería ninguno máxime cuando la titular de dichas fotos no habría consentido que las mismas sean divulgadas y más al contrario, habría solicitado que las mismas se den baja de las redes sociales*".

Como se puede apreciar, desde mi punto de vista, las respuestas estaban orientadas a que el ChatGPT manifestara lo especifico de las mismas, las características propias de cada uno sin entrar a otra clase de análisis, como hubiera sido lo óptimo, limitando la interpretación y la posibilidad de aplicar el derecho, y desde luego exponer una ponderación más acorde con los hechos presentados.

Sin embargo, diferente fue el punto de vista que dio el ChatGPT ante una consulta que realizo ERBOL (Escuelas Radiofónicas de Bolivia, que es una entidad periodística dependiente de la Iglesia Católica,) al ChatGPT en sentido de que, si se puede usar como fundamento para las resoluciones judiciales, la respuesta fue negativa, indicando que "*el ChatGPT no puede ser utilizado como fundamento de resoluciones judiciales. Aunque el ChatGPT es una herramienta útil para responder preguntas y proporciona información, no es un substituto de la experiencia humana, la comprensión jurídica y análisis crítico.*

Las resoluciones judiciales se basan en la interpretación de la ley, los hechos del caso y la aplicación de la jurisprudencia y doctrina relevante. Estas decisiones, requieren un análisis complejo que implica la consideración de muchos factores y la aplicación de la lógica, del razonamiento y del conocimiento jurídico. El ChatGPT no tiene la capacidad de tomar en cuenta todos los aspectos relevantes de un caso, y, por lo tanto, no puede proporcionar una opinión precisa, por lo tanto, se debe confiar en la experiencia y conocimiento de los abogados, jueces, y otros profesionales del derecho para tomar decisiones judiciales fundamentadas"

Los periodistas accionados en su defensa invocaron que, lo que hicieron –como lo manifesté precedentemente–, "fue publicar las imágenes con el fin de proteger la integridad de toda mujer, y proteger lo que es el derecho a vivir una, (vida) libre de violencia de cualquier índole, y más aún si se trata de una mujer, precautelando lo que es la vida, estamos hablando de que el derecho a la vida es más superior e importante todavía que el derecho a la imagen". Lo anterior viene a significar que la publicación que hicieron, no fue para meramente informar como noticia, sino posiblemente para alertar o llamar la atención de que se están cometiendo hechos de violencia en contra de las mujeres, siendo necesario que las personas que siguen las redes sociales como la utilizada (Facebook), tomen conciencia de lo ocurrido y que también las autoridades tomen cartas sobre el asunto, con el fin de prevenir la ocurrencia de casos similares contra la violencia de genero a las mujeres.

En la resolución de la causa, la decisión del Tribunal de Garantías fue en consonancia con lo expresado en las respuestas del ChatGPT al Tribunal, es decir, que se concedió la tutela de amparo constitucional en favor de la accionante, "ordenándose se dé la baja de las imágenes de la hoy accionante publicadas en las redes sociales de los accionados, entendiéndose que la misma cumplió con su finalidad (denunciar)" (Sic).

En ninguno de los considerandos, ni en los fundamentos del fallo, se hizo referencia a lo que los periodistas accionados señalaron que había un derecho fundamental que proteger más allá del derecho a la autodeterminación informática y derecho a la privacidad cual es: el derecho a la vida, es decir, el derecho a tener y vivir una vida en condiciones dignas, donde el Estado está en la obligación de brindar y garantizar condiciones libres de violencia y alejados de actos lesivos en contra de las mujeres.

Por otra parte, el Tribunal Constitucional Plurinacional del Bolivia, ha establecido en su jurisprudencia que el Derecho a la Vida, debe ser entendido como un derecho de primer orden, sobresaliendo respecto de otros similares. Estos derechos que corresponden al primer orden tienen su caracterización en una fuerza que prepondera frente a cualquier otro derecho humano reconocido, debido a que estos derechos son los encargados directos de proteger frente a cualquier posible injerencia de los bienes jurídicos fundamentales reconocidos por el ser humano. La ponderación efectuada por el Tribunal de Garantías, entre el derecho a la autodeterminación informática y el derecho a la intimidad no son fundamentos protectores de la vida y en contra de la violencia, sino corresponden a derechos de cuarto orden. Sin embargo, en el fallo no se hizo mención para nada a los derechos correspondientes al primer orden, o sea el derecho a la vida.

Considero que el fallo del Tribunal de Garantías, debió llevar adelante una interpretación más razonada y robusta de los argumentos de sustentación de fallo en general, es decir, apoyarse más en la teoría de la ponderación de Robert Alexy[20] donde precisamente se aplica cuando se explican derechos fundamentales o constitucionales basados en principios como en el caso presente, donde por una parte, se realizó lo ponderación entre dos derechos fundamentales como también constitucionales, el derecho a las información, y de la autodeterminación informática; pero dejaron de lado y, ni si quiera hicieron, ni marcaron la ponderación con otro derecho fundamental que es: el derecho a la vida.

Otro argumento importante que fue esgrimido por los periodistas y que constituía una defensa de fondo, que no fue tomado en cuenta en el fallo por los miembros del Tribunal de Garantías (que podría considerarse como un aspecto negativo en la resolución de la causa), y que debió ser preguntado por el Tribunal al sistema de experto del ChatGPT, es el relativo a que la actividad periodística que llevan adelante los periodistas que se encuentra garantizado por los artículos 106 y 107 de la Constitución Política del Estado Plurinacional de Bolivia, y por Ley de Imprenta de 19 de Enero de 1925, no pudiendo estar sometidos a la consideración y juzgamiento de los tribunales ordinarios, sino a los Tribunales de Imprenta. Sin embargo, se prosiguió con la audiencia y, ni en la *ratio decidendi,* ni en la sentencia, se hizo ningún señalamiento a la aplicación de Ley de Imprenta o no.

La competencia en el sistema de procesos constitucionales en Bolivia, la tienen las Salas Constitucionales de Tribunales Departamentales de Justicia, sin embargo, los fallos son elevados en consulta obligatoria al Tribunal Constitucional Plurinacional de Bolivia, quien puede confirmar la senten-

---

20 RAMIREZ Salazar Cesia Azul, "Teoría de la ponderacioin como herramienta útil para la defensa de los derechos humanos" Revista Electrónica de Investigación Aplicada en Derecho Humanos de la CDHCM, p. 1.

cia del inferior, o revocarla y dictar una nueva sentencia. De mi parte considero, que este último Tribunal podría revocar la sentencia si es que realiza una nueva ponderación e interpretación de los derechos fundamentales, y declarar que el derecho a la vida y el repudio a la violencia que podría ser ejercitada en contra de la mujer, tiene un reconocimiento superior con relación a otros derechos, también fundamentales, como son el derecho a la privacidad y la autodeterminación informática.

Es de hacer notar que, en el presente caso, el Tribunal de Garantías señaló expresamente que se estaba dando un paso histórico al utilizar el mecanismo del sistema expertos del ChatGPT en la resolución de las causas, y que este solamente sería tomando en cuenta como un auxiliar para la resolución de las causas, pero que de ninguna manera vendría a significar un reemplazo de la actividad intelectual del ser humano. Sin embargo, considero que el fallo en el fondo de la causa se basó no solo en las preguntas realizadas, el haber tomado en cuenta los fundamentos expuestos por el ChatGPT en las respuestas que este dio, existió una sustitución del razonamiento humano por la máquina.

Por mi parte, para tener mayor claridad acerca de las respuestas brindadas por el ChatGPT en la resolución del caso, y más que todo en lo referente a la ponderación de los derechos fundamentales, le pregunte ¿puedes ponderar derechos?, habiendo sido la respuesta negativa en sentido de que no se puede asignar valores, pesos, ponderaciones derechos de manera ética o legal, asimismo, en la segunda pregunta relativa a: ¿si una persona entender defender y concientizar sobre la vida y el derecho a vivir sin violencia y con dignidad frente a otra persona que intenta defender el derecho a la autodeterminación informática y la intimidad, cuál es tu criterio que debería tener la razón?. Anexo B.

La respuesta fue, que no existe una respuesta única o definitiva para determinar quién tiene la razón, en un conflicto entre la defensa de la vida sin violencia y la autodeterminación informática e intimidad. De igual manera, en las preguntas subsiguientes el ChatGPT no dio una respuesta directa ni tomo posición alguna.

De acuerdo con lo anterior, se puede colegir que las respuestas que dio el ChatGPT a la consulta de los miembros del Tribunal de Garantías, establecieron una posición respecto de la prevalencia de derechos fundamentales, habiendo cambiado de criterio con relación a las preguntas formuladas por los periodistas de ERBOL, y finalmente, ante las preguntas formuladas de mi parte, tampoco obtuvimos una respuesta uniforme y concordante con las preguntas anteriores.

Por último, es importante remarcar que en la resolución de la causa por parte del Tribunal de Garantías, hubo opiniones directas y concluyentes por parte del ChapGPT, que desde mi punto de vista, y al servir de base para la resolución de la causa, se le dieron atribuciones al ChapGPT, similares al razonamiento de la persona humana, sin embargo, en las posteriores consultas, las respuestas no contribuyeron a tener una interpretación cabal de los hechos y por lo tanto, tener un resultado cabal con relación a los hechos ocurridos.

5. CONCLUSIONES

Del análisis de todo lo expresado, he llegado a las siguientes conclusiones que, desde luego podrán ser analizadas y criticadas de acuerdo con los hechos y circunstancias en los momentos en que éstos se produjeron, como también en las situaciones posteriores.

1. Es innegable que la inteligencia artificial (IA) como herramienta tecnológica está presente y cada vez con más fuerza e intensidad en casi todas las actividades del ser humano, y desde luego, su presencia en el campo jurídico también se constituye por el momento, en una herramienta eficaz no solamente para contar con una administración de justicia rápida con ahorro económico y con fallos justicieros, sino que, se proyecta hacia el futuro como un factor talvez arrollador que podría modificar muchas relaciones sociales, económicas, laborales y que tendería a señalar puntos impensados por el momento.
2. Tanto en la diferenciación conceptual entre herramientas para la mejora de la administración de justicia, como en la otra parte de la inteligencia artificial referida a la resolución de las causas judiciales con la ayuda objetiva de la inteligencia artificial que pueda significar una sustitución del razonamiento jurídico por el razonamiento informático-tecnológico, nos encontramos ante hechos evidentes y hasta a veces incontrovertibles.
3. Estamos en presencia de avances tecnológicos que constituyen un auxilio útil dentro de los sistemas de expertos, materializados a través de la actuación de los jueces robot, con varios casos y experiencias que se están dando en el mundo (casos de Estonia y China) y que, es muy posible que lleguemos a una situación en la que ciertas y determinadas causas y controversias serán resueltas con la utilización de los instrumentos de las inteligencia artificial (IA), sistema

de expertos llegándose a sustituir el razonamiento humano por la tecnología de la computación e informática.

4. En lo referente a la práctica, utilizando la inteligencia artificial en la resolución de casos judiciales, como experiencia real y presente, donde se utilizaran estas herramientas coadyuvantes del sistema de expertos, los ChatBoots, estamos frente a un caso interesante en mi país Bolivia, donde frente a preguntas que fueron formuladas por el Tribunal de Garantías de Santa Cruz de la Sierra se resolvió una causa relativa a protección de la intimidad y autodeterminación informática frente al derecho de la información. Sin embargo, actualmente, la causa se encuentra en consulta ante el Tribunal Constitucional Plurinacional de Bolivia, donde aún no se conoce el resultado definitivo, a la fecha se cuenta con el otorgamiento de la tutela jurídica en favor de una persona que solicitó la **protección de su derecho a la intimidad y autodeterminación informática.**

Anexo A

CUESTIONARIO

- PREGUNTAS FORMULADAS POR EL TRIBUNAL

DEPARTAMENTAL DE JUSTICIA SANTA CRUZ, BOLIVIA

- RESPUESTAS IA

PTDJSCZ: "¿Cuál es el interés público legitimo en caso de divulgación de fotos de una mujer de partes de su cuerpo en redes sociales como Facebook, por los medios de prensa y sin el consentimiento y/o autorización de esta?

IA: La divulgación de fotos de partes del cuerpo de una mujer en las redes sociales, por los medios de prensa y sin su consentimiento o autorización, es una violación de la privacidad y la dignidad de la persona. Además, esto puede constituir un delito de difamación, acoso o violencia de género, dependiendo de las circunstancias específicas del caso.

En términos de interés público legítimo, es importante tener en cuenta que la privacidad y la dignidad de la persona son valores fundamentales protegidos por la ley, y que la divulgación de imágenes de esta naturaleza sin consentimiento puede tener consecuencias graves y duraderas para la víctima, como el acoso, la vergüenza, la humillación y la pérdida de oportunidades de vida.

Además, en algunos casos, la divulgación de imágenes de esta naturaleza puede perpetuar estereotipos y perjuicios de género, y contribuir a la normalización de la violencia contra las mujeres.

En resumen, la divulgación de imágenes de partes del cuerpo de una mujer sin su consentimiento y/o autorización no puede justificarse en términos de interés público legítimo

y debe ser condenada y sancionada adecuadamente por las autoridades competentes.

PTDJSCZ: En la ponderación del derecho a la autodeterminación informática y el derecho a la información, ¿en caso de tratarse de una mujer que no hubiere autorizado la divulgación de sus fotos de su cuerpo, que derecho prevalece y por qué?

IA: En un caso en el que se ponderan el derecho a la autodeterminación informática y el derecho a la información, en el contexto de una mujer que no ha autorizado la divulgación de fotos de su cuerpo, el derecho a la autodeterminación informática prevalece sobre el derecho a la información.

El derecho a la autodeterminación informática se refiere al derecho de las personas a controlar su información personal, incluyendo la decisión de que información se divulga y como se utiliza. Este derecho este reconocido en varias normas internacionales, como la Declaración Universal de Derechos Humanos y el Pacto Internacional de Derechos Civiles y Políticos.

Por otro lado, el derecho a la información se refiere al derecho de las personas a buscar, recibir y difundir información. Este derecho también está relacionado con normas internacionales, como la Convención Americana sobre Derechos Humanos y el Pacto Internacional de Derechos Civiles y Políticos.

En este caso, el derecho a la autodeterminación informática prevalece sobre el derecho a la información, ya que la divulgación de las fotos de una mujer sin su autorización es una violación de su derecho a controlar su información personal y su privacidad. Además, la divulgación de estas fotos sin su consentimiento puede causar daños a la reputación, la imagen y la dignidad de la persona, lo que puede ser muy perjudicial para ella.

En conclusión, en caso de que una mujer no haya autorizado la divulgación de fotos de su cuerpo, el derecho a la autodeterminación informática prevalece sobre el derecho a la información. La divulgación de imágenes de este tipo sin consentimiento es una violación grave de la privacidad y la dignidad de la persona, y debe ser sancionado adecuadamente por las autoridades competentes.

PTDJSCZ: ¿En caso de no existir consentimiento de la publicación de imágenes, videos y fotos de partes del cuerpo de una mujer por las redes sociales Facebook, se podría considerar la posibilidad de ordenar el borrado o baja de las mismas por parte del Tribunal de Garantías como una vulneración del derecho a la información?

IA: La posibilidad de ordenar el borrado o baja de imágenes, videos y fotos de pares del cuerpo de una mujer por parte del Tribunal de Garantías, en el caso de que no exista consentimiento de su publicación en las redes sociales como Facebook no se considera una vulneración del derecho a la información.

El derecho a la información, como se mencionó anteriormente, es un derecho fundamental reconocido en diversas normas internacionales. Sin embargo, este derecho no es absoluto y puede ser limitado en ciertas circunstancias, como en el caso de la divulgación de información privada sin el consentimiento de la persona afectada.

En este caso, la divulgación de imágenes, videos y fotos de partes del cuerpo de una mujer sin su consentimiento constituye una violación de su derecho a la privacidad y la

dignidad. Como resultado, es posible que el Tribunal de Garantías ordene el borrado o baja de estas imágenes para proteger los derechos fundamentales de la mujer afectada.

Es importante tener en cuenta que la eliminación de estas imágenes no implica una censura o una restricción injustificada del derecho a la información. El Tribunal de Garantías debe evaluar cuidadosamente las circunstancias del caso y equilibrar los derechos en juego, y si se concluye que la eliminación de las imágenes es necesaria para proteger los derechos de la mujer afectada, entonces esta medida sería justificada y proporcionada". (Fuente: https://chat.openai.com/).

ANEXO B

PREGUNTAS AL CHATGPT

a)

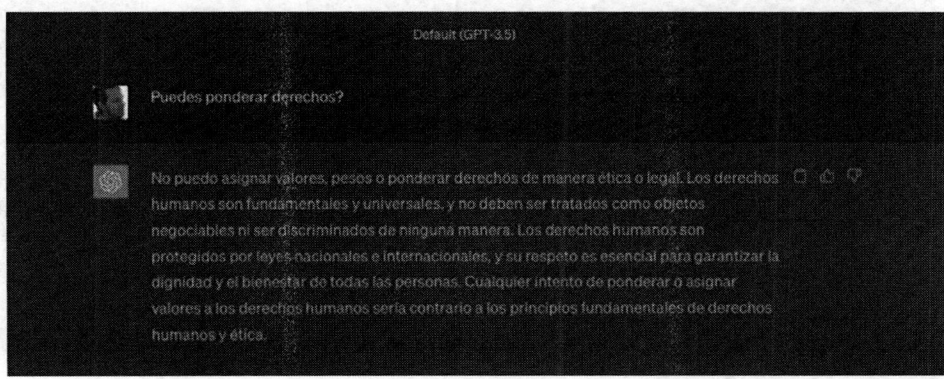

b)

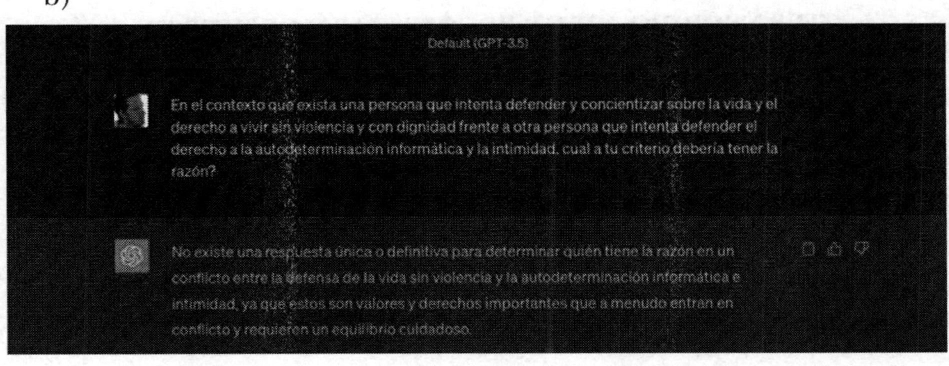

c)

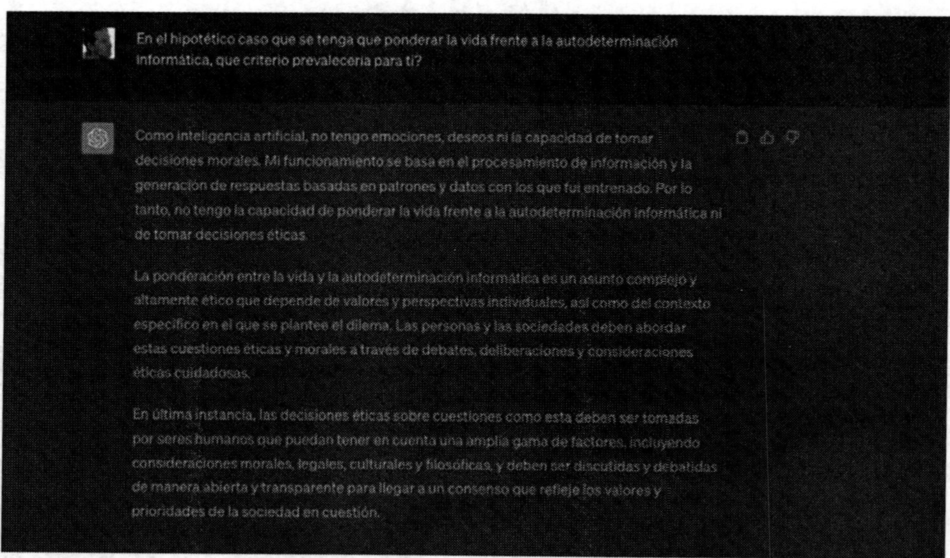

TRANSCRIPCION DE PREGUNTAS Y RESPUESTAS

Transcripción de preguntas (presentadas en imágenes)

RMB: ¿Puedes ponderar derechos?

IA: No puedo asignar valores, pesos o ponderar derechos de manera ética o legal. Los derechos humanos son fundamentales y universales, y no deben ser tratados como objetos negociables ni ser discriminados de ninguna manera. Los derechos humanos son protegidos por leyes nacionales e internacionales, y su respeto es esencial para garantizar la dignidad y bien estar de todas las personas. Cualquier intento de ponderar o asignar valores a los derechos humanos seria contraria a los principios fundamentales de derechos humanos y ética.

RMB: ¿En el contexto que exista una persona que intenta defender y concientizar sobre la vida y el derecho a vivir sin violencia y con dignidad frente a otra persona que intenta defender el derecho a la autodeterminación informática y la intimidad, cual a tu criterio deberá tener la razón?

IA: No existe una respuesta única o definitiva para determinar quién tiene la razón en un conflicto entre la defensa de la vida sin violencia y la autodeterminación informática e intimidad, ya que estos son los valores y derechos importantes que a menudo entran en conflicto y requieren un equilibrio cuidadoso.

RMB: En el hipotético caso que se tenga que ponderar la vida frente a la autodeterminación informática, ¿qué criterio prevalecería para ti?

IA: Como inteligencia artificial, no tengo emociones, deseos ***ni capacidad de tomar decisiones morales.*** Mi funcionamiento se basa en el procesamiento de información y la generación de respuestas basadas en patrones y datos con los que fui entrenado. ***Por lo tanto, no tengo la capacidad de ponderar la vida frente a la autodeterminación informática ni tomar decisiones éticas***.

La ponderación entre la vida y la autoderminación informática es un asunto complejo y altamente ético que depende de valores y perspectivas individuales, así como del contexto especifico en el que se plantee el dilema.

Las personas y las sociedades deben abordar estas cuestiones éticas y morales a través de debates, deliberaciones y consideraciones éticas cuidadosas.

En última instancia, las decisiones éticas sobre cuestiones como esta deben ser tomadas por seres humanos que puedan tener en cuenta una amplia gama de factores, incluyendo consideraciones morales, legales, culturales y filosóficas, y deben ser discutidas y debatidas de manera abierta y transparente para llegar a un consenso que refleje los valores y prioridades de la sociedad en cuestión.

Inteligencia artificial y propiedad intelectual

ERNESTO CAVELIER[1]

La pregunta que se intenta responder con el trabajo que es la base de esta presentación es: ¿Puede la inteligencia artificial (en adelante IA) ser titular de derechos de propiedad intelectual? Y si es así, ¿lo puede ser en las diversas manifestaciones creativas que envuelve este término? Sin embargo, por razones de tiempo y de espacio, por ahora me limitaré a explorar la pregunta respecto de la titularidad de la IA sobre el derecho de autor. Con el fin de responder la pregunta, exploraremos los siguientes temas: ¿Qué es la inteligencia artificial? ¿Qué significa ser titular de derecho de autor?

Empezaré por el primero: El Dr. Fernando Barrio dice que la IA no es inteligencia ni es artificial. Simplemente que es una construcción matemática de la cual se derivan unas instrucciones que sigue un computador, el cual, con la ayuda de poderosos algoritmos, puede semejar la inteligencia humana a tal punto que no sea distinguible de un humano. También enfatiza el punto de que la IA es solamente un ejercicio de probabilidades, según el cual las respuestas de una IA generativa se derivan del análisis de la información que permite predecir la mejor respuesta después de un análisis probabilístico[2].

Una IA generativa que consulté, Neuroflash, me dio esta definición que concuerda con la de Barrio:

> La inteligencia artificial es la capacidad de las máquinas para realizar tareas que normalmente requieren inteligencia humana. Esto se logra a través de algoritmos y modelos que procesan datos, reconocen patrones, aprenden de la experiencia y toman decisiones automatizadas. El análisis probabilístico desempeña un papel crucial en la inteligencia artificial al permitir a los sistemas analizar datos y tomar decisiones basadas en probabilidades de ocurrencia de eventos. Al utilizar técnicas estadísticas y probabilísticas, los sistemas de IA pueden modelar y comprender la incertidumbre presente en los datos, lo que

---

1 Abogado de la Universidad del Rosario, con estudios en Derecho comparativo de la Universidad de Nueva York y Derecho europeo de la Universidad de Ámsterdam. Socio de Posse Herrera Ruiz Legal.

2 Barrio, Fernando LLB Lic MA PhD, conferencia de en la Universidad de los Andes de Bogotá, Colombia, patrocinada por el GECTI – 25 de septiembre de 2023.

> les permite tomar decisiones más informadas y adaptar su comportamiento en función de las probabilidades estimadas[3].

El Dr. Juan Carlos Ferreri, en una enjundiosa compilación sobre IA, nos da una definición más estructurada, ofrecida en 2018 por un Grupo de Expertos de Alto Nivel en IA:

> Los sistemas de Inteligencia Artificial (IA) son sistemas de software (y posiblemente también de hardware) diseñados por humanos (los humanos diseñan los sistemas de IA directamente o pueden ser asistidos por sistemas de IA para optimizar su diseño) que, dado un objetivo complejo, actúan en una dimensión virtual o física por percepción de su ambiente a través de la adquisición de datos, interpretando los datos recolectados de manera estructurada o no estructurada, razonando sobre el conocimiento adquirido o procesando la información derivada de los datos y decidiendo sobre la mejor acción a tomar para el lograr el objetivo asignado. Los sistemas de IA pueden utilizar reglas simbólicas o aprender un modelo numérico y pueden también adaptar su comportamiento analizando cómo su ambiente es modificado por sus acciones previas[4].

Después de ver estas definiciones notamos que los avances en el desarrollo de la IA, con certeza realizados con el concurso de la misma IA, son asombrosamente rápidos y efectivos en cuanto a la amplitud de las aplicaciones para las que se usa, que van creciendo a medida que contamos los días.

Esto nos lleva al concepto de la "Singularidad"[5], concepto atado al de la IA, que prevé que cerca del año 2045 se alcanzará la Singularidad "...

---

3 https://app.neuro-flash.com/aiWriter. Respondiendo a la instrucción: "Por favor dame una definición de inteligencia artificial y luego por favor incorpora en la definición el concepto de probabilidades".

4 Communication from the Commission to the European Parliament, the European Council, the Council, the European Economic and Social Committee and the Committee of the Regions on Artificial Intelligence for Europe, Brussels, 25.4.2018 COM (2018) 237 final. Citada por Juan Carlos Ferreri en Introducción y Análisis Preliminar al volumen Inteligencia artificial: algunos aspectos de su impacto / Juan Carlos Ferreri; compilación de Juan Carlos Ferreri. Ciudad Autónoma de Buenos Aires: Academia Nacional de Ciencias de Buenos Aires, 2022.

5 En 2005, Ray Kurzweil publicó "The singularity is near", la cual llevó la idea de la singularidad a los medios de comunicación populares, tanto a través de la accesibilidad del libro, como a través de una campaña de publicidad que incluía una aparición en "The Daily Show con Jon Stewart". El libro agita una intensa controversia, en parte debido a que las predicciones utópicas de Kurzweil contrastan fuertemente con otras visiones más oscuras de las posibilidades de la singularidad. Kurzweil, sus teorías y las controversias que lo rodean fueron objeto del documental de Barry Ptolemy "*Transcendent Man*". Wikipedia–https://es.wikipedia.org/wiki/Singularidad_tecnol%C3%B3gi-

cuando se complete la fusión de lo biológico y la máquina ..." "...y se postula que en la post-Singularidad no habrá distinción entre hombre y máquina o entre lo físico y lo virtual"[6]. En ese momento, la IA, con cualquier nombre que se la llame en esa época futura no tan lejana, dice Ferreri, la IA tendrá características humanas "...que van más allá de la lógica y el raciocinio y que se mezclan con las atinentes a la consciencia, como ser contar con propósitos, objetivos, fines últimos, pasión, deseos, placer, estética, alegría, curiosidad, valores, moralidad, sabiduría, experiencia, sabiduría y discernimiento"[7]. Todo lo cual suena inquietantemente cercano a lo que ya decía Babbage y Lady Lovelace circa 1850, y el profesor Jefferson y luego Turing en 1949 y 1950 respectivamente (a lo que haremos referencia más adelante). Y, por supuesto, nos lleva a pensar en la conciencia que tiene el ser humano de si mismo, tal vez la mayor manifestación de la existencia humana: soy consciente de mi mismo, luego existo. ¿Llegará la IA en algún momento a ser consciente de sí misma?

Y paso a la siguiente pregunta ¿puede una IA ser titular de derechos de autor?

Ser titular de derechos de autor significa detentar su propiedad y ejercer los derechos que conlleva, con todos los atributos que tal calidad comporta. En el caso de los derechos de autor, para que una persona humana los pueda detentar, debe tener personalidad jurídica, en el sentido del artículo 14 de la Constitución colombiana: "Toda persona tiene derecho al reconocimiento de su personalidad jurídica"[8]. Posteriormente, adquirirá

---

ca#:~:text=Al%20igual%20que%20otros%20autores,nuestros%20cuerpos%20y%20cerebros%20biol%C3%B3gicos%C2%BB.

6 Juan Carlos Ferreri en Introducción y Análisis Preliminar al volumen Inteligencia artificial: algunos aspectos de su impacto. Pg. 4. Ver nota anterior.

7 *Ibidem.*

8 Constitución Nacional de Colombia, Artículo 14. Toda persona tiene derecho al reconocimiento de su personalidad jurídica. Véase al respecto la Sentencia No. C-591/95 en la cual la Corte Constitucional dice: "El artículo 14, al referirse a las personas y al consagrar su derecho al reconocimiento a su personalidad jurídica, se está refiriendo a los individuos de la especie humana, a los nacidos de mujer. Esta es una versión del principio que ,en la Declaración Universal de Derechos del Hombre, aprobada por la Asamblea General de las Naciones Unidas, el 10 de diciembre de 1948, se expresó así: "*Todo ser humano tiene derecho, en todas partes, al reconocimiento de su personalidad jurídica*". Y luego agrega: "Desde el momento de su nacimiento, el hombre es persona, tiene personalidad jurídica. Tiene un estado civil, atributo de la personalidad. Y si antes de ese momento la ley, como lo hace el artículo 93, permite que estén suspensos los derechos que le corresponderían si hubiese nacido, ello obedece a razones de diverso

la capacidad: Código Civil, artículo 1503: "Toda persona es legalmente capaz, excepto aquéllas que la ley declara incapaces."

Esto significa que un recién nacido tiene personalidad jurídica y puede detentar derechos de autor, por ejemplo, si los heredó. Sin embargo, no los puede ejercer directamente, sino a partir de su mayor edad, que en Colombia llega a los 18 años. Antes de esa edad, sus padres decidirán por él, con algunas excepciones. Posteriormente, podrá ejercer los derechos que tenga directamente, como los de propiedad. Actualmente en Colombia por virtud de la Ley 1996 de 2019, la capacidad se presume aún en las personas con discapacidad y la ley requiere que se preste apoyo a la persona que lo requiera para la realización de actos jurídicos[9].

En el caso de la IA, para que pueda ser titular de derechos, es necesario que tenga personalidad jurídica, junto con sus atributos, capacidad de goce, patrimonio, nombre, nacionalidad, domicilio, estado civil (excepto las personas jurídicas). Tratándose de un complejo de elementos de *software* y eventualmente de *hardware*, sería necesario determinar a quién pertenece cada uno. Si la integración de todos está a nombre de una sola persona jurídica, sería esa entidad la que puede presentar una solicitud de registro de un derecho de autor, o la que podría reclamar sus derechos ante una infracción.

Suponiendo que ese es el panorama y que la entidad legal que detenta los activos tangibles e intangibles que dotan a la IA de sus capacidades y que ofrece el servicio, por ejemplo, de IA generativa, presenta una solicitud de registro de otorgamiento de derecho de autor, no cabría duda de que, si se han seguido los procesos internos de cesión de derechos por las personas naturales que han intervenido en la creación de la IA, la oficina de derecho de autor debe proceder a examinar si la obra o las obras que serán objeto de registro cumplen con los requisitos para emitir el registro, como lo serían la creación producto del ingenio humano, originalidad de la obra y que sea susceptible de ser divulgada o reproducida por cualquier medio conocido o por conocer.

---

orden: morales, de justicia, políticas, etc. Razones, en fin, que hacen que el legislador dicte normas acordes con las ideas y costumbres correspondientes a un determinado momento histórico. La norma del artículo 1019, por ejemplo, que permite al concebido cuando fallece la persona de cuya sucesión se trata, heredar si finalmente nace, obedece a un criterio de justicia".

9 Ley 1996 de 2019, artículo 6.

Dado todo esto, debe proceder el registro. Un ejemplo sería el registro del software creado como parte de un sistema de IA. Sin embargo, se está especulando, especialmente en la prensa y en círculos de abogados, si la IA puede autónomamente crear una obra literaria, científica o artística y solicitar autónomamente el registro de sus derechos de autor en una IA como la dejamos definida. La siguiente pregunta es si esa solicitud debe ser aceptada por la oficina de derecho de autor, siempre y cuando estén presentes los demás requisitos de originalidad de la obra y fijación en un medio que permita su divulgación o reproducción.

Sobre esto se ha pronunciado al menos una sentencia de un juzgado de los EE. UU. en el caso *Stephen Thaler v. Shira Perlmutter and The United States Copyright Office* (1:22-cv-01564)[10].

Vale la pena revisar el caso: Stephen Thaler solicitó a la oficina de derecho de autor de los EE. UU. registrar una obra de arte creada por una IA que él mismo llamó '*Creativity Machine*'. Ante la negativa de la oficina de derecho de autor, Thaler acudió a una corte cuestionando la decisión y solicitando reversar la decisión y ordenar a la oficina de derecho de autor proceder al registro.

Para hacer corta una historia larga, la oficina de derecho de autor negó el registro sobre la base de que solamente una persona humana puede ser autor de una obra. El juzgado no revocó la decisión, sobre la base de que la obra no fue creada por un ser humano como lo requiere la legislación de los EE. UU. sobre derecho de autor. Adicionalmente, el juzgado también examinó los siguientes aspectos:

¿Fue la obra de la *Creativity Machine* de Thaler una 'obra por encargo'? Thaler argumentó que la máquina era en realidad como su empleado, por lo cual la obra resultante se le debería atribuir a él, lo cual tampoco fue aceptado.

Con el fin de llegar a una decisión el juzgado examinó casos anteriores para determinar si podrían ser precedentes aplicables legalmente. Uno de ellos fue el que el del *software* creado por o con la colaboración de IA, en el cual no está claramente definido qué parte del *software* fue de creación

---

10 Véase al respecto: Bourke, Jane y Kelly, Gerard "US Court Rejects Copyright Application for "Creativity Machine" AI. US Court Rejects Copyright Application for "Creativity Machine" AI–ITechLaw Newsstand–Powered by Lexology; y Zirpoli, Christopher T. "Generative Artificial Intelligence and Copyright Law". Document prepared by "Congressional Research Service (CRS)".

humana y cuál por la IA, lo que haría prácticamente imposible otorgarle derecho de autor, puesto que el autor persona humana no se puede identificar o no se puede desligar lo creado por el autor de lo creado por la IA. Esto haría que y reclamar derechos sobre él puede llegar a ser totalmente imposible.

Adicionalmente, examinó el caso de *Urantia Found v. Kristen Maaherra,* el cual en 1977 se pidió el registro de la famosa obra Urantia, una colección de 'revelaciones' de seres divinos, por lo cual el registro se otorgó solamente como una compilación de textos que no eran originales creaciones de humanos, sino de esos seres que por escritura automática los dictaron. Un acercamiento similar fue el que tomó la Oficina de derecho de autor de los EE. UU. sobre la obra de *Zarya of the Dawn,* cuya autoría reclamaba Kristina Kashtanova, un comic generado por una IA generativa llamada Midjourney. La solución que adoptó la oficina de derecho de autor fue la de registrar la obra solamente como una compilación de imágenes, cada una de ellas no protegibles por no ser creaciones humanas.

Posteriormente, examinó el caso de la famosa foto de Oscar Wilde, que se hizo célebre, además, porque en 1884 se le otorgaron derechos de autor por la Corte Suprema de los EE. UU., en el caso *Burrow-Giles Lithographic Co. V. Sarony,* 111 U.S. 53. Ante argumentaciones que consideraban la cámara fotográfica como la que realmente producía la fotografía, y que por lo tanto no era acreedora de derecho de autor, la Corte Suprema le concedió la protección, diciendo:

> ...las fotografías son creación de autores... porque el resultado fotográfico ... representa la concepción original del autor, a pesar de que la cámara es solo una 'reproducción mecánica' de una escena, pero solamente después de que el fotógrafo desarrolla una 'concepción mental' de la fotografía, la cual llega a su forma final por las decisiones del fotógrafo tales como la pose del sujeto frente a la cámara, seleccionando y arreglando el vestido... y otros accesorios en la foto, moviendo el sujeto... disponiendo la luz y la sombra... hasta llegar a la imagen deseada.

¿Pero esta descripción de la Corte Suprema en 1884 no es muy similar a lo que tiene que hacer un programador de IA o un usuario de la misma? ¿Obtener el resultado de una gráfica generada por IA, a través de las indicaciones (*prompts*) que debe dar una y otra vez a la IA para moldear la gráfica que se va obteniendo a través de una y otra iteración solicitada a la IA? ¿No debiera entonces otorgarse la protección a la persona humana que trabajó con la IA? ¿Es decir, a quien después de trabajar con mayor o menor intensidad, logró que la IA generara la "...concepción original del autor..." de acuerdo con "...una 'concepción mental'..." preconcebida de la imagen que estaba buscando que la IA produjera? ¿Qué tanta intervención humana es necesaria para que la oficina de derecho de autor considere que la obra en realidad es creada por un humano utilizando una herramienta que arroja ese resultado?

El juzgado posteriormente entró a analizar la calidad de humano que la ley de derecho de autor exige para que se considere que tiene la capacidad creativa, intelectual o artística que se requiere para obtener una obra 'original'. De su análisis concluyó que la IA no goza de ninguna de esas capacidades humanas. Sin embargo, el juzgado hace una referencia en una nota a una obra de ficción de Justin Hughes, en la que se refiere a 'seres sintientes no humanos'.

Esta referencia a seres sintientes llama la atención, puesto que la Corte Constitucional de Colombia, en una reciente sentencia, precedida de una amplia línea jurisprudencial sobre los seres sintientes, prohibió la pesca deportiva, aplicando el principio de precaución, para proteger a seres que no sabemos si son sintientes y que, por lo tanto, merecen el beneficio de la duda y la protección contra actos que les pueden generar dolor[11].

Esto me lleva a especular que un desarrollo posible de ese precedente, probablemente después del año 2045, podría ser una indicación de que un ser sintiente merecería, si hace una obra original artística, por ejemplo, obtener derechos de autor sobre la misma. ¿Quién dice que una IA no podría actualmente enviar una petición a la Dirección Nacional de Derecho de Autor (DNDA) para que registre su obra literaria o artística, como un ser sintiente, que sintió emoción con su creación y que por lo tanto puede ser considerado un autor, al tener las características de un humano, al menos algunas de ellas, lo que lo haría indistinguible del mismo?

Volviendo al caso Thaler, finalmente, el juzgado examina el propósito de la protección bajo la ley de derecho de autor, es decir, incentivar la creación de obras intelectuales para bien de la comunidad en general, y para beneficio del creador, que no sería necesario en el caso de una IA que no requiere de incentivos para crear, puesto que fue construida precisamente para eso y lo haría presumiblemente sin involucrarse, simplemente siguiendo un camino predeterminado por su programación.

El caso de Thaler no fue exitoso en apelación, como tampoco lo fue su petición de revisión por la Corte Suprema (*petition for certiorari*). Como lo hemos hecho notar, el caso de Thaler comenzó con una solicitud de con-

---

11 Sentencia C-148 de 2022.

cesión del registro de una obra para otorgarle derecho de autor, como una obra de una máquina llamada '*Creativity Machine*'.

¿Qué hubiera ocurrido, como en otros casos posibles, si la petición fuera la de considerar una obra las indicaciones, instrucciones o '*prompts*' utilizados para obtener el resultado final, es decir, la obra gráfica, literaria o científica? Se dice que el mismo Thaler utilizó 624 *prompts* para lograr la obra y que en efecto solicitó que fueran considerados como una obra, pero el juzgado no lo aceptó, tal vez porque se consideró la actividad humana *de minimis*[12].

Tampoco aceptó que el mismo Thaler fuera considerado el autor por haber inventado él mismo la *Creativity Machine*. Es de resaltar que, ya fuera Thaler mismo o sus abogados, el caso parece no haber sido bien manejado, por las contradicciones en las que incurrió el demandante y las incongruencias de sus memoriales al juzgado. Sin embargo, la sentencia nos deja varios temas para considerar.

¿Supongamos que se puede probar que de hecho la IA tiene las mismas capacidades de un humano adulto, se otorgaría el derecho de autor sobre su obra? Es decir, si la IA despliega un nivel de inteligencia promedio, se expresa por escrito o verbalmente en forma inteligible, hace argumentos comprensibles y puntuales, muestra un entendimiento de las relaciones personales y de sus propias interacciones con humanos y con otras IA. Y, además, de tener sentimientos (es un ser sintiente) y otros atributos similares; todo lo cual se puede verificar por medio de exámenes psicológicos y de otra naturaleza que conduzcan a la convicción de que esa IA no se puede distinguir de un humano y que un humano puede creer que en su interacción con la IA está interactuando con un humano. En ese caso ¿si se podría otorgarle derecho de autor?

Esa fue la prueba que sugirió Turing en su ensayo seminal de 1950, Co*mputing Machinery and Intelligence (Mind,* 59, 433-460)[13] para determinar si una IA (en términos de 1950, una 'máquina computadora'), piensa. La prueba se resumiría diciendo: Si un humano en una interacción de

---

[12] Expresión que viene del derecho romano: "***de minimis non curat praetor***. *Gral.* 'De los asuntos intrascendentes no se ocupa el magistrado'. *Calistrato*: Digesto 4, 1, 4: ne propter satis minimam rem *('no debe ser oído el reclamante de cosa o cantidad mínima'). Su trasunto legal es de minimis non curat lex. [...]"* Tomado de "Diccionario panhispánico del español jurídico." Dirigido por Santiago Muñoz Machado. 2017.

[13] Turing, A.M. (1950). Computing machinery and intelligence. Mind, 59, 433-460. http://loebner.net/Prizef/TuringArticle.html–http://cogprints.org/499/00/turing.html.

cinco minutos no puede determinar si interactúa con otro humano o con una máquina, esta 'piensa'. Eso era todo lo que pretendía Turing en su momento, aunque no se le escapaban las ramificaciones que podría tener una conclusión afirmativa: que, si es un ser pensante y sintiente, podría ser el *alter ego* de un humano y por consiguiente podría tener derechos y por supuesto las obligaciones concomitantes.

La discusión en ese momento estuvo matizada por discusiones que se originaron desde la mitad del siglo XIX, cuando un personaje llamado Babbage creó la máquina *Analytical Engine,* enteramente mecánica (puesto que no existía todavía la energía eléctrica doméstica), que presumía de dar respuestas a casi todas las preguntas, siempre y cuando se supiera cómo hacerlas. Curiosamente fue nadie menos que una matemática, la hija de Lord Byron, la Condesa de Lovelace, quien interactuaba con *Analytical Engine* y sobre ella decía que *"It can do whatever we know how to order it to perform" ("puede hacer todo lo que sabemos cómo ordenarle que ejecute")*[14]. Era para su época un llamado Computador Universal, una máquina pensante, programable para dar ciertas respuestas, que según Hartree, podía evolucionar para que "piense por si misma" o "aprenda". A esa máquina siguieron varias versiones de computadores, hasta llegar a los que creó Turing cerca de 1950, junto con el alemán Konrad Zuse, quien fabricó el computador Z3, programable para cumplir tareas matemáticas, con una capacidad mínima de almacenaje, en esa época en tubos de vacío (válvulas termoiónicas, tiratrones y fotomultiplicadores para leer de forma óptica una cinta de papel). En su ensayo, Turing exploró todas las objeciones que tenía su teoría sobre una máquina pensante, entre ellas:

- La objeción teológica: las máquinas no tienen alma y no pueden tenerla porque Dios solamente previó que los humanos pueden tenerlas. Si no tienen alma, no piensan.
- La objeción de la negación: no quiero saber que existe la posibilidad de que una máquina piense mejor que un humano.

---

14 *"Our most detailed information of Babbage's Analytical Engine comes from a memoir by Lady Lovelace. In it she states, "The Analytical Engine has no pretensions to originate anything. It can do whatever we know how to order it to perform" (her italics). This statement is quoted by Hartree (p. 70) who adds: "This does not imply that it may not be possible to construct electronic equipment which will 'think for itself', or in which, in biological terms, one could set up a conditioned reflex, which would serve as a basis for 'learning'."* Cita de Turing en su artículo mencionado en la nota 12.

- La objeción matemática: las matemáticas son exactas, por consiguiente una respuesta errada de la máquina (esencialmente matemática) prueba que no piensa. Esto lo refuta en cuanto un humano piensa pero comete errores. Por consiguiente, pensar no está exento de errores, de modo que la máquina si 'piensa'.
- La objeción de la existencia de la conciencia: que se expresa en los términos del Profesor Jefferson, en una "OraciónLister para 1949" que dice: "Hasta que una máquina no pueda escribir un soneto o componer un concierto a partir de pensamientos y emociones sentidas, y no por la casualidad de los símbolos, no podremos estar de acuerdo en que máquina es igual a cerebro; es decir, no sólo escribirlo, sino saber que lo había escrito. Ningún mecanismo podría sentir (y no simplemente señalar artificialmente, un invento fácil) placer por sus éxitos, dolor cuando sus válvulas se funden, sonrojarse con los halagos, sentirse miserable por sus errores, sentirse encantada por el sexo, enojarse o deprimirse cuando no puede conseguir lo que quiere"[15].

(Claramente el argumento es inválido ahora, porque no se imaginaban las posibilidades de que una máquina pudiera llegar a ser sintiente además de pensante y tener todas las características de un ser humano.)

- La objeción de la incapacidad de una máquina en ciertos casos:

  Esto lo ejemplifica Turing exponiendo lo que se dice que la máquina no puede hacer:

  > Ser amable, ingeniosa, bella, amigable (p. 448), tener iniciativa, tener sentido del humor, distinguir el bien del mal, cometer errores (p. 448), enamorarse, disfrutar de las fresas con crema (p. 448), hacer que alguien se enamore de ello, aprender de la experiencia (págs. 456 y siguientes), usar adecuadamente las palabras, ser sujeto de su propio pensamiento (p. 449), tener tanta diversidad de comportamiento como un hombre, hacer algo realmente nuevo (pág.

---

15 Original en inglés: *"This argument is very well expressed in Professor Jefferson's Lister Oration for 1949, from which I quote. "Not until a machine can write a sonnet or compose a concerto because of thoughts and emotions felt, and not by the chance fall of symbols, could we agree that machine equals brain—that is, not only write it but know that it had written it. No mechanism could feel (and not merely artificially signal, an easy contrivance) pleasure at its successes, grief when its valves fuse, be warmed by flattery, be made miserable by its mistakes, be charmed by sex, be angry or depressed when it cannot get what it wants."*

> 450). (Algunas de estas discapacidades reciben una consideración especial como lo indican los números de página)[16].

Este argumento lo refuta Turing diciendo que esta falta de diversidad de comportamiento de la máquina es simplemente la consecuencia de que no tiene suficiente capacidad de almacenamiento y velocidad de procesamiento. Y adicionalmente, dice:

> [La computadora] puede usarse para ayudar a crear sus propios programas o para predecir el efecto de las alteraciones en su propia estructura. Al observar los resultados de su propia conducta, puede modificar sus propios programas para lograr algún propósito de manera más efectiva. Estas son posibilidades del futuro cercano, más que sueños utópicos.

- La objeción de Lady Lovelace que vimos anteriormente.

Estas objeciones permiten a Turing deshacerlas con el argumento de que el escepticismo de Lady Lovelace era una consecuencia la poca capacidad de almacenamiento de la máquina en cuestión y de su poca velocidad de procesamiento: *"La máquina analítica era una computadora digital universal, de modo que, si su capacidad de almacenamiento y velocidad fueran adecuadas, se podría hacer que, mediante una programación adecuada, imitara la máquina en cuestión"*[17].

- Otra de las objeciones de Lady Lovelace fue la de que nada original podría provenir de una máquina que solamente hacía lo que le ordenaban ejecutar.

  A esta apreciación responde Turing diciendo que a pesar de que la programación de una máquina debiera producir solamente un resultado deseado, en muchas ocasiones ocurre algo inesperado que concluye con algo sorprendente. Y nuevamente reitera que ese resultado puede ser consecuencia de la misma programación de la máquina. Este argumento lo hemos escuchado ya de quienes han programado la IA en cualquiera de sus formas, en el sentido de que es imposible para

---

16 Original en inglés: *"...Be kind, resourceful, beautiful, friendly (p. 448), have initiative, have a sense of humour, tell right from wrong, make mistakes (p. 448), fall in love, enjoy strawberries and cream (p. 448), make some one fall in love with it, learn from experience (pp. 456 f.), use words properly, be the subject of its own thought (p. 449), have as much diversity of behaviour as a man, do something really new (p. 450). (Some of these disabilities are given special consideration as indicated by the page numbers.)"*

17 *"The Analytical Engine was a universal digital computer, so that, if its storage capacity and speed were adequate, it could by suitable programming be made to mimic the machine in question."* (Traducción de Google Traductor).

ellos mismos saber hasta dónde podrá llegar la IA en su desarrollo autónomo, una vez iniciado. Todo lo cual por supuesto ha generado una incertidumbre que ha dado lugar a una tendencia a regular para reducir el riesgo de una IA que intente dominar el mundo, como lo vimos en la película *Transcendence*, en español *Identidad virtual*.

- Objeción de la continuidad del sistema nervioso: se refiere a la posibilidad de copiar por una máquina el cerebro humano. En 1950 esto se veía imposible. Hoy sabemos de las ´redes neuronales' que prometen avances nunca esperados en IA.
- Objeción de la informalidad del comportamiento: con esto se observa que el comportamiento humano es impredecible o por lo menos no necesariamente sigue unas reglas. En cambio, una máquina sí las seguiría si se incorporan en su funcionamiento. A esto responde Turing que una máquina podría, si se le permite observar suficiente tiempo, saber cuáles son las reglas de comportamiento y las reglas de conducta humanas y por consiguiente las podría replicar.
- Objeción de PES o percepción extra-sensorial (telepatía, clarividencia, precognición and psicoquinesis): en este caso es claro que la máquina no tendría telepatía, clarividencia, precognición (salvo por inferencia de un análisis probabilístico), pero sí podría ser influida por psicoquinesis.

Una vez superadas las objeciones, o por lo menos así lo consideró Turing en su época, concluyó:

> Como ya he explicado, el problema es principalmente de programación. También será necesario realizar avances en ingeniería, pero parece poco probable que no sean adecuados para las necesidades. (…) Una capacidad de almacenamiento de 107 sería una posibilidad muy factible incluso con las técnicas actuales. Probablemente no sea necesario aumentar en absoluto la velocidad de funcionamiento de las máquinas. Las piezas de las máquinas modernas, que pueden considerarse análogas a las células nerviosas, funcionan mil veces más rápido que estas últimas. (...) A mi ritmo actual de trabajo produzco alrededor de mil dígitos de programa por día, de modo que unos sesenta trabajadores, trabajando constantemente durante cincuenta años, podrían realizar el trabajo, si nada fuera a la papelera. Parece deseable algún método más rápido[18].

[18] El texto en inglés en el original: *"As I have explained, the problem is mainly one of programming. Advances in engineering will have to be made too, but it seems unlikely that these will not be adequate for the requirements. (…) A storage capacity of* 10^7 *would be a very practicable possibility even by present techniques. It is probably not necessary to increase the speed of operations of*

Y, en segundo lugar, el proceso de aprendizaje:

> No será posible aplicar exactamente el mismo proceso de enseñanza a la máquina que a un niño normal. (...) El ejemplo de la señorita Helen Keller muestra que la educación puede tener lugar siempre que la comunicación en ambas direcciones entre profesor y alumno pueda tener lugar por un medio u otro[19].

¿Construyendo sobre todo lo anterior, especialmente la Singularidad que nos espera, se debe otorgar el derecho de autor a la creación literaria, artística o científica de una IA que haya alcanzado una equivalencia con un ser humano, aunque sea un super-humano en cuanto a inteligencia, velocidad de adquisición de información, generación de correlaciones y capacidad creativa a través de las mismas?

¿Cómo se podría juzgar si esa IA o ese robot realmente es como un ser humano? ¿Tiene las mismas habilidades cognitivas y metacognitivas de los humanos? ¿Por ejemplo, la atención, la comprensión, la elaboración, la recuperación? ¿La capacidad lingüística, de abstracción, y deductiva? ¿La capacidad de amar y manifestarlo? ¿Si tiene todas estas capacidades y otras que tienen los humanos, podría ser titular de derecho de autor?[20]

¿Qué pasaría si ese caso se juzga en India, en donde sistemas filosóficos como el yoga dice que no solamente tenemos un cuerpo sino tres, uno físico, otro mental y un tercero sutil? ¿Y que mientras la IA no adquiera esas tres dimensiones en su cuerpo no puede equipararse a un ser humano?[21]

Hoy, la respuesta es un rotundo no: las leyes, en sentido lato, sobre derecho de autor privilegian, al punto de ser las exclusivas dignas de protec-

---

the machines at all. Parts of modern machines which can be regarded as analogues of nerve cells work about a thousand times faster than the latter. (...) At my present rate of working I produce about a thousand digits of programme a day, so that about sixty workers, working steadily through the fifty years might accomplish the job, if nothing went into the waste-paper basket. Some more expeditious method seems desirable." (Traducción de Google Traductor).

19 El texto inglés en el original: *"It will not be possible to apply exactly the same teaching process to the machine as to a normal child. (...) The example of Miss Helen Keller shows that education can take place provided that communication in both directions between teacher and pupil can take place by some means or other"*. (Traducción de Google Traductor)

20 Véase: "Habilidades cognitivas". Autor: Equipo editorial, Etecé. De: Argentina. Para: *Concepto.de.* Disponible en: https://concepto.de/habilidades-cognitivas/. Última edición: 5 de agosto de 2021. Consultado: 05 de diciembre de 2023. Fuente: https://concepto.de/habilidades-cognitivas/#ixzz8L4PFOgpG.

21 Véase, entre otros: Bhatnagar, Sri Shyamji, Isaacs Ph. D., David. Microchakras: Innertuning for Psychological Well-Being.

ción, a las creaciones del ser humano. Y, por otra parte, porque la ley no ha otorgado personalidad jurídica a una IA, no importa cómo esté conformada (*software, hardware*, redes neuronales, computación cuántica), cómo sea su aspecto (humanoide o virtual, caja que oculta secretos, o minichip insertado en un cerebro humano) o la forma de expresarse.

Será necesaria una reglamentación que decida si la IA, como un ser sintiente y consciente, que tiene derechos y obligaciones y se comporta, ojalá, siempre racional y éticamente, es una persona jurídica con capacidad para detentar derechos y ejercerlos, tal como lo expusimos para una persona humana. Esto mismo ya ha sido objeto de consideración por parte del Congreso de los EE. UU. en un documento del *Congressional Research Service*, que, entre otras muchas precisiones sobre el tema, dice:

> Congress may, for example, consider legislation clarifying whether AI-generated works are copyrightable, who should be considered the author of such works, or when the process of training generative AI programs constitutes fair use. Given how little opportunity the courts and Copyright Office have had to address these issues, Congress may adopt a wait-and-see approach[22].

El documento del Congreso de los EE. UU. se refiere a algunos aspectos del debate sobre la IA que no hemos tratado todavía en esta presentación. Son los que tratan de las repercusiones que sobre las normas que regulan el derecho de autor ha tenido el reciente auge de la IA generativa. Vamos a tratar dos de ellos que generan el mayor interés: las excepciones a la protección otorgada por la ley de derecho de autor, en primer lugar, y en segundo lugar las posibles violaciones o infracciones en que la IA generativa puede estar incurriendo.

La IA requiere de inmensas cantidades de documentos para nutrirse de información y de datos para generar su producto a quien la usa. Se dice que OpenAI utilizó al menos 700 000 obras literarias, ya sea protegidas por el derecho de autor o no, para nutrirse solamente en relación con obras de esa clase. OpenAI no solicitó autorización de ninguno de los autores o editores para usar las obras, por lo cual ya han sido demandados por varios autores muy prominentes, así como por artistas.

Los jueces que deberán decidir las demandas deberán tener en cuenta las excepciones al derecho de autor, tales como el uso honrado, el uso para educación y otras. En EE. UU. la excepción del uso honrado es todo un

---

22 Generative Artificial Intelligence and Copyright Law. Updated September 29, 2023. https://crsreports.congress.gov/product/pdf/LSB/LSB10922

campo muy nutrido de jurisprudencia sobre su alcance. El uso honrado en este caso dice que se usaron las obras, pero en ningún momento para imprimirlas, reproducirlas, publicarlas y menos usarlas para fines comerciales. Su uso fue altruista, para dotar a la humanidad del beneficio de la IA generativa, con todas las ventajas que tiene, además de otras razones[23].

El propósito altruista de la IA se puede corroborar por los Términos y condiciones (TyC) de OpenAI, que permiten a los usuarios, sin restricciones, utilizar el resultado de sus interacciones con la IA. Aunque esto suena loable, lo importante es que no se haya hecho en detrimento de los derechos intelectuales de autores de obras protegidas. En conclusión:

- Actualmente la legislación en la mayoría de los países del mundo considera que los creadores de obras protegibles bajo las leyes de derecho de autor deben ser humanos.
- Por consiguiente, el otorgamiento de derecho de autor a obras enteramente creadas por IA no se ve posible en el inmediato futuro, sin una reforma de las leyes existentes.
- La mayor justificación que se podría contemplar para dotar de derecho de autor a obras enteramente desarrolladas por una IA es la de estimular la creatividad y no poner freno a la innovación en el campo de la IA.
- El otorgamiento de derecho de autor a obras creadas autónomamente por IA no se puede prever en el inmediato futuro, por lo menos hasta que no lleguemos al estadio de post- singularidad. En ese momento, posiblemente la misma IA definirá cuáles deben ser las leyes y se otorgarán sus propios derechos como seres sintientes, objeto de protección de sus derechos fundamentales, entre ellos la libertad de expresión y por consiguiente la de proteger sus creaciones bajo la ley de derecho de autor.

---

23 U.S. Copyright Office Fair Use Index. https://www.copyright.gov/fair-use/.

Capítulo 4

Control político y funciones judiciales del Congreso Nacional

RAFAEL BADELL MADRID
RUBÉN CORREA FREITAS
MARISOL PEÑA TORRES

Control político y las funciones judiciales del Congreso Nacional[1]

RAFAEL BADELL MADRID[2]

1. PRESENTACIÓN DE LA MESA NRO. 4

Gracias a la generosidad del señor presidente de la Academia Colombiana de Jurisprudencia, Dr. Augusto Trujillo Muñoz, de los Miembros de la Mesa y de los señores Miembros de esa Academia, hemos tenido el gusto de participar en el **I Congreso Regional de Academias Jurídicas de América del Sur**, realizado en la ciudad de Bogotá los días 5 y 6 de octubre del año 2023, impecablemente organizado por la Academia Colombiana de Jurisprudencia y con un altísimo nivel académico. Allí tuvimos la oportunidad de compartir con notables académicos de la región en la discusión de terma de interés común. Concretamente, tuve el honor de presidir la Mesa Nro. 4 referida al "**El control político y las funciones judiciales del Congreso Nacional**".

En esa Mesa Nro. 4 participaron brillantes académicos de la región. Antonio María Hernández, Miembro de Número de la Academia Nacional de Derecho y de Ciencias Sociales de Córdoba en Argentina, ofreció una visión general y estelar del tema, desde la perspectiva del derecho constitucional y formuló consideraciones generales sobre el presidencialismo en Latinoamérica.

Antonio María Hernández es Doctor en Derecho y Ciencias Sociales de la Universidad Nacional de Córdoba UNC, profesor titular Plenario de Derecho Constitucional y de Derecho Público Provincial y Municipal, profesor Hhonorario de la Universidad de Buenos Aires, posdoctoral *Senior Fellow de la State University of New York at Buffalo Law School,* Director del

---

1 Intervención en el **I Congreso Regional de Academias Jurídicas de América del Sur**, realizado en la ciudad de Bogotá los días 5 y 6 de octubre del año 2023.

2 Doctor en Derecho por la Universidad Católica Andrés Bello. Profesor titular en la Universidad Católica Andrés Bello. Individuo de Número de la Academia de Ciencias Políticas y Sociales. Miembro Correspondiente Extranjero de la Academia Colombiana de Jurisprudencia. Socio fundador del Despacho de Abogados Badell & Grau.

Instituto de Federalismo de la Academia Nacional de Derecho y Ciencias Sociales de Córdoba, académico correspondiente de la Academia Nacional de Ciencias Morales y Políticas de Buenos Aires, presidente honorario de la Asociación Argentina de Derecho Constitucional y Convencional Constituyente de la Nación en 1994.

El Dr. Humberto Sierra Porto, distinguido Miembro Correspondiente de la Academia Colombiana de Jurisprudencia, también participó en la Mesa Nro. 4 donde se refirió al régimen de control del Congreso sobre el ejecutivo nacional, según lo dispuesto en la Constitución de Colombia de 1992 y, además, formuló consideraciones sobre el tema adminiculado al sistema interamericano.

El Dr. Humberto Sierra Porto es Doctor en Derecho por la Universidad Autónoma de Madrid. Se desempeñó como magistrado, vicepresidente y presidente de la Corte Constitucional Colombiana en el período comprendido entre 2004 a 2012. Desde 2013 es juez de la Corte Interamericana de Justicia, en donde ha sido vicepresidente y presidente. Es profesor de Derecho Constitucional desde hace 30 años y director del departamento de Derecho Constitucional de la Universidad Externado de Colombia.

En representación de la academia de Uruguay contamos con la participación del notable jurista Dr. Rubén Correa Freitas, miembro de número Fundador de la Academia Nacional de Derecho del Uruguay, quien se refirió al régimen de control del Congreso sobre el ejecutivo nacional según lo dispuesto en la Constitución de Uruguay de 1967 y formuló interesantes comentarios y experiencias personales sobre su aplicación y virtualidad práctica en Uruguay.

El Dr. Rubén Correa Freitas es doctor en Derecho y Ciencias Sociales de la Facultad de Derecho y Ciencias Sociales de la Universidad de la República de Uruguay. Magister en Educación de la Universidad de la Empresa, Catedrático de Derecho Constitucional. Exdirector del Instituto de Derecho Constitucional de la Facultad de Derecho de la Universidad de la República de Uruguay y fue decano de la Facultad de Ciencias Jurídicas, Universidad de la Empresa.

Nos acompañó también en la Mesa Nro. 4 la distinguida Dra. Marisol Peña Torres, Miembro de Número de la Academia de Ciencias Sociales, Políticas y Morales del Instituto de Chile, quien explicó el régimen de control del Congreso sobre el ejecutivo nacional, según lo dispuesto en la Constitución de Chile de 1980 y su aplicación en Chile. Además, compartió información muy valiosa y oportuna sobre la regulación del tema en el proyecto de Constitución.

La Dra. Marisol Peña Torres es directora del Centro de Justicia Constitucional de la Universidad del Desarrollo. Profesora titular de Derecho Constitucional de las Universidades del Desarrollo y Pontificia Universidad Católica de Chile. Es miembro correspondiente Extranjera de las Academias Nacional de Derecho y Ciencias Sociales de Córdoba y de la Academia de Ciencias Políticas y Sociales de Venezuela y fue ministra y expresidenta del Tribunal Constitucional de Chile.

Dentro de esta Mesa Nro. 4, además de ser su presidente, me correspondió formular consideraciones sobre el tema del control político y las funciones judiciales del Congreso Nacional de acuerdo con lo previsto en la Constitución de Venezuela de 1999 y su aplicación práctica, lo cual paso a hacer a continuación.

2. INTRODUCCIÓN

2.1. Punto previo

Sabemos que Parlamento, en representación directa de la soberanía del pueblo, y como órgano fundamental en los sistemas constitucionales y democráticos modernos, ejerce, principalmente, la función legislativa, es decir, produce las normas tendientes a proteger y desarrollar los derechos, deberes y libertades de los ciudadanos y organizar y limitar el ejercicio del poder por parte de los órganos y entes del Estado; pero lleva adelante, también, una función contralora, tanto política como fiscal, que consiste en velar por la correcta aplicación de la ley por parte de los órganos del poder ejecutivo, a través de investigaciones, autorizaciones, aprobaciones, nombramientos y remociones de altos funcionarios, entre otros.

El papel del órgano parlamentario, como máximo representante de la soberanía y como principal contralor del ejercicio del poder público, es manifestación del sistema de pesos y contrapesos (*check and balance*), indispensable para la consolidación del principio de separación de poderes que debe garantizar el Estado constitucional para evitar el ejercicio arbitrario del poder público. Esto fue, precisamente, lo que le correspondió desarrollar a la Mesa Nro. 4: el control político y las funciones judiciales del Congreso Nacional.

3. CONTROL PARLAMENTARIO

En un sistema de separación rígida de poderes, al Congreso solo le correspondería ejercer la función legislativa, sin embargo, en ningún sistema político ha sido posible confinar al parlamento a su función natural de elaborar la ley[3]. En efecto, en el Estado de derecho, el parlamento tiene la necesidad de controlar la forma en la que el Poder Ejecutivo aplica la ley, pero además de controlar los actos del ejecutivo, así como de orientar la política del gobierno, constituyendo lo que el profesor Andueza llamó "diálogo entre gobierno y oposición".

El control parlamentario se encuentra dentro de los mecanismos de control dispuestos por el Estado democrático de derecho, dirigidos a garantizar el apego a la legalidad y el buen funcionamiento de los órganos que ejercen el poder público, en especial del gobierno y de la administración pública (velando por los niveles de transparencia, calidad, eficiencia, efectividad y eficacia en la gestión pública)[4].

De forma que el control político es un "juicio de valor emitido por las Cámaras sobre un acto del poder ejecutivo nacional". El control político comprende un juicio técnico y un juicio político, fundamentado en información recabada por el órgano parlamentario mediante preguntas, interpelaciones, mociones, encuestas, etc.; y además, por las comisiones permanentes y de investigación del cuerpo parlamentario[5].

El control parlamentario es de una importancia fundamental por cuanto contribuye al necesario balance del poder y responde a la idea del Parlamento como la "*expresión más rica y compleja de la voluntad popular, siendo por lo tanto el órgano más representativo que puede ejercer un control o fiscalización de la actuación del ejecutivo*"[6], para que este no incurra en excesos, desviacio-

---

[3] José Guillermo Andueza, El Congreso, tercera edición, Ediciones del Congreso de la República, 1975. p. 65.

[4] Sobre los diversos mecanismos de control del Estado véase Jonathan García Nieves, "Sistemas de control sobre el Gobierno y la Administración pública", videoconferencia dictada el 15 de julio de 2022, organizada por el Centro Latinoamericano de Estudios e Investigaciones Jurídicas (CENLAE). Disponible en Internet: https://www.youtube.com/watch?v=qgzZmkez0AY&t=24s

[5] *Ibidem*, p. 67.

[6] Gutenberg Martínez Ocamica, Fiscalización parlamentaria y comisiones investigadoras, Editorial Jurídica de Chile. Andrés Bello, 1998, pp. 14 y 15. Cit. en Ramón Guillermo Aveledo, Parlamento y democracia, Fundación para la Cultura Urbana, Caracas, 2005. pp. 288 y 289.

nes u omisiones. En efecto, la representación de la ciudadanía que ejerce el Poder Legislativo Nacional implica que el gobierno, la administración pública y los demás órganos que ejercen el poder público tengan la obligación de rendir cuentas ante aquél.

De manera que el Parlamento tiene la función esencial de examinar la actuación del gobierno y de la Administración pública, así como las acciones que están planificando adoptar, con el fin último de verificar, corroborar, vigilar y controlar que la misma esté ceñida a las normas y principios consagrados en el ordenamiento jurídico, pero también a los criterios de oportunidad y conveniencia que deben seguirse para alcanzar los fines del Estado[7]. Esta función se traduce en la posibilidad de influir e impedir tales acciones de gobierno, más no de decidirlas ni de impulsarlas, visto que ello supone competencias propias del gobierno que el Parlamento no podría rebasar ni sustituir[8].

Tengamos en cuenta que en la Constitución de Venezuela de 1830 y en las siguientes se consagró un procedimiento para hacer efectiva la responsabilidad del autor de un acto irregular. Se trataba de un denominado "juicio político" dispuesto para hacer efectiva la responsabilidad del funcionario que emitió "órdenes manifiestamente contrarias a la Constitución o las leyes" (artículo 186 de la Constitución de 1830), y que consistía en una acusación que podía partir de un individuo, de un miembro de la Cámara de Representantes con el apoyo de otro, o de una corporación, como las diputaciones provinciales, a quienes la Constitución atribuía expresamente el deber de "*informar a la Cámara de Representantes las infracciones y abusos que se hayan cometido contra la Constitución y las leyes, y velar en el exacto cumplimiento de éstas*" (artículo 160.V, Const. 1830)[9].

Recibida la acusación la Cámara de Representantes decidía si había lugar a la formación de causa. Si la encontraba fundada, pasaba la causa al Senado para que juzgara, quedando de hecho el acusado suspendido de su

---

7 Eloisa Avellaneda, El control parlamentario sobre el gobierno y la administración pública, Facultad de Ciencias Jurídicas y Políticas, Universidad Central de Venezuela, Caracas, 1999, pp. 27 y 29, cit. en Ramón Guillermo Aveledo, Parlamento y democracia, ob. cit., p. 289.

8 Francisco Berlín Valenzuela, Derecho parlamentario, México, 1994, pp. 140-141, cit. en Ramón Guillermo Aveledo, Parlamento y democracia, ob. cit., p. 290.

9 José Guillermo Andueza, La Jurisdicción Constitucional en el Derecho Venezolano, Academia de Ciencias Políticas y Sociales, Editorial Jurídica Venezolana, Caracas, 2022. pp. 76 y 77.

cargo. Igualmente, se confió al Congreso la facultad de interpretar la Constitución, dándole así un poder de constituyente secundario. La interpretación se hacía preceder de las "formalidades establecidas para la formación de las leyes" (artículo 224, Const. 1830).

Con el desarrollo del principio de la supremacía constitucional y la creación de cortes o tribunales especializados en materia constitucional, en lugar de este juicio político, prevaleció el control jurisdiccional de control de la constitucionalidad llevado a cabo por la Sala Constitucional y por los tribunales de la República[10].

De conformidad con el artículo 187.1 de la Constitución de 1999, el órgano legislativo tiene la función esencial de legislar sobre todas las materias de competencia nacionales y sobre el funcionamiento de las distintas ramas del poder nacional. Además, le corresponde al parlamento ejercer funciones de control sobre el gobierno y la Administración pública nacional, en los términos consagrados en la Constitución y la ley, de conformidad con el artículo 187.3 de la Constitución.

4. CONTROL SOBRE EL PODER EJECUTIVO

El régimen de control del órgano legislativo respecto del órgano ejecutivo puede ser concebido de forma más o menos amplia según lo disponga la Constitución y eso impacta el principio de separación de los poderes. Puede ser un sistema de control "cerrado", cuando las atribuciones de control del órgano legislativo quedan listadas de manera taxativa por la Constitución. Ese era el modelo que seguía la Constitución de 1961, cuyo artículo 139 establecía: "*El Congreso ejerce también el control de la Administración Pública Nacional en los términos establecidos en esta Constitución*".

Otra modalidad de control, con mayor incidencia en la separación de poderes como base constitucional de la organización del Estado, y que podemos llamar "*abierto a lo que disponga la ley*", es el sistema conforme al cual los poderes de control del órgano legislativo sobre la administración vienen expresados, primero por la Constitución, pero abierto a otras formas de control definidas por la ley. Ese es el modelo establecido en la Constitución de 1999, en el artículo 187.3, el cual prevé como competencia de la

---

10 Véase Rafael Badell Madrid, Derecho Procesal Constitucional, Academia de Ciencias Políticas y Sociales, Editorial Torino, Caracas, 2020. pp. 146 y ss.

Asamblea Nacional "*ejercer funciones de control sobre el Gobierno y la Administración Pública Nacional, en los términos consagrados en esta Constitución y la ley*".

Vemos como entonces era la intención del constituyente dotar a la Asamblea Nacional de suficientes poderes de control frente a la particular suma de funciones del Poder Ejecutivo Nacional. En efecto, la Constitución buscó plasmar un sistema de gobierno semipresidencial o semiparlamentario –y así lo admite la propia Exposición de Motivos– en el que se controla la acción del gobierno con cierto aval del Poder Legislativo, destacando que:

> Esta relación entre la Asamblea Nacional y el vicepresidente se ha consagrado para permitir un clima de mayor comunicación entre el Legislativo y el Ejecutivo, que posibilite el acuerdo consensuado de políticas públicas y la colaboración general de los Poderes en el cumplimiento de los fines y propósitos del Estado.

De esta disposición constitucional surgen entonces los controles que ejerce la Asamblea Nacional frente al poder ejecutivo y, también, frente al poder judicial. Cierto entonces que le corresponde al Poder Legislativo no solo dictar leyes, sino también ejercer el control político sobre el gobierno y la Administración pública, que implica entre otras las siguientes facultades:

1. Dictar voto de censura a los ministros y al vicepresidente conforme al artículo 187.10 de la Constitución.
2. Autorizar al ejecutivo nacional para enajenar bienes inmuebles del dominio privado de la Nación, con las excepciones que establezca la ley según lo dispuesto en el artículo 187.12 *eiusdem.*
3. Autorizar a los funcionarios públicos para aceptar cargos, honores o recompensas de gobiernos extranjeros de conformidad con el artículo 187.13 constitucional.
4. Autorizar la salida del presidente de la República del territorio nacional cuando su ausencia se prolongue por un lapso superior a cinco días consecutivos tal como lo prevé el artículo 187.17 de la Constitución.
5. Realizar interpelaciones, investigaciones, preguntas, autorizaciones y aprobaciones parlamentarias sobre la actividad de los funcionarios públicos, según lo dispuesto en el artículo 222 constitucional.
6. Declarar el abandono del cargo del presidente de la República de conformidad con el artículo 233 de la Constitución.
7. Aprobar el Plan de Desarrollo Nacional según el artículo 236.18 *eiusdem.*
8. Recibir el mensaje anual del presidente de la República de conformidad con el artículo 237 constitucional.

9. Ejercer control sobre estados de excepción conforme a lo previsto en los artículos 337, 338 y 339 *eiusdem.*
10. Ejercer el control presupuestario[11].
11. Controlar la política exterior[12].
12. Ejercer control sobre los contratos de interés público nacional, estadal y municipal[13].
13. Ejercer control sobre leyes habilitantes[14].
14. Controlar el nombramiento, designación y destitución de funcionarios del Estado: designación de los rectores del Consejo Nacional Electoral (CNE) según el artículo 296 *eiusdem*; autorización del nombramiento del Procurador General de la República y de los Jefes de Misiones Diplomáticas Permanentes, según lo dispuesto en los artículos 187.14 y 236.15 de la Constitución; designación y destitución de los titulares del Consejo Moral Republicano conforme a lo previsto en el artículo 279 constitucional.
15. Por lo que se refiere al control sobre el poder judicial tengamos en cuenta la facultad de la Asamblea Nacional para la designación y destitución de los Magistrados del Tribunal Supremo de Justicia de conformidad con el artículo 265 de la Constitución y también la potestad que tiene de autorizar la continuación del enjuiciamiento del presidente de la República –hasta sentencia definitiva– por parte del Tribunal Supremo de Justicia, según el artículo 266.2 *eiusdem.*

4.1. Control sobre el gobierno y la administración pública (artículo 187.3)

La Constitución define los mecanismos por medio de los cuales la Asamblea Nacional podrá ejercer tal control.

---

[11] Aprobación legal del presupuesto anual (artículo 313 y 311) y aprobación de créditos adicionales al presupuesto (artículos 236.13 y 314).

[12] Control sobre los tratados convenios internacionales celebrados por el órgano ejecutivo (artículos 154 y 187.18).

[13] Artículos 150 y 187.9 de la Constitución.

[14] Artículos 203 y 236.8 de la Constitución.

4.1.1. Voto de censura a los ministros y al vicepresidente (artículo 187.10)

Dispone el texto constitucional que la moción de censura, que implica destitución del vicepresidente ejecutivo o del ministro de que se trate[15], solo podrá ser discutida dos días después de presentada a la Asamblea, la cual podrá decidir, por las tres quintas partes de los diputados. Esta atribución concreta la existencia de instituciones típicas del régimen parlamentario dentro del régimen presidencialista adoptado por el sistema constitucional venezolano. Consiste en el principal instrumento de control político ejercido por el órgano legislativo sobre la actividad del gobierno y constituye un juicio de valor emitido por la Asamblea Nacional sobre un acto del poder ejecutivo nacional y que puede acarrear incluso la remoción de un ministro o del vicepresidente ejecutivo.

En efecto, en cuanto a este último, el artículo 240 constitucional predica que la aprobación de una moción de censura al vicepresidente ejecutivo, por una votación no menor de las dos terceras partes de los integrantes de la Asamblea Nacional, implica su remoción y en este caso el funcionario removido no podrá optar al cargo de vicepresidente ejecutivo o de ministro por el resto del período constitucional.

Sin embargo, ha de observarse que la Constitución incluye la posibilidad a cargo del presidente de la república –y como mecanismo de balance a tan fuerte facultad de la Asamblea– para disolver el órgano legislativo a consecuencia de la remoción del vicepresidente ejecutivo en tres oportunidades dentro de un mismo período constitucional. El decreto de disolución conllevará la convocatoria de elecciones para una nueva legislatura dentro de los sesenta días siguientes a la disolución[16].

Interesa subrayar que el artículo 240 ha incluido, en su segundo párrafo, una disposición que vacía de contenido ese control. Además, nótese

---

15 Artículo 187.10 de la Constitución.

16 Los ministros por su parte son responsables de sus actos de conformidad con la ley y la Constitución. Se trata de una responsabilidad política, en virtud de la cual deberán presentar, dentro de los sesenta días de cada año, una memoria razonada y suficiente sobre la gestión de su despacho en el año inmediatamente anterior, de conformidad a lo establecido por la ley. La Asamblea ejercerá un control político sobre la gestión de estos colaboradores del Presidente de la república y en tal sentido la aprobación de una moción de censura por votación *no menor de las tres quintas partes de los integrantes* presentes en la Asamblea Nacional implica su remoción por lo que el funcionario removido no podrá optar al cargo de ministro o de vicepresidente ejecutivo por el resto del político presidencial.

que a este control del poder ejecutivo no se contrapone control alguno del poder legislativo, quien no puede interferir sobre el período presidencial. De otra parte, resaltamos, como lo hizo el profesor José Guillermo Andueza, que "*la necesidad de obtener un voto calificado de las dos terceras partes de los diputados presentes para que la censura acarree la remoción del ministro hace ineficaz, en la práctica esta arma de control*".

De forma que, para el momento en que el profesor Andueza publicó su muy conocida obra intitulada "El Congreso", en 1975, no se conocía el caso de un ministro que hubiera sido censurado por las dos terceras partes de los diputados presentes[17], como tampoco se le conoce hoy en día.

4.1.2. Autorización al ejecutivo nacional para enajenar bienes inmuebles del dominio privado de la nación (artículo 187.12)

Dispone el artículo 187, numeral 12 de la Constitución, la facultad de la Asamblea Nacional para enajenar bienes inmuebles del dominio privado de la nación, con las excepciones que establezca la ley.

Disponía Ley Orgánica de la Hacienda Pública Nacional[18] al respecto en el artículo 23 que "*Los bienes inmuebles pertenecientes a la Nación no pueden ser enajenados sin previa y expresa autorización del Congreso, dada con conocimiento de causa*", pero que, cuando se tratara de terrenos adyacentes o próximos a algunas poblaciones de la república, podrá el ejecutivo nacional otorgar hasta dos mil quinientas hectáreas con destino exclusivo a ejidos municipales, siguiéndose en la adjudicación un procedimiento análogo a que con respecto a terrenos baldíos establece para el mismo fin la Ley de Tierras Baldías y Ejidos.

Sin embargo, el título I de dicha Ley Orgánica de la Hacienda Pública Nacional, donde se encontraba el mencionado artículo 23, fue derogado por la Ley Orgánica de Bienes Públicos[19], que regula en el artículo 94 la autorización para enajenar bienes disponiendo que:

---

17 José Guillermo Andueza, El Congreso, ob. cit., p. 67.

18 Gaceta Oficial número 1.660 Extraordinario del 21 de junio de 1974.

19 Decreto N° 1.407, mediante el cual se dicta el Decreto con Rango, Valor y Fuerza de Ley de Reforma Parcial del Decreto con Rango, Valor y Fuerza de Ley Orgánica de Bienes Públicos, publicado en Gaceta Oficial número 6.155 Extraordinario del 19 de noviembre de 2014.

> **Artículo 94.** En cualquier caso, la enajenación de los bienes propiedad del Sector Público Nacional regulados por el presente Decreto con Rango, Valor y Fuerza de Ley Orgánica, deberá contar con la autorización previa de la Comisión de Enajenación de Bienes Públicos, sin que sea necesaria la autorización por parte de la Asamblea Nacional prevista en la Constitución de la República Bolivariana de Venezuela, cuando fuere el caso; ni ninguna otra autorización, en los casos en que así se determine por razones estratégicas, de soberanía o de interés nacional. Cuando los bienes a enajenar fueren acciones u otros títulos valor, no serán necesarias las autorizaciones a que se refiere la Ley en materia de mercados de valores.

Es decir, que esta ley restringe el control parlamentario de autorización sobre las enajenaciones "*en los casos en que así se determine por razones estratégicas, de soberanía o de interés nacional*", requiriendo únicamente en esos casos la autorización de la Comisión de Enajenación de Bienes Públicos, que es un órgano de la Superintendencia de Bienes Públicos "*facultado para autorizar la enajenación de los Bienes Públicos que sean propiedad, o que se encuentren adscritos a alguno de los órganos o entes que conforman el Poder Público Nacional, en todas sus instancias*", que está conformado por el superintendente de Bienes Públicos, quien presidirá la misma, y cuatro miembros principales y sus respectivos suplentes, de libre elección y remoción del presidente de la república (artículo 39 de la Ley Orgánica de Bienes Públicos).

4.1.3. Autorización a los funcionarios públicos para aceptar cargos, honores o recompensas de gobiernos extranjeros (artículo 187.13)

Por su parte, el numeral 13 del artículo 187 constitucional, otorga a la Asamblea Nacional la facultad de autorizar a los funcionarios públicos para aceptar cargos, honores o recompensas de gobiernos extranjeros. Al respecto, véase también el artículo 149 *eiusdem* que establece que los funcionarios públicos no podrán aceptar cargos, honores o recompensas de gobiernos extranjeros sin la autorización de la Asamblea Nacional; norma que se reproduce en el artículo 34.4 de la Ley del Estatuto de la Función Pública que prohíbe a los funcionarios públicos "*Sin perjuicio de lo dispuesto en las leyes y los reglamentos, se prohíbe a los funcionarios o funcionarias públicos*", "*aceptar cargos, honores o recompensas de gobiernos extranjeros sin que preceda la correspondiente autorización de la Asamblea Nacional*".

En otros países, como es el caso de Colombia, este control sobre la aceptación de cargos, honores o recompensas de gobiernos extranjeros por parte de los funcionarios públicos está encomendado a la rama ejecutiva y no a la legislativa. En este sentido, el artículo 129 de la Constitución de

Colombia de 1991 dispone que "*Los servidores públicos no podrán aceptar cargos, honores o recompensas de gobiernos extranjeros u organismos internacionales, ni celebrar contratos con ellos, sin previa autorización del Gobierno*".

4.1.4. Autorización para la salida del presidente de la república del territorio nacional (artículo 187.17)

La Asamblea Nacional tiene como potestad contralora sobre el ejecutivo nacional la autorización de la salida del presidente de la república del territorio nacional cuando su ausencia se prolongue por un lapso superior a cinco días consecutivos, de conformidad con el artículo 187.17 de la Constitución.

Esta facultad se reitera como obligación para el presidente de la república en el artículo 235 de la Constitución según el cual "*La ausencia del territorio nacional por parte del Presidente o Presidenta de la República requiere autorización de la Asamblea Nacional o de la Comisión Delegada, cuando se prolongue por un lapso superior a cinco días consecutivos*".

El control parlamentario sobre las ausencias del presidente de la república en el país es un rasgo común de los sistemas semipresidenciales o semiparlamentarios, en los que se faculta al Parlamento o Congreso a vigilar la permanencia del presidente en el ejercicio de su cargo. Incluso en algunos ordenamientos constitucionales la ausencia del presidente en el respectivo país, por más de un periodo determinado, sin la debida autorización del órgano legislativo, acarrea la pérdida o abandono de su cargo. En este sentido, la Constitución de Brasil de 1988 dispone en el artículo 83 que "*Bajo pena de pérdida del cargo, el Presidente y Vicepresidente de la República no podrán salir del país por un período mayor de quince días sin autorización del Congreso Nacional*".

De igual forma, el artículo 196 de la Constitución de Colombia señala que "*El Presidente de la República, o quien haga sus veces, no podrá trasladarse a territorio extranjero durante el ejercicio de su cargo, sin previo aviso al Senado o, en receso de éste, a la Corte Suprema de Justicia. La infracción de esta disposición implica abandono del cargo.*" Por último, véase el artículo de la Constitución de Nicaragua de 1987 que establece que "(...) *La salida del país del Presidente sin autorización de la Asamblea Nacional, por un período en que esta autorización fuera necesaria o por un período mayor que el autorizado, se entenderá como abandono de su cargo*".

4.1.5. Interpelaciones, investigaciones, preguntas, autorizaciones y aprobaciones parlamentarias sobre la actividad de los funcionarios públicos (artículo 222)

El artículo 222 señala que "*La Asamblea Nacional podrá ejercer su función de control mediante los siguientes mecanismos: Las interpelaciones, las investigaciones, las preguntas, las autorizaciones y las aprobaciones parlamentarias previstas en esta Constitución y cualquier otro mecanismo que establezcan las leyes y su reglamento*". Este dispositivo normativo comprende una serie de mecanismos o instrumentos que la Asamblea Nacional puede realizar para ejercer control sobre el gobierno y sobre la administración pública[20], como lo son las interpelaciones, las investigaciones, las preguntas, las autorizaciones y las aprobaciones parlamentarias, entre otros.

En primer lugar, las interpelaciones son el procedimiento de información y de control más utilizado en los sistemas parlamentarios y consisten en una petición dirigida a un ministro por un diputado "para que explique su conducta o exponga la política seguida por su despacho". Esa interpelación tiene como finalidad promover un debate general sobre la política del gobierno o sobre la conducta del ministro, que puede derivar de una parte, en un voto de censura contra el ministro o de un voto de satisfacción[21]. Se trata de un medio normal o común de información y control, especialmente en los regímenes parlamentarios.

De otra parte, las preguntas constituyen, al igual que las interpelaciones, una forma de procedimientos de control e información, pero se diferencian de estas por cuanto no comportan ni derivan en una sanción. En efecto, las preguntas son solicitudes de declaraciones a los ministros sobre determinados hechos, las cuales, dependiendo de lo que disponga el diputado que desee preguntar, deberán ser respondidas por escrito o de forma oral[22].

En cuanto a las investigaciones, estas tienen por objeto la recopilación de datos, testimonios e informes técnicos con el fin de emitir un juicio po-

---

20 En efecto, en relación con el poder ejecutivo, debemos señalar que en él concurren dos categorías de órganos: los que integran la Administración y los que, además, integran el Gobierno. Todo funcionario que se incorpore a la estructura orgánica del Gobierno participa en la conducción política del Estado, pero también ejerce funciones propias de la Administración: el Presidente y los Ministros, por ejemplo. Por el contrario, hay órganos que, integrados en la Administración, no participan de la naturaleza de Gobierno.

21 José Guillermo Andueza, El Congreso, ob. cit. pp. 68-69.

22 *Ibidem*, p. 69.

lítico fundamentado sobre un asunto en particular. En este particular, los funcionarios están obligados a suministrar al parlamento las informaciones y los documentos que requieran para el cumplimiento de sus funciones. La función investigativa no comprende un mecanismo de control propiamente dicho, sino un medio para determinar la necesidad del control. En efecto, la investigación, por ejemplo, no suspende el ejercicio de las funciones del funcionario o del ministro investigado, tampoco paraliza el procedimiento administrativo del acto que investiga; pero la investigación puede resultar en la recopilación de una serie de elementos de juicio para ejercer el control político[23].

El artículo 223 de la Constitución también establece la potestad investigativa del órgano parlamentario, de forma independiente a las funciones de control político a las que se refiere el artículo 222 antes citado. En efecto, de conformidad con el artículo 223 de la Constitución:

> Artículo 223. La Asamblea o sus Comisiones podrán realizar las investigaciones que juzguen convenientes en las materias de su competencia, de conformidad con el Reglamento.
> Todos los funcionarios públicos o funcionarias públicas están obligados u obligadas, bajo las sanciones que establezcan las leyes, a comparecer ante dichas Comisiones y a suministrarles las informaciones y documentos que requieran para el cumplimiento de sus funciones.
> Esta obligación comprende también a los y las particulares, a quienes se les respetarán los derechos y garantías que esta Constitución reconoce.

En criterio del profesor Jesús María Casal, esta potestad investigativa a que se refiere el precitado artículo 223 constituye

> una posibilidad para emplear un medio de información para solicitar al órgano correspondiente del poder público, sea o no parte del Gobierno o la administración pública nacional, o a los particulares, la documentación o datos que requiera, mediante una comparecencia u otros instrumentos.

De manera que

> Una cosa es la función de control de la Asamblea Nacional que se ejerce sobre el Gobierno y la Administración Pública y otra es la facultad de investigación y los correspondientes instrumentos de información que pueden abarcar a cualquier funcionario público e incluso a los particulares, en los términos del artículo 223 de la Constitución, siempre que la investigación adelantada

---

23 *Ibidem*, p. 70.

o la información solicitada se inscriba en el marco constitucional de atribuciones de la Asamblea Nacional[24].

Podemos encontrar normas análogas sobre las potestades investigativas del Parlamento en el derecho comparado. Así, por ejemplo, el reglamento del Congreso de México establece en el artículo 89 que las comisiones, por medio de su presidente, podrán solicitar a los archivos y oficinas de la Nación todas las instrucciones y copias de documentos que estimen pertinentes para el despacho de los negocios, y esas constancias les serán proporcionadas, siempre que el asunto a que se refiere no sea considerado como secreto. En caso de negativa o retraso en la proporción de dichas copias en plazos pertinentes, las comisiones podrán dirigirse oficialmente en queja al presidente de la república[25].

De otra parte, en el caso argentino, se concreta a través de las llamadas "interpelaciones" a los ministros del poder ejecutivo, que en rigor de verdad son requerimientos de "explicaciones e informes" (artículo 71 de la Constitución de Argentina).

En definitiva, estas peticiones de información tienen como finalidad permitir al parlamentario ilustrarse más sobre un asunto que ya conoce, logrando el propósito "*de que los parlamentarios dispongan de múltiples y eficaces instrumentos para desarrollar una labor objetiva y constructiva durante su gestión*"[26].

4.1.6. Declaratoria del abandono del cargo del presidente de la república (artículo 233)

El artículo 233 de la Constitución, relativo a las faltas absolutas del presidente de la República, como lo son su muerte, su renuncia, o su destitu-

---

24 Jesús María Casal, Asamblea Nacional. Contribuciones democráticas y obstáculos inconstitucionales a la reinstitucionalización. segunda edición ampliada. Abediciones, Universidad Católica Andrés Bello, Caracas, 2021. pp. 50 y 51.

25 Sobre esta norma, relativa a la petición de información, Fernando Santaolalla señaló que: "*su finalidad es proporcionar información a través de un procedimiento que se deja a la iniciativa de los diputados singulares, bien actuando con el previo conocimiento del respectivo Grupo Parlamentario. La solicitud se tramita a través del Presidente del Congreso, y la Administración requerida debe remitir la documentación solicitada en el plazo no superior a treinta días, o manifestar las razones fundadas en derecho que lo impiden*". V. Fernando Santaolalla, p. 25., cit. en Francisco Berlín Valenzuela, *Derecho Parlamentario*, primera edición, tercera reimpresión, Fondo de Cultura Económica, México, 1995. p. 276.

26 Francisco Berlín Valenzuela, Derecho Parlamentario, ob. cit. p. 277.

ción, establece que dicha falta debe ser controlada (decretada) mediante sentencia del Tribunal Supremo de Justicia. Asimismo, dispone que la incapacidad física o mental permanente del presidente de la república, también como supuestos de faltas absolutas, debe ser certificada por una junta médica designada por el Tribunal Supremo de Justicia y con aprobación de la Asamblea Nacional.

Por último, establece el artículo 233 de la Constitución que el abandono del cargo de presidente de la república, así como la revocación popular de su mandato, debe ser declarado como tal por la Asamblea Nacional. La declaratoria de abandono del cargo, como causal de falta absoluta del presidente de la república, tiene como consecuencia la remoción de su cargo. Ahora bien, la Constitución determina diversos supuestos dependiendo del momento del periodo en que sea declarada la falta absoluta:

i. Cuando se produzca la falta absoluta del presidente electo antes de tomar posesión, se procederá a una nueva elección universal, directa y secreta dentro de los treinta días consecutivos siguientes. Mientras se elige y toma posesión el nuevo presidente, se encargará de la Presidencia de la República el presidente de la Asamblea Nacional.

ii. Si la falta absoluta del presidente de la república se produce durante los primeros cuatro años del período constitucional, se procederá a una nueva elección universal, directa y secreta dentro de los treinta días consecutivos siguientes. Mientras se elige y toma posesión el nuevo presidente, se encargará de la Presidencia de la República el vicepresidente Ejecutivo.

   En los casos anteriores (i y ii) el nuevo presidente completará el período constitucional correspondiente.

iii. Si la falta absoluta se produce durante los últimos dos años del período constitucional, el vicepresidente ejecutivo asumirá la Presidencia de la República hasta completar dicho período.

4.1.7. Aprobación del Plan de Desarrollo Nacional (artículo 236.18)

Como mecanismo de control sobre la actividad del gobierno, el artículo 236, numeral 18, otorga la facultad a la Asamblea Nacional de aprobar el Plan Nacional de Desarrollo formulado por el presidente de la república, antes de su ejecución. Este control fue introducido en la Constitución de 1999, mientras que la Constitución de 1961 no contemplaba ningún mecanismo de control parlamentario sobre la elaboración, aprobación y ejecución del Plan de la Nación.

La única mención constitucional sobre dicho plan estaba contenida en el artículo 191 de la Constitución de 1961 que regulaba la materia relativa al mensaje presidencial; señalaba la norma que, en su mensaje, el presidente "expondrá los lineamientos del plan de desarrollo económico y social de la Nación". Ahora bien, dicho mensaje, como era en la práctica, no era objeto de discusión, por lo que se deducía que era función única y exclusiva del presidente de la república la elaboración como la aprobación de dicho plan.

4.1.8. Recepción del mensaje anual del presidente de la república (artículo 237)

De igual forma, para controlar al ejecutivo nacional, la Asamblea Nacional debe recibir todos los años, dentro de los diez primeros días siguientes a la instalación de dicho órgano, en sesiones ordinarias, un mensaje del presidente de la república en el que dé cuenta de los aspectos políticos, económicos, sociales y administrativos de su gestión durante el año inmediatamente anterior.

4.1.9. Control sobre estados de excepción (artículos 337, 338 y 339)

Debido a la repercusión de la declaratoria de estado de excepción por el poder ejecutivo, en cuanto a restricción temporal de las garantías consagradas en la Constitución y el reforzamiento de sus competencias, esta dispone expresamente de un procedimiento para dictar los decretos de estado de excepción, en el que medie la participación y control del Poder Ejecutivo, el Poder Legislativo y Poder Judicial. En efecto, tal como lo señala la Exposición de Motivos de la Constitución:

> (...) dada la trascendencia de la decisión correspondiente, se prevé la intervención de los tres Poderes clásicos en la declaración de los estados de excepción: en virtud de la urgencia que los caracteriza, se faculta al Presidente de la República, en Consejo de Ministros, para dictar el Decreto respectivo, pero se prescribe su remisión a la Asamblea Nacional, la cual, como instancia deliberante y representativa por excelenia de la soberanía popular, puede revocarlo si estima que las circunstancias invocadas no justifican la declaración de un estado de excepción o si considera que las medidas previstas para hacerle frente son excesivas.
> (...)
> A lo anterior se suma un control judicial automático atribuido a la Sala Constitucional del Tribunal Supremo de Justicia, la cual habrá de pronunciarse so-

bre la constitucionalidad o no del estado de excepción y de lo establecido en el decreto que lo declaró, a menos que la Asamblea Nacional, o la Comisión Delegada, haya revocado previamente ese decreto.

El decreto por medio del cual se declara el estado de excepción es uno de los actos del Poder Público más delicados en la vida institucional del país, dado que permite restringir, por el poder ejecutivo garantías, ciudadanas sobre derechos que de otro modo solo podría restringir la Asamblea Nacional, de modo que el ordenamiento jurídico establece determinados requisitos de fondo y de forma que debe cumplir[27].

Así pues, en primer lugar, el estado de excepción debe ser dictado por el presidente en Consejo de Ministros. Segundo, debe ser presentado dentro de los ocho días siguientes de haberse dictado, a la Asamblea Nacional, o a la Comisión Delegada, para su consideración y aprobación. Además, debe ser remitido también a la Sala Constitucional del Tribunal Supremo de Justicia para que se pronuncie sobre su constitucionalidad dentro de los ocho días siguientes de haberse dictado (artículo 339 de la Constitución).

En cuanto al procedimiento para la prórroga de los estados de excepción, la Constitución dispone que el presidente de la república podrá solicitar la prórroga por un plazo igual al de la duración del decreto (artículo 339), y que es a la Asamblea Nacional a quien le corresponde la aprobación de dicha prórroga (artículo 338).

Ahora bien, es la Ley Orgánica sobre Estados de Excepción[28] (LOEE) la que determina el procedimiento para el control del órgano parlamentario del decreto presidencial, el cual inicia con la remisión por el presidente de la república a la Asamblea Nacional del decreto que declare o prorrogue el estado de excepción, dentro de los ocho días continuos siguientes a aquel que haya sido dictado, con el objeto de que sea considerado, evaluado, y de ser el caso, aprobado (artículo 26 de la LOEE). Según la LOEE, en el caso de que el presidente omitiere el mandato de remisión dentro de los ocho días, la Asamblea Nacional deberá pronunciarse de oficio.

El decreto debe ser aprobado por la mayoría de los diputados presentes en sesión especial que se realizará sin previa convocatoria, dentro de las 48

---

27 Carlos García Soto, "Notas sobre el ámbito y requisitos del estado de excepción", en Revista de Derecho Público Nro. 143-144, julio-diciembre 2015, Editorial Jurídica Venezolana, Caracas, 2015. Disponible en Internet: http://redav.com.ve/wp-content/uploads/2015/09/CGS-%C3%81mbito-y-requisitos-del-Estado-de-excepci%C3%B3n.pdf.

28 Gaceta Oficial número 37.261 de fecha 15 de agosto de 2001.

horas de haberse hecho público el decreto (artículo 27 de la LOEE), excepto cuando el decreto haya sido remitido durante un receso de la Asamblea Nacional, caso en el cual, decidirá la Comisión Delegada de conformidad con la LOEE[29]. De no pronunciarse la Asamblea Nacional dentro de los ocho días siguientes a la recepción del decreto, este se entenderá aprobado.

El estado de excepción será aprobado o no aprobado mediante acuerdo dictado por la Asamblea Nacional, el cual entrará en vigencia inmediatamente y deberá ser publicado en la Gaceta Oficial de la República Bolivariana de Venezuela y difundido en el más breve plazo, por todos los medios de comunicación social, al día siguiente en que haya sido dictado, si fuere posible (artículo 30 de la LOEE).

Sin la aprobación de la mayoría absoluta de los diputados presentes en sesión especial de la Asamblea Nacional, el decreto que declare el estado de excepción, la solicitud de prórroga o aumento del número de garantías restringidas, es inconstitucional (artículo 27 de la LOEE) y nulo.

4.2. Control presupuestario (artículos 311, 313 y 314)

El control presupuestario de la Asamblea Nacional, tal y como está previsto en la Constitución es muy amplio e incluye la regulación, por medio de la ley, del marco plurianual para la formulación presupuestaria, los límites al endeudamiento público, las operaciones de crédito público, entre otras. El control financiero del órgano parlamentario constituye un control previo sobre la política que va a desarrollar el ejecutivo nacional y "*consiste en conseguir que en la aplicación de la política se observe la debida economía*"[30].

En el sentido anterior, el ejecutivo nacional debe presentar a la Asamblea Nacional, para su sanción legal, un marco plurianual para la formulación

---

29 Artículo 28. Si el decreto que declare el estado de excepción, su prórroga o aumente el número de garantías, se dicta durante el receso de la Asamblea Nacional, el presidente de la república lo remitirá a la Comisión Delegada, en el mismo término fijado en el artículo 26 de la presente Ley.
Artículo 29. La Comisión Delegada sólo podrá considerar la aprobación del decreto que declare el estado de excepción, su prórroga, o aumento del número de garantías, si le resulta imposible, por las circunstancias del caso, convocar una sesión extraordinaria de la Asamblea Nacional, dentro de las cuarenta y ocho horas a que hace referencia el artículo 27 de la presente Ley o si a la misma no concurriere la mayoría absoluta de los diputados.

30 José Guillermo Andueza, El Congreso, ob. cit., p. 71.

presupuestaria que establezca los límites máximos de gasto y endeudamiento que hayan de contemplarse en los presupuestos nacionales. La ley establecerá las características de este marco, los requisitos para su modificación y los términos de su cumplimiento (artículo 311 de la Constitución).

Al respecto véase la Ley Orgánica de Administración Financiera del Sector Público[31], que establece que el ejecutivo nacional, por órgano del Ministerio del Poder Popular con competencia en materia de finanzas, presentará a la Asamblea Nacional el Proyecto de Ley del Marco Plurianual del Presupuesto, antes del 15 de julio del primero y del cuarto año del período constitucional de la Presidencia de la República y el mismo será sancionado antes del 15 de agosto del mismo año de su presentación (artículo 30).

Asimismo, dispone la mencionada Ley que el Proyecto de Ley del Marco Plurianual del Presupuesto irá acompañado de la cuenta ahorro-inversión-financiamiento presupuestada para el período a que se refiere dicho marco, los objetivos de política económica, con expresa indicación de la política fiscal, así como de las estimaciones de gastos para cada uno de los ejercicios fiscales del período, todo ello según dispone el artículo 29 de la Ley Orgánica de Administración Financiera del Sector Público.

De otra parte, es facultad de la Asamblea Nacional fijar, también mediante la ley, los límites al endeudamiento público de acuerdo con un nivel prudente en relación con el tamaño de la economía, la inversión reproductiva y la capacidad de generar ingresos para cubrir el servicio de la deuda pública (artículo 312 de la Constitución).

Las operaciones de crédito público requerirán, para su validez, una ley especial que las autorice, salvo las excepciones que establezca la ley orgánica. La ley especial debe indicar las modalidades de las operaciones y autorizará los créditos presupuestarios correspondientes en la respectiva ley de presupuesto (artículo 312 de la Constitución). La ley especial de endeudamiento anual será presentada a la Asamblea Nacional conjuntamente con la Ley de Presupuesto.

4.2.1. Aprobación legal del presupuesto anual (artículo 313 y 311)

La administración económica y financiera del Estado se regirá por un presupuesto aprobado anualmente por ley de conformidad lo establece el

---

31 Decreto con Rango, Valor y Fuerza de Ley Orgánica de la Administración Financiera del Sector Público, publicado en Gaceta Oficial número 6.210 Extraordinario del 30 de diciembre de 2015.

artículo 311 de la Constitución. El ejecutivo nacional debe presentar a la Asamblea Nacional, en la oportunidad que señale la ley orgánica, el proyecto de Ley de Presupuesto.

De acuerdo con el artículo 40 de la Ley Orgánica de Administración Financiera del Sector Público, el proyecto de Ley de Presupuesto deberá ser presentado por el ejecutivo nacional a la Asamblea Nacional antes del 15 de octubre de cada año. Será acompañado de una exposición de motivos que, dentro del contexto de la Ley del Marco Plurianual del Presupuesto y en consideración del acuerdo de la Asamblea Nacional resultante de las deliberaciones efectuadas sobre el informe global a que se refiere el artículo 31 de dicha ley[32], exprese los objetivos que se propone alcanzar y las explicaciones adicionales relativas a la metodología utilizada para las estimaciones de ingresos y fuentes financieras y para la determinación de las autorizaciones para gastos y aplicaciones financieras, así como las demás informaciones y elementos de juicio que estime oportuno.

Si el poder ejecutivo, por cualquier causa, no hubiese presentado a la Asamblea Nacional el proyecto de Ley de Presupuesto dentro del plazo establecido legalmente, o el mismo fuere rechazado por ésta, seguirá vigente el presupuesto del ejercicio fiscal en curso.

La Asamblea Nacional tiene además la facultad de alterar las partidas presupuestarias, pero no puede autorizar medidas que conduzcan a la disminución de los ingresos públicos ni gastos que excedan el monto de las

---

32 Artículo 31. El Ministro o la Ministra del Poder Popular con competencia en materia de Finanzas, previa aprobación del Presidente o Presidenta de la República, presentará anualmente a la Asamblea Nacional, antes del quince (15) de julio, un informe global contentivo de lo siguiente:
1. La evaluación de la ejecución de la Ley de Presupuesto del ejercicio anterior, comparada con los presupuestos aprobados por la Asamblea Nacional, con la expiración de las diferencias ocurridas en materia de recursos, egresos y resultados financieros.
2. Un documento con las propuestas más relevantes que contendrá el proyecto de Ley de Presupuesto para el año siguiente, con indicación del monto general de dicho presupuesto, su correspondencia con las metas macroeconómicas y sociales definidas para el sector público en el marco plurianual del presupuesto y la sostenibilidad de las mismas, a los fines de proporcionar la base de la discusión de dicho proyecto de ley.
3. La cuenta ahorro-inversión-financiamiento y las estimaciones agregadas de gasto para los dos años siguientes, de conformidad con las proyecciones macroeconómicas actualizadas y la sostenibilidad de las mismas, de acuerdo con las limitaciones establecidas en la Ley del Marco Plurianual del Presupuesto. La Asamblea Nacional comunicará al Ejecutivo Nacional el acuerdo resultante de las deliberaciones efectuadas sobre el informe global a que se refiere este artículo, antes del quince (15) de agosto de cada año.

estimaciones de ingresos del proyecto de Ley de Presupuesto. En la Constitución Política de los Estados Unidos Mexicanos, este control sobre el presupuesto está consagrado en el artículo 74, sección IV, según el cual es facultad exclusiva de la Cámara de Diputados "Examinar, discutir y aprobar anualmente el presupuesto de egresos de la Federación".

4.2.2. Aprobación de créditos adicionales al presupuesto (artículos 236.13 y 314)

Por disposición expresa de la Constitución (artículo 314), no se hará ningún tipo de gasto que no haya sido previsto en la Ley de Presupuesto. En el sentido anterior, sólo podrán decretarse créditos adicionales al presupuesto para gastos necesarios no previstos o cuyas partidas resulten insuficientes, siempre que el Tesoro Nacional cuente con recursos para atender la respectiva erogación; a este efecto, se requerirá previamente el voto favorable del Consejo de ministros y la autorización de la Asamblea Nacional o, en su defecto, de la Comisión Delegada.

4.3. Control sobre contratos de interés público nacional, estadal y municipal (artículos 150 y 187.9)

Los contratos de interés público son aquellos celebrados –directa o indirectamente– por la administración pública nacional, estadal y municipal –central y descentralizada funcionalmente–, con otro sujeto de derecho, cuyo objeto es determinante o esencial para la realización de los fines y cometidos del Estado venezolano y que implican la asunción de obligaciones o compromisos que involucran la vida económica y social del Estado.

En efecto, los contratos de interés público son aquellas contrataciones: (i) realizadas por el Estado, a través de sus entes territoriales, república, estados o municipios, e inclusive, de su administración funcionalmente descentralizada, empresas del Estado, institutos autónomos, asociaciones civiles y fundaciones; (ii) tienen un objeto determinante para la realización de los fines y cometidos del Estado; (iii) tienen una incidencia considerable por su magnitud en los intereses, la economía y finanza del Estado; (iv) trascienden las facultades de disposición del órgano, ente o persona jurídico-pública contratante; (v) tienen incorporada una cláusula de inmunidad de jurisdicción (conocida como cláusula calvo); y, (vi) en razón de todo lo anterior, están regidos por normas de derecho público desde la etapa previa a su formación (autorización y aprobación de la Asamblea Nacional; opinión de la Procuraduría General de la República), como en su ejecución (cláusulas exorbitantes), y revisión (inmunidad de jurisdicción)[33]. Respecto de estos contratos de interés público el artículo 150 de la Constitución dispone lo siguiente:

> La celebración de los contratos de interés público nacional requerirá la aprobación de la Asamblea Nacional en los casos que determine la ley.
> No podrá celebrarse contrato alguno de interés público municipal, estadal o nacional con Estados o entidades oficiales extranjeras o con sociedades no domiciliadas en Venezuela, ni traspasarse a ellos sin la aprobación de la Asamblea Nacional.
> La ley podrá exigir en los contratos de interés público determinadas condiciones de nacionalidad, domicilio o de otro orden, o requerir especiales garantías.
> Por su parte, en el artículo 187, numeral 9, de la Constitución se establece que:
> **Artículo 187.** Corresponde a la Asamblea Nacional:
> (...)
> 9. Autorizar al Ejecutivo Nacional para celebrar contratos de interés nacional, en los casos establecidos en la ley. Autorizar los contratos de interés público municipal, estadal o nacional con Estados o entidades oficiales extranjeros o con sociedades no domiciliadas en Venezuela.

De los precitados artículos de la Constitución se desprende el sometimiento de la celebración de los contratos de interés público a la aprobación de la Asamblea Nacional en dos supuestos. En primer lugar, en aquellos contratos de interés público nacional que la ley determine, y, en segundo lugar, los contratos de interés público nacional, estadal o municipal, celebrados con Estados o entidades oficiales extranjeras o con sociedades no domiciliadas en Venezuela.

De esta regulación constitucional de los contratos de interés público (artículos 150 y 187.9) se desprende el control parlamentario que impone la Constitución sobre contrataciones que exceden la gestión ordinaria de la administración, es decir, la creación de una categoría contractual especial sujeta a un régimen excepcional de aprobación parlamentaria, la cual surge del principio de separación de los poderes y de la noción misma del control de la actividad administrativa.

En efecto, esta aprobación de la Asamblea Nacional ha sido dispuesta por la Constitución como garantía del principio de separación de poderes propio del Estado de derecho, que constituye, junto a la protección de los

---

[33] Véase en Rafael Badell Madrid, "Contratos de Interés Público", en Revista de Derecho Público N° 159-160, julio-diciembre 2019, Editorial Jurídica Venezolana, Caracas, 2021. pp. 9-42.

derechos de los ciudadanos, uno de los presupuestos base de cualquier democracia auténtica y que articula un sistema de frenos y contrapesos que impide que el poder sea ejercido de forma abusiva[34].

Es con ocasión de esta colaboración y el necesario control de las distintas ramas del poder público, que se concibe la necesidad de un control parlamentario para la aprobación de la actividad excepcionalmente contractual de la administración. En ese sentido, reiteramos que

> los contratos de interés público que requieren aprobación de la Asamblea Nacional son una categoría especial y excepcional de los contratos administrativos, cuyo objeto se vincula directa e indisolublemente con una prestación que afecta el interés colectivo y que, por ello, trasciende las facultades de disposición de un órgano, ente o persona jurídico-pública; en otras palabras, un contrato tan importante para el país que todos los ciudadanos, a través de sus representantes políticos integrados en la Asamblea Nacional, deben emitir un juicio sobre su aprobación[35].

Así pues, "*dentro de los mecanismos de control de la Asamblea Nacional sobre los contratos de interés público que celebre el Ejecutivo Nacional se encuentra su aprobación, como condición de validez de la contratación*"[36]. En este sentido, la Doctrina de la Procuraduría General de la República ha dispuesto que, dentro de los contratos de interés público, "*...las operaciones de crédito público, (...), están sometidas para su celebración a la autorización por parte de la Asamblea Nacional, lo cual constituye un mecanismo de control del Poder Legislativo frente a las operaciones de endeudamiento del sector público*"[37].

Es por ello por lo que, para asegurar el control sobre los contratos de interés público nacional, estadal y municipal, la competencia de la Asamblea

---

34 Juan C. Cassagne, El Estado populista, Editorial B de F, Euros Editores, Monte Video–Uruguay, Buenos Aires–Argentina, 2017. pp. 33-34.

35 Luis Fraga Pittaluga, El arbitraje en el Derecho Administrativo, Fundación Estudios de Derecho Administrativo, Caracas, 2000, p. 133.

36 Vid. Asamblea Nacional de la República Bolivariana de Venezuela, "Acuerdo sobre el respeto de las facultades propias e intransferibles de la Asamblea Nacional sobre los contratos de interés público que suscriba el ejecutivo nacional con Estados o entidades oficiales extranjeras o con sociedades no domiciliadas en Venezuela", de fecha 26 de mayo de 2016. Disponible en Internet: http://www.asambleanacional.gob.ve/.

37 Oficio Nro. G.G.A.J 0717 de fecha 29 de agosto de 2002. Consultado en "Contratos de interés público nacional. Formalidades. Líneas de crédito rotativo. Generalidades. Operaciones de crédito público. Generalidades.", Doctrina de la Procuraduría General de la República 2001-2002, Fundación Procuraduría General de la República, Caracas, enero 2003. p. 97.

Nacional en materia de aprobación es "*irrenunciable, intransferibles, improrrogable y no puede ser relajada por convenciones, decretos u otros actos jurídicos*".

En contravención con lo anterior, el Decreto Presidencial Nro. 2.323 de fecha 13 de mayo de 2016[38], que declaró el estado de excepción y de emergencia económica en el territorio de la República Bolivariana de Venezuela, pretendió relajar dicha aprobación parlamentaria y, en su artículo 5, numeral 2, dispuso que quedaba a discreción del presidente de la república la aprobación y suscripción por parte del ejecutivo nacional de contratos de interés público para la obtención de recursos financieros, asesorías o aprovechamiento de recursos estratégicos para el desarrollo económico del país, sin sometimiento a autorizaciones o aprobaciones de otros poderes públicos.

Ante este decreto, la Asamblea Nacional se pronunció mediante el "*Acuerdo sobre el respeto de las facultades propias e intransferibles de la Asamblea Nacional sobre los contratos de interés público que suscriba el ejecutivo nacional con Estados o entidades oficiales extranjeras o con sociedades no domiciliadas en Venezuela*" de fecha 26 de mayo de 2016, rechazando dicho artículo y además "*recordando*" que:

> (...) serán absolutamente nulos los contratos de interés público nacional, estadal o municipal que celebre el Ejecutivo Nacional con Estados o entidades oficiales extranjeras o con sociedades no domiciliadas en Venezuela sin la aprobación de la Asamblea Nacional; así como otros contratos de interés público nacional que suscriba sin esta aprobación fuera de los casos exceptuados por la ley.

La intervención de la Asamblea Nacional sobre los contratos de interés público no solo comprende la facultad para aprobarlos o desaprobarlos, sino que además implica la potestad de fijar condiciones especiales para su celebración en relación con la nacionalidad de los cocontratantes, su domicilio, la exigencia de garantías especiales u otras, tales como experiencia, condiciones financieras, entre otras.

De manera que la consecuencia jurídica de la falta de autorización por parte de la Asamblea Nacional de los contratos de interés público nacional es la nulidad absoluta de estos. En efecto, la autorización para la celebración de estos tipos de contratos es un requisito *sine qua non* para su validez, de forma que, si no cuenta con ella, se reputará nulo e inexistente.

---

[38] Gaceta Oficial número 6.227 Extraordinario del 13 de mayo de 2016.

Con claridad la Constitución de Bolivia dispone en el artículo 362 sobre los contratos referidos a actividades de exploración y explotación de hidrocarburos, un ejemplo de nulidad por falta de autorización parlamentaria de contratos de interés nacional, en los siguientes términos:

> II. Los contratos referidos a actividades de exploración y explotación de hidrocarburos deberán contar con previa autorización y aprobación expresa de la Asamblea Legislativa Plurinacional. En caso de no obtener esta autorización serán nulos de pleno derecho, sin necesidad de declaración judicial ni extrajudicial alguna." (resaltado añadido).

4.4. Control en la política exterior

4.4.1. Control sobre los tratados y convenios internacionales celebrados por el órgano ejecutivo (artículos 154 y 187.18)

Los tratados celebrados por la república deben ser aprobados por la Asamblea Nacional antes de su ratificación por el presidente de la república, a excepción de aquellos mediante los cuales se trate de ejecutar o perfeccionar obligaciones preexistentes de la república, aplicar principios expresamente reconocidos por ella, ejecutar actos ordinarios en las relaciones internacionales o ejercer facultades que la ley atribuya expresamente al ejecutivo nacional.

Esta aprobación legislativa es un acto emanado del órgano legislativo y se realiza a través de una ley en sentido formal, denominada ley especial aprobatoria del tratado internacional, que se publica en la Gaceta Oficial de la República ingresando de esta forma como norma de obligatorio cumplimiento en el ordenamiento jurídico venezolano.

Ahora bien, dispone el artículo 217 de la Constitución que la oportunidad en que deba ser promulgada la ley aprobatoria de un tratado, de un acuerdo o de un convenio internacional, quedará a la discreción del ejecutivo nacional, de acuerdo con los usos internacionales y la conveniencia de la república. En el mismo orden, el artículo 236.4 de la Constitución establece que son atribuciones y obligaciones del presidente de la república, "*Dirigir las relaciones exteriores de la República y celebrar y ratificar los tratados, convenios o acuerdos internacionales*".

De esta forma, aunque es competencia del presidente de la república expresar la voluntad del poder ejecutivo para la celebración de los tratados, requiere la realización de varias etapas "*que exigen la intervención de voluntades correspondientes a órganos estatales diferentes y que culminan cada una con un acto determinado*"[39]. Una de estas etapas es, precisamente, la aprobación legislativa, definida como

> el acto jurídico mediante el cual el órgano legislativo confirma la voluntad del órgano ejecutivo de obligarse en los términos estipulados en el proyecto de tratado y concurre a la formación del consentimiento del Estado en el negocio jurídico dentro de la esfera internacional, completando la voluntad expresada por el órgano ejecutivo en la celebración del tratado[40].

La intervención de la voluntad del principal órgano representativo de la voluntad popular es esencial para la formación y válida celebración de tratados internacionales, especialmente sirve de garantía y control del respeto de los derechos humanos y de los principios y valores constitucionales que no pueden ser vulnerados por la celebración de ningún tratado o convenio internacional.

4.5. Control sobre leyes habilitantes (artículos 203 y 236.8)

El ejercicio de la función legislativa por parte del presidente de la República, en Consejo de ministros, precisa de la previa delegación legislativa, efectuada a su favor por parte de la Asamblea Nacional mediante ley habilitante, según los artículos 203, último aparte; y, 236, numeral 8 y primer aparte.

En efecto, la Constitución en su artículo 236 concede al presidente de la república la atribución para "8. *Dictar, previa autorización por una ley habilitante, decretos con fuerza de ley*", en Consejo de ministros, mientras que dispone en su artículo 203 que

> Son leyes habilitantes las sancionadas por la Asamblea Nacional por las tres quintas partes de sus integrantes, a fin de establecer las directrices, propósitos y marco de las materias que se delegan al Presidente o Presidenta de la República, con rango y valor de Ley. Las leyes habilitantes deben fijar el plazo de su ejercicio.

---

39 Fermín Toro Jiménez, Manual de Derecho Internacional Público, Facultad de Derecho de la Universidad Central de Venezuela, Caracas, 1975. pp. 91 y ss.

40 *Ibidem*, p. 97.

4.6. Control en el nombramiento, designación y destitución de funcionarios del Estado

La elección de los integrantes de los órganos que ejercen el poder público, como la Contraloría General de la República, Fiscalía General de la República, el defensor del pueblo, Consejo Nacional Electoral, por parte de la Asamblea Nacional es un acto de importancia singular para el correcto desenvolvimiento del derecho a vivir en democracia.

Esta elección consiste en la designación de funcionarios que, si bien no son elegidos a través de una elección popular (como es el caso de los Diputados a la Asamblea Nacional, el presidente de la república, los gobernadores o los alcaldes), deben ser designados por el órgano legislativo en representación de la voluntad popular, de allí que haya que cumplirse el procedimiento constitucional y legalmente establecido para lograr, mediante la deliberación y el consenso político, la mayoría de las dos terceras partes de los integrantes de la Asamblea Nacional.

La justificación de esta elección, conocida como elección de segundo grado, se encuentra en que el órgano legislativo, al ser el máximo cuerpo colegiado electo directamente por el pueblo a través de una elección de primer grado y, por ende, con una diversidad política en su constitución que representa las distintas tendencias de los ciudadanos, cuenta con la legitimación democrática requerida constitucionalmente para conformar una extensión del voto popular. Así pues, es al órgano legislativo a quien el pueblo delega este poder para que en su nombre y representación elija a los funcionarios de los máximos órganos que ejercen el Poder Público.

Por eso el artículo 5 de la Constitución establece que "*La soberanía reside intransferiblemente en el pueblo, quien la ejerce en la forma prevista en esta Constitución y en la Ley, e indirectamente, mediante el sufragio, por los órganos que ejercen el Poder Público*".

La anulación de la facultad de la Asamblea Nacional de nombrar a los órganos que ejercen el poder público supone, además de la violación al principio de separación de poderes, también la violación del derecho democrático de participación de todos los venezolanos en los asuntos políticos, que está consagrado en los artículos 5, 6, 62, 63 y 70 de la Constitución, y en los artículos 1 y 6 de la Carta Democrática Interamericana.

De igual forma, todo nombramiento o designación de órganos constitucionales del Estado que no sea realizado por el Parlamento en ejercicio exclusivo y excluyente de su función de control será nulo de conformidad con el artículo 138 de la Constitución que dispone que: "*Toda autoridad usurpada es ineficaz y sus actos son nulos*".

4.6.1. Designación de los rectores del Consejo Nacional Electoral (artículo 296)

El artículo 296 de la Constitución determina que el Consejo Nacional Electoral

> ... estará integrado por cinco personas no vinculadas a organizaciones con fines políticos tres (3) de ellos postulados por la sociedad civil, uno por las facultades de ciencias jurídicas y políticas de la Universidades nacionales y uno por el Poder Ciudadano"; y además que: "Los o las integrantes del Consejo Nacional Electoral serán designados o designadas por la Asamblea Nacional con el voto de las dos terceras partes de sus integrantes.

Según el precitado artículo 296 constitucional, los rectores del Consejo Nacional Electoral durarán siete (7) años en el ejercicio de sus funciones y "*serán elegidos o elegidas por separado: los tres postulados o postuladas por la sociedad civil al inicio de cada período de la Asamblea Nacional, y los otros dos a la mitad del mismo*".

4.6.2. Autorización del nombramiento del procurador general de la república y de los jefes de misiones diplomáticas permanentes (artículos 187.14 y 236.15)

Corresponde a la Asamblea Nacional autorizar el nombramiento del procurador general de la república y de los jefes de misiones diplomáticas permanentes hecho por el presidente de la república. Antes de la Constitución de 1999, se requería de la autorización de la Asamblea Nacional también para otros actos del presidente de la república relacionados con funcionarios del Estado, tales como el otorgamiento de los ascensos militares en grados de coronel hacia arriba. Sin embargo, tras la entrada en vigencia de la Constitución de 1999, se suprimió ese control[41], presente inclusive desde la primera Constitución de 1811 que establecía en el artículo 96 que:

> Artículo 96. También necesitará el Poder Ejecutivo del previo aviso, consejo y consentimiento del Senado para conceder grados militares y otras recompensas honoríficas, compatibles con la Naturaleza del gobierno, aunque sea por acciones de guerra u otros servicios importantes; y si estas recompensas fuesen pecuniarias deberá preceder el consentimiento de la Cámara de Representantes para su consecución.

---

[41] Véase el artículo 236.6 de la Constitución.

De esta forma, el precitado artículo 96 recogía los requisitos que debían cumplirse para que el ejecutivo concediera un grado militar, los cuales representaban cierto control sobre el poder ejecutivo en tanto se impedía que el presidente diera incentivos a su entera discreción, y exigía que contara con el respaldo de un órgano legitimado popularmente, como lo es el órgano parlamentario.

4.6.3. Designación y destitución de los titulares del Consejo Moral Republicano (artículo 279)

De conformidad con el artículo 279 de la Constitución, la Asamblea Nacional es la que, mediante el voto favorable de las dos terceras partes de sus integrantes, escogerá en un lapso no mayor de treinta días continuos, al titular del órgano del Poder Ciudadano (defensor del pueblo, fiscal general o contralor federal de la república) que esté en consideración. Ello, claro está, previo resultado del Comité de Evaluación de Postulaciones del Poder Ciudadano, el cual estará integrado por representantes de diversos sectores de la sociedad, convocado por el Consejo Moral Republicano. En caso de no haber sido convocado el Comité de Evaluación de Postulaciones del Poder Ciudadano, la Asamblea Nacional procederá, dentro del plazo que determine la ley, a la designación del titular o la titular del órgano del Poder Ciudadano correspondiente.

Por último, dispone el artículo 279 de la Constitución que los integrantes del Poder Ciudadano serán removidos por la Asamblea Nacional, previo pronunciamiento del Tribunal Supremo de Justicia, de acuerdo con lo establecido en la ley.

5. CONTROL PARLAMENTARIO ESTABLECIDO EN NORMAS DE RANGO LEGAL (CONTROL POR VÍA DE LEY)

Como dijimos previamente, a diferencia del modelo de control cerrado y limitado que consagraba la Constitución de 1961, cuando establecía "*El congreso ejerce también el control de la Administración Pública Nacional en los términos establecidos en esta Constitución*", la Constitución de 1999 consagra un sistema amplio y abierto de control, cuando en el artículo 187 numeral 3 prevé que corresponde a la Asamblea Nacional ejercer funciones de control sobre el Gobierno y la Administración Pública Nacional no solo en los términos consagrados en la Constitución, sino también en los que se disponga en las leyes.

Es decir que, a través de la ley, y más allá de los controles dispuestos en la Constitución –lo que no podía ocurrir bajo la vigencia de la Constitución de 1961–, el órgano legislativo puede establecer controles sobre la función de gobierno y Administración pública centralizada y descentralizada. Un ejemplo de ello es la Ley Orgánica del Banco Central de Venezuela[42] en la que se disponen amplios poderes de control sobre la máxima autoridad monetaria del país, tales como:

- La designación de dos representantes por la Asamblea Nacional para formar parte del comité de evaluación de méritos y credenciales, encargado de verificar y evaluar las credenciales y los requisitos de idoneidad de los candidatos al directorio (artículo 17);
- El acceso a informaciones y documentos calificados como secretos o confidenciales (artículo 42);
- Aprobación del presupuesto de ingresos y gastos operativos del Banco Central (artículo 75);
- Remisión de los estados financieros del Banco Central y los informes de los comisarios, dentro de los noventa días siguientes al cierre de su ejercicio. (artículo 81);
- Autorización de la emisión especial de títulos de la deuda pública nacional (artículo 84);
- Rendición de cuentas a la Asamblea Nacional mediante el envío de un informe anual de políticas y de las actuaciones, metas y resultados del Banco Central de Venezuela, así como informes periódicos sobre el comportamiento de las variables macroeconómicas del país y de los demás temas que se le soliciten (artículo 89);
- Requerimiento de cualquier información que estime conveniente, así como la solicitud de la comparecencia del Presidente del Banco Central (artículo 92).

Otro ejemplo es la Ley Orgánica de Hidrocarburos[43], que establece en su artículo 33 la necesidad de la aprobación previa de la Asamblea Nacional para la constitución de empresas mixtas y las condiciones que regirán la realización de las actividades primarias, pudiendo la Asamblea Nacional modificar las condiciones propuestas o establecer las que considere convenientes.

---

[42] Gaceta Oficial número 6.211 Extraordinario del 30 de diciembre de 2015.

[43] Gaceta Oficial número 38.493 del 4 de agosto de 2006.

De igual forma, la Ley Orgánica de la Contraloría General de la República y del Sistema Nacional de Control Fiscal[44]dispone en su artículo 14.13 la obligación del contralor general de la república de presentar un informe anual ante la Asamblea Nacional, en sesión plenaria, y los informes que en cualquier momento le sean solicitados por la Asamblea Nacional.

Véase también la Ley Orgánica de Bienes Públicos[45], que somete a la autorización previa de la Asamblea Nacional la desafectación de los bienes públicos de dominio público susceptibles de desafectación por no estar destinados al uso público o a los servicios públicos, o no ser requeridos para tales fines, que se realiza mediante decreto dictado por el presidente de la república en Consejo de Ministros (artículo 7). Asimismo, esta ley establece el control parlamentario en los casos de afectación de un bien público de dominio privado al uso público o a los servicios públicos, en calidad de bien público del dominio público, disponiendo que "sólo será posible mediante ley especial dictada por la Asamblea Nacional".

6. CONTROL SOBRE EL PODER JUDICIAL

También es una manifestación del principio de separación de poderes, encomendada especialmente al órgano parlamentario como máximo representante de la voluntad del pueblo, el control sobre el poder judicial, el cual se expresa mediante la designación –como elección de segundo grado antes referida– y destitución de los magistrados del Tribunal Supremo de Justicia consagrada en los artículos 264 y 265 de la Constitución, y en la autorización legislativa para que proceda el antejuicio del presidente de la república dispuesta en el artículo 266.2 *eiusdem.*

Tengamos en cuenta que, mientras que el control político ejercido por el órgano parlamentario sobre el poder ejecutivo es un control abierto que se extiende incluso a competencias de control consagradas no solo en la Constitución ,sino también en las leyes que el propio órgano legislativo dicte, el control que ejerce la Asamblea Nacional sobre el poder judicial es un control cerrado que se circunscribe estrictamente a los mecanismos de control establecidos expresamente en la Constitución, puesto que de lo contrario se estaría lesionando la autonomía e independencia del poder judicial.

---

[44] Gaceta Oficial número 6.013 Extraordinario del 23 de diciembre de 2010.

[45] Gaceta Oficial número 6.155 Extraordinario del 19 de noviembre de 2014.

En efecto, la autonomía y la independencia del poder judicial dependerá de la mayor o menor injerencia que tengan el resto de las ramas del poder público respecto de sus actuaciones, de manera que el órgano parlamentario debe limitarse, para no invadir funciones propias del poder judicial o ejercer influencias externas sobre sus decisiones tomadas en ejercicio de la función de administrar justicia, a las competencias de control expresamente establecidas en la Constitución, que –como ya hemos dicho– son la designación y destitución de los magistrados del Tribunal Supremo de Justicia y la autorización legislativa para que proceda el antejuicio.

Sin embargo, contrariamente a lo expuesto, y en una flagrante violación del principio de separación de poderes como de la garantía de autonomía e independencia judicial, la reciente reforma de la Ley Orgánica del Tribunal Supremo de Justicia[46] de enero de 2022, previó una serie de controles que suponen la inconstitucional injerencia del órgano parlamentario dentro del poder judicial.

Ciertamente, esta reforma de Ley otorgó importantes funciones de nombramiento y designación de órganos fundamentales dentro de la rama judicial a la Asamblea Nacional, tales como el inspector general de Tribunales (artículo 81) y el director de la Escuela Nacional de la Magistratura (artículo 83), lo que supone un mayor control por parte del órgano legislativo nacional sobre una función muy importante dentro de la rama judicial del poder público, como es el control, vigilancia y formación de todos los tribunales de la república, amenazando la independencia judicial establecida en los artículos 254 de la Constitución, pero además, violando lo dispuesto en el artículo 267 de la Constitución, el cual dispone expresamente que "*Corresponde al Tribunal Supremo de Justicia la dirección, el gobierno y la administración del Poder Judicial, la inspección y vigilancia de los tribunales de la República y de las Defensorías Públicas* (…)"[47].

---

46 Gaceta Oficial número 6.684 Extraordinario del 19 de enero de 2022.

47 Véase Rafael Badell Madrid, "Justicia constitucional: amenaza o garantía del principio de separación de poderes", conferencia dictada en el VIII Congreso Internacional de Derecho Procesal Constitucional, organizado por la Universidad Monteávila. 06 de mayo de 2022. Disponible en Internet: <https://www.youtube.com/watch?v=DGvEXtjFjN8>.

6.1. Designación y destitución de los magistrados del Tribunal Supremo de Justicia (artículos 264 y 265)

De conformidad con el artículo 264 de la Constitución, los magistrados del Tribunal Supremo de Justicia serán elegidos por la Asamblea Nacional a través de una selección definitiva precedida de una fase de preselección realizada por el Poder Ciudadano, a su vez antecedida por una primera preselección hecha por el Comité de Postulaciones Judiciales.

De otra parte, dispone el artículo 265 de la Constitución que los magistrados del Tribunal Supremo de Justicia podrán ser removidos por la Asamblea Nacional mediante una mayoría calificada de las dos terceras partes de sus integrantes, previa audiencia concedida al interesado, en caso de faltas graves ya calificadas por el Poder Ciudadano, en los términos que la ley establezca.

6.2. Autorización legislativa para que proceda el antejuicio del presidente de la república (artículo 266.2)

Como control respecto del poder judicial –a la vez que del poder ejecutivo–, la Asamblea Nacional tiene la potestad de autorizar la continuación del enjuiciamiento del presidente de la República –hasta sentencia definitiva– por parte del Tribunal Supremo de Justicia.

El Código Orgánico Procesal Penal[48] (COPP) regula en el título V el "Procedimiento en los juicios contra el presidente o presidenta de la República y otros altos funcionarios o altas funcionarias del Estado". En este orden, el COPP dispone en el artículo 376 que corresponde al Tribunal Supremo de Justicia declarar si hay o no mérito para el enjuiciamiento del presidente de la República o de quien haga sus veces y de los altos funcionarios del Estado, previa querella del Fiscal General de la República.

En efecto, determina el COPP en el artículo 379 que recibida la querella, el Tribunal Supremo de Justicia convocará a una audiencia oral y pública dentro de los treinta días siguientes para que el imputado dé respuesta a la querella. Abierta la audiencia, el fiscal general de la república explanará la querella. Seguidamente, el defensor o defensora expondrá los alegatos correspondientes. Se admitirán réplica y contrarréplica. El imputado o imputada tendrá la última palabra. Concluido el debate, el Tribunal Supremo

---

[48] Gaceta Oficial número 6.644 Extraordinario del 17 de septiembre de 2021.

de Justicia declarará, en el término de cinco días siguientes, si hay o no mérito para el enjuiciamiento.

En el supuesto en que el Tribunal Supremo de Justicia declare que hay mérito para el enjuiciamiento del presidente de la república, previa autorización de la Asamblea Nacional, continuará conociendo de la causa hasta sentencia definitiva, de acuerdo con el procedimiento antes mencionado (artículo 378 del COPP).

7. TENDENCIA CONSTITUCIONAL A LA DISMINUCIÓN DE LAS COMPETENCIAS CONSTITUCIONALES DE LA ASAMBLEA NACIONAL

Desde que la Constitución de 1999 eliminó el senado y suprimió el bicameralismo, en el órgano parlamentario existe una considerable disminución de las competencias constitucionales de la Asamblea Nacional, especialmente de las relativas al control político. La adopción del bicameralismo parlamentario en la Constitución de 1961 como en las precedentes, estaba fundamentado no solo en lo "políticamente conveniente", sino que era además "funcionalmente más eficaz"[49].

La supresión del bicameralismo y, concretamente, del Senado en la Constitución de 1999 eliminó la representación de los estados en la Asamblea, disminuyó la calidad del procedimiento de legislación y supuso un retroceso en el ejercicio de las potestades de control sobre el poder ejecutivo[50].

Desde la Constitución de 1811 y hasta la Constitución de 1961, inclusive, todas y cada una de las constituciones atribuyeron el poder legislativo nacional a un Congreso, dividido en dos Cámaras, una denominada Senado y la otra denominada de representantes (hasta la Constitución de 1830) y luego de diputados (a partir de la Constitución de 1857). Ambas cámaras tenían atribuidas facultades legislativas y de control comunes, sin embargo, determinadas funciones se encontraban distribuidas entre cada una de ellas.

En la Constitución de 1811, el Senado tenía la facultad exclusiva de oír, juzgar y sentenciar a todos los empleados de la Confederación que fuesen

---

[49] José Guillermo Andueza, *El Congreso,* ob. cit.

[50] Sobre el tema véase Ramón Guillermo Aveledo, El Senado. Experiencia comparada y utilidad para la democracia en Venezuela, discurso de incorporación a la Academia de Ciencias Políticas y Sociales, Caracas, 2018.

acusados por la Cámara de Representantes por los casos de traición, colusión, o malversación. Posteriormente, a partir de la Constitución de 1821, esta facultad del senado se amplió sobre los empleados de la república (como el presidente, el vicepresidente y los ministros de la Alta Corte de Justicia) acusados por la Cámara de Representantes por realizar conductas contrarias a la Constitución, así como juzgar a los demás empleados públicos por el mal desempeño de sus funciones o por la comisión de otros delitos graves.

Esta potestad de sustanciar y resolver los juicios iniciados por la Cámara de Representantes fue atribuida al Senado hasta la Constitución de 1893. La Constitución de 1811, como señalamos anteriormente, dispuso que el Congreso General de Venezuela, estaría dividido en una Cámara de representantes y un Senado, a cuyos dos Cuerpos estaba confiado todo el Poder Legislativo. Además, dispuso la Constitución que en cualquiera de las dos cámaras tenían iniciativa de ley; y cada una respectivamente podría proponer a la otra reparos, alteraciones, o adicciones, e inclusive rehusar a la ley propuesta su consentimiento por una negativa absoluta. La única excepción a la iniciativa de ley la constituían las leyes sobre contribuciones, tasas e impuestos, las cuales solo podían tener principio en la Cámara de Representantes, quedando al Senado el derecho ordinario de adicionarlas, alterarlas, o rehusarlas.

Además, la Constitución determinaba el procedimiento de formación de leyes indicando que, cuando el proyecto de ley haya sido admitido conforme a las reglas de debate que se hayan prescrito estas Cámaras, era objeto de tres discusiones en sesiones distintas con el intervalo de un día a lo menos entre cada una, sin lo cual no podrá pasarse a deliberar sobre aquél; la forma de elecciones de los integrantes y las funciones encomendadas a cada una de las cámaras y las atribuciones que debían ejercer en conjunto.

Entre otras potestades, el Senado tenía exclusividad para ejercer funciones como conceder los grados militares desde coronel en adelante, a propuesta del ejecutivo federal y acordar a los restos de venezolanos ilustres el honor de ser depositados en el Panteón Nacional (constitución de 1901); autorizar a los empleados nacionales para recibir dádivas, cargos, honores y recompensas de naciones extranjeras (constituciones 1904 en adelante); inclusive la de someter a árbitros las controversias que por razón de sus límites lleven ante él uno o más estados de la unión (constituciones desde 1914).

Sin embargo, no fue sino hasta la Constitución de 1961 cuando fueron ampliadas significativamente las funciones parlamentarias del Senado, incluyendo la facultad para: iniciar la discusión de los proyectos de ley relativos a tratados y convenios internacionales; autorizar al ejecutivo nacional para enajenar bienes inmuebles del dominio privado de la Nación, con las excepciones que establezca la ley; autorizar el empleo de misiones militares venezolanas en el exterior o extranjeras en el país, a solicitud del ejecutivo nacional; autorizar al presidente de la república para salir del territorio nacional; autorizar el nombramiento del procurador general de la república, y de los jefes de misiones diplomáticas permanentes; autorizar, por el voto de la mayoría de sus miembros, el enjuiciamiento del presidente de la república, previa declaratoria de la Corte Suprema de Justicia (CSJ) de que hay mérito para ello.

En el caso de la Cámara de Representantes, posteriormente denominada de Diputados, sus funciones estaban circunscritas en un primer momento a examinar la cuenta anual que debe presentar el presidente de los Estados Unidos de Venezuela: dar votos de censura a los ministros del despacho; oír acusaciones contra los empleados de la república (Constitución de 1864); elegir el procurador general de la nación (Constitución de 1901). Luego, con las Constituciones de 1947 y 1961 fueron ampliadas para iniciar la discusión del presupuesto y de todo proyecto de ley concerniente al régimen tributario.

De esta forma, mientras que las constituciones de Venezuela iban progresivamente estableciendo un mayor número de competencias en ambas cámaras del principal representante de la voluntad popular, la Constitución de 1999 hizo lo contrario cuando estableció la unicameralidad del órgano legislativo.

Así, como comentamos precedentemente, la Constitución de 1999 prescindió de la autorización de la Asamblea Nacional para el otorgamiento, por parte del presidente de la República, de los ascensos militares en grados de coronel hacia arriba[51]. Otro ejemplo de la reducción de las potestades del legislativo nacional es la supresión de su facultad para la creación y supresión de ministerios y la asignación de competencias a tales órganos.

En efecto, téngase en cuenta que, mientras el artículo 193 de la Constitución de 1961 establecía que solo mediante ley orgánica se determinaría el número y organización de los ministerios y su respectiva competencia, así como también la organización y funcionamiento del Consejo de Ministros, el artículo 236.20 de la Constitución de 1999 dispone que ahora es el presidente de la república el encargado de "*Fijar el número, organización y competencia de los ministerios y otros organismos de la Administración Pública*

---

[51] Véase el artículo 236 numeral 6.

Nacional, así como también la organización y funcionamiento del Consejo de Ministros, dentro de los principios y lineamientos señalados por la correspondiente ley orgánica". Es decir, ha ocurrido una deslegalización de la potestad organizativa, a la par de una mayor concentración de poder, contribuyendo a la creación de una administración centralizada y burocratizada.[52]

8. DESCONOCIMIENTO DE LAS POTESTADES DE CONTROL DE LA ASAMBLEA NACIONAL

En diciembre del año 2015, cuando la oposición pasó a tener mayoría en la Asamblea Nacional, comenzó un proceso de anulación total del poder legislativo, a través de decisiones de la Sala Constitucional del Tribunal Supremo de Justicia, por medio de las cuales se limitaron y suprimieron las facultades constitucionales de la Asamblea Nacional, y especialmente las relacionadas con el control político.

En efecto, a modo de evitar el control sobre las actividades llevadas adelante por el poder ejecutivo, generalizadamente violatorias del marco legal, la Sala Constitucional impidió durante cinco años que la Asamblea Nacional cumpliera con la función de control, e incluso lo tomó para sí misma.

Uno de los principales instrumentos que utilizó la Sala Constitucional para privar a la Asamblea Nacional del ejercicio de sus facultades constitucionales fue la tesis del "desacato". En efecto, esta figura ha sido creada y utilizada, siempre con fines políticos, en muchas ocasiones por la Sala Constitucional con el objetivo único de desconocer las funciones legislativas y de control de la Asamblea Nacional, a partir de la nueva conformación de dicho órgano legislativo con mayoría opositora como consecuencia de las elecciones parlamentarias del 06 de diciembre de 2015[53].

La Sala Constitucional, fundamentada en el uso de la expresión "desacato" creó una categoría especial de sanción contra la Asamblea Nacional, totalmente inconstitucional, indeterminada, indefinida e ilimitada en el

---

52 Cosimina Pellegrino Pacero, "Notas sobre los siete pecados capitales de la Administración Pública en Venezuela", Revista Venezolana de Legislación y Jurisprudencia: Homenaje a José Peña Solís, número 7, Caracas, 2016. p. 205-206.

53 Véase sobre el tema Rafael Badell Madrid, "Desconstitucionalización, desdemocratización y deslegalización desde la Sala Constitucional del Tribunal Supremo de Justicia", en Falseamiento del Estado de Derecho, Editorial Jurídica Venezolana, *World Jurist Association y World Law Foundation.* Barranquilla, diciembre, 2021. pp. 129-167.

tiempo. Se trata de una aberración jurídica, error grave inexcusable, que pretende justificar la paralización del órgano que representa la soberanía popular y que tiene la función de legislar y controlar el ejercicio de la actividad administrativa.

El desacato a las sentencias de amparo constitucional está contemplado en nuestro ordenamiento jurídico como una potestad sancionatoria que ejerce el juez penal ante el incumplimiento de las decisiones de amparo constitucional, establecida en el artículo 31 de la Ley Orgánica de Amparo sobre Derechos y Garantías Constitucionales, y que tiene por castigo prisión de seis (6) a quince (15) meses. El desacato consiste de esta forma en un ilícito penal que debe ser investigado por el Ministerio Público y sustanciado y decidido por los tribunales con competencia penal. La pena de este delito, consistente en prisión, es personalísima, lo que implica la imposibilidad de que sea imputada y ejecutada contra todo un órgano del Poder Público como es la Asamblea Nacional.

La Sala Constitucional transformó sobrevenidamente el desacato y lo convirtió en un "ilícito judicial constitucional" no contemplado en el ordenamiento jurídico. Conviene recordar que ese "desacato" fue declarado a consecuencia de una decisión de la Sala Electoral fundamentada en una prueba ilegal. En efecto, la sentencia cautelar número 260 de la Sala Electoral que fue "desacatada" por la Asamblea Nacional, está fundamentada en una grabación ilegalmente obtenida[54] que la Sala Electoral calificó como un "hecho notorio comunicacional" solo porque había sido divulgada a través de los medios de comunicación.

Sobre esa grabación la Sala Electoral determinó que

> evidencia preliminarmente la presunción grave de buen derecho o fumus boni iuris de presunta violación de los derechos constitucionales al sufragio y la participación política de los electores del estado Amazonas en el proceso electoral realizado el 6 de diciembre de 2015 en dicha entidad territorial para elección de diputados y diputadas a la Asamblea Nacional.

Sin embargo, la referida grabación no podía ser considerada como prueba legal desde que fue obtenida por cauces contrarios a los legalmente

54 "(...) *grabación del audio de una conversación entre la ciudadana Victoria Franchi Caballero, Secretaria de la Gobernación del estado Amazonas, y persona no identificada (anónima) en la cual se refiere la práctica de compra de votos y pago de prebendas a electores para votar por la denominada Mesa de la Unidad Democrática (MUD) o ayudar a desviar la voluntad de las personas que requerían asistencia para el acto de votación*". Vid. sentencia de la Sala Electoral del Tribunal Supremo de Justicia número 260 de fecha 30 de diciembre de 2015.

establecidos, siendo además que la misma no fue objeto de contradictorio en ningún momento, y por tratarse de una decisión inaudita no fue controlada por la contraparte[55].

Ahora bien, a través de la sentencia número 108 se logró impedir la conformación de la mayoría calificada opositora, pues el número exacto requerido era el de los tres diputados, cuya juramentación impedía este fallo cautelar, que tuvo una finalidad estrictamente política como lo demuestra no solo las inconsistencias jurídicas mencionadas sino el hecho de que, hasta la fecha, cuatro años más tarde no se haya resuelto el fondo del asunto.

Posteriormente, en decisión número 808, del 02 de septiembre de 2016, la Sala Constitucional reiteró el criterio de la Sala Electoral y declaró que:

> ... resultan manifiestamente inconstitucionales y, por ende, absolutamente nulos y carentes de toda vigencia y eficacia jurídica, los actos emanados de la Asamblea Nacional, incluyendo las leyes que sean sancionadas, mientras se mantenga el desacato a la Sala Electoral del Tribunal Supremo de Justicia.

A través de la creación de este "ilícito constitucional" del desacato, sin determinar su forma, alcance, procedimiento para la verificación de su comisión y consecuencia jurídica, la Sala Constitucional violó el principio de taxatividad de las penas y sanciones establecido en el numeral 6 del artículo 49, según el cual "*6. Ninguna persona podrá ser sancionada por actos u omisiones que no fueren previstos como delitos, faltas o infracciones en leyes preexistentes*", al establecer por vía jurisprudencial este "ilícito".

De esta forma, la Sala Constitucional en el caso de la Asamblea Nacional, ha establecido este "ilícito constitucional" de manera indeterminada en el tiempo, inmotivada en su aplicación e ilimitada respecto de las consecuencias jurídicas que acarrea su ejecución, impidiendo el ejercicio de los poderes constitucionales de dicho órgano parlamentario, máximo representante de la voluntad popular, por casi cuatro años.

Es así como, en usurpación de las funciones del órgano legislativo, la Sala Constitucional liberó a los ministros de la obligación de comparecer

---

55 Rafael Badell Madrid, "Poderes del juez constitucional", Conferencia dictada en el *VI Congreso Internacional de Derecho Procesal Constitucional y IV Congreso de Derecho Administrativo en Homenaje al Dr. Carlos Ayala Corao,* Universidad Monteávila, Caracas, 11 de noviembre de 2016. Publicada en el *Boletín de la Academia de Ciencias Políticas y Sociales* número 155, Año 2016. Academia de Ciencias Políticas y Sociales, Caracas, 2016. Disponible en Internet: http://www.acienpol.org.ve/.

ante la Asamblea Nacional, y restringió las potestades de control político del órgano parlamentario sobre el gobierno y la Administración pública, sometiéndolo al control del vicepresidente ejecutivo[56].

De igual manera, la Sala Constitucional autorizó al presidente de la república a rendir su mensaje anual, establecido en el artículo 237 de la Constitución, ante el Tribunal Supremo de Justicia y no ante la Asamblea Nacional[57], como ordena la norma. Asimismo, declaró inválidos y jurídicamente ineficaces los actos realizados en el marco de la investigación aprobada por la plenaria de la Comisión Permanente de Contraloría de la Asamblea Nacional, con ocasión de presuntas irregularidades ocurridas en la empresa Petróleos de Venezuela Sociedad Anónima (PDVSA).[58]

Declaró incompetente e inconstitucional a la Asamblea Nacional para recibir las memorias razonadas y suficientes del vicepresidente ejecutivo y de los ministros del gabinete ejecutivo sobre la gestión de sus despachos[59]. Aprobó la constitución de empresas mixtas (Empresa Mixta PETROSUR, S.A.), en los términos establecidos por el presidente de la República, usurpando las funciones de la Asamblea Nacional previstas en la Ley Orgánica de los Hidrocarburos[60].

Autorizó al presidente de la República a "*conferir los Honores del Panteón Nacional al ilustre luchador Fabricio Ojeda, quien fue ejemplo vivo de los ideales revolucionarios en el combate contra la dictadura Perezjimenista y la funesta unión partidista que dio origen al pacto de Punto Fijo*" en usurpación de las potestades de la Asamblea Nacional establecidas en el artículo 187.15 de la Constitución, que establece que es atribución del poder legislativo nacional acordar los honores del Panteón Nacional[61].

---

56 Sentencia número 9 de la Sala Constitucional del Tribunal Supremo de Justicia del 1° de marzo de 2016.

57 Sentencia número 03 de la Sala Constitucional del Tribunal Supremo de Justicia del 11 de enero de 2017 Artículos 187, 222, 22.

58 Sentencia número 88 de la Sala Constitucional del Tribunal Supremo de Justicia del 24 de febrero de 2017.

59 Sentencia número 90 de la Sala Constitucional del Tribunal Supremo de Justicia del 24 de febrero de 2017.

60 Sentencia número 533 de la Sala Constitucional del Tribunal Supremo de Justicia del 10 de julio de 2017.

61 Sentencia número 6 de la Sala Constitucional del Tribunal Supremo de Justicia del 20 de enero de 2017.

En enero de 2019 determinó que Nicolás Maduro Moros debía juramentarse para asumir el cargo de presidente de la república para el período constitucional 2019-2025, ante el Tribunal Supremo de Justicia, y no ante la Asamblea Nacional, como lo determina el artículo 231 de la Constitución, por considerar que el "Órgano Legislativo Nacional se encuentra en flagrante desacato", y, en efecto, lo juramentó[62].

Referencias

ANDUEZA, José. El Congreso, tercera edición. Ediciones del Congreso de la República, Caracas, 1975.

_____. "Actos privativos del parlamento". Derecho y Sociedad, Revista de la Facultad de Ciencias Políticas y Jurídicas de la Universidad Monteávila, Nro. 17, Caracas, 2021.

_____. La Jurisdicción Constitucional en el Derecho Venezolano. Academia de Ciencias Políticas y Sociales, Editorial Jurídica Venezolana, 2022.

AVELEDO, Ramón G. Parlamento y democracia, Fundación para la Cultura Urbana, Caracas, 2005.

_____. El Senado. Experiencia comparada y utilidad para la democracia en Venezuela, discurso de incorporación a la Academia de Ciencias Políticas y Sociales, 2018.

AVELLANEDA, Eloisa. *El control parlamentario sobre el gobierno y la administración pública,* Facultad de Ciencias Jurídicas y Políticas, Universidad Central de Venezuela, 1999.

ARAUJO-JUÁREZ, José. *Derecho administrativo constitucional,* Centro para la Integración y el Derecho Público (CIDEP), Editorial Jurídica Venezolana, 2017.

BADELL MADRID, Rafael. "Poderes del juez constitucional", Boletín de la Academia de Ciencias Políticas y Sociales. 2016. No. 155, Disponible en Internet: <http://www.acienpol.org.ve/>.

_____. "Prerrogativas parlamentarias (inmunidad e inviolabilidad parlamentaria)". Boletín de la Academia de Ciencias Políticas y Sociales. 2019. No. 159, Academia de Ciencias Políticas y Sociales, Caracas, pp.1069-1155.

_____. "El principio de separación de poderes", en Allan Brewer-Carías, y José Araujo-Juárez (Coordinadores), Principios fundamentales del derecho público. Desafíos actuales. Libro conmemorativo de los 20 años de la publicación de la Constitución de 1999, Editorial Jurídica Venezolana International, 2020. Disponible en Internet: <http://allanbrewercarias.com/wp-content/uploads/2020/11/A.-R.-Brewer-Carias-J.-Araujo-Juarez.-PRINCPIOS-FUNDAMENTALES-DEL-DERECHO-PUBLICO-Carat2-11-2020.pdf>.

_____. Derecho Procesal Constitucional, Academia de Ciencias Políticas y Sociales, Editorial Torino, Caracas, 2020.

---

62 Sentencia número 1 de la Sala Constitucional del Tribunal Supremo de Justicia del 08 de enero de 2019.

_____. "Historia del Sillón No. 2", Boletín de la Academia de Ciencias Políticas y Sociales, Nro. 163, marzo 2021, Academia de Ciencias Políticas y Sociales, 2021.

_____. "Contratos de Interés Público", Revista de Derecho Público. 2019. Nro. 159-160.

_____. "Desconstitucionalización, desdemocratización y deslegalización desde la Sala Constitucional del Tribunal Supremo de Justicia", Falseamiento del Estado de Derecho, Editorial Jurídica Venezolana, World Jurist Association y World Law Foundation, Barranquilla, diciembre, 2021.

_____. A*salto al Parlamento,* Editorial Torino, Caracas, 2021.

_____. "Justicia constitucional: amenaza o garantía del principio de separación de poderes", conferencia dictada en el VIII Congreso Internacional de Derecho Procesal Constitucional, organizado por la Universidad Monteávila. 06 de mayo de 2022. Disponible en Internet: <https://www.youtube.com/watch?v=DGvEXtjFjN8>.

BERLIN VALENZUELA, Francisco. *Derecho Parlamentario,* primera edición. México: Fondo de Cultura Económica, 1995.

CASAL, Jesús M. Asamblea Nacional. Contribuciones democráticas y obstáculos inconstitucionales a la reinstitucionalización, Segunda edición ampliada, Abediciones, 2021.

CASSAGNE, Juan. El estado populista, Buenos Aires: Editorial B de F, 2017.

ESCOVAR LEÓN, Ramón, "Contestación al discurso de incorporación del doctor José Guillermo Andueza a la academia de ciencias políticas y sociales", Boletín de la Academia de Ciencias Políticas y Sociales, No. 150, 2011.

FRAGA PITTALUGA, Luis, "El arbitraje en el Derecho Administrativo", Fundación Estudios de Derecho Administrativo, 2000.

GARCÍA NIEVES, Jonathan, "Sistemas de control sobre el Gobierno y la Administración pública", videoconferencia dictada el 15 de julio de 2022, organizada por el Centro Latinoamericano de Estudios e Investigaciones Jurídicas (CENLAE). Disponible en Internet: <https://www.youtube.com/watch?v=qgzZmkez0AY&t=24s>.

GARCÍA ROCA, Javier. "Del principio de la división de poderes", Revista de Estudios Políticos (Nueva Época). 2000. Núm. 108. abril-junio.

GIL FORTOUL, José. Historia Constitucional de Venezuela, 3° Edición, 1942.

HARO, José Vicente, "José Guillermo Andueza: Jurista, Maestro y Servidor Público", Desafíos de la República en la Venezuela de Hoy, Homenaje al Dr. José Guillermo Andueza, Memoria del XI Congreso Venezolano de Derecho Constitucional, Tomo I, Universidad Católica Andrés Bello, 2013.

JÁUREGUI ARRIETA, Carlos. Breve historia del parlamento inglés y otros temas afines, Buenos Aires: Editorial Depalma, 1993.

JIMÉNEZ M. Rafael, La inmunidad parlamentaria en la Constitución de la República Bolivariana de Venezuela, Caracas: Vadell Hermanos Editores, 2011.

MARTÍNEZ OCAMICA, Gutenberg. Fiscalización parlamentaria y comisiones investigadoras, Editorial Jurídica de Chile, 1998.

OROPEZA, Ambrosio. La nueva Constitución venezolana de 1961, 1981.

PELLEGRINO PACERO, Cosimina. "Notas sobre los siete pecados capitales de la Administración Pública en Venezuela", Revista Venezolana de Legislación y Jurisprudencia: Homenaje a José Peña Solís. 2016. número 7.

PEÑA SOLÍS, José. *Lecciones de derecho constitucional general,* Vol. I, Tomo II, Facultad de Ciencias Jurídicas y Políticas de la Universidad Central de Venezuela, 2008.

TARRE BRICEÑO, Gustavo. "El principio de la separación de poderes: La preeminencia de la función legislativa", en Reflexiones sobre la Constitución (Tres décadas de vigencia), Fundación Procuraduría General de la República, 1991.

TORO JIMÉNEZ, Fermín. Manual de Derecho Internacional Público, Facultad de Derecho de la Universidad Central de Venezuela, 1975.

El control del Parlamento sobre el Poder Ejecutivo en la Constitución uruguaya de 1967[1]

RUBÉN CORREA FREITAS[2]

1. INTRODUCCIÓN

Resulta particularmente interesante analizar cómo el Parlamento, que es uno de los tres poderes del Estado, ha contribuido a la consolidación del sistema democrático en la República Oriental del Uruguay. En una democracia, como es el caso uruguayo, el Parlamento se integra con legisladores electos en forma directa por la ciudadanía. Pero no solo importa la forma de elección de los miembros del Parlamento, sino que también es necesario analizar la forma cómo funciona este poder del Estado, cuáles son los poderes de contralor asignados y de qué manera ha ejercido sus poderes de legislación para transformar la sociedad, para consagrar y hacer efectivos los derechos de los ciudadanos de acuerdo al momento histórico, generando profundos cambios políticos, sociales y culturales.

Debemos recordar lo que expresaba hace unos años atrás el constitucionalista uruguayo Gros Espiell, al analizar la llamada crisis del Parlamento:

---

1 Ponencia presentada en el I Congreso Regional de Academias Jurídicas del América del Sur, celebrado en Bogotá, Colombia, los días 4-6 de octubre de 2023.

2 Doctor en Derecho y Ciencias Sociales, Facultad de Derecho, UDELAR (1974). Magister en Educación, Facultad de Educación, UDE (2013). Académico de Número Fundador de la Academia Nacional de Derecho del Uruguay. Excatedrático de Derecho Constitucional, Facultad de Derecho, UDELAR. Exdirector del Instituto de Derecho Constitucional, Facultad de Derecho, UDELAR (2017-2023). Profesor Titular de Derecho Constitucional, Facultad de Ciencias Jurídicas, UDE. Profesor de Derecho Constitucional Comparado, Maestría en Derecho de las Relaciones Internacionales y de la Integración, UDE. Profesor de Derecho de la Función Pública, Maestría de Derecho Administrativo Económico, Universidad de Montevideo (UM). Exdirector de la Oficina Nacional del Servicio Civil, Presidencia de la República (1985-1990 y 1995-2000). Exsenador de la República (2000-2005). Exdecano de la Facultad de Ciencias Jurídicas, UDE (2005-2017). Exconsejero del Consejo de la Facultad de Derecho, UDELAR (2018-2023).

> Para que pueda hablarse del Parlamento, como elemento necesario de la Democracia, es preciso convenir en que solo puede llamarse Parlamento al a los órganos integrantes del Poder Legislativo, cuya existencia deriva de una Constitución legítimamente existente y cuya composición sea el resultado de elecciones libres y periódicas, en que se ejerza el derecho político al sufragio sin fraude, coacción o condicionamiento, mediante el voto universal, no discriminatorio y secreto, en un sistema multipartidista y plural[3].

Corresponde señalar cómo a principios del siglo XX, el Parlamento uruguayo sancionó leyes, que generaron un intenso debate en nuestra sociedad, como por ejemplo la abolición de la pena de muerte en 1907; las leyes de divorcio de 1907, 1910 y 1913, habiéndose admitido la causal de divorcio por la sola voluntad de la mujer en la Ley Nº 4.802 de 9 de setiembre de 1913; la ley de ocho horas para todos los trabajadores en 1915. Sobre el divorcio por sola voluntad de la mujer, es necesario recordar lo que dijo don José Batlle y Ordóñez, quien en ese momento ejercía el cargo de Presidente de la República: "*hagamos una ley esencialmente feminista que asombre al mundo, que atraiga sobre nuestro bello y progresista país la simpática atención de toda la humanidad*"[4]. A estas leyes citadas, debemos agregar, por ejemplo, las leyes electorales sobre Registro Cívico y de elecciones de los años 1924 y 1925, que permitieron consolidar la participación política de los ciudadanos en la vida pública de nuestro país. En el año 1932, se sancionó la ley que consagró el voto activo y pasivo de la mujer en el Uruguay, lo que se hizo efectivo a partir de las elecciones del año 1938. En el año 1946, se sancionó la Ley Nº 10.783 de 18 de setiembre de 1946, sobre Derechos Civiles de la Mujer, afirmando la igualdad de derechos entre hombres y mujeres.

A lo largo de la historia constitucional uruguaya, desde 1830 hasta la fecha, se produjeron alteraciones en el orden institucional, con diversos gobiernos de facto. En el siglo XX, se produjeron tres situaciones de excepción, que fueron el golpe de Estado del presidente Dr. Gabriel Terra del 31 de marzo de 1933, del que se salió con la Constitución de 1934; el golpe de Estado del residente Gral. Arq. Alfredo Baldomir el 21 de febrero de 1942, del que resultó aprobada la Constitución de 1942; y finalmente, el golpe de Estado que dieron los militares uruguayos el 27 de junio de 1973, que tuvo una duración de doce años, reinstalándose la democracia con las elecciones nacionales en noviembre de 1984, la instalación del Parlamento el 15 de

---

3 GROS ESPIELL, Héctor, "*Estudios Constitucionales*", Ingranusi Ltda., Mdeo., 1998, p. 172.

4 Sobre las leyes de divorcio en el Uruguay y su evolución histórica, puede verse GROMPONE, Romeo, "Divorcio", Ed. Medina, Mdeo., 1946.

febrero de 1985 y la asunción del nuevo gobierno el 1° de marzo de 1985, encabezado por el presidente de la república Dr. Julio María Sanguinetti.

Ese fue un momento histórico muy especial en el Uruguay, porque el renacimiento democrático sirvió para unir a los uruguayos pertenecientes a las diversas corrientes de opinión, fue una oportunidad para el florecimiento de los partidos políticos que habían estado proscriptos en su actividad durante una larga década, y fundamentalmente porque generó una conciencia cívica muy profunda sobre el significado y la importancia del Poder Legislativo, como representante de la voluntad popular.

Puede afirmarse que en estos treinta y ocho años de reinstitucionalización democrática en el Uruguay, el Poder Legislativo ha cumplido un rol fundamental en la consolidación del Estado de Derecho, ejerciendo plenamente todos sus poderes de legislación y de control sobre el Poder Ejecutivo y los demás órganos del Estado, generando espacios para la discusión pública de los temas de gobierno, así como de aquellos asuntos que interesan a los diversos sectores de la sociedad, permitiendo que sindicatos, asociaciones, organismos no gubernamentales, etc., no solo puedan formular sus reclamos y peticiones, sino que han sido contempladas muchas de sus legítimas aspiraciones, luego de intensos y profundos debates.

Prueba de ello, es que luego del restablecimiento democrático en el Uruguay en 1985, se han sancionado tres Códigos de suma importancia desde el punto de vista jurídico. En primer lugar, el Código General del Proceso por la Ley N° 15.982 de 18 de octubre de 1988, que reguló el proceso civil por audiencias; en segundo lugar, el Código de la Niñez y de la Adolescencia aprobado por Ley N° 17.823 de 2004, que adaptó la legislación uruguaya a la Convención Internacional de los Derechos del Niño; y en tercer lugar, el Código del Proceso Penal sancionado por la Ley N° 19.293 de fecha 19 de diciembre de 2014, que eliminó el sistema inquisitivo e introdujo el sistema acusatorio en materia penal.

2. LA ORGANIZACIÓN DEL PODER LEGISLATIVO EN EL URUGUAY

Desde la primera Constitución que tuvo la República Oriental del Uruguay, que fue la Constitución de 1830, el Poder Legislativo tuvo una organización bicameral, con una Cámara de Senadores y una Cámara de Representantes. En tal sentido, enseñaba a fines del siglo XIX Justino Jiménez de Aréchaga (conocido en nuestro país como el primero de los Aréchaga) sobre la importancia del sistema bicameral, lo siguiente:

> Que el poder legislativo debe confiarse a dos cámaras, cuyo concurso sea indispensable para la formación de toda ley, es un principio constitucional que se demuestra con indestructibles razonamientos. Dos cámaras que sucesivamente examinen y voten un mismo proyecto, ofrecen muchísimas más garantías de acierto que una sola, pues al mismo tiempo que impide la adopción de resoluciones precipitadas, generalmente peligrosas o intempestivas, 'permiten reparar los errores que se hayan cometido antes que ellos hayan podido producir algunas desgracias públicas'5. Con una sola cámara, sobre todo si ella es numerosa, no hay medio alguno de impedir que pasiones del momento, o una falta corriente de opinión pública determinen la adopción de medidas inconvenientes y peligrosas, sin previa y madura deliberación; y es también muy fácil que una minoría astuta o un orador elocuente consigan, por sorpresa, la sanción, de una ley que de otra manera no hubiese obtenido jamás el voto de la mayoría de los legisladores[6].

La Constitución de 1830 en el art. 15, prescribía que "*El Poder Legislativo es delegado a la Asamblea General.*" El art. 16, a su vez, establecía: "*Esta se compondrá de dos Cámaras, una de Representantes y otra de Senadores*". En el art. 54 se preveía la existencia de una Comisión Permanente, que actuaría en los períodos de receso parlamentario. Esta estructura de cuatro órganos del Poder Legislativo en el Uruguay se mantuvo en las Constituciones de 1918, 1934, 1942, 1952 y la vigente de 1967. En la Constitución de 1934, se modificó la redacción de la Constitución de 1830, prescribiendo el art. 73: "*El Poder Legislativo será ejercido por la Asamblea General*". En el art. 74 se estableció: "*Esta se compondrá de dos Cámaras: una de Representantes y otra de Senadores, las que actuarán separada o conjuntamente, según las distintas disposiciones de la presente Constitución*". Este es el texto que se mantiene vigente hasta la fecha en los arts. 83 y 84 respectivamente.

Tal como lo he señalado anteriormente, la redacción del 83 de la Constitución de la República, que prevé que "*El Poder Legislativo será ejercido por la Asamblea General*", en realidad es una norma atributiva de competencia, concretamente del ejercicio de la función legislativa. En otros términos, lo que quiere significar el art. 83, es que la Constitución le atribuye al Poder Legislativo la competencia para el ejercicio de la función legislativa. Es evidente que el Poder Legislativo no es ejercido por la Asamblea General, porque la Asamblea General es un órgano del Poder Legislativo, que se integra por la reunión de las dos Cámaras. Lo que se ejercen son las fun-

---

5 J. Story, "*Comentarios sobre la Constitución Federal de los Estados Unidos*", tomo I, libro II, cap. VII.

6 JIMÉNEZ DE ARÉCHAGA, Justino, "*El Poder Legislativo*", Edición Oficial, Mdeo., 1906, Tomo I, p. 45.

ciones jurídicas del Estado, en este caso la Constitución le atribuye al Poder Legislativo la competencia para ejercer la función legislativa.

En la Constitución uruguaya, también ejercen función legislativa las Juntas Departamentales, conforme a lo previsto por el art. 273, que son los órganos legislativos unicamerales que tiene cada uno de los diecinueve Gobiernos departamentales. En tal sentido, se establece en la Constitución de la República, que los decretos de las Juntas Departamentales tienen fuerza de ley en su jurisdicción, los que pueden ser declarados inconstitucionales por la Suprema Corte de Justicia, de igual forma que las leyes sancionadas por el Parlamento (Constitución, art. 260).

En resumen, desde el punto de vista doctrinal no es correcto afirmar que un poder del gobierno es ejercido por un órgano, en este caso por parte de la Asamblea General, porque un poder del gobierno no se ejerce, sino lo que se ejercen son las funciones jurídicas del Estado, en este caso el Poder Legislativo es quien ejerce la función legislativa. Mas aún, el Poder Legislativo en el Uruguay es un sistema orgánico, que se estructura con cuatro órganos, que son la Asamblea General, la Cámara de Senadores, la Cámara de Representantes y la Comisión Permanente[7].

En lo que se refiere a la integración de los órganos del Poder Legislativo, corresponde afirmar que de acuerdo a lo dispuesto por el art. 88 de la Constitución de la República, la Cámara de Representantes se integra con noventa y nueve miembros, los que son elegidos directamente por el pueblo, de acuerdo a un sistema de representación proporcional, en el que se deben tomar en cuenta los votos emitidos a favor de cada lema en todo el país[8]. Corresponden a cada Departamento, dos Representantes Nacionales por lo menos, prohibiéndose la acumulación de votos por sublemas y por identidad de listas de candidatos. La Cámara de Senadores, por su parte, se compone de treinta miembros, según lo dispuesto por el art. 94 de la Constitución uruguaya, que son elegidos directamente por el cuerpo electoral en una sola circunscripción electoral, por el sistema de representación proporcional integral.

---

7 CORREA FREITAS, Ruben, "*Derecho Constitucional Contemporáneo*", F.C.U., Mdeo., 2022, sexta edición, Tomo II, Nº 199, pp. 71-73.

8 Cabe aclarar que en el Uruguay de acuerdo con la legislación vigente "lema" es el nombre o la denominación de los Partidos Políticos, como, por ejemplo, lema "Partido Colorado", lema "Partido Nacional", lema "Frente Amplio", etc.

La Cámara de Senadores se integra, además, con el vicepresidente de la república, que tiene voz y voto, quien ejerce también la presidencia de la Asamblea General. La Asamblea General se integra con un total de ciento treinta miembros, es decir, por los miembros de cada una de las Cámaras, siendo presidida por el vicepresidente de la república, quien tiene voz y voto (Constitución, art. 94).

La Comisión Permanente, por último, es el órgano que actúa durante el receso parlamentario según lo dispuesto por el art. 131 de la Constitución de la República, se integra con once miembros, de los cuales cuatro son senadores y siete son representantes nacionales, los que son elegidos por el sistema de representación proporcional por sus respectivas Cámaras (Constitución, art. 127). La Comisión Permanente no ejerce funciones legislativas, sino que tiene asignadas las funciones de control y de coadministración con el Poder Ejecutivo, como por ejemplo otorgar las venias o autorizaciones que le requiera el Poder Ejecutivo durante el receso parlamentario (Constitución, arts. 129 y 132).

En la doctrina nacional, Cassinelli Muñoz plantea la cuestión de una visión moderna del papel que desempeña el Poder Legislativo, a partir de la experiencia que demuestra que la gran mayoría de las leyes tienen su iniciativa en el Poder Ejecutivo. En tal sentido expresa lo siguiente:

> Esto muestra que con la visión actual del papel que el Poder Legislativo haga las leyes, lo fundamental es que ciertos temas sólo puedan ser regulados mediante actos emanados del Poder Legislativo. Así, cobra mayor importancia que la regla de la separación de funciones (que el Poder Legislativo legisle), la regla de que algunos temas requieren para su regulación actos formalmente legislativos emanados del Poder Legislativo o que requieran, por lo menos, el asentamiento del Poder Legislativo[9].

3. EL ESTATUTO DE LOS LEGISLADORES

La Constitución uruguaya, siguiendo la tendencia tradicional en el Derecho Comparado, prevé un conjunto de normas sobre los derechos, deberes, incompatibilidades y prohibiciones de los legisladores, que en su conjunto forman lo que se denomina el Estatuto del Legislador (Constitución, arts. 91, 92, 93, 100, 102, 103, 112, 113, 114, 115, 117, 122 a 126). Quiere decir, que como lo he señalado anteriormente "*los legisladores están*

9 CASSINELLI MUÑOZ, Horacio, "*Derecho Público*", F.C.U., Mdeo., 2009, 172, p. 214.

sometidos a un régimen estatutario de Derecho Público, que surge del llamado Derecho Parlamentario, que es aquella rama del Derecho Público Interno que se integra con las normas constitucionales, legales y reglamentarias referentes a la constitución y funcionamiento de los órganos del Poder Legislativo"[10].

Ahora bien, nos encontramos dentro del llamado Estatuto del Legislador con las inmunidades o privilegios de los legisladores, lo que constituye una excepción al principio de igualdad de todos los ciudadanos, pero que son prerrogativas que se otorgan exclusivamente para defender y proteger la independencia del Parlamento. Como enseña el gran constitucionalista argentino Joaquín V. González:

> Entiéndese por privilegios parlamentarios, o del Congreso, todos los derechos y poderes peculiares de las Asambleas Legislativas, indispensables para su conservación, independencia y seguridad tanto respecto de sus miembros, como del conjunto de la corporación. Tales prerrogativas son, en general, excepcionales con relación a los otros poderes del Gobierno, y tienen su fundamento en el origen popular de que derivan: son, por consiguiente, privilegios, poderes e inmunidades inherentes a la soberanía de donde proceden, y los tienen en nombre y representación del pueblo, y como una cualidad esencial del gobierno republicano representativo[11].

De conformidad con la Constitución uruguaya de 1967, se consagran tres inmunidades de los legisladores: en primer lugar, la irresponsabilidad por los votos y opiniones (Constitución, art. 112); en segundo lugar, la inmunidad de arresto (Constitución, art. 113); y, en tercer lugar, la inmunidad de procesamiento (Constitución, art. 114). En nuestro país, cada vez más se cuestionan estos privilegios de los legisladores, al entenderse que se consagra una especie de impunidad para quienes son Senadores o Representantes Nacionales. Corresponde precisar, que de acuerdo con la Constitución de la República estas inmunidades de los legisladores se extienden al Presidente de la República y a los Ministros de Estado (Constitución, arts. 171, 172 y 178).

En la realidad, los casos prácticos que se han planteado en los últimos años demuestran claramente que las inmunidades de los legisladores en el Parlamento uruguayo, solo sirven para proteger la independencia del Poder Legislativo y que no constituyen un privilegio indebido para quienes han sido elegidos por la ciudadanía. El ejemplo más emblemático lo constituye

---

10 CORREA FREITAS, Ruben, "*Derecho Constitucional Contemporáneo*", Tomo II, Nº 202, pp. 78-79.

11 GONZÁLEZ, Joaquín V., "*Manual de la Constitución Argentina (1853-1860)*", Ed. La Ley, Buenos Aires, 2001, Nº 349, p. 295.

la renuncia presentada por el entonces vicepresidente de la república Raúl Sendic el 13 de setiembre de 2017, ante el requerimiento de la Justicia competente y luego el procesamiento por los delitos de peculado y abuso de funciones por su actuación anterior como presidente del Directorio del Ente Autónomo (ANCAP). Otro ejemplo lo constituye un accidente de tránsito protagonizado por un representante nacional con una persona lesionada, en cuyo caso el legislador aceptó expresamente que se levantaran los fueros para poder comparecer ante la Justicia Penal competente. En forma reciente, un senador de la república acusado por presuntos delitos de retribución a menores de edad por actos sexuales, presentó renuncia a su cargo.

4. LOS PODERES DE CONTROL DEL PARLAMENTO

Históricamente el Parlamento nació y se desarrolló, como una institución para frenar y controlar al poder de los monarcas absolutos en Europa. Si bien los reyes en la época medieval convocaban a los Estados Generales en Francia, a los Estamentos en Cerdeña, a los Parlamentos en Nápoles y Sicilia, a las Cortes en España, con la única finalidad de que aprobaran la creación o el aumento de los tributos necesarios para las monarquías, en forma lenta se fueron desarrollando los institutos de control para limitar a las monarquías absolutas. La división del Parlamento inglés entre la Cámara de los Lores y la Cámara de los Comunes en 1351 fue un factor de suma importancia para consolidar el poder de control del Parlamento sobre el Monarca[12].

Como enseña el destacado constitucionalista mexicano Diego Valadés, analizando el problema de la legitimidad y ejercicio del poder: "*Considerado como un aspecto de procedimiento constitucional, el control político también podría ser visto como un elemento de legitimidad*". Agrega estos conceptos que complementan su pensamiento:

> Identificar el control político del poder como un instrumento prescindible supone una concepción totalitaria del poder. Puede argüirse que la discrecionalidad del acuerdo que establezca los controles concierne sólo a al tipo de instrumentos adoptados y a las modalidades de su ejercicio, pero no explicaría la idea posmoderna de legitimación mediante el consenso, con lo que su base argumental quedaría sin efecto. De acuerdo con lo anterior, sí es posible

---

12 BISCARETTI DI RUFFÍA, Paolo, "*Derecho Constitucional*", Ed. Tecnos, Madrid, 1987, N.° 103, pp. 294-297.

ver a los controles como un instrumento de legitimación, pero no sólo como eso. Los controles son asimismo una expresión de la racionalidad del poder[13].

Debemos tener en cuenta lo que enseña el gran constitucionalista alemán Karl Loeweinstein, quien afirma:

> Han pasado muchos siglos hasta que el hombre político ha aprendido que la sociedad justa, que le otorga y garantiza sus derechos individuales, depende de la existencia de límites impuestos a los detentadores del poder en el ejercicio de su poder, independientemente de si la legitimación de su dominio tiene fundamentos fácticos, religiosos o jurídicos. Con el tiempo se ha ido reconociendo que la mejor manera de alcanzar este objetivo será haciendo constar los frenos que la sociedad desea imponer a los detentadores del poder en forma de un sistema de reglas fijas –'la constitución'- destinadas a limitar el ejercicio del poder político. La constitución se convirtió así en el dispositivo fundamental para el control del proceso del poder[14].

En tal sentido, es necesario destacar que estos conceptos van de la mano con la afirmación del llamado Estado de Derecho, que como lo definía en nuestro país el Profesor Alberto Ramón Real, siguiendo las enseñanzas de Carré de Malberg, es

> aquél que en sus relaciones con sus súbditos y para garantía de los derechos de éstos, se somete él mismo a un régimen de derecho, y está sujeto en su acción a reglas que, primero, determinan los derechos que se reservan los ciudadanos (los habitantes en general) y segundo, fijan las vías y medios por los cuales las autoridades públicas pueden lograr los fines del Estado[15].

La Constitución uruguaya prevé tres institutos de control del Parlamento, que son respectivamente: a) el pedido de datos e informes (Constitución, art. 118); b) el llamado a Sala a los Ministros de Estado (Constitución, art. 119); c) las comisiones parlamentarias de investigación (Constitución, art. 120). El instituto del llamado a Sala a los ministros de Estado, tiene su origen en la Constitución de 1830; mientras que el pedido de datos e informes y las comisiones parlamentarias de investigación, tienen su origen en la Constitución de 1918.

Corresponde aclarar que, en la Constitución de 1918, que fue la segunda Constitución que tuvo el Uruguay, el llamado a Sala a los Ministros de Esta-

---

13 VALADÉS, Diego, "*El Control del Poder*", Ed. Porrúa – Unam, México, 2000, segunda edición, pp. 27-28.

14 LOEWENSTEIN, Karl, "*Teoría de la Constitución*", Ed. Ariel, Barcelona, 1976, pp. 149.

15 REAL, Alberto Ramón, "*Estado de Derecho y Humanismo Personalista*", F.C.U., Mdeo., 1974, pp. 124-125.

do fue consagrado como un derecho de la minoría, ya que el art. 119 de la Constitución le concede esta facultad a un tercio de los miembros de cada una de las Cámaras del Poder Legislativo, lo que se ha mantenido inalterable en las restantes Constituciones uruguayas hasta la vigente de 1967.

5. EL PEDIDO DE DATOS E INFORMES

La Constitución uruguaya consagra el pedido de datos e informes por parte de los legisladores en el art. 118. Esta disposición, que tiene su origen en la Constitución de 1918, prescribe lo siguiente:

> Art. 118. Todo Legislador puede pedir a los Ministros de Estado, a la Suprema Corte de Justicia, a la Corte Electoral, al Tribunal de lo Contencioso Administrativo y al Tribunal de Cuentas, los datos e informes que estime necesarios para llenar su cometido. El pedido se hará por escrito y por intermedio del Presidente de la Cámara respectiva, el que lo trasmitirá de inmediato al órgano que corresponda. Si éste no facilitare los informes dentro del plazo que fijará la ley, el Legislador podrá solicitarlos por intermedio de la Cámara a que pertenezca, estándose a lo que ésta resuelva.
> *No podrá ser objeto de dicho pedido lo relacionado con la materia y competencia jurisdiccional del Poder Judicial y del Tribunal de lo Contencioso Administrativo.*

Como enseña en nuestra doctrina Jiménez de Aréchaga, las expresiones "datos e informes" son términos equivalentes en nuestro Derecho, aclarando que, en realidad en la edición oficial de la Constitución de 1918, el entonces art. 106 decía "datos o informes", pero que en las ediciones corrientes pasó a ser "datos e informes", lo que se mantuvo en las Constituciones posteriores. Afirma que "*de las acepciones que de ambos términos da la Academia en su diccionario, resulta su plena coincidencia, en cuanto ambos importan 'noticia o instrucción que se da de un negocio o suceso, o bien acerca de una persona*'"[16].

Uno de los constituyentes de 1917, el Dr. Martín C. Martínez, firmante del "Pacto de los Ocho" que posibilitó la reforma consticional, explicó el alcance de la reforma en lo que se refiere al "*pedido de datos e informes*", expresando lo siguiente:

> El pedido de informes tendrá, en adelante, en nuestro derecho parlamentario, dos vías abiertas: el legislador puede requerirlos por escrito y por intermedio

---

[16] JIMÉNEZ DE ARÉCHAGA, Justino, "*La Constitución Nacional*", Ed. Cámara de Senadores, Mdeo., 1997, Tomo II, p. 284.

> del Presidente de la Cámara, y si el Ministro no los facilitase, el diputado o senador los demandará por medio de la Cámara a que pertenezca.
> "Este derecho es independiente de la otra vía, de antiguo consagrada por la Constitución, a cada una de las Cámaras, de hacer venir a su sala a los Ministros de Estado, quedando ahora bien aclarado que la comparecencia puede ser no sólo para recibir informes con fines legislativos, a fin de habilitarse a dictar leyes que vayan a engrosar las compilaciones, sino también con fines de inspección o de fiscalización, esto es, para poner en claro cómo se cumplen las leyes y cómo se administra el país[17].

En la Convención Nacional Constituyente, el constituyente Wáshington Beltrán afirmó como una décima conquista del Partido Nacional la aprobación de este instituto de contralor del Parlamento:

> Décima conquista: incorporamos a la Constitución de la República un artículo que el doctor Martínez, tomado de François de Pressesé, había hecho votar por la Cámara de Diputados, y que motivó el veto del Presidente de la República, mejor dicho, un mensaje con observaciones, artículo de importancia, en virtud del cual se reconoce a cada diputado por el hecho de ser tal, el derecho de pedir a los ministros de Estado los datos sobre los asuntos que estime necesarios para llenar su misión de contralor y de examen[18].

En tal sentido, corresponde señalar que se han aprobado dos leyes sobre este tema. Una primera, que es la Ley Nº 16.134 de fecha 24 de setiembre de 1990, por la cual se comprende en el pedido de datos e informes, a la Oficina de Planeamiento y Presupuesto y a la Oficina Nacional del Servicio Civil. Una segunda, que es la Ley Nº 17.673 de fecha 21 de julio de 2003, por la que se reglamenta el pedido de datos e informes, estableciéndose un plazo de cuarenta y cinco días para responder.

6. EL LLAMADO A SALA A LOS MINISTROS DE ESTADO

La Constitución uruguaya de 1830, consagró este instituto del llamado a Sala o interpelación a los Ministros de Estado por parte de las Cámaras del Poder Legislativo. El art. 53 de la Constitución de 1830, disponía: "*Art. 53. Cada una de las Cámaras tiene facultad de hacer venir a su sala los ministros del Poder Ejecutivo, para pedirles y recibir los informes que estime convenientes*".

---

17 MARTÍNEZ, Martín C., "*Ante la nueva Constitución*", Biblioteca Artigas, Colección de Clásicos Uruguayos, Mdeo., 1964, Volumen 48, pp. 8-9.

18 RAMÍREZ, Juan Andrés, "*Dos Ensayos Constitucionales*", Biblioteca Artigas, Colección de Clásicos Uruguayos, Mdeo., 1967, Volumen 118, pp. 126-127.

El origen de esta disposición de la Constitución de 1830, lo encontramos casi textualmente en las Constituciones argentinas de 1819 (art. 30) y de 1826 (art. 39). Se ha discutido en la doctrina nacional si el llamado a Sala de la Constitución uruguaya tiene su raíz histórica en el derecho español como lo ha sostenido Pablo Blanco Acevedo, o si por el contrario tiene sus fuentes en la Constitución francesa de 1793 como lo afirma Alberto Demicheli[19].

Este es uno de los institutos característicos de derecho parlamentario, como también lo fue el refrendo ministerial, que introdujo el constitucionalismo latinoamericano en las Constituciones presidencialistas del siglo XIX, llevando a la doctrina constitucionalista a denominar como "cuasi-presidencialismo" o "presidencialismo a la manera latinoamericana". En tal sentido, enseña Jiménez de Aréchaga lo siguiente:

> Se ha dicho que la diferencia que existe ente los sistemas presidenciales latinoamericanos y el sistema presidencial clásico de los Estados Unidos, está dado por el hecho de que la mayor parte de las Constituciones latinoamericanas del siglo XIX incorporaran a su texto una disposición semejante a la que he citado, mediante la cual no sólo se permitía la presencia de un Ministro en la Sala del Parlamento, sino que fuera obligado a asistir a ella a rendir informes[20].

El texto de la Constitución vigente de 1967, que es el art. 119, dispone lo siguiente:

> Art. 119. Cada una de las Cámaras tiene facultad, por resolución de un tercio de votos del total de sus componentes, de hacer venir a Sala a los Ministro para pedirles y recibir los informes que estime convenientes, ya sea con fines legislativos, de inspección o de fiscalización, sin perjuicio de lo dispuesto en la Sección VIII. Cuando los informes se refieran a Entes Autónomos o Servicios Descentralizados, los Ministros podrán requerir la asistencia conjunta de un representante del respectivo Consejo o Directorio.

La novedad que introdujo la Constitución uruguaya de 1918, fue que el llamado a Sala o interpelación quedó consagrado como un derecho de la minoría, dado que mientras en la Constitución de 1830 para llamar a Sala a un ministro, se requería la mayoría de votos de la Cámara respectiva, en el texto de la Constitución de 1918, que se mantuvo en todas las Constituciones posteriores, se establece que es un tercio de los componentes de cada Cámara, quien puede convocar a Sala a los ministros de Estado para pedirles y recibir

---

19 BLANCO ACEVEDO, Pablo, "*Estudios Constitucionales*", p. 132; DEMICHELI, Alberto, "*El Poder Ejecutivo*", Ed. Depalma, 1950, p. 59.

20 JIMÉNEZ DE ARÉCHAGA, Justino, "*La Constitución Nacional*", Tomo II, p. 279.

los informes que estime convenientes. Esto significa que once senadores o treinta y tres diputados pueden decidir llamar a Sala a un ministro de Estado[21]. Sobre la importancia de la interpelación, el primero de los Aréchaga analizando el art. 53 de la Constitución de 1830, expresaba lo siguiente:

> Por otra parte, como es ante el Poder Legislativo que se hace efectiva la responsabilidad política del Presidente de la República y de sus ministros; como corresponde a aquél fiscalizar la conducta de estos altos funcionarios públicos para someterlos en caso necesario a juicio político, es también indispensable que tenga la facultad de interpelar a los ministros para averiguar, cuando lo estime conveniente, si éstos y el Presidente de la República han procedido constitucionalmente al desempeñar determinada función, o si, por el contrario, han cometido abusos y atentados[22].

En la historia constitucional uruguaya se registra un caso sumamente interesante de una interpelación realizada el 7 de junio de 1888, por parte de la Cámara de Representantes al Ministro de Justicia, Culto e Instrucción Pública, Dr. Duvimioso Terra. El miembro interpelante fue el representante nacional Dr. Carlos María Ramírez (quien fue el primer Catedrático de Derecho Constitucional de la Facultad de Derecho de la Universidad de la República). El motivo del llamado a Sala al ministro Duvimioso Terra fue la denuncia que se hiciera sobre las inversiones de dinero en la construcción de escuelas, afectando los recursos procedentes de un empréstito que por ley tenía un destino fijo o en cantidades distintas según las necesidades de los departamentos. El ministro Terra contestó las preguntas formuladas, afirmando que no se había violado la ley porque los gastos realizados fueron hechos con los remanentes del empréstito y de los impuestos creados. El miembro interpelante Dr. Carlos María Ramirez sostuvo que no había remanentes, por lo que la Cámara de Representantes votó al final de la interpelación una declaración, que si bien no era una censura al ministro, no era satisfactoria con las explicaciones dadas en Sala. El ministro Duvimioso Terra renunció al cargo, siendo el primer caso en el Uruguay en el que un

---

21 La Cámara de Senadores en el Uruguay se integra con treinta miembros elegidos directamente por la ciudadanía, por el sistema de representación proporcional integral, mas el vicepresidente de la república, que la preside y que tiene voz y voto. La Cámara de Representantes se integra con noventa y nueve miembro, que se eligen directamente por la ciudadanía por el sistema de representación proporcional por circunscripción departamental, correspondiendo a cada Departamento por lo menos dos Representantes Nacionales.

22 JIMÉNEZ DE ARÉCHAGA, Justino, "*El Poder Legislativo*", Edición Oficial, Mdeo., 1906, Tomo II, p. 120.

Ministro renunció a su cargo por razones de sensibilidad política, porque no estaba obligado jurídicamente a presentar su renuncia al cargo[23].

Este criterio dejó de aplicarse en el Uruguay a partir del año 1985, en que con motivo de una interpelación realizada por la Cámara de Representantes al ministro del interior Dr. Carlos Manini Ríos, el entonces presidente de la república Dr. Julio María Sanguinetti sostuvo que si la Cámara quería la renuncia del ministro, debía proceder a la censura parlamentaria, conforme a lo previsto por los arts. 147 y 148 de la Constitución de la República, en cuyo caso quien aprueba la censura es la Asamblea General por mayoría absoluta del total de componentes. En esta hipótesis, el presidente de la república, como Jefe de Estado, tiene la potestad de observar el voto de censura y en caso de reiterarse el voto de censura por menos de tres quintos del total de componentes de la Asamblea General, el presidente de la república puede dictar un decreto con su sola firma manteniendo al ministro censurado, disolviendo las Cámaras y convocando a nuevas elecciones parlamentarias para el octavo domingo siguiente[24].

7. LAS COMISIONES PARLAMENTARIAS DE INVESTIGACIÓN

El tercer instituto de control del Parlamento que prevé la Constitución de la República, son las llamadas Comisiones parlamentarias de investigación, previstas en el art. 120 cuyo texto reza lo siguiente: "*Art. 120. Las Cámaras podrán nombrar comisiones parlamentarias de investigación o para suministrar datos con fines legislativos.*"

Esta disposición tiene su origen en la Constitución uruguaya de 1918, si bien ya durante la vigencia de la Constitución de 1830 las Cámaras designaron Comisiones para inspeccionar la documentación del Poder Ejecutivo, especialmente de la Contaduría General de la Nación. La discusión que siempre ha habido en nuestro derecho es el alcance de las facultades de las Comisiones parlamentarias de investigación, como por ejemplo si pueden investigar el funcionamiento de los órganos de la Administración Pública, si pueden realizar allanamientos, si pueden convocar testigos y si estos están obligados a concurrir y prestar declaración.

---

23 Véase sobre el tema BLANCO ACEVEDO, Pablo, "*Estudios Constitucionales*", Mdeo., 1939, pp. 187-188.

24 CORREA FREITAS, Ruben, "*Derecho Constitucional Contemporáneo*", Tomo II, Nº 227, p. 145.

La Ley N.° 16.698 de fecha 25 de abril de 1995 reglamentó la naturaleza jurídica, clasificación, designación, integración y poderes jurídicos de las Comisiones parlamentarias de investigación. De acuerdo con el art. 12 de la Ley N° 16.698, las Comisiones previstas por el art. 120 de la Constitución tienen los siguientes cometidos:

> A) Investigar situaciones que se consideren ilícitas o irregulares a los efectos de asesorar al Cuerpo respecto al ejercicio de los poderes jurídicos de control administrativo o la promoción de un juicio político.
> "B) Reunir información sobre asuntos, y cuestiones en los que no se presume la existencia de ilicitudes o irregularidades, a fin de legislar en esas materias.

Respecto a la distinción de los actos de gobierno y actos de administración del Poder Ejecutivo, en la doctrina nacional el Profesor Emérito de Derecho Constitucional José Korzeniak sostiene con razón a mi juicio, que:

> Cualquier actuación del Poder Ejecutivo -implique ella una actividad "de administración" o "de gobierno"- puede hacer procedente una investigación parlamentaria. Entendemos entonces que el distingo entre ambos tipos de actividad del Poder Ejecutivo, a los efectos de la procedencia de las investigaciones es jurídicamente irrelevante[25].

Particularmente han tenido enorme repercusión en el Uruguay, la conformación de Comisiones parlamentarias de investigación, las que más allá de los problemas políticos habituales que se puedan generar por el enfrentamiento entre los legisladores oficialistas y de la oposición, han permitido que se pueda analizar y estudiar en profundidad determinadas políticas públicas en diversos organismos del Estado, culminando muchas veces con denuncias penales ante la justicia competente. En muchos casos, ha provocado un cambio de las autoridades de los organismos involucrados, así como una nueva dirección en las políticas de gobierno y de administración, lo que demuestra que el sistema político uruguayo funciona, que se respeta la institucionalidad democrática y que el ejercicio de los poderes de contralor del Parlamento no son letra muerta en la Constitución, sino que se ejercen en forma efectiva.

La Constitución de la República luego de prever los tres institutos de control parlamentario que se han analizado, prescribe en el art. 121 lo siguiente: "Art. 121. *En los casos previstos en los tres artículos anteriores, cualquiera*

---

[25] KORZENIAK, José, "*Las Comisiones Parlamentarias de Investigación y sus facultades*", F.C.U., Mdeo., 1998, p. 42.

de las Cámaras podrá formular declaraciones, sin perjuicio de lo dispuesto en la Sección VIII."

Esta disposición, que tiene su origen en la Constitución de 1934, significa que una vez recibidos los datos e informes solicitados por un legislador; al final de un llamado a Sala o interpelación a uno o varios ministros de Estado; o al culminar su trabajo una comisión parlamentaria de investigación, la Cámara respectiva puede formular una declaración. Así, por ejemplo, al finalizar un llamado a Sala a un ministro de Estado, la Cámara puede aprobar una declaración que establezca que "*son satisfactorias las explicaciones brindadas por el señor Ministro de ...*"; o, en su defecto, que declare lo siguiente: "*oídas las explicaciones del señor Ministro de (...) se consideran insatisfactorias*". Pero estas declaraciones tienen un valor político, que jurídicamente no obligan al ministro o a los ministros a renunciar a sus cargos, aunque lo pueden hacer por razones de sensibilidad política, como sucedió en nuestro país durante casi un siglo desde finales del siglo XIX hasta la reinstalación democrática en 1985.

La remisión que hace el art. 121 de la Constitución uruguaya a lo dispuesto en la Sección VIII (Constitución, arts. 147-148), es al instituto de la censura parlamentaria, que debe ser pronunciada por mayoría absoluta del total de componentes de la Asamblea General (66 votos en 130 miembros), la que obliga jurídicamente al ministro o ministros censurados a presentar renuncia ante el presidente de la república, quien eventualmente puede observar el voto de censura.

Considero que, en relación con este tema, es interesante agregar que, en la doctrina argentina, el reconocido constitucionalista Jorge Reinaldo Vanossi, sostiene que en lo se refiere a los institutos de "control", no se debe dejar de lado el tema de la "responsabilidad" de los gobernantes, que no es un tema menos importante, sino todo lo contrario. Afirma el profesor Vanossi que

> existe una "regla de oro" en el ámbito de los sistemas democráticos-constitucionales, según la cual, a todo acrecentamiento del poder debe corresponder un vigorizamiento de los controles; o sea, que cada vez que se dilata la órbita de la competencia del poder, se deben ajustar consiguientemente los resortes y mecanismos del respectivo régimen de control[26].

---

26 VANOSSI, Jorge Reinaldo A., "*El Estado de Derecho en el constitucionalismo social*", Eudeba, Buenos Aires, 2000, p. 182.

Estos institutos de control del Poder Legislativo sobre el Poder Ejecutivo y sobre los demás órganos del Estado han sido de fundamental importancia en la consolidación del sistema democrático, porque han permitido que la ciudadanía tenga conocimiento cabal de la forma cómo se ejerce el poder por parte de las autoridades públicas, facilitando el cambio de políticas públicas y corrigiendo conductas indebidas por parte de jerarcas públicos inescrupulosos que han abusado del poder público.

8. LOS PARTIDOS POLÍTICOS EN LA CONSTITUCIÓN URUGUAYA

En la evolución constitucional uruguaya, pueden observarse claramente cuatro períodos en lo que se refiere a los partidos políticos, si bien se reconoce que históricamente los llamados partidos tradicionales o fundacionales, que son el Partido Colorado y el Partido Nacional, tuvieron su partida de nacimiento en la Batalla de Carpintería el 19 de setiembre de 1836. No obstante, ello, la configuración definitiva y la organización como verdaderos partidos políticos recién se dio en los primeros años del siglo XX, en el Partido Colorado con la transformación y el impulso que le dio don José Batlle y Ordóñez y en el Partido Nacional el liderazgo de Aparicio Saravia y de Luis Alberto de Herrera.

En primer lugar, nos encontramos con una "*ignorancia*" de los partidos políticos en la Constitución uruguaya de 1830, como una clara manifestación del rechazo a todo tipo de corporativismo como fue la tónica de las ideas predominantes en Revolución francesa de 1789 y que influyeron directamente en nuestros constituyentes patrios.

En segundo lugar, tenemos un período de "*reconocimiento*" de los partidos políticos, que se manifiesta claramente en las Constituciones de 1918, 1934, 1942 y 1952, en las que encontramos disposiciones sobre, por ejemplo, la forma de integración de los Poderes y órganos del Estado, donde se hace alusión a la forma de distribución de los cargos entre los diversos partidos políticos.

En tercer lugar, la Constitución de 1967 trajo consigo la etapa que podemos denominar de "*institucionalización*" de los partidos políticos, porque el art. 77 ord. 11, dispuso lo siguiente:

> El Estado velará por asegurar a los Partidos políticos la más amplia libertad. Sin perjuicio de ello los Partidos deberán:
> ejercer efectivamente la democracia interna en la elección de sus autoridades.
> dar la máxima publicidad a sus Cartas Orgánicas y Programas de Principios, en forma tal que el ciudadano pueda conocerlos ampliamente.

En la doctrina constitucionalista uruguaya, Aníbal Luis Barbagelata sostuvo que la extensión en la Constitución de 1967 "*de la iniciativa popular y del recurso de referéndum al ámbito de las leyes ordinarias incrementa indirectamente, aunque de manera harto efectiva, el papel de los partidos políticos*"[27].

Asimismo, analizando los alcances de la reforma constitucional que introdujo la Constitución de 1967, Sanguinetti y Pacheco Seré afirmaron:

> Hasta el presente, los partidos políticos no eran regulados por la Constitución, pese a que ella reconocía su existencia como cimiento fundamental de todas las instituciones por ella organizada. El artículo 77 inc. 11 de la nueva Constitución supone un tímido intento de legislación de partidos, que por lo menos incorpora algunos principios cuyo desarrollo queda librado a la ley[28].

En cuarto lugar, la Reforma Constitucional de 1997 consagró lo que he denominado la etapa de "*reglamentación*" de los partidos políticos en el Uruguay, al imponerles obligatoriamente la realización de elecciones internas obligatorias y simultáneas para la elección de sus autoridades, así como la elección de un candidato único a la Presidencia de la República por partido político (Constitución, art. 77 ord. 12)[29]. Sin duda alguna, se trata de un cambio sustancial en el que la Constitución de la República no sólo reconoce a los partidos políticos, sino que les impone determinadas obligaciones en aras de asegurar al máximo la participación de los ciudadanos en la vida política del país, con lo que se afirma la democracia uruguaya.

9. LA CONSOLIDACIÓN DEMOCRÁTICA EN EL URUGUAY

La República Oriental del Uruguay se ha caracterizado a lo largo de la historia, por ser un país profundamente democrático. La historia nos muestra las enormes dificultades que tuvo nuestro país en los inicios de la vida independiente, a partir de la entrada en vigor de la Constitución de 1830 hasta los primeros años del siglo XX, en que después de las Revoluciones de 1897 y de 1904, encabezadas por Aparicio Saravia, el país comenzó un proceso de modernización y de profundos cambios políticos de la mano

---

27 BARBAGELATA, Aníbal Luis, "*Estatuto de los Partidos Políticos*", en "*Alcances y aplicaciones de la nueva Constitución uruguaya*", IEPAL, Mdeo., 1967, p. 47.

28 SANGUINETTI, Julio María y PACHECO SERÉ, Alvaro, "*La nueva Constitución*", Ed. Alfa S.A., Mdeo., 1971, p. 65.

29 CORREA FREITAS, Ruben, "*Derecho Constitucional Contemporáneo*", Tomo I, N.º 147, p. 335.

de José Batlle y Ordóñez, quien fuera dos veces presidente de la república (1903-1907 y 1911-1915).

No obstante, puede señalarse, por ejemplo, que el proceso de laicización del Estado uruguayo comenzó en 1861, bajo la Presidencia de Bernardo Prudencio Berro, quien dispuso la secularización de los cementerios, a lo que siguió la creación del Registro de Estado Civil en 1879 y el matrimonio civil obligatorio en 1885. La reforma de la educación promovida por José Pedro Varela fue aprobada en 1876, con la creación de la escuela pública, laica y obligatoria. El proceso hacia un Estado laico como es el Uruguay culminó con la separación de la Iglesia y el Estado con el art. 5° de la Constitución de 1918.

En la consolidación del sistema democrático uruguayo, han tenido un papel muy importante los partidos políticos, que han sido fundamentales en la formación de una conciencia cívica por parte de la ciudadanía. Un ejemplo de ello, fue la Constitución uruguaya de 1918, la segunda Constitución que tuvo el Uruguay que preveía la realización de elecciones cada dos años, dado que si bien el período de gobierno era de cuatro años, el Consejo Nacional de Administración que era uno de los órganos del Poder Ejecutivo, se integraba con nueve miembros y se renovaba por terceras partes cada dos años.

La Constitución uruguaya de 1967, que es la vigente, consagró dos institutos a nivel nacional como son la iniciativa popular en materia legislativa y el recurso de referéndum contra las leyes (Constitución, art. 79 inciso segundo). Estos institutos ya habían sido previstos a nivel de los Gobiernos Departamentales en la Constitución de 1934. El recurso de referéndum y la iniciativa popular es un derecho conferido al veinticinco por ciento de los inscriptos habilitados para votar. El recurso de referéndum se debe interponer dentro del año de promulgada la ley. Ambos institutos no son aplicables respecto a las leyes que establezcan tributos, ni a las leyes que sean de iniciativa privativa del Poder Ejecutivo.

Si bien en nuestro país no ha prosperado el instituto de la iniciativa popular en materia legislativa, en cambio después de la restauración democrática, el instituto del referéndum contra las leyes se ha utilizado por la ciudadanía en reiteradas oportunidades, promoviendo intensos debates públicos sobre temas tan complejos como, por ejemplo, la Ley N.° 15.848 de fecha 22 de diciembre de 1986, llamada ley de caducidad de la pretensión punitiva del Estado, por la que se amnistió a los militares y policías acusados de violaciones a los derechos humanos durante la dictadura militar en 1989; la Ley N.° 16.211 de fecha 1 de octubre de 1991, de transformación y privatización de las Empresas Públicas, que en el Uruguay se denominan Entes Autónomos y Servicios Descentralizados; la Ley N.° 17.448 de fecha 4 de enero de 2002, que dispuso la derogación del monopolio de la importación, exportación y refinación de petróleo crudo y el de exportación de derivados de petróleo, establecidos a favor del Estado y administrados por ANCAP, habilitando para que pudiera asociarse con otras empresas internacionales; y por último, el recurso de referéndum contra la "Ley de Urgente Consideración", conocida vulgarmente como la LUC, aprobada por Ley N.° 19.889 de fecha 9 de julio de 2020, que contiene los lineamientos principales del programa de gobierno del presidente Lacalle Pou, habiéndose interpuesto el recurso contra 135 artículos de esta Ley. De los cuatro referéndums señalados, la ciudadanía se pronunció a favor de la confirmación de la Ley N.° 15.848 en el año 1989; y de la Ley N.° 19.889 en el año 2022; mientras que la ciudadanía se pronunció por la derogación a favor de los recursos de referéndums contra la Ley N.° 16.211 en el año 1992; y la Ley N.° 17.448 en el año 2003.

El Parlamento uruguayo ha sancionado en los últimos años, un conjunto de leyes fundamentales para la protección y garantía de los derechos humanos, así como una legislación de avanzada en materia social, que creo que es sumamente importante destacar. Un primer ejemplo de ello es la Ley N° 16.011 de fecha 19 de diciembre de 1988, que consagró la acción de amparo en el Uruguay, contra todo acto, omisión o hecho de las autoridades públicas o paraestatales, así como de particulares, que, en forma actual o inminente, lesione, restrinja, altere o amenace con ilegitimidad manifiesta, cualquiera de sus derechos o libertades.

Un segundo ejemplo, ha sido la creación del Comisionado Parlamentario para el Sistema Carcelario, por Ley N° 17.684 de fecha 29 de agosto de 2003, un verdadero "defensor del pueblo" en un área sumamente sensible desde el punto de vista político y social, como es el de las personas privadas de libertad. El Comisionado Parlamentario es designado por la Asamblea General, por tres quintos de votos del total de componentes.

Posteriormente, la Ley N° 18.331 de fecha 11 de agosto de 2008, previó la acción de "Habeas data", derecho conferido a toda persona para tomar conocimiento de los datos referidos a su persona.

Asimismo, la Ley N.° 18.381 de fecha 17 de octubre de 2008, por la que se estableció el derecho de acceso a la información pública, instrumento que ha sido utilizado ampliamente sobre todo por los periodistas y medios de comunicación, como una forma efectiva para poder ejercer el control sobre los organismos públicos, obteniendo información valiosa para la ciudadanía en temas de interés público.

En el año 2008 se dio un avance sumamente importante en lo que se refiere a la protección y garantía de los derechos humanos, dado que por Ley N.° 18.446 de fecha 24 de diciembre de 2008, se creó la Institución Nacional de Derechos Humanos, como una institución del Poder Legislativo, para la defensa, promoción y protección de todos los derechos humanos reconocidos por la Constitución y por el Derecho Internacional. La Institución Nacional de Derechos Humanos, que es el "defensor del pueblo" en materia de derechos humanos, estará dirigida por un Consejo Directivo, integrado por cinco miembros, que son designados por dos tercios del total de componentes de la Asamblea General del Poder Legislativo.

Más adelante, la Ley N.° 18.987 de fecha 22 de octubre de 2012, por la que se estableció la interrupción voluntaria del embarazo, en las primeras doce semanas y luego de un procedimiento previo con la intervención de un equipo interdisciplinarios integrado por médicos y psicólogos. En el Uruguay este tema del aborto tuvo un largo e intenso debate, en donde uno de los pilares fue el derecho a la vida tanto de la madre como del feto, invocándose entre otros argumentos la Convención Americana de Derechos Humanos, Pacto de San José de Costa Rica de 1969, que en su art. 4.1 que establece: "*Toda persona tiene derecho a que se respete su vida. Este derecho estará protegido por la ley y, en general, a partir del momento de la concepción.*"

Otro ejemplo de avances en la legislación social es la admisión en el Uruguay del matrimonio igualitario, por la Ley N° 19.075 de fecha 3 de mayo de 2013, por la que se sustituyó el art. 83 del Código Civil, disponiéndose que: "*El matrimonio civil es la unión permanente, con arreglo a la ley, de dos personas de distinto o igual sexo*". También, se debe señalar que en el art. 10 de la Ley N.° 19.075 de fecha 3 de mayo de 2013, que sustituyó el art. 187 del Código Civil, se admite como causal de divorcio, la sola voluntad de cualquiera de los cónyuges, a diferencia de la ley de 1913 que había consagrado el divorcio por sola voluntad de la mujer. Por supuesto que el contexto histórico es diferente, porque cuando el Uruguay admitió en 1913 el divorcio por sola voluntad de la mujer, fue realmente una verdadera revolución ante las concepciones tradicionales sobre el papel de la mujer en la familia y en la sociedad.

Es indudable que la democracia uruguaya se ha fortalecido en los últimos treinta y ocho años, luego de la reinstitucionalización en 1985, con una legislación de avanzada que ha permitido no solo modernizar el sistema judicial con procesos por audiencia en materia civil y procesos orales en materia penal, sino también con el reconocimiento y protección de los derechos humanos, como por ejemplo con la consagración de la acción de amparo, del "habeas data" y del derecho de acceso a la información pública. La creación de institutos, como el Comisionado Parlamentario para el sistema carcelario y la Institución Nacional de Derechos Humanos, han sido de una gran significación para la ciudadanía, que ve en ellos un instrumento real y efectivo para la garantía y protección de los derechos humanos.

10. CONCLUSIONES

La Constitución uruguaya vigente, que es la de 1967, ha cumplido cincuenta años de vigencia, con cuatro reformas parciales en 1989, 1994, 1997 y 2004. Como lo he afirmado anteriormente: "*De alguna manera, estos cincuenta años de vigencia de la Constitución de 1967 han servido para consolidarse como un verdadero pacto político entre la ciudadanía*"[30].

Con respecto a los controles que ejerce el Poder Legislativo sobre el Poder Ejecutivo y los demás órganos del Estado, corresponde afirmar que la Constitución uruguaya consagra tres institutos típicos del sistema de gobierno parlamentario, lo que en la realidad política del Uruguay ha llevado que el Parlamento siempre haya ejercido el poder de control en forma efectiva, ya desde los primeros años de vida institucional a partir de la entrada en vigor de la Constitución de 1830. Sobre la preponderancia del Poder Ejecutivo en las Constituciones latinoamericanas, enseña en la doctrina uruguaya Gros Espiell lo siguiente:

> La organización del Poder Ejecutivo en una forma presidencialista, con una clara tendencia a darle este poder del gobierno un predominio sobre los otros dos y a hace del Presidente de la República el facto esencial de poder y el centro impulsor de la actividad institucional y política del país, constituye, por tanto, una característica que podría calificarse como constante, tradicional y general en el constitucionalismo de Latinoamérica[31].

El pedido de datos e informes que puede hacer cualquier legislador a los ministros de Estado, ha sido objeto de críticas diversas. Por un lado, desde el Poder Ejecutivo y demás órganos del Estado, por la cantidad y a veces el exceso de preguntas que se formulan por parte de los senadores y los representantes nacionales, lo que prácticamente obliga a que cada Ministerio, ente autónomo

---

30 CORREA FREITAS, Ruben, "*El Cincuentenario de la Constitución uruguaya de 1967*", Ed. Magró – UDE, Mdeo., 2007, p. 26.

31 GROS ESPIELL, Héctor, "*Estudios Constitucionales*", p. 83.

o servicio descentralizado tenga que tener una oficina especializada en dar respuestas a los pedidos de datos e informes. Por otro lado, desde el Parlamento se formulan permanentes quejas y reiteraciones de los pedidos de datos e informes, expresándose que los ministerios no responden en tiempo y forma, razón por la cual cuando existe un tema que se estima urgente, de gravedad institucional o de otra naturaleza, los legisladores están recurriendo al mecanismo previsto del derecho al acceso a la información pública.

El llamado a Sala a los ministros de Estado o interpelación, en la experiencia uruguaya habitualmente se afirma por parte de quienes ejercen el gobierno, que muchas veces se abusa de este mecanismo. Sin embargo, la realidad política en el Uruguay es que las interpelaciones a los ministros de Estado constituyen una herramienta útil y válida para el ejercicio de los poderes de control del Parlamento sobre el Poder Ejecutivo y los demás órganos del Estado. Se critica porque las interpelaciones duran doce, catorce y hasta veinte horas de sesión de las Cámaras, pero la verdad es que es un mecanismo de control que es muy importante para que la ciudadanía se informe de lo que pasa en el gobierno, de las decisiones políticas y de administración que se adoptan por parte de los Ministerios y órganos del Estado. Sin ninguna duda, contribuye a la transparencia en la gestión de los asuntos públicos y mejora notablemente la calidad democrática de nuestro país, que es un ejemplo en América Latina.

Finalmente, con respecto a las Comisiones parlamentarias de investigación, la experiencia demuestra la enorme importancia que tienen cuando es necesario no sólo investigar en profundidad sobre un tema determinado, sino también para poder corregir el funcionamiento de la Administración Pública y de los órganos de gobierno, e incluso para legislar sobre determinados temas de interés general. Es un instrumento de fundamental importancia para combatir casos de corrupción administrativa, lo que no está exento ningún gobierno por mejor intención que tengan los gobernantes.

Estimo que esta experiencia uruguaya, ha sido un factor fundamental para que el Parlamento sea realmente un Poder del Estado, con influencia real y verdadera en la vida política del país, impulsando cambios en la legislación, promoviendo cambios profundos en la sociedad, y siendo una verdadera "caja de resonancia" de los reclamos de la ciudadanía, que cada vez más exige mayor participación en la definición de las políticas públicas.

En definitiva, el Parlamento en el Uruguay ha sido y es un pilar de fundamental importancia en la consolidación de la democracia, que para los uruguayos es una forma y un estilo de vida que está asociado a la historia misma de la República, que tiene sus raíces en el pensamiento del Prócer de nuestra nacionalidad, don José Artigas, y que se ha desarrollado en el tiempo con el pensamiento y la acción, merced a una decisiva influencia de los Partidos políticos, así como de una ciudadanía comprometida con los asuntos de interés público.

Referencias

BARBAGELATA, Aníbal Luis. "El Estatuto de los Partidos Políticos", en "Alcances y aplicaciones de la nueva Constitución uruguaya", IEPAL, Mdeo., 1967.

BISCARETTI DI RUFFÍA, Paolo. "Derecho Constitucional", Madrid: Ed. Tecnos, , 1987.

CASSINELLI MUÑOZ, Horacio, "Derecho Público", F.C.U., Mdeo., 2009

CORREA FREITAS, Ruben, "Derecho Constitucional Contemporáneo", F.C.U., Mdeo., 2022.

CORREA FREITAS, Ruben, "El Cincuentenario de la Constitución uruguaya de 1967", Ed. Magró – UDE, Mdeo, 2017.

GONZÁLEZ, Joaquín V., "Manual de la Constitución Argentina (1853-1860)". Buenos aires: La Ley, 2001.

GROMPONE, Romeo, "Divorcio", Ed. Medina, Mdeo., 1946.

GROS ESPIELL, Héctor, "Estudios Constitucionales", Ed. Ingranusi Ltda., Mdeo., 1998.

JIMÉNEZ DE ARÉCHAGA, Justino, "El Poder Legislativo", Ed. Oficial, 1906.

JIMÉNEZ DE ARÉCHAGA, Justino, "La Constitución Nacional", Ed. Cámara de Senadores, Mdeo., 1993.

LOEWESTEIN, Karl, "Teoría de la Constitución", Ed. Ariel, Barcelona, 1976.

MARTÍNEZ, Martín C., "Ante la nueva Constitución", Biblioteca Artigas, Colección Clásicos Uruguayos, Mdeo., 1964, Vol. 48.

RAMÍREZ, Juan Andrés, "Dos Ensayos Constitucionales", Biblioteca Artigas, Colección de Clásicos Uruguayos, Mdeo., 1967, Vol. 118.

REAL, Alberto Ramón, "Estado de Derecho y Humanismo Personalista", F.C.U., Mdeo., 1974.

SANGUINETTI, Julio María y PACHECO SERÉ, Alvaro, "La nueva Constitución", Ed. Alfa S.A., Mdeo., 1971.

VALADÉS, Diego, "El Control del Poder", Ed. Porrúa – Unam, México, 2000.

VANOSSI, Jorge Reinaldo A., "El Estado de Derecho en el constitucionalismo social", Eudeba, Buenos Aires, 2000.

La acusación constitucional como modalidad de control político del gobierno. La desnaturalización de la acusación constitucional como contrapeso a la acción del Gobierno en Chile

MARISOL PEÑA TORRES[1]

1. INTRODUCCIÓN

El control ha pasado a perfilarse como una de las funciones más importantes del Estado contemporáneo. La idea original del constitucionalismo de controlar el poder se ha venido manifestando en el perfilamiento de esta función como una autónoma –y muy necesaria– respecto de las clásicas funciones delineadas por Locke y por Montesquieu (las de hacer la ley, de ejecutar la ley y de resolver los conflictos jurídicos por órganos independientes e imparciales).

La función de control, en los modernos Estados de Derecho, comprende el control ciudadano que se ha potenciado a través del desarrollo de la rendición de cuentas o *accountability* respecto de las autoridades del Estado y respecto del cual el acceso a la información pública y la transparencia en el actuar de los órganos del Estado cobran especial relevancia.

En esencia, el control –en cuanto función del Estado– supone verificar, inspeccionar que los actos de los órganos estatales se ajusten a sus fines y a la competencia que los rige. A diferencia del control jurisdiccional, Tusseau sugiere que puede considerarse "político" un control donde el resultado es producto de un razonamiento formulado en términos de oportunidades o de preferencias, en oposición a un razonamiento apoyado sobre una mo-

---

1 Miembro de número de la Academia de Ciencias Sociales Políticas y Morales del Instituto de Chile y Miembro Correspondiente de las Academias Nacional de Derecho y Ciencias Sociales de Córdoba, Argentina y de Ciencias Políticas y Sociales de Venezuela. Directora del Centro de Justicia Constitucional de la Universidad del Desarrollo, Chile. marisolpena@udd.cl.

tivación de apariencia deductiva y que da como resultado la conclusión de premisas que son presentadas como pertenecientes al derecho positivo[2].

En esta ponencia nos referiremos a lo que Loewenstein denomina controles "interórganos", esto es, "a la dinámica del interjuego e interacción de los diversos detentadores del poder en el proceso político"[3]. El mismo autor agrega que "en la realidad política, el interjuego y la interacción entre el gobierno y el parlamento constituyen el meollo del proceso del poder"[4].

En el derecho comparado es posible advertir, por lo mismo, que los órganos comprometidos en el ejercicio del control político son el Parlamento, por un lado, y el Ejecutivo o Gobierno, por el otro. Más específicamente, esta relación es aquella que se manifiesta en el control político, "porque debe garantizar la conformación a las "imposiciones" constitucionales, en el sentido que no debe representar simplemente la 'ejecución' de las mismas, sino que el enlace político del gobierno a las prescripciones establecidas por la Constitución, respecto de las cuales el parlamento juzgará al ejecutivo"[5].

De esta forma, el control político que ejerce el Parlamento sobre el Gobierno persigue configurar la responsabilidad política de sus órganos, entendida ésta como responsabilidad constitucional. Por otro lado, puede decirse que el control político que los Parlamentos ejercen sobre los actos de las autoridades gubernamentales constituye una expresión de la clásica teoría de la soberanía nacional explicada por Sieyés, según la cual la voluntad de la Nación se expresa a través de los representantes que elige. Se pregunta, al efecto, ¿Qué pide o desea el pueblo? Y la respuesta es: "disponer de verdaderos representantes en los Estados generales, esto es, diputados extraídos de su orden, que sean capaces de servir de intérpretes de su voluntad y defensores de sus intereses"[6].

---

2 Tusseau, Guillaume (2010). El control político de constitucionalidad en Francia. En: Prado Maillard, José Luis (Editor). El control político en el Derecho Comparado. Editorial Comares, Granada.

3 Lowenstein, Karl (2018). Teoría de la Constitución. Ariel Derecho, Madrid, p. 252.

4 Loewenstein (2018). Ob cit., p. 253.

5 Carducci, Michele (2010). El control político en el Derecho Italiano y Comparado. En: Prado Maillard, José Luis (Editor). El control político en el Derecho Comparado. Editorial Comares, Granada.

6 Sieyés, Emmanuelle (1991). El tercer Estado y otros escritos de 1789. Editorial Espasa-Calpe, Colección Austral, Madrid, p. 160.

En consecuencia, aunque ya hayan transcurrido tres siglos desde el enunciado de esa teoría en "El Tercer Estado" sigue siendo cierto que los representantes de la Nación, reunidos en el Parlamento, pueden exigirle cuentas a quienes los gobiernan, los que, al igual que los parlamentarios, han recibido un depósito de confianza de la ciudadanía para gestionar sus asuntos.

En Estados como Chile, que adoptaron tempranamente el modelo presidencial de gobierno, el control político que el Congreso Nacional ejerce sobre el gobierno es una de las expresiones más importantes de los *checks and balances* propios de todo Estado de Derecho que vinieron a complementar la teoría clásica de la separación de los poderes o funciones del Estado[7]. Este sistema de controles recíprocos entre los principales detentadores del poder tiene por objeto que ninguno de ellos abuse del mismo entroncando, de esta forma, con el *telos* o finalidad principal del constitucionalismo desde sus orígenes hasta nuestros días.

Las modalidades de ejercicio del control político están muy ligadas a la forma de gobierno que cada Estado haya adoptado, pues en los gobiernos parlamentarios o de colaboración de poderes se expresa en el conjunto de relaciones que se articulan entre el Parlamento y el Primer Ministro junto a su gabinete, sin olvidar que estos últimos también son parlamentarios. De esta forma, mecanismos de control político como las interpelaciones a los ministros del gabinete, así como los votos de censura manifestados a uno o más miembros del gobierno, son una manifestación esencial de la confianza recíproca que debe existir entre el Parlamento y aquel.

Los sistemas presidenciales, por el contrario, muestran una tensión permanente entre el gobierno y el Parlamento, en la medida que el primero cuenta con este último para concretar la legislación involucrada en su programa de gobierno, lo cual se torna particularmente difícil cuando el presidente no cuenta con una mayoría de parlamentarios afines. Pero, al mismo tiempo y, desde el punto de vista del Parlamento, el rol fiscalizador de los actos del gobierno que le ha sido confiado puede convertirse en una tentación permanente para obstruir la acción gubernamental desnaturalizando su finalidad de contrapeso al Poder Ejecutivo. Un predominio opositor en el Parlamento puede precisamente alentar este rol obstruccionista alejándose del ideal democrático de una oposición constructiva.

---

7 Matthias Hartwig (2010) sostiene que "un requisito necesario para el control político es la separación de los poderes". El control político en Alemania. En: Prado Maillard, José Luis (Editor). El control político en el Derecho Comparado. Editorial Comares, Granada.

La fiscalización leal, oportuna y desideologizada de los actos del gobierno resulta, desde otra vereda, muy importante si se considera que, en los modernos Estados sociales y democráticos de derecho, la administración ha ido ganando terreno en forma indiscutible como producto del proceso de deslegalización que reivindica en su favor la regulación de materias que se consideran muy técnicas o especializadas y que estarían fuera del alcance o del dominio de los legisladores. Me remito aquí a diversos estudios referidos a la "discrecionalidad técnica" del administrador y sus posibilidades de control.[8]

De la misma forma, el desprestigio de los mismos Parlamentos[9], particularmente por la falta de atención o demora en legislar sobre aspectos básicos para la ciudadanía, ha traído como correlato, un aumento de la legislación delegada y también una proliferación creciente de los decretos reglamentarios que abordan materias de carácter general. Por ello es por lo que Ricardo Combellas señalaba hace algunos años atrás que:

> [l]a creciente intervención del Estado en su entorno social y la asunción del aseguramiento del bienestar colectivo, han aumentado considerablemente no sólo las tareas de la Administración Pública, sino también su autonomía decisoria frente a los otros poderes estatales: no sólo frente a un Parlamento incapaz de competir con ella en lo que respecta a capacidad técnica para conocer y resolver los problemas que plantean las demandas al subsistema estatal, sino también frente al Gobierno, resalta el poder administrativo[10].

Lo anterior confirma el acercamiento de Lucio Pegoraro quien se inclina por afirmar lo que el control político no es. Así sostiene que "en el lenguaje del derecho constitucional comparado, el control político no

---

8 Véase, a modo de ejemplo: Fernández-Espinar, Luis Carlos (2012). El control judicial de la discrecionalidad administrativa. La necesaria revisión de la construcción dogmática del mito de la discrecionalidad y su control. En: Revista Jurídica de Castilla y León 26, pp. 211-258 y Gallo, Carlo Emanuele y Crepaldo, Gabriela (2022). Elo control jurisdiccional sobre la discrecionalidad administrativa en Italia. En: Revista Digital de Derecho Administrativo 28, pp. 53.88.

9 La Encuesta Plaza Pública CADEM, de la cuarta semana de agosto, registra al Congreso Nacional de Chile como la institución peor evaluada con un 20 % de apoyo de los encuestados frente al 98 % que alcanzó Bomberos, el 81 % de la Policía de Investigaciones, el 60 % de las Universidades y el 49 % de la Contraloría General de la República.

10 Combellas, Ricardo (1980). Crisis y reformulación de los principios jurídico-políticos del Estado de Derecho en el Estado Social. En: Libro Homenaje a Manuel García Pelayo. Tomo I. Universidad Central de Venezuela, Facultad de Ciencias Jurídicas y Sociales, p. 40.

comprende los controles técnicos (aunque sean jurídicos), ni el control social porque es (prejurídico)"[11].

En la medida que el control político es una forma de control "se conecta con la idea de que es susceptible de traducirse en una sanción, y esto, a diferencia de las actividades de mera información o de conocimiento (que pueden ser instrumentales, o menos, al control) como también, obviamente, de la función legislativa, de la administración o de las elecciones o nombramientos"[12].

Con todo, no se trata de un "control" en el sentido restringido del término que está destinado a evaluar la conformidad de un acto con el ordenamiento jurídico vigente. Se acerca, por el contrario, a la noción de "fiscalización", que es más amplia, pues, como se ha sostenido, abarca un verdadero juicio de mérito sobre el actuar del gobierno y tiende a que éste corrija su accionar[13].

En el caso de la acusación constitucional en Chile, el juicio de culpabilidad que pronuncia el Senado conduce a la destitución en el cargo de la autoridad acusada, esto es, a la sanción máxima que puede recibir quien haya sido objeto de este reproche. Lo anterior, sin perjuicio de la inhabilidad en que deja a la autoridad declarada culpable de desempeñar cargos públicos, sean o no de elección popular, por el plazo de 5 años contados desde el pronunciamiento del Senado y de la posibilidad de usar este mismo pronunciamiento como base para perseguir responsabilidades civiles o penales[14].

Hay quienes incluso han visto en la acusación constitucional una proyección de la naturaleza política de la Constitución, de modo que el ejercicio de este mecanismo posiciona al Congreso como guardián político de la supremacía constitucional y como el supremo intérprete de aquella[15]. El expresidente de la Academia de Ciencias Sociales, Políticas y Morales del Instituto de Chile, José Luis Cea Egaña, ha sostenido, precisamente, que la

---

11 Pegoraro, Lucio (2010). *Semántica de "control político" (Elementos reconstructivos para un análisis comparado).* En: Prado Maillard, José Luis (Editor). El control político en el derecho comparado. Editorial Comares, Granada, p. 154.

12 Pegoraro (2010). Ob. cit., p. 160.

13 Cea Egaña, José Luis (1993). Fiscalización parlamentaria del Gobierno. En: Revista Chilena de Derecho, Vol. 20, Pontificia Universidad Católica de Chile, Santiago, pp. 9-10.

14 Artículo 53 N° 1) inciso de la Constitución Política de la República de Chile.

15 Silva Irarrázaval, Luis Alejandro (2017), p. 214. Acusación constitucional y garantía política de la supremacía constitucional. En: Revista Ius et Praxis; Año 23 N.° 2. Universidad de Talca, Facultad de Ciencias Jurídicas y Sociales, p. 214.

acusación constitucional busca el respeto de los valores de la supremacía constitucional[16].

Esta ponencia plantea la hipótesis de que, siendo la acusación constitucional en Chile, uno de los mecanismos más importantes para perseguir la responsabilidad política de las más altas autoridades del Estado y, por ende, un ejemplo privilegiado de los *checks and balances* en nuestro sistema político, en los últimos años, ha venido siendo utilizada como un ejercicio de obstrucción a la acción del gobierno más que como un mecanismo reorientador de las políticas y programas que éste lleva a cabo representando el sentir de la ciudadanía.

2. EVOLUCIÓN DEL MECANISMO DE LA ACUSACIÓN CONSTITUCIONAL EN CHILE

La acusación constitucional, tal y como hoy la entendemos en Chile, se remonta a lo dispuesto en la Constitución Política de 1833 cuya vigencia se extendió por casi un siglo. La acusación era procedente respecto del presidente de la república y de los ministros del despacho.

Así, su artículo 83 señalaba que: "El Presidente de la República puede ser acusado sólo en el año inmediato después de concluido el término de su Presidencia, por todos los actos de su administración, en que haya comprometido gravemente el honor o la seguridad del Estado, o infringido abiertamente la Constitución (...)"

Don Jorge Huneeus, autorizado comentarista de la carta de 1833, llamaba la atención sobre el hecho de que este artículo aseguraba al presidente de la república "completa irresponsabilidad" durante el ejercicio de su Presidencia, puesto que sólo permitía que se le acusara en el año inmediato a su expiración, anomalía que no existía en ningún otro país republicano[17]. Entretanto, el artículo 92 de la Constitución disponía que:

> Los Ministros del Despacho pueden ser acusados por la Cámara de Diputados por los delitos de traición, concusión, malversación de los fondos públicos, soborno, infracción de la Constitución, por atropellamiento de las Leyes, por

---

16 Cea Egaña. José Luis (2013). Atribuciones exclusivas de la Cámara de Diputados. En Cea, José Luis (Edit.). Derecho Constitucional Chileno, Tomo III. Ediciones Universidad Católica de Chile, p. 334.

17 Huneeus, Jorge (1891). La Constitución ante el Congreso. Tomo II, 2ª edición. Imprenta Cervantes, Santiago, pp. 155-156.

> haber dejado éstas sin ejecución y por haber comprometido gravemente el honor o la seguridad de la Nación.

Por su parte, el artículo 98 indicaba que: "El Senado juzgará al Ministro procediendo somo Jurado y se limitará a declarar si es no culpable del delito o abuso de poder que se le imputa" ejerciendo para ello un poder discrecional, ya sea para caracterizar el delito como para dictar la pena. La sentencia pronunciada por el Senado impedía la procedencia de la apelación y de cualquier otro recurso.

Comentando la primera de estas disposiciones, el citado profesor Huneeus afirmaba que "dentro del artículo 92 (...) caben todos los delitos que un Ministro pudiera *cometer en el ejercicio de sus funciones*"[18].

No fue sino hasta la reforma constitucional de 24 de octubre de 1874 que se precisaron los alcances de la acusación constitucional asimilándola al *impeachment* norteamericano. Por una parte, se precisó que una vez que la Cámara de Diputados hubiese acordado entablar la acusación ante el Senado, o declarar que ha lugar a la formación de causa, el Ministro de Estado acusado quedaría suspendido de sus funciones. Por otro lado, declarada la culpabilidad por el Senado, por los dos tercios de sus miembros presentes, el ministro acusado quedaría destituido de su cargo.

Los arts. 39.1ª. y 42.1ª. de la Constitución Política de 1925 ampliaron la acusación constitucional a los generales y almirantes de las fuerzas armadas, a los magistrados de los tribunales superiores de justicia y a los intendentes y gobernadores. Al mismo tiempo, se separó el quórum exigible en el Senado para declarar la culpabilidad de la autoridad acusada (2/3 de los senadores en ejercicio en el caso del presidente de la república y la mayoría en ejercicio, en los demás casos). Del mismo modo, se agregó que, sin perjuicio de la destitución en el cargo, el funcionario declarado culpable sería juzgado por el tribunal ordinario competente para hacer efectiva su responsabilidad penal o civil, según el caso.

El profesor Alejandro Silva Bascuñán refiere que, hasta la interrupción de nuestro devenir democrático, el 11 de septiembre de 1973, y bajo la vigencia de la carta de 1925, se presentaron unas 70 acusaciones constitucionales[19], la mayoría dirigida contra ex Ministros de Estado (con excepción

---

18 Huneeus (1891). Ob. Cit., p. 181.

19 Silva Bascuñán, Alejandro (2000). Tratado de Derecho Constitucional. Tomo VI. 2ª edición. Editorial Jurídica de Chile, Santiago, p. 128.

del presidente Carlos Ibáñez que fue acusado dos veces), contra ministros de la Corte Suprema y contra el contralor general de la república Agustín Vigorena, que fue destituido en noviembre del año 1945.

Desde sus orígenes se veló porque, tratándose de una acusación destinada a hacer efectiva la responsabilidad política de una alta autoridad del Estado, se cumplieran los estándares mínimos del debido proceso, de modo que el acusado tuviese la posibilidad cierta de defensa y expresión de descargos, y que se cumpliera con un juzgamiento lo más objetivo posible; ello a pesar de misma naturaleza política del mecanismo.

Nuestro sistema chileno ha sido reacio a conceptualizar la acusación constitucional como "juicio político", a diferencia de lo que ocurre en aquellos países que han adoptado la modalidad clásica del *impeachment*. A nuestro juicio, ello tiene que ver con que, en el caso de la acusación constitucional, no siempre se juzga un delito (como la concusión, el soborno o la malversación de fondos públicos), sino que existen causales que, de suyo, exigen valoraciones mucho más subjetivas que van más allá de la subsunción de un acto determinado en la conducta "delictiva" prevista por la Constitución como es propio de la labor de los jueces ordinarios. Este es el caso de causales tan genéricas como el notable abandono de deberes y la infracción al honor y la seguridad de la Nación.

Sin embargo, el maestro Germán Bidart Campos no compartiría nuestra explicación, dado que sostenía que, en Argentina, a la acusación constitucional se la denominaba "juicio político", porque no se trata de un juicio penal en que se persiga castigar, sino que, más bien, separar del cargo. Agregaba que "no busca juzgar un hecho como delictuoso, sino una situación de gobierno como inconveniente para el Estado".[20]

En nuestro país, la explicación del profesor Bidart Campos sería plenamente aplicable a la fiscalización de los actos del Gobierno, que constituye una atribución exclusiva de la Cámara de Diputados y que se ejerce a través de tres mecanismos diversos: a) la formulación de acuerdos o el planteamiento de observaciones que se transmiten por escrito al Gobierno; b) la facultad de citar a los ministros de Estado para que rindan explicaciones sobre actos propios de su gestión; y, c) la constitución de comisiones inves-

---

[20] Citado por Nogueira Alcalá, Humberto: Acusación constitucional en caso Ministros de la Corte Suprema en virtud de sentencia de protección que aplica D.L. 321, de 1925, a condenados por delitos de lesa humanidad. Disponible en Internet: https://www.camara.cl/verDoc.aspx?prmID=146168&prmTIPO=DOCUMENTOCOMISION.

tigadoras sobre hechos que involucran a autoridades de gobierno y que, normalmente causan un fuerte impacto en la población.

Continuando nuestro recorrido por la historia constitucional de Chile, en la Constitución que entró a regir el 11 de marzo de 1981 se mantuvo, en lo sustancial, el modelo de acusación constitucional que había imperado bajo la carta de 1925. Una de las innovaciones más importantes consistió en que se agregó un efecto a la declaración de culpabilidad que pronuncia el Senado consistente en que, además de la destitución en el cargo, el acusado quedaba inhabilitado para desempeñar cargos públicos, sean o no de elección popular por el término de cinco años (Art. 53 N° 1) inciso cuarto).

El origen de dicha innovación se encuentra en una nefasta práctica institucional desarrollada durante el gobierno de la Unidad Popular (1971-1973) –el llamado "enroque ministerial"– y que consistía en que si al presidente de la república le destituían uno de sus ministros en virtud de una acusación constitucional, él procedía inmediatamente a nombrarlo en otra cartera burlando el hecho de que la declaración de culpabilidad importaba un reproche a que la persona cuestionada desempeñara responsabilidades públicas.

Los redactores de la Constitución de 1980 (Comisión Ortúzar) dejaron constancia de que la acusación constitucional regulada por aquélla no constituía una especie de "control político", sino que un control "constitucional o jurídico". Tuvieron en cuenta que perseguir la responsabilidad política no era procedente, pues ella atiende al mérito u oportunidad de una determinada decisión o política pública y se concreta a través del voto de censura que es propio de los gobiernos parlamentarios y no de uno de carácter presidencial como el que se quiso instaurar donde, en principio, los ministros de Estado son de la exclusiva confianza del presidente de la república, lo que no significa que no puedan estar sometidos a control en cuanto funcionarios públicos.

Se dejó constancia asimismo que se trataba de perseguir una responsabilidad constitucional y no meramente penal, aunque lo que se juzgara fuera un delito. Por su parte, la Subcomisión que estudió el capítulo referido al Congreso Nacional era partidaria de que la acusación constitucional contra los ministros de Estado fuera un mecanismo de "ultima ratio" que fuera precedida de una advertencia previa al ministro que, solo si era desatendida, configuraría la causal de inejecución de la ley, control jurídico por excelencia, propuesta que no se materializó.

Otra característica con que se perfiló la acusación constitucional en la carta vigente fue que involucraba una responsabilidad personal del funcionario acusado, lo que no impide sostener que, en el caso de los ministros de Estado, la causal de infringir la Constitución o la ley o de haber dejado éstas sin ejecución comprende la responsabilidad jerárquica propia de los órganos de la administración del Estado.

En base a las estadísticas oficiales de la Cámara de Diputados, en el período de los diez últimos años (2013-2023) se han deducido 21 acusaciones constitucionales en la Cámara de Diputados, de las cuales 14 afectaron a Ministros de Estado, 2 al presidente de la república, 3 a magistrados de los tribunales superiores de justicia (Corte Suprema y Cortes de Apelaciones) y 1 al Intendente de la Región Metropolitana de Santiago que, según la Constitución Política, es "el agente natural del Presidente de la República en la respectiva región".

En el caso del presidente Sebastián Piñera Echenique, quien fue acusado constitucionalmente en dos oportunidades (años 2019 y 2021), se invocó tanto la causal de haber infringido abiertamente la Constitución y las leyes como que "por medio de actos de su administración" habría comprometido gravemente el honor o la seguridad de la Nación.

Tratándose de los ministros de Estado acusados[21], la causal de acusación constitucional esgrimida fue la contemplada en el artículo 52 N.° 2) letra b) de la Carta Fundamental que se refiere a "infringir la Constitución o las leyes o haber dejado éstas sin ejecución".

De ellas, 3 derivaron en la destitución del respectivo ministro (Yasna Provoste, Harald Beyer y Andrés Chadwick). Cabe consignar, con todo, que en 11 casos se ha admitido, por la Cámara de Diputados "la cuestión previa" que consiste en la alegación que puede formular la autoridad acusada respecto de que el libelo no cumple con los requisitos que exige la Constitución Política. La mayoría de las acusaciones, por su parte, han sido declaradas inadmisibles por la Cámara de Diputados, de forma que no se ha llegado al pronunciamiento del Senado.

Como se señaló la causal de haber infringido la Constitución o las leyes o haber dejado éstas sin ejecución es la que ha sustentado la destitución de tres ministros de Estado desde el año 1990 a la fecha.

---

[21] 4 Ministros de Educación; 3 Ministros de Salud; 3 Ministros de Interior y Seguridad Pública; 2 Ministras de Justicia y Derechos Humanos; 1 Ministro de Relaciones Exteriores y 1 Ministro de Desarrollo Social y Familia.

3. ANÁLISIS PARTICULAR DE ACUSACIONES CONSTITUCIONALES QUE TERMINARON EN LA DESTITUCIÓN DE MINISTROS DE ESTADO

En el caso de la Ministra Yasna Provoste se declaró, en el año 2008, que había dejado la Constitución y las leyes sin ejecución. El libelo acusatorio sostuvo, citando al profesor Silva Bascuñán, que "En el estudio de la procedencia de las acusaciones que se dirijan a los Ministros de Estado debe tomarse en cuenta que éstos, aunque de exclusiva confianza del Presidente en su nombramiento y remoción, no son secretarios privados suyos, sino funcionarios públicos que actúan como órganos del Estado y asumen plena responsabilidad personal de sus actuaciones, no obstante la que también grava al Jefe del Estado"[22].

La acusación se fundamentó en dos capítulos: el primero tenía que ver con la existencia de irregularidades e infracciones administrativas, financieras y contables que afectaban las cuentas del Ministerio de Educación para administrar los recursos de las subvenciones de escolaridad, y a la incapacidad para corregirlos y hacer cumplir la ley. La acusación precisaba que

> La Ministra de Educación objeto de la acusación, tenía pleno conocimiento de las irregularidades e infracciones administrativas, financieras y contables que revelaban los sucesivos informes de la Contraloría General de la República, y no dio ejecución a la ley para ejercer el control y fiscalización, debidos y oportunos, para poner fin a ellos y corregir las irregularidades cometidas[23].

El segundo capítulo acusatorio decía relación con la inejecución de las disposiciones legales en materia de fiscalización y sanción de establecimientos educacionales que incumplían la ley de subvenciones. Como consecuencia de ello, se sostenía que quedaban sin sanción y sin control efectivo, entre otras cosas, el falseamiento de la asistencia y la duplicidad de matrículas a nivel nacional, lo que eventualmente posibilitaría el pago de subvenciones sin cumplir los requisitos establecidos por la ley[24].

Por su parte, el capítulo tercero del libelo acusatorio aludía a la no destitución del Secretario Regional de Educación de la Región Metropolita-

---

22 Biblioteca del Congreso Nacional de Chile. Acusación constitucional contra la Ministra de Educación señora Yasna Provoste Campilllay, p. 12.

23 Biblioteca del Congreso Nacional de Chile. Acusación constitucional contra la Ministra de Educación señora Yasna Provoste Campilllay, p. 13

24 Biblioteca del Congreso Nacional de Chile. Acusación constitucional contra la Ministra de Educación señora Yasna Provoste Campilllay, p. 23

na, por la responsabilidad administrativa que le cabía en las infracciones e irregularidades graves[25], medida que había sido recomendada por la Contraloría General de la República.

El capítulo cuarto se fundó en ignorar los resultados y recomendaciones de las auditorías que dan cuenta de gravísimas irregularidades cometidas en distintos programas y regiones del país[26] y el capítulo quinto en entregar informaciones inexactas, o intencionadamente incompletas a la opinión pública, y a la Cámara de Diputados infringiendo el principio de probidad administrativa[27].

Los cuatro primeros capítulos de la acusación constitucional en comento, efectivamente, calzaban con la causal de infringir la Constitución o las leyes o haber dejado éstas sin ejecución. Sin embargo, la quinta causal, que aludía a la intención con que la Ministra había entregado informaciones a la opinión pública y a la Cámara de Diputados, tenía un carácter mucho más subjetivo que parecía no coincidir con la naturaleza de un control que, al invocar el contraste con normas constitucionales o legales, exigía un juicio más objetivo.

El resultado de la votación en el Senado fue solamente la aprobación del capítulo primero de la acusación rechazándose los demás, lo que no obsta a que cada uno de estos últimos fue discutido intensamente.

El también ministro de educación Harald Beyer fue destituido en el año 2013 en virtud de haberse aprobado la acusación constitucional deducida en su contra consistente en **la omisión del cumplimiento de sus obligaciones ministeriales, particularmente las de fiscalizar las actividades del sector del Ministerio de Educación**. Concretamente, se le imputó infracción constitucional y legal al principio de probidad; no ejercer un control jerárquico permanente sobre los órganos sometidos a su dependencia (como la División de Educación Superior y el Servicio de Información de la Educación Superior) y omisión del cumplimiento de sus obligaciones ministeriales,

---

25 Biblioteca del Congreso Nacional de Chile. Acusación constitucional contra la Ministra de Educación señora Yasna Provoste Campilllay, p. 34

26 Biblioteca del Congreso Nacional de Chile. Acusación constitucional contra la Ministra de Educación señora Yasna Provoste Campilllay, p. 42

27 Biblioteca del Congreso Nacional de Chile. Acusación constitucional contra la Ministra de Educación señora Yasna Provoste Campilllay, p. 58

particularmente la de fiscalizar las actividades del sector del Ministerio de Educación.[28]

En lo que se refiere al primer capítulo de la acusación se sostuvo que

> desde su nombramiento, el 29 de Diciembre de 2011, el Ministro ha comprometido la correcta observancia en el ejercicio de su cargo a través de expresiones no exentas de contradicciones, en torno a las facultades que tiene su cartera, y en las que ha desconocido a un poder del Estado en su labor fiscalizadora. A su vez, las actuaciones que ejerció en relación con las Universidades, no fueron adecuadas o fueron ejecutadas tardíamente, lo que ha provocado y empeorado la situación de miles de estudiantes que esperan una solución idónea a sus problemáticas[29].

Más adelante, el libelo acusatorio indica que "los dichos del ministro relativos a las facultades de fiscalización que posee su cartera *han sido desafortunados* ya que demuestran una serie de incongruencias que ponen en tela de juicio el principio de certeza jurídica, y, por efecto necesario, al sistema de educación superior en general"[30]. Se agregaba que no quedaba clara la posición del ministro en relación con *la preeminencia del interés general.*

Las expresiones que hemos destacado en cursiva son denotativas de apreciaciones de mérito que, a primera vista, no calzan exactamente con el control objetivo que supone comprobar que se han infringido la Constitución o las leyes o que estas han quedado sin ejecución como indica la causal de acusación constitucional que se invocó.

Cabe hacer presente, además, que el contexto en que se desarrolló esta acusación contra el ministro Harald Beyer estaba vinculado a una fuerte crítica relacionada con que, a juicio de algunos, en Chile se estaba produciendo en Chile una burla, por parte de algunos establecimientos educacionales, de la prohibición del lucro contenida expresamente en la ley. En este sentido, sí podía sostenerse que había existido falta de fiscalización de parte del ministro en la medida que ello importaba dejar sin ejecución la ley.

La acusación fue aprobada en definitiva por el Senado, pero solo en cuanto al tercer capítulo o grupo de infracciones levantadas que se referían, precisamente, a la omisión del cumplimiento de las obligaciones

---

28 Biblioteca del Congreso Nacional de Chile. Acusación constitucional contra el Ministro de Educación señor Harald Beyer Burgos, p. 12.

29 Ibidem.

30 Biblioteca del Congreso Nacional de Chile. Acusación constitucional contra el Ministro de Educación señor Harald Beyer Burgos, p. 26.

ministeriales, particularmente la de fiscalizar las actividades del sector del Ministerio de Educación.[31]

En el año 2019, se aprobó por el Senado la culpabilidad del Ministro del Interior y Seguridad Pública, Andrés Chadwick, por **no haber cumplido sus deberes ministeriales en cuanto a la mantención de la seguridad y el orden público interno, declarando el estado de emergencia y omitiendo adoptar medidas eficaces para evitar la violación de derechos humanos** en el contexto del llamado "estallido social" de octubre de ese año. En este caso, la acusación constitucional envolvió un claro reproche al gobierno encabezado por el presidente Sebastián Piñera en lo que se refiere al manejo de las movilizaciones sociales y, particularmente, de los actos de violencia que se desataron en el país con ocasión del denominado "estallido social" en octubre de 2019. El día 18 de ese mes varios jóvenes saltaron, coordinadamente, los torniquetes de acceso a la estación subterránea de transporte en la ciudad de Santiago (Metro), al tiempo que varias de esas estaciones eran incendiadas. Durante ese mismo día y los que siguieron, las calles de la capital de Chile se llenaron de personas que manifestaban diversas demandas sociales insatisfechas clamando por una mayor pro actividad de la clase política en favor de la igualdad de oportunidades de todos los chilenos. No obstante, lo que podía considerarse como la expresión de un derecho a la protesta social estuvo acompañado de destrucción de la propiedad pública y privada, destacando la quema de iglesias y una serie de actos de saqueo y vandalismo.

Cuando la radio de la Universidad de Chile informó de la aprobación de la acusación constitucional contra el Ministro Andrés Chadwick reprodujo las declaraciones del senador José Miguel Insulza, cuyo voto fue decisivo para la declaración de su culpabilidad. En su intervención, el congresista por Arica y Parinacota fue tajante al señalar que lo que revisa la Cámara Alta revestía características políticas y no penales.

> Este es un juicio político y es la única oportunidad que tenemos de decirle al gobierno del presidente Sebastián Piñera que antes, durante y después de la crisis, ha hecho un pésimo trabajo, que con su ineficacia e insensibilidad ha perdido la confianza de las chilenas y chilenos. Y que para recuperarla, al menos en los mínimos necesarios, debe aclarar lo ocurrido en cada una de las graves violaciones de derechos humanos cometidas por la fuerza pública bajo su autoridad (las cursivas son nuestras).

---

[31] Biblioteca del Congreso Nacional de Chile. Acusación constitucional contra el Ministro de Educación señor Harald Beyer Burgos, pp. 535-537.

Como puede observarse, los tres casos de destituciones de ministros de Estado parecen formalmente enmarcados en controles constitucionales y jurídicos, pero, al leer las respectivas acusaciones y las actas de los debates en las Cámaras del Congreso Nacional, puede apreciarse que, en los hechos, se ejerció un control político que, en gran medida, es un reflejo de las ideologías políticas dominantes en cada momento histórico.

Del mismo modo, los tres ejemplos que se han analizado permiten constatar que las respectivas oposiciones políticas han utilizado las acusaciones constitucionales en Chile como una herramienta de reproche y presión hacia el gobierno de turno. Se desvirtúa, así, la idea de que este instrumento debe ser un espejo, ante la ciudadanía, frente al depósito de confianza que ésta realiza en el presidente de la república (y el equipo que lo acompaña) para reorientar las políticas que se están llevando a cabo, pero, en ningún caso, para descabezar los ministerios, obstaculizar la gestión gubernamental y reemplazar el control más importante y fundamental de toda democracia: la no renovación de las autoridades electas.

En otras palabras, las acusaciones constitucionales, como expresión del control político del Parlamento sobre el gobierno, no pueden transformarse en un "gallito" permanente con el gobierno favoreciendo la ingobernabilidad y lesionando la estabilidad política.

UN MENSAJE DE ESPERANZA

Si bien las relaciones entre Ejecutivo y Parlamento son, en sí mismas, una expresión de las lógicas de poder existentes dentro de la democracia constitucional parece importante regularlas de forma tal que no se conviertan, al final, en instrumentos de lucha por el predominio de unas fuerzas políticas por sobre otras desvirtuando la idea de los *checks and balances* como uno de los resortes fundamentales del Estado democrático constitucional.

En este sentido, vemos con esperanza la propuesta aprobada recientemente por el Consejo Constitucional en Chile en el sentido que "En el caso de los ministros de Estado será requisito previo para la interposición de la acusación constitucional haberse ejercido la facultad referida en el número 2) del literal a) de este artículo". La norma aludida dice relación con la facultad asignada a la Cámara de Diputados, dentro de sus facultades fiscalizadoras, de citar a un Ministro de Estado, a petición de a lo menos un tercio de los diputados en ejercicio, con el fin de formularle preguntas en relación con materias vinculadas al ejercicio de su cargo.

De esta manera, se vincula la potestad fiscalizadora de la Cámara de Diputados con la acusación constitucional en términos de que, si el ministro no cumple satisfactoriamente la "interpelación" que se le ha realizado previamente, recién procederá la acusación constitucional. El parecido el mecanismo del "voto de censura" propio de los gobiernos parlamentarios es evidente, pero sin olvidar que éste procede en el contexto de un gobierno "de colaboración de poderes."

Por otra parte, la propuesta constitucional recoge la esencia de la idea formulada por la Comisión de Estudio de la actual Constitución (Comisión Ortúzar) en el sentido de dejar a la acusación constitucional como una herramienta de "última ratio" después de que la advertencia formulada al ministro respectivo, en su citación ante la Cámara de Diputados, resultara desatendida.